北京师范大学哲学社会科学研究报告支持项目
首都社会建设与社会管理协同创新成果

本报告的宗旨与特色
揭示企业家犯罪现状 关注企业家成长环境
助推企业风险防控 促进市场经济发展

立足一手素材 汇集权威专家
引领理论研究 服务法治建设

REPORT ON ANALYSIS OF ENTREPRENEUR CRIME AND PREVENTION OF CRIMINAL RISK

Vol.2014

原创 权威 前瞻 务实

企业家犯罪分析与刑事风险防控报告 | 2014卷

北京师范大学中国企业家犯罪预防研究中心 / 编

张远煌 陈正云 张荆 主编

北京大学出版社
PEKING UNIVERSITY PRESS

企业家犯罪分析与刑事风险防控报告
2014 卷

学术顾问 | 高铭暄（中国刑法学研究会名誉会长，北京师范大学刑事法律科学研究院名誉院长）
王　牧（中国犯罪学研究会名誉会长）
储槐植（中国刑法学研究会顾问，北京师范大学刑事法律科学研究院特聘教授）
赵秉志（中国刑法学研究会会长，北京师范大学刑事法律科学研究院与法学院院长）

主　　编 | 张远煌　陈正云　张　荆

主编助理 | 赵　军　周振杰

撰 稿 人 | 卜安淳　操宏均　陈　波　陈正云　狄小华　樊　文
傅跃建　高铭暄　郭　斌　韩　雪　贺　丹　李　灏
李艳霞　林思婷　刘　玫　刘广三　柳晞春　梅传强
莫晓宇　倪　铁　皮艺军　邱格屏　邵　超　王强军
王远征　王志祥　王文生　魏　东　郧　琤　徐文文
严　励　赵秉志　赵　赤　赵　军　赵武安　翟英范
张　慧　张　荆　张心向　张远煌　张永利　张永强
张　旭　左坚卫　周振杰

图书在版编目（CIP）数据

企业家犯罪分析与刑事风险防控报告.2014卷/张远煌，陈正云，张荆主编.—北京：北京大学出版社，2014.12
ISBN 978-7-301-25199-7

Ⅰ.①企… Ⅱ.①张… ②陈… ③张… Ⅲ.①企业家—刑事犯罪—研究报告—中国—2014 Ⅳ.①D924.04

中国版本图书馆CIP数据核字（2014）第278974号

书　　　名：	企业家犯罪分析与刑事风险防控报告（2014卷）
著作责任者：	张远煌　陈正云　张　荆　主编
责 任 编 辑：	苏燕英
标 准 书 号：	ISBN 978-7-301-25199-7/D·3731
出 版 发 行：	北京大学出版社
地　　　址：	北京市海淀区成府路205号　100871
网　　　址：	http://www.pup.cn　http://www.yandayuanzhao.com
新 浪 微 博：	@北京大学出版社　@北大出版社燕大元照法律图书
电 子 信 箱：	yandayuanzhao@163.com
电　　　话：	邮购部62752015　发行部62750672　编辑部62117788 出版部62754962
印　刷　者：	北京溢漾印刷有限公司
经　销　者：	新华书店
	965毫米×1300毫米　16开本　21.25印张　316千字 2014年12月第1版　2014年12月第1次印刷
定　　　价：	49.00元

未经许可，不得以任何方式复制或抄袭本书之部分或全部内容。
版权所有，侵权必究。
举报电话：010-62752024　电子信箱：fd@pup.pku.edu.cn

前言：企业家犯罪的迷茫与理性治理

长期以来，对富裕者阶层或管理者阶层的犯罪现象，除了其惹人眼球的新闻价值和成为人们茶余饭后的闲谈话题外，其实真正关注的人很少。我们的思维、理论和法律，一直习惯把犯罪主要看成是社会底层人员的问题；我们关注、研究和讨论的，也多是盗窃、诈骗、抢劫、强奸、伤害和杀人等"街头犯罪"。于是，当作为创造社会财富与推动经济技术进步的基础力量的企业家群体犯罪日益突出时，强烈的现实反差使我们充满了种种困惑与迷茫：

作为财富精英的企业家们，为何还会实施犯罪？

中国企业家因触发刑事风险而倒下的事例层出不穷，这是企业家的"中国式失败"，还是更具普遍性的社会现象？

作为管理者阶层或"体面者阶层"的企业家，其犯罪与社会底层人员的犯罪有何不同？

对本应以诚信为立身和立业之本的企业家，当其犯罪屡见不鲜时，能否再简单地归因于"无商不奸"或"唯利是图"之类的伦理道德因素？

在中国经济经过了三十余年的高速发展之后，为何中国的企业家群体还难以达成追求财富与道德自律同步发展的社会期待？

面对企业家犯罪远比街头犯罪更为广泛和深重的现实危害，我们仍然局限于以"街头犯罪"为重心的理论研究与政策实践，其问题意识、价值导向与实践贡献是否应当受到质疑？

在科学治理犯罪的时代语境下，应当如何看待预防企业和企业家犯罪的特殊战略价值？

在顺应市场经济是法治经济的普遍规律下，我们调节市场经济的法律和制度应当表现出什么样的规制与宽容，才利于在维护秩序与激发企业家创新天性之间保持和谐？

对上述种种问题,我们往往迷茫着……

迷茫,是因为知之甚少或无知,因而需要基于现实的问题意识加以理性启蒙;迷茫还出于学界的功利与责任感的缺失,因而需要"接地气"的研究予以矫正和引导。

这正是出版《企业家犯罪分析与刑事风险防控报告》的初衷。

以企业家犯罪现象的解析为支点,以制度环境对企业家犯罪存在样态及变化轨迹的建构,以及促进中国企业和企业家健康成长为主线,基于深刻反思与批判立场,揭示企业家犯罪的原因和形成机理,把握企业和企业家犯罪的规律与特点,形成正确看待和理性应对企业家犯罪的基本观念,并以此在拓展理论研究的新视野、形成治理犯罪的新理念,提出预防犯罪的新思路,同时,助推中国市场法治水平的提升与企业和企业家刑事风险防控实践的发展,则是本书所期待并努力践行的。

本书是北京师范大学中国企业家犯罪预防研究中心组织编写的第二份关于我国企业家犯罪的综合年度研究报告,其基本内容由2013年中国企业家犯罪分析报告与第二届"企业家刑事风险防控与经济发展高端论坛"的会议文集组成。相对于2013年已出版的国内第一份研究报告,本报告在以下两个方面有新的改进:

第一,为了进一步提高统计质量和突出服务重大实践需求的基本导向,对统计分析报告的统计参数和统计内容进行了进一步优化。首先,在统计参数上新增9项统计指标,使统计参数达到31项;其次,为适应国家反腐败形势的需要,将企业家腐败犯罪分为国企与民企进行了单独统计与对照分析,揭示了将民营企业的反腐败纳入国家整体反腐败体系的必要性与紧迫性;再次,对企业家犯罪的刑法适用特征进行了更详细的统计,为更加具有建设性地研究经济犯罪和职务犯罪的立法问题与司法问题提供了必要素材和反思性启示;最后,为切实推动企业和企业家刑事风险防控实践,对企业家触犯的高频率罪名和企业刑事风险高发环节进行了专门分析。

第二,对"高端论坛"会议论文与会议发言进行了筛选与分类整合。鉴于企业家犯罪的复杂性,高端论坛会议汇集了来自犯罪学、刑法学、经济法学、经济学与司法界、企业界和律师界的代表性专家学者,不仅参会的论文较多,发言的信息量大,而且涉及的面相当广泛。

为了切实反映本年度国内有关企业家犯罪研究的进展,并突出重点和亮点,本研究报告新设立了"论文精选"(第二编)与"观点荟萃"(第三编)两大板块,在适当精简报告篇幅的同时,增强其信息量与可读性。

希望以上改进能更好地契合本研究报告的初衷与期待。

张远煌
2014 年 9 月 19 日于北京师范大学

目 录

第一编 2013年中国企业家犯罪分析报告
中国企业家犯罪预防研究中心课题组 1

说明 3
第一部分 2013年企业家犯罪特征 5
第二部分 2013年企业家犯罪刑法适用特征 11
第三部分 2013年企业家腐败犯罪特征 18
第四部分 2013年企业家犯罪"十大风险点"透视 25
第五部分 2013年企业家犯罪"十大案例"评析 36

第二编 论文精选 57

市场经济深化改革背景下我国资本刑法
　　的完善问题研究　高铭暄　张　慧 59
民营企业家集资诈骗罪重大问题探讨
　　——以吴英案和曾成杰案为视角　赵秉志　徐文文 70
强化职务犯罪预防 服务非公经济健康发展
　　陈正云　王远征 97
论反腐体系科学化视野下的民营企业家腐败
　　犯罪治理对策　张远煌　操宏均 106
我国民营企业家犯罪的困境与出路　梅传强　张永强 121
刑法之于金融创新问题的思考
　　——基于犯罪预防的视角　张心向　王强军 135

交往理性
　　——国企企业家职务犯罪防治的新思路
　　　　刘广三　李艳霞　　　　　　　　　152
高利放贷行为的刑法命运　王志祥　韩雪　　164
企业被害风险的实证比较研究
　　——以国际侵害企业犯罪调查为视角
　　　　罗德里克·布罗德赫斯特　等著
　　　　　倪铁　邬琤译　　　　　　　　183
国企改制进程中的企业家职务犯罪及防治
　　　　莫晓宇　李灏　　　　　　　　　215
企业家欺诈性被害与中和技术探析　赵军　232
美国惩治白领犯罪法治发展的要素分析与借鉴　赵赤　245
发挥商会作用 预防企业家犯罪　张永利　268
企业家融资类犯罪高发原因探析
　　——以"不同机会理论"为视角　邵超　272

第三编　观点荟萃　　　　　　　　　　283

民企参政与越轨行为　皮艺军　　　　　　285
企业家刑事风险防控要洞察新动向　严励　288
民营企业家的犯罪生态　邱格屏　　　　　289
注重企业家犯罪心理变化 构建四位一体的
　　防治体系　狄小华　　　　　　　　　292
编制制度笼子 使人"不敢、不能、不想"腐败　张旭　294
新时期企业家腐败犯罪的防治立场　魏东　296
创新检察机关职务犯罪预防工作 服务民营企业
　　健康发展　赵武安　　　　　　　　　299
不是所有企业家都有"原罪"　卜安淳　　302
企业家犯罪中的"掮客"现象　张荆　　　304
腐败犯罪是显性制度与隐性规则博弈的结果　翟英范　307
预防企业家犯罪应当走出的误区　王文生　310

破解企业家犯罪困境亟须找准"病根" 狄小华　　　　**312**
科学认识腐败：从规制罪犯转向规制犯罪
　　　弗兰克·G.马德森　著　　陈　波　译　　**315**
非法集资单位犯罪的认定问题　傅跃建　　　　　　**317**
新《刑事诉讼法》给涉罪企业家带来的"利"与"弊"
　　　刘　玫　　　　　　　　　　　　　　　　**319**
非法集资犯罪的证据认定问题　樊　文　　　　　　**321**
GDP考核对企业家犯罪预防的消极作用　周振杰　　**323**
律师在企业家刑事风险防范中的作用　郭　斌　　　**325**
金融创新的罪错界限　贺　丹　　　　　　　　　　**327**

第一编　2013年中国企业家犯罪分析报告

中国企业家犯罪预防研究中心课题组[*]

---

[*] 中国企业家犯罪预防研究中心课题组。课题组负责人:张远煌,北京师范大学教授、博士生导师,法学院与刑事法律科学研究院党委书记,北京师范大学中国企业家犯罪预防研究中心主任。课题组成员:左坚卫,北京师范大学法学院教授、博士生导师,北京师范大学中国企业家犯罪预防研究中心研究员;王志祥,北京师范大学刑事法律科学研究院教授、博士生导师,北京师范大学中国企业家犯罪预防研究中心研究员;赵军,法学博士,社会学博士后,北京师范大学刑事法律科学研究院副教授,北京师范大学中国企业家犯罪预防研究中心主任助理;李山河,法学博士,北京师范大学刑事法律科学研究院讲师;贺丹,法学博士,北京师范大学法学院讲师,北京师范大学中国企业家犯罪预防研究中心办公室主任;操宏均,北京师范大学法学院博士研究生;林思婷,北京师范大学法学院博士研究生;邵超,北京师范大学法学院博士研究生;郑璐,北京师范大学法学院硕士研究生;刘健,北京师范大学法学院硕士研究生;夏魏予,北京师范大学法学院硕士研究生;邓玉洁,北京师范大学法学院硕士研究生。

说　　明

一、报告的宗旨

客观反映中国企业家犯罪现状和趋势,推动企业家犯罪预防理论研究与企业刑事风险防控实践,为促进市场经济法治建设和政府科学决策提供经验素材和参考。

二、"企业家犯罪"的定义

本报告中的企业家,指企业高级管理人员,即董事长、董事、经理、企业实际控制人、董事会秘书、财务总监以及公司章程规定的其他企业高管。

本报告中的企业家犯罪,是指企业家实施的与企业经营管理活动相关的犯罪。不包括企业家实施的与企业经营管理活动无关的犯罪。

三、报告的案例来源

课题组从人民网、新华网、中新网、新浪网、搜狐网、网易等大众网络媒体上公开报道的企业家犯罪信息中,检索和收集整理了成型的案例共计463例。案件收集的时间跨度为2013年1月1日到2013年12月31日,基本涵盖了2013年公共媒体报道的企业家犯罪案件。

在463例案例中,370例案件皆为真名报道,有93例案件(占全部案件的20.9%)在报道过程中使用了化名或未使用全名;从发案地域分布看,共涉及除台湾地区和西藏自治区以外的30个省、自治区和直辖市。

依托不具有合法企业资质实体所实施的犯罪未计入本报告中。

四、报告的统计指标

为了准确揭示企业家犯罪案例的统计特征,课题组从犯罪行为、犯罪人和刑法适用三个方面,共设定了31项测量指标(2012年报告为22项统计指标)。其中,企业家犯罪行为测量指标8项、企业家犯罪人测量指标9项、企业家犯罪刑法适用测量指标14项。

8项企业家犯罪行为指标:企业性质、产业类型、发案地域、案发环节、案发原因、犯罪方式、涉案数额、犯罪所得。

9项企业家犯罪人指标:性别、年龄、受教育程度、企业职务、社会身份、干部级别、涉案人数、主从犯、人际关系。

14项企业家犯罪刑法适用指标:涉案罪名、罪名数量、罪名结构、罪名触犯频率、腐败犯罪、涉案数额、犯罪所得、共犯关系、刑种适用、刑期分布、罚金刑适用、缓刑适用、附加刑适用、免予刑事处分。

根据上述31项指标对案例逐个进行解析,然后通过SPSS20.0统计软件将463例案例进行汇总,建立了"2013年企业家犯罪媒体案件数据库",作为本报告的统计分析基础。

五、本报告的新增内容

2013年报告较之2012年报告,在统计与内容上呈现四大新变化:

(1)案例统计基数增大(共463例,2012年为245例),并新增9项统计指标,统计参数达到31项。

(2)适应国家反腐败形势的需要,将企业家腐败犯罪进行单独统计和分析,揭示了应将民营企业反腐败斗争纳入国家整体反腐败体系的必要性与紧迫性。

(3)对企业家犯罪的刑法适用特征进行了详细统计,为从刑事政策、刑事立法和刑事司法角度更加深入地研究经济犯罪和职务犯罪的规制与处罚,提供了宝贵素材和反思性启示。

(4)为切实推动企业和企业家刑事风险防控实践,对企业家触犯的高频率罪名和企业刑事风险高发环节进行了专门分析。

第一部分 2013年企业家犯罪特征

一、涉案企业家人数

截至2013年12月31日,共搜集到2013年新发生的企业家犯罪案件463例,涉案企业家共计599人。另有11例案件19名涉案企业家发案时间在2013年之前,但于今年进行了宣判,在今年的企业家犯罪案件总数和涉案企业家总数中未计入,但在涉及"企业家刑法适用特征"时,将与今年已审结的企业家犯罪案件一并统计分析。

在2013年发生的463例企业家犯罪案件中,涉案企业家599名。国企企业家犯罪案件110例,占企业家犯罪案件总数的23.8%,涉案企业家128人,占涉案企业家总数的21.4%;民企企业家犯罪案件352例,占案件总数的76.0%,涉案企业家469人,占涉案企业家总数的78.3%[有1例案件(该案有2名涉案企业家)企业性质不明]。

已审结并执行判决的企业家犯罪案件数为192例,占全部案件的41.5%;企业家犯罪人252人,占全部涉案企业家的42.1%;已被正式调查(包括纪检委立案调查、公安机关立案侦查以及已进入检察机关审查起诉和法院审理程序)的案件数为271例,涉及企业家347人。

在252名企业家犯罪人中,国企企业家67人,占全部犯罪企业家人数的26.6%;民企企业家183人,占所有犯罪企业家人数的72.6%。另有2名企业家所在企业性质不明。

2012年的企业家犯罪案件数为245例,涉案企业家共计272人。与2012年的企业家犯罪报告相比,2013年通过公共媒体搜集的企业家犯罪案例数增加89%,涉案企业家人数增加120%。这不仅说明公共媒体对企业家犯罪案件的关注度越来越高,而且也从一个侧面表明了我国企业家犯罪的增长趋势。

二、涉案企业家的职务与社会身份

提及涉案企业家在企业内职务的人数共有592人,其中公司总经理224人,占总人数的37.8%;实际控制人152人,占总人数的25.7%;企业董事长133人,占总人数的22.5%;总工程师或总会计师44人,占总人数的7.4%;企业董事36人,占总人数的6.1%;董事会秘书3人,占总人数的0.5%。

与2012年的企业家犯罪报告相比,涉案的董事长和总经理依旧是大多数,但与2012年不同的是,2013年企业实际控制人涉案的显著增多(2012年涉案企业家为企业实际控制人的仅12人)。不论在绝对数据上有何种变化,企业内刑事风险高发的职务,实际上都是拥有绝对权力却缺乏相应监督的"一把手"。对于企业家犯罪的预防,重点之一就在于企业管理机制中,应强化企业内部权力的合理分配与科学监督。

在涉案企业家社会身份方面,2013年可以核实姓名的涉案企业家中,有较高社会身份的共计28人,包括人大代表9人(全国人大代表5人,省人大代表1人,市人大代表3人),省政协委员3人,全国劳动模范3人,获得市级以上荣誉称号的13人,占599位涉案企业家的4.7%。

在2012年的统计中,20名企业家具有较高社会身份,其中包括各级人大代表7人,政协委员5人,荣获市级以上荣誉称号的8人。比例和结构均与2013年差别不大。

三、涉案企业家的年龄与性别

在599名涉案企业家中,性别并且企业性质都明确的共计573人。其中,男性企业家480人(国企男性企业家112人,民企男性企业家368人),占83.8%;女性企业家93人(12名国企企业家和81名民企企业家),占16.2%。

在年龄特征方面,只有194名涉案企业家年龄信息明确。涉案企业家的年龄均值为43.2岁,同时年龄中值为43岁。这表明,该平均年龄具有较显著的统计意义。50岁的涉案企业家人数最多,共13人。

60名国企企业家平均年龄为49岁,主要集中在50—59岁(与

2012年相同),共计26人;最年轻的国企企业家年龄为29岁,最年长的74岁。

134名民企企业家的年龄集中在30—39岁(2012年为40—49岁),共计47人。平均年龄为40.6岁(2012年为47.2岁),最年轻的民企企业家仅24岁,最年长的70岁。

与2012年的报告相比,民企企业家犯罪的年龄均值和犯罪的集中年龄段均有较明显下降。同时,国企企业家犯罪的平均年龄明显高于民企企业家,这一趋势与2012年企业家犯罪报告相符。

四、涉案企业家的受教育程度

媒体报道涉及企业家教育程度的共计90人,其中包括31名国企企业家与59名民企企业家。在31位国企企业家中,初中学历的企业家3人,高中或中专学历的企业家4人,有24名国企企业家具有大专或本科以上学历。在59名民企企业家中,小学学历的仅1人,初中学历的6人,高中、中专或职高学历的企业家共15人,有37名企业家具有本科以上学历。

与2012年相比,2013年本科以上高学历的企业家共计60人,占到了已知学历的涉案企业家人数的2/3,较2012年有较大提高。

五、企业家犯罪案发环节与案发原因

(一)企业家犯罪案发环节

公开报道中明确企业家犯罪案发环节的案例共计391例。案发环节主要集中在财务管理(167例案件,占已知案件总数的42.7%)、贸易(79例案件,占已知案件总数的20.2%)以及融资环节(65例案件,占已知案件总数的16.6%)。其他类型的案发环节按照发生频率依次为:安全生产环节(27例),工程承揽(19例),物资采购(12例),招投标(8例),人事调动(5例),产品质量(5例),公司设立、变更(2例),证券投资(2例)。其中1例案件由于无法确定涉案企业的性质,在下文的讨论中予以排除。

1. 国有企业

共有84例案件可以明确其案发环节。按照发生频率依次为:财务管理47例,贸易9例,工程承揽7例,物资采购6例,招投标6例,安全生产4例,融资3例,公司设立、变更1例,证券1例。

在2012年的报告中,涉案国企财务管理环节发案31例(44.9%)、招投标环节13例(18.8%)、融资环节7例(10.1%)。发案主要集中于财务管理环节的特征表现出了年度一致性。

2. 民营企业

民营企业涉案的306例案件中,最易出现犯罪问题的环节与国有企业相同,都是公司企业内部的财务管理方面,共计120例案件,占到全部已知民营企业案发环节案件的39.2%。其他类型的案发环节按照发生频率依次为:贸易69例,融资62例,安全生产23例,工程承揽12例,物资采购6例,产品质量5例,人事调动5例,招投标2例,公司设立、变更1例,证券1例。

2012的报告中,涉案民营企业融资环节发案47例(36.4%),财务管理环节38例(29.5%),贸易环节23例(17.8%)。民营企业在融资环节发案的比例有所减少。

在案发环节方面,国有涉案企业与民营涉案企业既表现出了共性,又体现了各自的不同。在共性方面,无论国有企业还是民营企业,过半数的案件发生在公司企业内部财务管理环节,这一现象应引起高度重视。

在课题组所进行的另一项关于企业家经营理念的调查中,同样发现了这一问题,有不少企业家在公司管理的过程中将个人财产与企业财产混同。企业家在企业财务方面的认识误区,很大程度上导致企业家犯了罪而不自知的情况发生。前述数据显示,尽管2013年有所下降,仍有将近1/5的民营企业案件发生于融资环节,这从一个侧面表明,民营企业在日常经营过程中长期面临着融资困难的问题。

(二) 企业家犯罪的案发原因

媒体报道中提及企业家犯罪案发原因的共计393例。其中,被害人报案和相关机构介入调查的各为120例,占所有已知案件的30.5%,举报88例,占所有已知案件的22.4%。

其他案发原因按频率依次为:串案23例、自首19例、发生事故13例、资金链断裂9例、媒体揭露1例。在393例能够明确案发原因的案例中,有 1 例案件涉案企业性质不明,故下文按企业性质分类论述时将其排除。

1. 国有企业

86 例国企企业家犯罪案件在公开报道中提及了案发原因。其中,相关机构介入调查是最主要的原因,共 41 例,占到已知案发原因的 86 例国企企业家犯罪案例的 47.7%;其他案发原因按频率依次为:举报 23 例、串案 10 例、自首 7 例、被害人报案 4 例、发生事故 1 例。

2. 民营企业

有 306 例民营企业企业家犯罪案件可以明确案发原因。其中,最主要的是被害人报案,共 115 例,占所有已知民营企业企业家犯罪案例的 37.6%。其他案发原因按频率依次为:相关机构介入调查 79 例、举报 65 例、串案 13 例、自首 12 例、发生事故 12 例、资金链断裂 9 例、媒体揭露 1 例。

有关案发原因的统计结论与 2012 年报告基本一致。国有企业企业家案件与民营企业企业家案件表现出了明显的不同。国有企业企业家案发的最主要原因是相关机构主动介入调查,民营企业企业家案发的最主要原因是被害人报案。这一差异是否从一个侧面说明对公司企业运营监管的差别对待? 相关机构是否将更多的关注集中在国有公司和企业方面,而在一定程度上忽视了对民营企业的监管? 对此,应当引起相关部门以及研究人员的重视和思考。

六、涉案企业的性质与产业分布

在 463 例案例中,国有企业企业家案件共计 110 例,占涉案企业总数的 23.8%;民营企业企业家案件共计 352 例,占涉案企业总数的 76.0%(有 1 例案件的企业所有制类型不明)。

与 2012 年企业家犯罪报告相比,2013 年企业家犯罪案件数量大幅度增多,主要是民营企业企业家犯罪案例的曝光数量大增,由 2012 年的 158 例增长到 352 例;国有企业企业家犯罪案件数量变化不大(2012 年国有企业案件共 85 例)。

在涉案企业的产业类型方面,有 389 例案件报道了涉案企业的产业类型。

其中,涉案企业的主要经营领域为:金融投资 61 家,占 15.7%;能源矿产开发和利用58家,占14.9%;制造与销售54家,占13.9%;房产建筑和销售44家,占11.3%;零售百货38家,占9.8%;粮油食品加工制造30家,占7.7%;物流运输行业、医药卫生行业均为25家,占6.4%;电子信息网络服务行业的涉案企业24家,占6.1%;娱乐业以及餐饮服务业的涉案企业各15家,占3.9%。

与2012年的报告相比,涉案企业在产业类型分布方面基本没有变化。

七、涉案企业的地域分布

有459家涉案企业的地理位置可以确定。除了西藏自治区以及港澳台地区外,其他30个省、市、自治区均有涉及。

涉案企业分布最集中的有4个地区:北京市有57家涉案企业、广东省有55家涉案企业、浙江省有55家涉案企业、江苏省有36家涉案企业。

上述地域分布与2012年较为一致。在2012年的报告中,北京市有48家、广东省有38家、浙江省有28家、江苏省有15家,是涉案企业分布最集中的4个地区。

其他涉案企业的地理分布为:27家位于安徽省,22家位于四川省;有10个省(市)的涉案企业为10—20家;有14个省(市)的涉案企业在10家以下。

需要注意的是,上海市作为经济发展水平相当高的国际大都市,企业家犯罪比例相对较低。2013年在30个省区中排名第13位,2012年在发案的25个省区中排名第19位。

在经济发展程度方面,有457例案件可以确定涉案企业所在的市、县。有109家涉案企业位于"北上广深"4个一线城市中;二线城市的涉案企业数量最多,达到146家;三线城市内的涉案企业最少,共计88家;另有114家涉案企业位于四线城市。

第二部分 2013年企业家犯罪刑法适用特征

在599名犯罪或涉嫌犯罪的企业家中,有44名企业家涉嫌的罪名无法从媒体中获悉,在下文的讨论中将其排除。

另有11例案件中19名涉案企业家虽然发案时间在2013年之前,但案件于今年进行了宣判,因此在以下的讨论中,将涵盖这19名企业家。

一、企业家涉案的罪种结构

在企业家涉案的罪名分布方面,总共涉及77个具体罪名。与2012年相比,涉案罪名数减少3个。

根据我国《刑法》分则的规定,这些罪名分属于《刑法》第二章、第三章、第四章、第五章、第六章和第八章。其排列顺序为:

第三章"破坏社会主义市场经济秩序罪"涉及40个罪名,占罪名总数的51.9%。

第一节"生产、销售伪劣商品罪"涉及的罪名有两个,分别为生产销售伪劣产品罪和生产销售有毒有害食品罪。

第二节"走私罪"涉及的罪名也是两个,分别为走私罪和走私普通货物罪。

第三节"妨害对公司、企业的管理秩序罪"涉及的罪名共有8个,分别为抽逃出资罪,虚报注册资本罪,非国家工作人员受贿罪,对非国家工作人员行贿罪,隐匿、销毁会计凭证罪,故意销毁会计凭证罪,欺诈发行股票罪,违规披露重要信息罪。

第四节"破坏金融管理秩序罪"涉及6个罪名,分别为非法吸收公众存款罪,骗取贷款罪,泄露内幕信息罪,未公开信息交易罪,伪造金融票证罪,骗取票据承兑罪。

第五节"金融诈骗罪"涉及6个罪名,分别为集资诈骗罪,信用卡诈骗罪,贷款诈骗罪,金融凭证诈骗罪,票据诈骗罪和保险诈骗罪。

第六节"危害税收征管罪"涉及7个罪名,分别为虚开增值税发票罪,虚开发票罪,虚开用于抵扣税款的发票罪,出售非法制造的发票罪,逃税罪,非法出售发票罪以及骗取出口退税罪。

第七节"侵犯知识产权罪"涉及3个罪名,分别为销售假冒注册商标的商品罪,侵犯商业秘密罪,假冒注册商标罪。

第八节"扰乱市场秩序罪"涉及6个罪名,分别为合同诈骗罪,组织领导传销活动罪,非法经营罪,强迫交易罪,非法倒卖土地使用权罪,串通投标罪。

第六章"妨害社会管理秩序罪"涉及15个罪名,占罪名总数的19.5%。

第一节"扰乱公共秩序罪"中共涉及8个罪名,分别为寻衅滋事罪,组织、领导、参加黑社会性质组织罪,聚众斗殴罪,开设赌场罪,妨害公务罪,买卖国家证件罪,伪造公司企业印章罪,伪造国家机关证件罪。

第五节"危害公共卫生罪"涉及非法行医罪1个罪名。

第六节"破坏环境资源保护罪"涉及非法采矿罪与污染环境罪两个罪名。

第七节"走私、贩卖、运输、制造毒品罪"涉及贩卖毒品罪与容留他人吸毒罪两个罪名。

第八节"组织、强迫、引诱、容留、介绍卖淫罪"涉及容留卖淫罪与组织卖淫罪两个罪名。

第五章"侵犯财产罪"涉及8个罪名,占罪名总数的10.4%。

涉及的具体罪名分别为职务侵占罪,挪用资金罪,诈骗罪,敲诈勒索罪,故意毁坏财物罪,破坏生产经营罪,拒不支付劳动报酬罪以及盗窃罪。

第八章"贪污贿赂罪"涉及7个罪名,占罪名总数的9.1%。

涉及的具体罪名为贪污罪,受贿罪,行贿罪,单位行贿罪,挪用公款罪,私分国有资产罪和巨额财产来源不明罪。

第四章"侵犯公民人身权利、民主权利罪"涉及 5 个罪名,占罪名总数的 6.5%。

涉及的具体罪名为故意伤害罪,故意杀人罪,非法拘禁罪,绑架罪和非法获取公民个人信息罪。

第二章"危害公共安全罪"涉及两个罪名,占涉案罪名总数的 2.6%。

具体罪名分别为重大责任事故罪和非法持有枪支弹药罪。

二、企业家涉案的罪名分布

在企业家涉案的罪名分布方面,国企企业家涉案的罪名范围和具体罪名差别明显。

1. 国企企业家共 133 人,涉及 19 个罪名

高频率罪名分布为:受贿罪 56 人次,贪污罪 39 人次,挪用公款罪 22 人次。国企企业家的高频率罪名分布趋势与 2012 年报告相同。

较高频率罪名为:私分国有资产罪 5 人次,巨额财产来源不明罪 4 人次。

较低频率罪名为:职务侵占罪、行贿罪、诈骗罪各 3 人次,贷款诈骗罪、骗取贷款罪各 2 人次;

集资诈骗罪、贷款诈骗罪、非法吸收公众存款罪、重大责任事故罪、销售假冒注册商标的商品罪、伪造公司企业印章罪、伪造国家机关证件罪、故意销毁会计凭证罪各 1 人次。

2. 民企企业家共 483 人,涉及 72 个罪名

高频率罪名依次为:非法吸收公众存款罪 64 人次,诈骗罪 54 人次,挪用资金罪 39 人次,职务侵占罪 36 人次,合同诈骗罪 35 人次,行贿罪 23 人次,非法经营罪 23 人次,组织领导传销活动罪 23 人次,拒不支付劳动报酬罪 22 人次,集资诈骗罪 21 人次,生产销售伪劣产品罪 21 人次,虚开增值税专用发票罪 20 人次,非国家工作人员受贿罪 19 人次。

在 2012 年报告中,民营企业家的高频率罪名依次为:非法吸收公众存款罪、职务侵占罪、诈骗罪、合同诈骗罪、集资诈骗罪、行贿罪、挪用资金罪、虚开增值税专用发票罪、非国家工作人员受贿罪和组织领导参加黑社会性质组织罪。

与2012年相比,可以看出以下变化:

非法吸收公众存款罪、职务侵占罪、诈骗罪、合同诈骗罪、集资诈骗罪、行贿罪、挪用资金罪、虚开增值税专用发票罪、非国家工作人员受贿罪,仍然属于民企企业家的高频率罪名。

非法经营罪由2012年的较高频率犯罪,上升为2013年的高频率犯罪。

组织领导传销活动罪、拒不支付劳动报酬罪和生产销售伪劣产品罪,则由2012年的低频率犯罪,上升为2013年的高频率犯罪。

位居2012年民企企业家"十大罪名"之列的组织领导参加黑社会性质组织罪,在2013年则下降为低频率犯罪(仅为5人次)。

触犯频率较高的罪名分布为:虚报注册资本罪10人次,隐匿销毁会计凭证罪10人次,对非国家工作人员行贿罪10人次,单位行贿罪、抽逃出资罪、逃税罪、生产销售有毒有害食品罪各9人次。

故意伤害罪8人次,信用卡诈骗罪7人次,重大责任事故罪、骗取贷款罪、强迫交易罪、开设赌场罪各6人次。

组织领导参加黑社会性质组织罪、欺诈发行股票罪、故意杀人罪、敲诈勒索罪、侵犯商业秘密罪、保险诈骗罪、非法拘禁罪各5人次。

虚开发票罪、组织领导参加黑社会性质组织罪、寻衅滋事罪、非法持有枪支弹药罪、未公开信息交易罪各4人次,容留介绍卖淫罪、盗窃罪、非法获取公民个人信息罪、环境污染罪、金融凭证诈骗罪各3人次,贩毒罪、容留吸毒罪、组织卖淫罪、伪造公司企业印章罪、假冒注册商标罪、串通投标罪、非法出售发票罪各2人次。

泄露内幕信息罪、非法采矿罪、故意毁坏财物罪、破坏生产经营罪、销售假冒注册商标的商品罪、聚众斗殴罪、妨害公务罪、走私罪、买卖国家证件罪、伪造国家机关证件罪、伪造金融票证罪、绑架罪、非法倒卖土地使用权罪、非法行医罪、走私普通货物罪、骗取出口退税罪、骗取票据承兑罪、挪用公款罪(共犯)、贷款诈骗罪、故意销毁会计凭证罪、虚开用以抵扣税款的发票罪、票据诈骗罪各1人次。

三、企业家犯罪的"十大罪名"

"十大罪名"是根据2013年度涉案企业家所触犯的具体罪名的频数进行筛选,并根据频数由高到低排序的。

企业家触犯频率最高的十大罪名为：非法吸收公众存款罪65人次、诈骗罪57人次、受贿罪56人次、贪污罪39人次、挪用资金罪39人次、职务侵占罪39人次、合同诈骗罪35人次、行贿罪26人次、非法经营罪23人次、组织领导传销活动罪23人次。

国企企业家触犯频率最高的3个罪名与2012年完全一致：受贿罪56人次、贪污罪39人次和挪用公款罪22人次。

民企企业家触犯频率最高的10个罪名为：非法吸收公众存款罪64人次、诈骗罪54人次、挪用资金罪39人次、职务侵占罪36人次、合同诈骗罪35人次、行贿罪23人次、非法经营罪23人次、组织领导传销活动罪23人次、拒不支付劳动报酬罪22人次、集资诈骗罪21人次。

四、涉案企业家的共犯关系

在463例企业家犯罪案件中，有42例案件无法确定具体的涉案人数，在下面的讨论中将其排除。

在已知具体涉案人数的421例案件中（其中1例案件涉案企业性质不明），269例案件系单独犯罪案件，152例共同犯罪案件中，共计犯罪人数为1221人。

其中，共同犯罪的涉案人数从2人到79余人不等。共同犯罪的具体人数依次为：2人共同犯罪的案件共计60例，4人共同犯罪的案件21例，3人共同犯罪的案件17例，7人共同犯罪的案件10例，5人共同犯罪的案件9例，6人共同犯罪的案件5例。152例共同犯罪中作案总人数为952人。

在110例国企企业家犯罪案件中，91例报道了涉案人数，共计犯罪人数为188人。其中，1人单独犯罪的69例，2人共同犯罪的11例，3人共同犯罪的5例，4人以上共同犯罪的6例。除去单独作案的69例案件中的69名企业家，22例国企企业家共同犯罪中涉及的作案人数共计119人。

在352例民企企业家犯罪案件中，329例报道了涉案人数，共计犯罪人数为1031人。其中，1人单独犯罪的200例，2人共同犯罪的48例，3人共同犯罪的12例，4人共同犯罪的21例，5人以上共同犯罪的48例。除去200例单独犯罪的200人，129例共同犯罪中涉及的作案人数合计为831人。

五、涉案企业家的刑种适用与刑期分布

可以确定具体判决结果的共计250人(包括往年发案今年判决的19名企业家与2名涉案企业性质不明的企业家)。其中:

2人免予刑事处罚,占判决总数的0.8%;

2人被判处管制1年,占判决总数的0.8%;

2人分别被判处拘役3个月与拘役5个月,占判决总数的0.8%;

220人被判处6个月至20年不等的有期徒刑,占全部判决企业家的88%。其中,85人被判处5年以下有期徒刑,占全部判决有期徒刑企业家的38.6%;135名企业家被判处5年以上至20年以下的有期徒刑,占全部判决有期徒刑企业家的61.4%。

14名企业家被判处无期徒刑,占判决企业家总数的5.6%;10名企业家被判处死刑,占判决企业家总数的4%。其中,5名企业家被判处死刑缓期2年执行,占判决企业家总数的2.0%。

这5名企业家涉案案件分别为:顾春芳案(2013年前发生2013年判决,集资诈骗罪、合同诈骗罪、抽逃出资罪)、王雨案(集资诈骗罪)、董小凤案(集资诈骗罪)、刘仁生案(受贿罪,贪污罪,巨额财产来源不明罪)、高玉君案(受贿罪,贪污罪,挪用公款罪)。

5名企业家被判处死刑立即执行,占判决企业家总数的2.0%。

这5名企业家涉案案件分别为:宋文代案(2013年前发生2013年判决,贪污罪、挪用公款罪)、白俊才案(集资诈骗罪)、林海燕案(集资诈骗罪)、苏叶女案(集资诈骗罪)、吴亚贤案(组织、领导黑社会性质组织罪,故意杀人罪,故意伤害罪,非法采矿罪,故意伤害罪,寻衅滋事罪,强迫交易罪,敲诈勒索罪,故意毁坏财物罪,抽逃出资罪,妨害公务罪,非法持有枪支罪)。

共有54名企业家被判处剥夺政治权利,占判决企业家总数的21.6%。

共有33名企业家被判处没收财产,占判决企业家总数的13.2%。其中,17名企业家被判处没收个人全部财产。

共有118名企业家被判处1000元至1.27亿元不等的罚金,占所有判决企业家总数的47.2%。

共有 28 名企业家被宣告 6 个月至 5 年不等的缓刑,占所有判决企业家总数的 11.2%。

(一) 国企企业家判决结果

国企企业家判决结果明确的共计 71 人,其中免予刑事处罚的 1 人,占判决国企企业家总数的 1.4%。

62 名企业家被判处 1 年 6 个月至 20 年不等的有期徒刑,其中 11 名企业家判处的刑期不满 5 年,占所有被判处有期徒刑国企企业家总数的 17.7%;51 名企业家被判处 5 年以上 20 年以下有期徒刑,占所有被判处有期徒刑国企企业家总数的 82.3%。

5 名企业家被判处无期徒刑,占判决国企企业家总数的 7.0%。

2 名企业家被判处死刑缓期 2 年执行,占判决国企企业家总数的 2.8%。

1 名企业家被判处死刑立即执行,占判决国企企业家总数的 1.4%。

(二) 民企企业家判决结果

民企企业家判决结果明确的共计 177 人。

免予刑事处罚 1 人,占判决民企企业家总数的 0.6%;

管制 2 人,占判决民企企业家总数的 1.1%;

拘役 2 人,占判决民企企业家总数的 1.1%。

156 人被判处 6 个月到 20 年不等的有期徒刑,其中 72 人被判处 5 年以下有期徒刑,占 156 名被判处有期徒刑的民企企业家总数的 46.2%;

85 名民企企业家被判处 5 年以上 20 年以下有期徒刑,占 156 名被判处有期徒刑的民企企业家总数的 54.5%;

9 名民企企业家被判处无期徒刑,占判决民企企业家总数的 5.1%;

3 名民企企业家被判处死刑缓期 2 年执行,占判决民企企业家总数的 1.7%;

4 名民企企业家被判处死刑立即执行,占所有判决民企企业家总数的 2.3%。

第三部分 2013年企业家腐败犯罪特征

2013年企业家腐败犯罪共计168例案件,215名企业家(其中1例案件的企业所有制类型不明,在下文讨论中排除该例案件中的2名企业家)。

2012年企业家腐败犯罪共92例,103名企业家。与2012年相比,2013年企业家腐败犯罪案件在案件数量与涉案企业家人数方面均有显著增加。

一、企业家腐败犯罪的统计特征

2013年企业家腐败犯罪案件中,81例为国企企业家腐败案件,占国企企业家犯罪案件总数的73.6%;涉案国企企业家共96人,占国企企业家涉案总人数的75%。

86例为民企企业家腐败案件,占民企企业家犯罪案件总数的24.4%;涉案民企企业家共117人,占民企企业家涉案总人数的24.9%。

已审结并执行判决的案件数量为95例,占已审结案件的49.4%,共涉及企业家117人,占已判决企业家总数的46.4%;已被正式调查的案件数为71例,共涉及企业家96人。

在已判决企业家中,国企企业家67人,占已判决企业家人数的54.7%;民企企业家53人,占已判决企业家人数的45.3%。

(一)涉案企业家职务与社会身份

在企业内部职务方面,公司总经理97人,占腐败犯罪企业家总数的45.5%;董事长45人,占腐败犯罪企业家总数的21.1%;实际控制人30人,占腐败犯罪企业家总数的14.1%;总工程师或总会计师28人,占腐败犯罪企业家总数的13.1%;董事12人,占腐败犯罪企业家总数的5.6%;董事会秘书1人。

能确认的4名企业家的社会身份为省人大代表1人,获市级以上荣誉的3人。

(二)涉案企业家的性别、年龄及受教育程度

207名性别信息明确的企业家中,男性企业家182人,包括国企男性企业家83人,民企男性企业家99人;女性企业家25人,包括国企女性企业家10人,民企女性企业家15人。

在年龄特征方面,核实了78名企业家的准确年龄。涉嫌腐败犯罪的企业家平均年龄为43.13岁,与年度企业家平均年龄43.22岁基本持平。其中,年龄最大的企业家74岁,最小的26岁。涉嫌腐败犯罪的国企企业家年龄中位数为50岁,年龄集中在50—59岁之间,共计16人;民企企业家的年龄中位数为40岁,年龄集中在40—49岁之间,共计15人。

在企业家受教育程度方面,共核实了29名企业家的学历。在14名涉案国企企业家中,初中学历2人,高中学历3人,本科及以上学历的9人;在15名涉案民企企业家中,初中学历1人,高中4人,本科及以上学历10人;共计19名企业家拥有本科及以上学历。

(三)企业家腐败案件发案环节与案发原因

156例案件,发案环节集中在财务管理(96例,占61.1%)、贸易(22例,占14.1%)与工程承揽(14例,占8.9%)三个方面。其他发案环节依次为:物资采购7例、招投标7例、融资5例、安全生产2例、人事调动1例、证券1例、公司变更1例。

案发原因方面,在可知案发原因的137例案件中,相关机构主动介入调查和举报是腐败案件案发的最主要原因,占已知案发原因案件数的比例分别为29.2%(40例)和28.5%(39例)。其他案发原因依次为:报案占15.6%(26例)、串案占10.9%(15例)、自首占8.8%(12例)。此外,资金链断裂3例,因发生事故和媒体揭露而案发的各1例。

1. 国企发案环节与案发原因

在可知发案环节的75例国企案件中,发案环节主要集中在财务管理方面43例,占已知发案环节国企总数的57.3%,其他发案环节依

次为:贸易8例、工程承揽7例、物资采购6例、招投标6例、融资2例、安全生产1例、证券1例、公司变更1例。

在61例可知案发原因国企腐败案件中,案发的最主要原因是相关机构介入调查25例,占41.0%。其他案发原因依次为:举报20例,占32.8%;自首7例,占11.5%;串案6例,占9.8%;报案3例,占4.9%。

2. 民企发案环节与案发原因

80例民企腐败案件的发案环节及案发原因与国企一致,但各环节具体比例有差异。

财务管理环节53例,占66.3%;其次为贸易环节14例,占17.5%;其他发案环节依照频率依次为:工程承揽7例、融资3例、安全生产1例、物资采购1例、招投标1例。

在76例可知案发原因的民企腐败案件中,案发最主要的三个原因,分别为被害人报案23例,占30.3%;举报19例,占25.0%和相关机构主动调查15例,占19.7%;其他案发原因依次为:串案9例,占11.8%;自首5例,占6.6%;资金链断裂3例,占3.9%、发生事故1例,占1.3%、媒体揭露1例,占1.3%。

(四)企业家腐败案件涉案企业的行业类型

138例案件中涉案企业的行业类型可核实。其中29家(21.0%)主要从事矿产开发与能源利用;16家(11.6%)主要从事房产建筑行业;工业产品制造、粮油食品生产以及零售百货的企业各有14家,分别占10.1%。

此外,13家企业集中在金融投资行业,12家企业主要从事医疗卫生行业,11家企业主要从事物流运输行业,电子信息网络服务行业的涉案企业有7家,主要从事娱乐业以及餐饮服务业的涉案企业各有4家。

(五)企业家腐败案件涉案企业的地域分布

165家涉案企业所在地区可核实。居前三位的为北京市25家、广东省17家、浙江省15家。其他为江苏省14家、安徽省13家、四川省10家。另外18个省(市)辖区内的涉案企业均少于10家。

在经济发展程度方面,有42家涉案企业位于"北上广深"4个一线城市;二线与四线城市内的涉案企业数量最多,均为46家;三线城市内的涉案企业最少,共计31家。

二、企业家腐败犯罪的刑法适用特征

(一)企业家腐败犯罪的罪名分布

企业家腐败犯罪共涉及11个罪名,占企业家涉案具体罪名总数(77个)的14.3%。

具体罪名为:贪污罪、受贿罪、非国家工作人员受贿罪、行贿罪、单位行贿罪、对非国家工作人员行贿罪、挪用公款罪、挪用资金罪、职务侵占罪、私分国有资产罪、巨额财产来源不明罪。

国企企业家腐败犯罪共涉及7个罪名,占国企企业家涉案具体罪名总数(19个)的36.8%。按照罪名触犯频率依次为:受贿罪56人次、贪污罪39人次、挪用公款罪22人次、私分国有资产罪5人次、巨额财产来源不明罪4人次、行贿罪、职务侵占罪各3人次。

民企企业家腐败犯罪共涉及6个罪名,占民企企业家涉案具体罪名总数(72个)的8.3%。按照罪名触犯频率依次为:挪用资金罪39人次、职务侵占罪36人次、行贿罪23人次、非国家工作人员受贿罪19人次、对非国家工作人员行贿罪10人次、单位行贿罪9人次。

(二)企业家腐败犯罪中的数额与刑期关系

在222名涉嫌腐败犯罪的企业家(包括9名往年发案2013年判决的企业家)中,涉嫌数罪的企业家共计58人,为了尽可能排除数罪并罚对刑期的影响,在下文排除了数罪并罚的情况。

1. 国企企业家腐败犯罪数额与刑期关系

涉嫌单独一罪的国企企业家共73人,分别为受贿罪42人、贪污罪18人、挪用公款罪9人、私分国有资产罪2人、职务侵占罪与行贿罪各1人。

在受贿罪判决的31名犯罪企业家中,25人提及了犯罪所得,最低数额为5万元,最高数额为2500万元,平均受贿数额为181.1万元。其中24人被判处2年5个月到13年不等的有期徒刑,1人被判处无期徒刑。受贿罪犯罪所得与判处刑期之间存在统计学意义上的相关关系($r=0.794, p<0.001$),犯罪所得对刑期的解释率为63%。

在挪用公款罪判决的8名犯罪企业家中,7人提及了挪用数额,最低数额为4.7万元,最高数额为377万元,平均挪用金额为166.6万元。挪用数额为4.7万元的企业家免予刑事处罚,挪用数额为69万元与78.6万元的分别被判处有期徒刑3年6个月和有期徒刑5年6个月,挪用数额大于100万元的4位企业家分别被判处有期徒刑2年10个月至10年不等。

在贪污罪判决的7名犯罪企业家中,仅3人的案件提及了犯罪数额,分别为2.5万元、13万元和290余万元,对应的有期徒刑刑期分别有1年6个月、10年、13年。

私分国有资产罪判决1名犯罪企业家,犯罪所得为50.7万元,被判处有期徒刑3年6个月。

职务侵占罪判决1名犯罪企业家,涉案金额为40万元,被判处有期徒刑3年。

2. 民企企业家腐败犯罪数额与刑期的关系

涉嫌单独一罪的民企企业家共91人,分别为职务侵占罪30人、挪用资金罪25人、行贿罪16人、非国家工作人员受贿罪15人、单位行贿罪4人、对非国家工作人员行贿罪1人。

在职务侵占罪判决的16名犯罪企业家中,10人涉及犯罪所得,最低金额为6万元,最高金额为1300万元,平均金额为157.9万元。其中4人的犯罪所得在15万元以下,分别被判处10个月至5年不等的有期徒刑;犯罪所得在62万元至1300万元的6名犯罪企业家分别被判处7年6个月至15年不等的有期徒刑。职务侵占罪犯罪所得与刑期之间存在相关关系($r=0.845, p<0.01$),犯罪所得对刑期的解释率为71.5%。

在挪用资金罪判决的12名犯罪企业家中,11人涉及涉案金额,最低金额为16万元,最高金额为9900万元,平均涉案金额为76.5万元。11人分别被判处1年到7年6个月不等的有期徒刑。挪用资金罪涉案金额与判处刑期之间存在统计学意义上的相关关系($r=0.491, p<0.001$),犯罪所得对刑期的解释率为24.1%。

在非国家工作人员受贿罪判决的10名犯罪企业家中,8人涉及犯罪所得,最低金额为10万元,最高金额为715.58万元,平均犯罪金额为132.2万元。6人涉及犯罪所得在50万元以下,分别被判断处10

个月至 7 年不等的有期徒刑。2 人涉及犯罪所得在 100 万元以上的 2 人,刑期分别为 10 年和 11 年有期徒刑。非国家工作人员受贿罪犯罪所得与判处刑期之间存在统计学意义上的相关关系($r = 0.670, p < 0.05$),犯罪所得对刑期的解释率为 44.9%。

在单位行贿罪判决的 4 名犯罪企业家的涉案金额分别为 30 万元、60 万元、200 万元和 280 万元,相应的刑期为 1 年、1 年 6 个月、2 年和 3 年。

在行贿罪判决的 5 名犯罪企业家中,3 人提及涉案金额,分别为 30 万元、65 万元和 500 万元。行贿金额为 65 万元的企业家免予刑事处罚,其余两名分别被判处有期徒刑 1 年、5 年。

(三)腐败犯罪企业家刑种适用与刑期分布

(1)总体情况

在 126 名已判决的企业家中,可以确定具体判决结果的共计 123 人。

2 人免予刑事处罚,占所有腐败犯罪企业家判决总数的 1.6%。

115 人被判处 10 个月至 20 年不等的有期徒刑,占全部判决企业家的 93.5%。

判处 5 年以下有期徒刑的企业家共计 42 名,占全部判决有期徒刑企业家的 36.5%。

73 人被判处 5 年以上至 20 年以下的有期徒刑,占全部判决有期徒刑企业家的 63.5%。

3 人被判处无期徒刑,占判决腐败犯罪企业家总数的 2.4%。

2 人被判处死刑缓期 2 年执行,占判决腐败犯罪企业家总数的 1.6%。

1 人被判处死刑立即执行,占判决腐败犯罪企业家总数的 0.8%。

(2)国企企业家腐败犯罪判决情况

国企企业家腐败犯罪判决结果明确的共 66 人。

免予处罚 1 人,占已判决国企企业家总数的 1.5%。

59 名国企企业家被判处 1 年 6 个月到 20 年不等的有期徒刑,占已判决人数的 89.3%。其中,判处刑期不满 5 年的企业家共计 10 人,占判处有期徒刑企业家总数的 16.9%;有 49 名企业家被判处 5 年以上20年以下的有期徒刑,占判处有期徒刑企业家总数的83.1%。

3名国企企业家被判处无期徒刑,分别为李长轩(受贿罪、巨额财产来源不明罪)、孙永发(贪污罪)和鲁向东(受贿罪)。

2名国企企业家罪犯被判处死刑缓期2年执行,分别为刘仁生(受贿罪、贪污罪、巨额财产来源不明罪)、高玉君(受贿罪、贪污罪、挪用公款罪)。

1名国企企业家罪犯被判处死刑立即执行,为宋文代(贪污罪、挪用公款罪)。

(3)民企企业家腐败犯罪判决情况

民企企业家腐败犯罪判决结果明确的共57人。

免予刑事处罚1人,占已判决民企企业家总数的1.8%。

56人被判处10个月到16年不等的有期徒刑,占民企企业家判决总数的98.2%。32人被判处5年以下有期徒刑,占判处有期徒刑总人数的56.1%。24人被判处5年以上16年以下有期徒刑,占判处有期徒刑总人数的42.9%。

第四部分 2013年企业家犯罪"十大风险点"透视

为了进一步全面、准确揭示企业家犯罪的高风险点,推进企业和企业家刑事风险防控实践指明路径和方向,2013年度在收录、统计企业家犯罪案例的过程中,除了继续保持2012年度关于企业家犯罪内部高发环节的统计外,还重点关注了企业家犯罪的高发人员和高发行业。依据对463例企业家犯罪媒体案例的统计,就企业内部发案环节来看,这些刑事风险点分布于企业运行的各个环节。综合考虑各风险点出现的频率,确定了2013年度"十大风险点"。

与2012年十大风险点相比,除了新增排名第十位的"公司设立、变更"风险点外,其余9个风险点2013年再次进入"前十",并且"财务管理""贸易""融资"三个风险点仍然稳居十大风险点的"前三甲","财务管理"再次位于十大风险点之首。无论从企业、企业家提高自我保护的角度来看,还是从促进经济健康发展的角度看,都应该对这十个风险点进行优先防范。当然,除了这十大风险点以外,像证券交易等环节的风险,也应引起高度重视,并进行有针对性的防范。

一、财务管理

2013年度企业财务管理环节仍然处于"十大风险"之首,发生在财务管理环节的企业家犯罪案例有167例,占所有可识别风险点案件总数391例的42.7%,其中,国有企业47例,民营企业120例。案件数量较2012年度显著增加,2012年发生在财务管理环节的企业家犯罪案例69例,包括31例国有企业案件和38例民营企业案件。无论是国有企业还是民营企业,企业财务管理环节都是最高刑事风险点。

通过交叉变量分析企业财务管理环节与企业经营行业领域、人员职务之间的关系发现,发生在财务管理环节的167例企业家犯罪案例,主要集中在金融投资(26例,占15.6%)、房产建筑(23例,占13.8%)、能源矿产(19例,占11.4%)、产品制造(17例,占10.2%)和物流运输(10例,占6%)五大行业领域。同时,2013年度有200人是因为财务管理问题而涉嫌犯罪,主要集中于总经理(79人,占39.5%)、实际控制人(46人,占23%)、董事长(40人,占20%)和总工程师或总会计师(22人,占11%)四个职位。另外,就发生在财务管理环节的犯罪行为方式来看,主要集中于贪污、职务侵占、挪用公款、挪用资金、诈骗、合同诈骗等方面。

通过上述的交叉分析,可以发现财务管理环节之所以成为企业刑事风险的第一高发点,主要原因在于:

(1)犯罪高发行业领域显示,这些行业领域存在着大量的资金、物资流动,为从事、分管或者主管财务管理工作的相关人员实施侵吞、窃取、骗取和挪用企业财产、资金的行为提供了客观基础。

(2)企业家犯罪高发人员显示,总经理、实际控制人和董事长作为企业高层管理人员,是企业的"一把手",往往对企业各方面拥有绝对的控制权,并且财务大权往往处于企业的核心位置,为处于"一把手"职位的人员直接介入财务管理环节,进而实施不法行为提供了现实可能。

(3)企业相关管理制度不彰,进一步促使此环节犯罪的高发。由此可见,一方面,企业的财务管理制度存在漏洞,导致窃取、私吞、挪用以及造假骗取企业财产、资金的行为大量发生;另一方面,企业"一把手"的监督失控现象严重,反映出企业内部治理结构欠科学,导致权责不匹配。因此,按照国家新出台的会计准则等来规范企业内部的财务运行状况、细化业务流程、明晰每一笔资金流动去向,都应该成为完善企业财务管理制度的重点。同时,结合企业的实际情况,引入现代企业管理制度,规范企业高管人员的行为,也是本课题中的应有之义。

二、贸易

2013年度第二大风险点为企业贸易环节,发生在企业贸易环节的企业家犯罪案例有79例(有1例企业性质不明),占所有可识别风险点案件总数391例的20.2%,其中,国有企业9例,民营企业69例。与2012年度相比,贸易环节的风险排名从第三位上升到第二位,并且案件数量较2012年度有大幅增加,2012年发生在贸易环节的企业家犯罪案例28例,包括4例国有企业案件和24例民营企业案件。显然,前述数据表明,这两年贸易环节的企业家犯罪案例主要集中在民营企业。

通过交叉分析企业贸易环节与企业经营行业领域、人员职务之间的关系,发现发生在贸易环节的79例企业家犯罪案例,主要集中于零售百货(13例,占16.5%)、电子信息(8例,占10.1%)、金融投资(8例,占10.1%)、能源矿产(8例,占10.1%)和产品制造(7例,占8.9%)这五大行业领域。同时,2013年度有107人是因为贸易方面的问题而涉刑,主要集中在总经理(41人,占38.3%)、实际控制人(30人,占28%)和董事长(23人,占21.5%)三个职位。另外,就发生在贸易环节的行为方式来看,主要集中于诈骗、非法经营等方面。

通过上述分析,可以发现贸易环节的刑事风险高发,主要存在以下几方面的原因:

(1)零售百货、电子信息、金融投资、产品制造和能源矿产等行业,因商机重大,利润丰厚,交易频繁,并且交易额度一般比较大,往往对交易双方形成巨大的诱惑。

(2)诈骗、非法经营等行为在企业贸易环节较为突出,折射出市场经济活动中交易主体诚信严重缺失。

(3)高发人员仍然以企业"一把手"为主,反映出在企业贸易活动中,面对巨额利益诱惑,这些高管决策时缺乏理性和克制,进一步凸显出相关企业决策民主缺乏、权力制约失衡。因此,需要采取内外并进的方式化解贸易环节的风险:在企业外部,要积极营造公平竞争的市场交易环境,确保各种交易规则明确、透明,同时加大对背信犯罪的惩处力度和提高违法成本;在企业内部,规范权力运行,强化重大决策民主性,积极培育企业家精神,强化规范意识的形成,从而在商业活动中,严格按照正常商业流程谨慎行事,冷静面对各种商业机会。

三、企业融资

2013年度第三大风险点为企业融资环节,发生在企业融资环节的企业家犯罪案例有65例,占所有可识别风险点案件总数391例的16.6%,其中,国有企业3例,民营企业62例。与2012年度相比,融资环节的风险排名从第二位下降到第三位,案件数量与2012年度基本持平,2012年发生在融资环节的企业家犯罪案例有54例,包括7例国有企业案件和47例民营企业案件。从前述数据可以发现,这两年融资环节的企业家犯罪案例主要集中在民营企业。

通过交叉分析企业融资环节与企业经营行业领域、人员职务之间的关系,发现发生在贸易环节的65例企业家犯罪案例中,主要集中于金融投资(14例,占21.5%)、零售百货(7例,占10.8%)、能源矿产(7例,占10.8%)、房产建筑(7例,占10.8%)和产品制造(6例,占9.2%)这五大行业领域。同时,2013年度有83人因为融资方面的问题而涉刑,主要集中在实际控制人(33人,占39.8%)、总经理(21人,占25.3%)和董事长(19人,占22.9%)三个职位。另外,就发生在融资环节的犯罪行为方式来看,主要集中于非法集资(非法吸存和集资诈骗)、诈骗、合同诈骗、骗贷等方面。

上述数据,再次印证民企融资难的现实,大量非法吸收公众存款、集资诈骗、贷款诈骗以及骗取贷款犯罪由此引发。上述行业领域中的融资问题之所以突出,与这些行业领域的运行离不开大量的资金紧密相关。而处于这些行业领域的民企罪案高发,尤其是非法集资类案件高发,也反映出民间资本急需投资出口、民间融资借贷市场亟待疏导规范的现实。同时,实际控制人在企业融资环节异常突出,表明当前一些企业的股权结构问题较为突出,导致实际控制人权力滥用。另外,国家有关实际控制人的相关规定不甚明确,而是散见于《上市公司收购管理办法》、两个交易所的《股票上市规则》《中小企业板上市公司控股股东、实际控制人行为指引》等法律文件,使得一般人难以确认公司的实际控制人是谁,进而难以辨别由实际控制人操纵的关联交易,最终导致无法对其关联交易是否公允,以及是否会对公司和其他股东利益造成影响,作出正确的判断。

2013年11月12日,党的十八届三中全会通过中共中央《关于全面深化改革若干重大问题的决定》,其中明确指出:"完善金融市场体系,允许具备条件的民间资本依法发起设立中小型银行等金融机构",以及强调"各种所有制经济的平等",这势必为缓解民企融资难的现状指明前进方向。应该以此为契机,推进金融市场改革,为企业获取资金提供多元化途径,通过鼓励民间金融设立来盘活民间资本,提升资本市场的活力。同时,也要规范企业内部的管理制度,尤其是融资企业应该按照相关规定对外披露相关信息,确保相关人的合法权益得以保障,防止由于信息不对称造成企业内部高管人员侵吞、骗取投资人资金的行为发生。

四、安全生产

2013年度第四大风险点为企业安全生产环节,发生在企业安全生产环节的企业家犯罪案例有27例,占所有可识别风险点案件总数391例的6.9%,其中,国有企业4例,民营企业23例。与2012年度相比,安全生产环节的风险排名从第十位上升到第四位,案件数量较2012年度明显增多,2012年发生在安全生产环节的企业家犯罪案例有5例,包括1例国有企业案件和4例民营企业案件。从这两年的数据来看,安全生产环节的企业家犯罪案例也主要集中在民营企业。

通过交叉分析企业安全生产环节与企业经营行业领域、人员职务之间的关系,发现发生在安全生产环节的27例企业家犯罪案例,主要集中于产品制造(10例,占37%)、能源矿产(5例,占18.5%)、医药卫生(3例,占11.1%)和粮油食品(2例,占7.4%)这四大行业领域。同时,2013年度有48人是因为安全生产方面的问题而涉刑,主要集中于总经理(18人,占37.5%)、实际控制人(15人,占31.3%)和董事长(7人,占14.6%)三个职位。另外,就发生在安全生产环节的犯罪行为方式来看,主要集中于重大责任事故、生产销售伪劣产品、污染环境等方面。

从前述数据可以发现,2013年企业安全生产环节风险"飙升",无论是排名,还是案件数量都有显著"提升"。这可能与2013年发生的几起特大安全生产事故有关,如2013年6月3日6时30分左右,吉林省德惠市米沙子镇宝源丰禽业公司发生特别重大火灾事故,造成119人死亡,引起高度重视,从而促发安全生产检查力度加大,进而有关问题得以暴露。另外,就高发行业领域来看,产品制造、能源矿产等行业劳动密集,安全作业条件较高,前期需要大量资本投入。同时,民企安全生产问题突出,再次反映出民企相对于国企,更加重视成本控制以增强市场竞争力,民企安全生产投入不足,是其削减成本的一个重要表现。近年来,企业安全生产环节犯罪多发,无不表明企业安全隐患突出、安全投入不足、安全检查落实不到位,以及一些企业高管为追求财富而"不择手段"。因此,为有效减少这一环节的风险,应该多管齐下,有关监管部门应该进一步强化安检工作,有效排查安全隐患,以及明确监管责任。同时,就企业内部而言,应该高度重视员工的生命财产安全,真正"以人为本",应该通过技术手段降低生产成本,而不是在安全生产投入等必要成本上做文章。

五、工程承揽

2013年度第五大风险点为企业工程承揽环节,发生在企业工程承揽环节的企业家犯罪案例有19例,占总数的4.9%,其中,国有企业7例,民营企业12例。与2012年度相比,工程承揽环节的风险排名从第六位上升到第五位,案件数量较2012年度显著增多,2012年发生在工程承揽环节的企业家犯罪案例有6例,包括2例国有企业案件和4例民营企业案件。从这两年的数据来看,工程承揽环节的企业家犯罪多发生在民营企业。

通过交叉分析企业工程承揽与企业经营行业领域、人员职务之间的关系,发现发生在工程承揽环节的19例企业家犯罪案例,主要集中于能源矿产(4例,占21.1%)、房产建筑(2例,占10.5%)、金融投资(2例,占10.5%)、粮油食品(2例,占10.5%)和物流运输(2例,占10.5%)这五大行业领域。同时,2013年度有33人是因工程承揽方面的问题而涉刑,主要集中于总经理(15人,占45.6%)和董事长(8人,占24.2%)两个职位。另外,就发生在工程承揽环节的犯罪行为方式来看,主要集中于受贿、非国家工作人员受贿、行贿、单位行贿等方面。

上述数据显示,发生在工程承揽环节的企业家腐败犯罪呈现出增长势头,主要有以下几方面的原因:

(1)民企中的贪腐犯罪现象并没有引起社会的足够重视和关注,成为反腐败的死角和盲区。这种不重视和不关注现状在一定程度上刺激民企高管人员进一步实施贪腐犯罪。

(2)高发行业领域显示,这些行业领域产业链条较长,为企业之间进行不规范工程承揽提供了机会。同时,不可否认的是,一些资质不合格的企业往往通过与发包方之间的"勾兑"获取业务。实践中,一些工程质量事故无不表明,工程承揽环节的腐败行为导致交易成本增加,于是一些企业就会出现为抵冲贿赂成本而降低工程质量的情形。因此,一方面,应该提高对民营企业贪腐犯罪现象的重视,将其纳入国家整体的反腐败体系中探索破解之道;另一方面,细化工程承揽环节中发包、分包的具体流程,"阳光化"工程分包、发包,为减少暗箱操作创造条件。同时,通过明细企业资质要求,淘汰不具资质的企业,消除"豆腐渣"工程隐患。

六、物资采购

2013年度第六大风险点为企业物资采购环节,发生在企业物资采购环节的企业家犯罪案例有12例,占所有可识别风险点案件总数391例的3.1%,其中,国有企业6例,民营企业6例。与2012年度相比,物资采购环节的风险排名从第九位上升到第六位,案件数量较2012年度显著增多,2012年发生在物资采购环节的企业家犯罪案例有4例,包括3例国有企业案件和1例民营企业案件。从这两年的数据来看,物资采购环节的企业家犯罪案例主要集中在国有企业,当然2013年民营企业在物资采购环节发案也有所增加。

通过交叉分析企业物资采购与企业经营行业领域、人员职务之间的关系,发现发生在物资采购环节的12例企业家犯罪案例,主要集中于能源矿产(2例,占16.7%)、产品制造(2例,占16.7%)和物流运输(2例,占16.7%)这三大行业领域。同时,2013年度有14人是因为物资采购方面的问题而涉刑,其职位依次为董事长(6人,占42.8%)、实际控制人(4人,占28.6%)和总经理(4人,占28.6%)。另外,就发生在物资采购环节的行为方式来看,国企主要集中于贪污、受贿,而民企则主要集中于逃税、走私等方面。

前述相关数据显示,尽管国企、民企在物资采购环节都存在较高的刑事风险,且呈现增长势头,但是两种企业高管人员犯罪方式上的差异,进一步表明国企高管往往是基于侵吞国有财产和"出租权力"的目的,而民企高管在此环节实施犯罪多基于减少企业经营运行成本的考虑。另外,国企在物资采购环节之所以刑事风险高发,是因为物资采购从计划经济时代起,就一直是企业运营过程中一个较为重要的贪腐风险点。同时,企业物资,尤其是一些特殊生产设备异质性较强,实行公开招标、比价难度较大,为企业高管收受回扣创造了空间。因此,一方面,针对民企在物资采购环节刑事风险加大的现状,应该对其予以足够的重视;另一方面,细化企业物资采购流程,"阳光化"采购,使其处于有效监督与制约的环境下,消解暗箱操作的可能。

七、招投标

2013年度第七大风险点为企业招投标环节,发生在该环节的企业家犯罪案例有8例,占所有可识别风险点案件总数391例的2.5%。其中,国有企业6例,民营企业2例。与2012年度相比,招投标环节的风险排名从第四位下降到第七位,案件数量较2012年下降近一半。2012年发生在招投标环节的企业家犯罪案例有17例,包括13例国有企业案件和4例民营企业案件。从这两年的数据可以看出,招投标环节的企业家犯罪多发生在国有企业。

通过交叉分析企业招投标环节与企业经营行业领域、人员职务之间的关系,发现发生在招投标环节的8例企业家犯罪案例,主要集中于粮油食品(2例,占25%)、餐饮服务(2例,占25%)这两大行业领域。同时,2013年度有10人是因为招投标方面的问题而涉刑,其职务分别为总经理职位(5人,占50%)、实际控制人(3人,占30%)和董事长(2人,占20%)。另外,就发生在招投标环节的犯罪行为方式来看,两类企业家在该领域的犯罪方式不尽一致。在招投标过程中,更多居于招标一方的国企老总、高管实施了受贿犯罪,而更多为中标而参与串标、围标的民企老总则实施了行贿犯罪。

由于招投标环节的犯罪企业家多系国有企业的高管,而2013年这一环节的案件下降近一半,这种"好转"可能更多与国家2013年的高压反腐态势紧密相关。这种反腐态势,也对一些国企高管产生了威慑力。随着国家反腐力度的不断加大,如何将国企领域的反腐制度化、长效化,应该是未来规范国企高管行为的一个重大课题。另外,国企受贿与民企行贿这种对合形式,进一步反映出国企、民企在市场经济中的地位不平等,国企往往基于自身的垄断权为进行权力"出租"奠定了基础,而民营企业为了获得市场份额,往往被动选择"寻租",正是这种异化的市场"供需"关系,导致了两者的对合形式。另外,行为人都为"一把手"的职务分布情况,也说明权力监督与制约不到位很容易引发权钱交易。尽管我国已有《招标投标法》《招标投标法实施条例》等规范性法律文件,但有关招投标的具体规则与流程,还需继续改进与细化,执行力度尚待加强。

八、产品质量

2013年度第八大风险点为企业产品质量环节,发生在企业产品质量环节的企业家犯罪案例共有5例,全部为民营企业,占所有可识别风险点案件总数391例的1.3%。与2012年度相比,产品质量环节的风险排名从第五位下降到第八位,案件数量较2012年略有下降,2012年发生在产品质量环节的企业家犯罪案例有7例,其中国有企业1例,民营企业6例。从这两年的数据来看,产品质量环节的企业家犯罪案例也主要集中在民营企业。

通过交叉分析企业产品质量环节与企业经营行业领域、人员职务之间的关系,发现发生在产品质量环节的5例企业家犯罪案例,分布于粮油食品(3例,占60%)、产品制造(1例,占20%)和娱乐休闲(1例,占20%)这三大行业领域。同时,2013年度有7人是因为产品质量方面的问题而涉刑,其职务分别为实际控制人(5人,占71.4%)、总经理(1人,占14.3%)和总工程师(1人,占14.3%)。另外,就发生在产品质量环节的犯罪行为方式来看,主要集中于生产有毒、有害食品,诈骗,合同诈骗等方面。

从前述数据可以看出,民企在食品、制造业等民生领域制假、造假现象依然十分严峻,在粮油食品等与人们生活息息相关的产业上,全然不顾消费者的人身安全,进一步折射出一些企业家"唯利是图"的人格缺陷,全然背离了当代企业家应有的社会责任。在进一步加大伪劣商品查处力度、提高违法成本的同时,如何进一步规范行业标准,实现商品生产、流动与消费的全流程监控,对最大限度地降低制假、造假的机会至关重要。

九、人事任用

2013年度第九大风险点为企业人事任用环节,发生在企业人事任用环节的企业家犯罪案例有5例,全部为民营企业,占所有可识别风险点案件总数391例的1.3%。与2012年度相比,人事任用环节的风险排名从第七位下降到第九位,案件数量保持不变,但是2012年发生在人事任用环节的企业家犯罪全部为国有企业,且均为受贿罪。

通过交叉分析企业在人事任用与企业经营行业领域、人员职务之间的关系,发现2013年发生在人事任用环节的5例民企企业家犯罪案例,主要集中在产品制造业(2例,占40%)。同时,2013年度有6人是因为人事任用方面的问题而涉刑,其中有3人为董事长,占50%。另外,其行为方式主要是诈骗和贿赂。

2013年度,国有企业在人事任用环节没有发案,呈现"好转"态势,可能与国家采取反腐政策密切相关。继党的十八大召开后,中央先后分两轮向有关机关、企事业单位等派出20个巡视组,成果显著,一些"老虎和苍蝇"相继受到查处,形成强大的威慑力。但是民企却在这方面案件高发,说明民企当中的反贪腐斗争仍然是我国目前反腐败体系中的软肋;行为人多为企业"一把手"的现象,也再次表明由于权力监督不到位,为民企高管进行"权力放租"提供了机会。十八届三中全会首次提出"要使市场在资源配置中发挥决定性作用",随着市场的进一步放开,如果相关的制度建设和防范活动不及时跟进,势必促使民企中的腐败现象进一步滋长。对此,在国家、社会和企业层面都应该高度警惕。

应当指出,尽管2013年国企在人事任用环节出现了从"全有"到"全无"的重大转变,但并不能说明国企在人事任用环节不存在风险。相反,这种急剧的转变,恰恰说明国企在人事任用环节隐含着较大风险。因为国有企业在权力结构上与政府部门类似,而在当前我国政治生态尚未得到根本好转之前,官场潜规则在国企同样存在和流行。加之,当前国企相关管理制度的不完善,为一些国企高管在人事任用上实施"权力勾兑"提供了机会。所以,加强国企领域廉政建设和完善人事任免制度,仍然是减少国企刑事风险的重要举措。同样,民企在人事任用环节出现了"全无"到"全有"的变化,也未必是"坏事",这实际上传递了一个重要信息——民企中的腐败现象正在逐渐浮出水面,水面之下的"腐败冰山"究竟还有多深,应引起人们的高度重视。因为民营企业的腐败,不仅会导致民营企业自身的衰败和影响经济的健康发展,而且它与官员腐败和国企腐败现象息息相关。

十、公司设立、变更

2013年度第十大风险点为公司设立、变更环节,该风险点是2013年企业家犯罪的一个新增风险点。发生在公司设立、变更环节的企业家犯罪案例有2例(国企、民企各1例),占所有可识别风险点案件总数391例的0.5%。2例案件涉案人员的职务均为董事长,其中,国企人员涉案罪名为贪污罪,民企人员涉案罪名为虚报注册资本罪,并且民企所在经营领域为房产建筑,国企经营领域信息不明。

由此可见,尽管国企、民企在公司设立、变更环节都存在刑事风险,但是两者之间存在差异。其中,一些国企人员在公司的设立、变更环节实施犯罪,更多是想借公司资本变化之际侵吞国有资产,这也进一步反映出部分国企高管企业家精神的缺失,未能履行自己国有资产"代理人"的基本职责。而民企企业家实施此类犯罪,多是为了获取经营资格,即取得工商登记和营业执照,这在一定程度上涉及了我国现行公司登记制度的合理性问题。

2013年10月25日,国务院常务会议确立了注册资本登记制度改革,降低了准入门槛,同时也强调通过年度报告制度、企业诚信制度建设等,做到宽进严管,强化市场主体责任,促进形成诚信、公平、有序的市场秩序。随着公司注册资本门槛的降低,必然会有越来越多的公司注册成立,例如,有关数据显示,深圳市自2013年3月1日施行商事登记改革以来,到9月30日全市新登记24.2万户,比2012年同期增长130%,是2012年全年新登记数量的1.5倍。如何在最大限度降低创业成本和激发社会投资活力的同时,确保企业高管人员在企业设立、变更时不会侵害相关人的合法权益,应该成为一个重要问题。应该以注册资本登记制度改革为契机,进一步规范公司设立、变更操作流程,尤其是相关信息的披露,确保相关人能够及时获取较为全面的信息,并及时采取相应措施,进而避免一些企业高管人员单方面借助企业成立、变更,变相实施侵害相关人合法权益的行为。

第五部分 2013年企业家犯罪"十大案例"评析

对463例企业家犯罪案件案例,综合考虑犯罪的危害程度、涉案金额、宣告刑、影响面、典型性、社会关注度、研究价值、犯罪类型以及案件的时效性等多项指标,选出"年度十大企业家犯罪案例",以此进一步反映出企业家犯罪的特点和变化趋势。

一、中石油腐败窝案

案情概要 2013年8月26日,监察部网站发布消息,中国石油天然气集团公司副总经理兼大庆油田有限责任公司总经理王永春涉嫌严重违纪,正接受组织调查;27日,中国石油天然气集团公司副总经理李华林、中国石油天然气股份有限公司副总裁兼长庆油田分公司总经理冉新权、中石油股份公司总地质师兼勘探开发研究院院长王道富等3人,也被公布涉嫌严重违纪接受组织调查;9月1日,监察部网站消息称,国务院国资委主任、党委副书记、原中国石油董事长、党组书记蒋洁敏涉嫌严重违纪接受组织调查,此次被调查距离其上任国资委主任不足半年。这位曾被业内视为中石油上市"功臣"的高官,成为新一届政府首个落马的正部级干部,"十八大"后首个被查处的中央委员。据媒体报道,作为此轮中央反腐的重头戏,该案在纵向横向两个维度上全面深入推进,其力度在石油系统内前所未有。一方面,中石油系统内多名官员被调查或协助调查;另一方面,多家与中石油有关联的民营企业也深陷其中。综合媒体报道,"中石油窝案"主要发生在油田低品位区块对外招标、合作开发、海外收购、设备采购等诸多领域。此外,由于中石油在美国发行了存托证券(ADR),美国Pomerantz Grossman Hufford Dahlstrom & Gross事务所已代表在2012年4月26日至2013年8月27日之间购买了中石油的股民向纽约南区法院提起了集体诉讼。

要点透视

(一)"体系性腐败",折射国有企业官僚化的体制缺陷

"中石油窝案"将三个关键词带入公众视野:"胜利油田系""西南石油学院"与"高层秘书"。此番窝案头号主角国资委主任蒋洁敏、在中石油系统权倾一时的李华林、被媒体分析认定为窝案查处关键人物的中石油昆仑天然气利用有限公司原总经理陶玉春,乃至此前被查处的原四川省委常委、省人大常委会副主任郭永祥,均曾任职胜利油田,出自"胜利油田系"。这些人之间互有交集,关系盘根错节。从另一视角考察,2013年8月底落马的4位中石油高层,有3位毕业于西南石油大学(原西南石油学院),他们分别是王道富、李华林、冉新权。该校77—79级学生,很多都在三大石油公司担任高管职务。这一人事格局虽由学校专业优势、企业业务需求、个人素质及历史条件等多方面因素共同促成,但"校友"背景及其网络也的确有利于他们在石油体系中的升迁。更引人关注的是,该窝案、串案中的两位重量级人物——李华林、郭永祥都当过"高层秘书",这种任职经历在职场的重要性不言而喻。"中石油窝案"错综复杂的人际关系,反映出大型国企贪腐乱象的"体系化"特征,而"体系化腐败"所折射出的,正是国企人事体制官僚化、关系化乃至人身依附化这一不得不改的顽疾。

(二)缺乏监督的权力运行机制是国企官员贪腐的制造者

与中石油官僚化体制相对应的是公司内部等级森严的权力结构,每一层级的"一把手"在其权力范围内有绝对的决定权,除了服从上级领导人的权威,企业运行层面的监督与制衡极为缺乏。一个部门主管或分公司的领导,就能决定数亿元的工程承包、物资采购项目。2000年后,出于国家能源战略安全的需要,为了保证国内稳产、积极开拓海外油气权益,中石油以提高产能为中心,给下属企业负责人进一步扩权,只要能完成任务,下属企业负责人就可按照自己的意志支配控制采购、项目招标等事项。中石油在国外斥资数十亿美元收购的"优质项目",最后却资源贫乏;而中石油卖给民企的低品位油气田,却可以原油滚滚,这其中的利益输送管道正是在权力缺乏监督制衡的运行状态下打开的。可以说,缺乏监督的权力运行模式,为中石油贪腐窝案的发生埋下了隐患。

(三) 权力助推下的垄断是贪腐的培养液

在市场经济环境中,不违法的自然垄断、适度垄断,符合经济规律。但问题是,中石油等央企对石油市场的垄断是权力助推形成的"行政垄断",这种垄断是对市场机制的消解,是权力寻租的有力保障。按照有关规定,我国陆上油气开采权由中石油、中石化把控,海洋石油开采由中海油独占。中石油、中石化、中国中化及珠海振戎四家央企有权执行无限量的"原油进出口国营贸易"。结果,中石油和中石化占据了几乎所有国内原油供应渠道。绝对权力催生绝对腐败这一通常被用来形容无制衡之国家公权的说法,在中石油窝案中得以应验。由此,打破垄断,向民间资本打开石油经营之门,不仅是市场化改革的要求,也是垄断领域反腐的迫切需要。

(四) 高收益领域、高收益时期应成为相关监管、监督的重点

作为一种管理活动,监管、监督也会付出成本,当这种成本付出与反腐收益不成比例时,监管、监督的过度投入就会因不符合经济理性而与企业、社会所追求的目标相背离。因此,无论是国家相关监管机构还是国企内部的监管部门,在实务上必须重点突出,以点带面。贪腐作为某种寻求经济利益的非法行为,更可能发生在高收益领域、高收益时期。有数据显示,石油、电信、金融3个国有垄断行业每年赚取的利润占据了整个社会总利润的半壁江山,中石油2013年前三季的收益更是达到了惊人的日赚约3.5亿元,贪腐窝案在这样一个时期发生在中石油这样一家国企,不能不说具有相当的必然性。从这个角度分析,越是身处"牛市"的巨额盈利国企,越应该成为相关部门监管、监督的重点。

(五) 不建立良好的公司治理结构,"高薪养廉""强力反腐"难治根本

石油系统的反腐力度不可谓不大,蒋洁敏并非第一个遭到查处的"石油大佬"。就在2009年,同为巨型石油国企"一把手"的中石化原董事长、总经理陈同海,因受贿罪被判处死刑缓期两年执行。另一方

面,石油系统高官的收入也不可谓不高,以本次落马的李华林为例,他2012年的薪酬高达1387.2万港元(约合1094.7万元人民币),比当时的集团公司总经理、股份公司总裁周吉平的年薪都要高。然而,没有良好的公司治理结构,没有有效的权力运行机制,单纯的"高薪"未必能够"养廉",一味的严打、加大处罚力度也未必能有效遏制腐败的势头。

二、巨鑫联盈高管非法吸收公众存款案

案情概要 注册资金为2000万元的北京巨鑫联盈科贸有限公司成立于2005年。2009年12月至2012年5月间,公司法定代表人朱梓君伙同公司其他高管,假借销售商品、以"联合加盟方案"为依托,通过网络、推介会等途径,拉会员加盟收取巨额加盟费。为此,公司设计了一套"返利模式",即消费者参与销售分配,公司每期拿出销售业绩的1%作为利润返还给消费者,共返25期。消费者花3万元入会消费,即使公司销售业绩下滑,消费者也能得到7500元保障基金补偿。短短3年,公司即在全国发展了4.5万个加盟商,从大学教授到下岗女工都参与其中,总计变相吸收公众资金人民币26亿余元,成为北京市金额最大的非法吸收公众存款案。2012年5月,北京警方对巨鑫联盈公司立案侦查,查封了巨鑫联盈在国内的所有营业网点,将13名涉案人员抓获归案。2013年8月,该案在北京市第二中级人民法院开庭审理。检方认为,13名被告人变相吸收公众存款,扰乱金融秩序,数额巨大,应以非法吸收公众存款罪追究刑事责任。与之相对,该案第一被告朱梓君的律师为其作无罪辩护,称该公司的运作是一种新的营销模式。此案因案情复杂,至2013年12月仍未宣判。另据报道,在警方介入调查之初,有人自称能疏通警方高层关系为公司转型规避责任争取时间,骗走"疏通费"1000万元,该"案中案"犯罪人王勇目前已被法院以诈骗罪判处无期徒刑。

要点透视

(一)"经营创新"隐含的刑事风险值得企业家警惕

本案第一被告巨鑫联盈公司法定代表人朱梓君在庭审中提出,公司在经营过程中存在实际销售行为,其"返利模式"与直接基于本金给

付高息的非法集资不同,其行为性质属于创新投资模式,不构成非法吸收公众存款罪。但最高人民法院《关于审理非法集资刑事案件具体应用法律若干问题的解释》对"非法吸收公众存款或者变相吸收公众存款"所界定的外延较广,涵盖了"借用合法经营的形式吸收资金"等具有相当解释空间的行为类型,任何未经有关部门依法批准面对不特定公众融资的"创新",都将面临巨大的刑事风险。除了本案涉及的非法吸收公众存款罪,类似非法经营罪一类极具适用弹性的罪名,都可能为企业家的"试水""创新"行为带来巨大刑事法律风险,值得企业家格外警惕。

(二)国家应寻求金融风险与经济利益、监管秩序与市场活力之间的平衡

该案另一值得注意的现象是,许多"加盟者"并不认为自己是"被害人",一些参与集资的"加盟代表"在法院外举牌声援被告人,坚称"巨鑫联盈创新无罪"。在应然意义上,设立非法吸收公众存款罪的最终目标应定位于保护公众资金的安全,而不是某种抽象的金融秩序,更不是这一秩序背后暗含的金融垄断利益。同时,大量民间资本迫切需要保值、增值渠道,大量民营企业又存在对资金的巨大需求,对民间金融行为的绝对禁止或过度管制,有违市场规律。但另一方面,企业吸收公众存款在监管缺失的情况下,的确存在兑付不能,并最终导致集资参与人资金损失的巨大风险。在极端案例中,众多参与者的巨额资金损失还会影响到某一行业或区域的整体金融秩序和经济发展,严重的甚至会危及社会稳定。因此,如何在整体上兼顾金融风险与经济利益、监管秩序与市场活力之间的平衡,既是制度设计者亟待系统解决的重大课题,也是执法、司法机关刑事政策拿捏的重要参照。

(三)政商掮客应成为企业家欺诈性被害预防的重点目标

本案"案中案"犯罪人王勇之所以能够诈骗得逞,得益于巨鑫联盈公司决策层对其关系网络及活动能力的信任。在他们心目中,王勇是一个认识许多官场重要人物,"非常有本事,能办很多大事"的人。游走于灰色地带的角色特性,为政商掮客们实施各种欺诈性侵害行为提供了绝佳条件,企业家在寻求这类人帮助时应格外慎重,谨防被害。

三、丁书苗行贿、非法经营案

案情概要 丁书苗(丁羽心),博宥投资管理集团有限公司法人代表,中国高铁及衍生项目重要既得利益者之一,集团公司旗下企业涉足高铁设备、影视广告、酒店等多个领域。2004年至2010年,丁书苗及其控制的公司在时任铁道部副部长刘志军的帮助下,通过倒卖铁路货物运输计划、利用铁路货物运输计划从事煤炭经营获利约4.4亿元。在刘志军"大跨度"发展高铁期间,丁书苗的生意亦进入高铁领域。两人通过干预招投标的方式合作,刘志军帮助丁书苗指定的国企中标,丁书苗按工程标的额1.5%至3.8%的比例收取好处费,获利24亿余元。2006年,丁书苗与山西某国企合作成立公司投资高铁轮对项目,刘志军帮助丁书苗获取铁道部批文,丁书苗因此得到该公司60%的股份,价值近1亿元。2008年,丁书苗成立高铁传媒广告公司,在刘志军的帮助下,独家获得高铁车站LED屏的广告业务。

2008年至2010年间,丁书苗为感谢刘志军的帮助,按照刘志军的授意,为原铁道部政治部主任何洪达开脱或减轻罪责、为刘志军职务调整创造条件疏通关系,先后两次以花钱办事的方式给予刘志军钱款共计4900万元;为达到树立正面形象以逃避有关部门查处的目的,丁书苗经与时任国务院扶贫开发领导小组办公室外资项目管理中心主任的范增玉商议,由丁书苗向该中心捐款,由范增玉利用职务之便为其安排在有关表彰会上发言、在有关刊物上刊登慈善事迹等。为此,丁书苗先后38次给予范增玉财物共计折合人民币4000余万元。

2013年9月24日,丁书苗在北京市第二中级人民法院受审,对以上检控内容当庭表示认可。

要点透视

(一)依附权力成为一些企业家暴富的捷径

丁书苗从一名贩卖鸡蛋的村妇打拼为一位拥有亿万资产的企业家,其最大的"经营秘诀"就是依附权力。尤其是在与原铁道部部长刘志军结盟之后,丁书苗及其所控企业的资产迅速膨胀,仅靠干预高铁项目招标,其非法经营数额便达到1788亿余元,该金额与2010年山西省财政收入(1810亿元)大体相当,是2010年全国铁路投资总额

(7 074亿元)的1/4,同时也为她带来了30余亿元的"中介费"。但另一方面,诸如中国水利水电建设集团公司、中铁十局、十三局、二十局集团有限公司等有建设资质和实力,甚至居于"体制内""系统内"的大型国企,要想获得高铁项目,还须通过丁书苗这位铁路建设的"门外汉"出面搞定。显然,在丁书苗式企业家暴富的背后,是极不正常的政商关系,给合法企业带来了极为恶劣的经营环境,是国家公权力的"个人化""私有化",是国家和全体国民利益的重大损失。而这一切恶果的根源,都在于公权运行机制本身,而非丁书苗们的"专营功力"或"物质欲望"。

(二)展示政界人脉及"公益业绩"成为民企"企业形象"的打造重点

在中国现实语境下,企业家的政界人脉及公益慈善形象,无论对其经营发展、资源获取,还是对潜在法律风险的规避都有一定程度的帮助。为拓展并显示政界人脉,丁书苗设立了"英才会所",将多国政要和前政要聘为高级别咨询理事,其创办的首都秘书界新春联谊会有400多位中央及地方领导出席。为塑造企业公益形象,2008年汶川地震后,丁树苗的博宥集团先后捐资1.14亿元,2009年在人民大会堂举行了1.5亿元的中国妇女发展基金会"博宥基金"的成立仪式。作为"回报",丁书苗先后成为山西省政协委员,中国扶贫开发协会副会长,华人报经济文化专刊副主编,2006年获国际科学与和平周贡献奖、山西省"扶贫攻坚先进个人"称号,2007年当选为中国诚信英才,2008年博宥集团获"扶贫救灾爱心企业"称号。然而,在这些炫目的政界人脉及公益慈善秀的背后,却隐藏着严重的经济犯罪和政商腐败,如何引导企业家潜心干好企业家该干的事儿,成为政府当下最为重大的课题之一。

(三)官商利益输送管道已开始脱离传统"收钱办事"型的贿赂模式

传统"收钱办事"型的贿赂模式在丁书苗案中出现了相当程度的"变异",这一点在丁书苗与刘志军之间表现得尤为明显。控方指控丁书苗贿赂刘志军主要有两笔:一是按照刘志军的授意为原铁道部政治部主任何洪达开脱或减轻罪责找人斡旋,该项出资在实际操作中被人骗走;二是帮助刘志军职务调整疏通关系所支出的费用。显然,在丁书苗与刘志军之间,已建立起一种长期的"官商合作"关系,刘志军利用职务之便帮助丁书苗获取经济利益,但并不立即收取作为报酬的财物,而是在自己需要"办事"的时候,让丁书苗花钱、找人、出力搞定即可。在这一过程中,职务行为与作为传统贿赂物的财物之间,对价关系被刻意淡化,这无疑会极大提升程序上侦查发现以及实体上犯罪认定的难度,降低相关人员遭到查处的法律风险,从而间接加剧了腐败的发生。近年来,这种新型的模式已在许多案件中有所体现,立法机关有必要对此作出回应,对贿赂犯罪的构成要件及时作出改造调整。这既是《联合国反腐败公约》的要求,也是中国现实反腐败司法实践的需要。

四、葛兰素史克高管涉嫌行贿、受贿案

案情概要 近年来,葛兰素史克(中国)投资有限公司(GSK)为达到打开中国药品销售渠道、提高药品售价等目的,利用旅行社等渠道,采取直接行贿或赞助项目等形式,向个别政府部门官员、少数医药行业协会和基金会、医院、医生等大肆行贿。同时,葛兰素史克(中国)投资有限公司高管也利用参与决定会议承办商的权力,索取或收受旅行社方面提供的贿赂。在这一过程中,涉案旅行社实际成为葛兰素史克(中国)高管个人侵吞公司资金以及向相关人员行贿的提款机,而葛兰素史克(中国)投资有限公司每年为此支付的、被严重虚报的高额会务费则最终表现为药价的虚高。葛兰素史克(中国)投资有限公司进入警方视线,缘于对上海一家名不见经传的旅行社的调查。这家旅行社基本不组织游客旅游,仅靠承接葛兰素史克(中国)投资有限公司等外资药企的会议,年业务量就达1亿多元,这引起了警方的注意。经调查,葛兰素史克(中国)投资有限公司涉案,有重大经济犯罪嫌疑。2013年6月,公安部部署上海、长沙、郑州等地的警方负责侦办此案。至2013年7月11日,公安机关对葛兰素史克(中国)投资有限公司和相关旅行社涉案犯罪嫌疑人依法采取刑事强制措施,相关犯罪嫌疑人对犯罪事实供认不讳。

要点透视

(一)"会务腐败"成为规避各种反腐监管措施的重要手段

葛兰素史克(中国)投资有限公司作为一家大型跨国药企,拥有比国内许多企业更为严格的监管措施和内控机制,针对财务管理更为严谨,致使高管无法从公司账户直接取得与贿赂相关的费用。为了适应医药市场恶性竞争乱象,葛兰素史克(中国)投资有限公司高管以外包会务、虚报会务费用的形式,将提取行贿资金这一风险行为外移,同时也为自己侵吞公司财产营造了固定渠道。事实上,类似操作模式在许多监管相对严格的企业都有可能采用,"会务腐败"已成为企业高管规避各种反腐监管措施的重要手段,理应成为企业反腐的重点。

(二)贿赂手段呈多样化、隐蔽化趋势

随着反腐力度的增大,腐败的形式出现了新变化。近年来,贿赂手段日趋多样化、隐蔽化,有些手法已进入法律的灰色乃至空白地带。为承接葛兰素史克(中国)投资有限公司的会议,临江旅行社老板翁剑雍对葛兰素史克(中国)投资有限公司高管梁宏旅游的"爱好"可谓尽数满足,为后者旅游"补贴花费"近50万元,而后者仅心照不宣地支付旅行社报出的超低价格。另外一家旅行社为了拉拢葛兰素史克(中国)投资有限公司高管,专门雇用年轻女性向特定高管提供性贿赂,时间达4年之久。而药企直接或通过相关部门、协会向医院方面人员提供"会议旅游"或"科研经费",也是近年来较为常见的贿赂手法。这些贿赂手法的运用,无疑会在相当程度上加大司法查处的难度,有些行为方式(如性贿赂)甚至难以追究,国家有必要在立法层面对此作出回应。

(三)"以药养医"及利益链过长是医药行业腐败和药价虚高的推手

"以药养医"缘起于新中国成立后财力不足、政府放权给医院将药品加价后卖给消费者。一家内部监管严格的跨国药企在中国却极力规避各种反贪腐机制、大肆实施贿赂犯罪,折射出我国"以药养医"体制的严重弊端。此外,一种药品要上市,药企要与各个部门打交道——注册涉及药监部门,价格涉及发改委,进医保涉及劳动与社会保障部门,进入地方涉及地方招标办,进入医院涉及医院院长、药剂科长、科室主任、医生,环节过多。葛兰素史克(中国)投资有限公司涉案高管受访时坦陈,包括行贿费用在内的各种运营成本,助推了药价虚高,保守估计,"运营成本"占到药价成本的20%~30%,可见,"以药养医"及过长的利益链,已成为医药行业腐败和药价虚高的推手。

五、"万家购物"网络传销案

案情概要 2010年应建成等12名股东出资设立浙江亿家电子商务有限公司,该公司曾是金华市政府扶持的高新技术产业,享受国家3年免税的特殊优惠政策。之后,应建成等人以公司旗下的"万家购物"返利网站和"百业联盟"加盟店为平台,展开"购物返现""零成本消费"活动。按照"万家购物"的返利模式,加盟商每销售500元金额的产品,需上缴16%的佣金给"万家购物","万家购物"则每天拿出10%的佣金返还给累计消费满500元的会员,剩下6%佣金作为工作人员的工资、公司开支以及公司盈利。"万家购物"同时规定:会员每消费500元获得一个分红权,每个分红权每天最多可返利1元。也就是说,消费者在"万家购物"购买价值500元的商品,理论上在500天后便可收回全部消费款,实现"零成本消费"。然而,这种返利模式的本质是用后人的消费支付前人的返利,其持续运行以公司销售业绩不断以几何级数增长为前提,而这是不可能达成的。自2012年2月15日"万家购物"推出"一元返利"后,公司每天亏损600万元,至2012年6月11日,公司账面资金结余1.56亿余元,分红权总数5 607万个,"万家购物"应偿付会员的债务为7.73亿元,最终将形成对会员的待分配分红返利债务240.45亿元。该案涉案人员近200万人,是目前已知全国最大的网络传销案件。2013年8月7日,浙江省金华市婺城区法院作出一审判决,被告人应建成犯组织、领导传销活动罪、故意伤害罪,数罪并罚,判处有期徒刑15年、罚金200万元,杨江峰、邵康、叶飞林等14名被告人也分别获刑。2013年11月1日,该案二审判决维持原判。

要点透视

（一）传销进入电子时代，识别更为困难

亿家电子商务有限公司利用电子商务平台，以"购物返现""零成本消费"等"创新营销模式"对其传销活动进行包装，在形式上与传统模式的传销存在一定差异，不易为普通消费者、加盟商乃至监管部门及时识别。事实上，"万家购物"网络传销案发，并不缘于被害人举报或相关部门的查处，而缘于媒体根据个别人士质疑所展开的报道。在此之前，公司发展极为迅速，不仅参与会员数量猛增，当地政府部门也对其经营业绩予以高度评价（"万家购物"的日营业额一度达到3亿元，在全国范围内超过京东商城，仅在淘宝网之后）。2011年度荣获当地"纳税超千万企业""现代服务业十强企业""服务业政策兑现企业代表"三项荣誉称号。

（二）相对于传统传销，网络传销犯罪的危害更为严重

一方面，不断创新、方便快捷的电子商务为传销活动的变异、升级、存活提供了条件；另一方面，网络技术的介入也让传销网络的扩张提升到了前所未有的速度，与之相应的必然是危害后果严重程度的加剧。至2012年5月底，"万家购物"实体联盟店已遍布全国31个省、直辖市、自治区的2 300多个县市，9万多家加盟商，近200万名会员，其中拥有分红权的高级会员75万多人，待分配分红返利债务高达240.45亿元。网络传销被害群体范围之广、数额之巨、扩展速度之快，已非传统传销可比。另外，网络传销被害人还有一个重要特点：绝大多数被害人根本没见过犯罪的组织者和领导者，一切活动都以虚拟的网络为媒介展开，一旦造成损失，寻求救济极为困难。

（三）电子商务的监管力度不够，法律、法规严重滞后

传统传销模式以实体人际网络为依托，只要加强典型案例的宣传，人们很容易借助人际交往经验予以识别，传销活动依靠网络技术的进步向新兴电子商务领域拓展是其变异、升级、存活的必然选择。但从政府监管角度看，相关部门的工作重心显然未能及时调整到位，对电子商务领域新出现的传销活动缺乏应有的监管力度。我国目前对电子商务的监管主要集中于市场准入环节，准入之后的具体经营模式、真实交易状况这些与可能的犯罪活动高度相关的部分反倒处于监管薄弱地带。另外,现行法律、法规相较于近年迅猛发展的电子商务已明显滞后,亟待出台预防、惩治电子商务领域违法犯罪活动的系统化法律规范。

六、新广国际集团陈建臻受贿案

案情概要 2013年8月23日,广东新广国际集团窝案的重要人物之一、广东新广国际集团房地产开发有限公司原副董事长陈建臻因受贿人民币576万余元、港币10万元在广州市中级人民法院一审开庭审判。法院认为,公诉机关起诉指控陈建臻受贿的基本犯罪事实清楚、证据确实充分,罪名成立,应予支持;认定陈建臻受贿的数额及陈建臻构成挪用公款罪不当,予以纠正。陈建臻在被羁押期间提供重要线索,使侦查机关得以侦破其他案件,有立功表现,依法予以从轻处罚;案发后,陈建臻退出赃款人民币12万元,依法予以酌情从轻处罚。一审以受贿罪,判处陈建臻有期徒刑13年,并处罚金100万元。

据当年广东省纪委通报,新广国际重大经济损失案,是一起以广东新广国际集团有限公司原董事长、党委书记吴日晶为首的重大经济违纪违法案。检方披露,2006年年底,陈建臻与集团董事长吴日晶等人纠合,设立新广贸易分公司,单独经营电解铜业务。吴日晶等人被指名义上由陈自业的中南创展公司承包其电解铜业务,实则假借业务利用新广国际集团的信用证套取现金,将新广国际集团的电解铜货款挪至中南创展公司的指定账户,挪出后由吴日晶、冯志标等4人支配,用于投资房地产项目等谋取个人利益。其中,吴日晶被指负责统筹分工,冯志标负责资金具体运作,陈自业负责接收资金,陈建臻则负责找项目运作。

要点透视

(一)国企的"特权"有违市场规则,并增大刑事风险

据悉,在未发生实际贸易的情况下,新广国际与贸易伙伴签订虚假进出口合同后,向银行申请开出信用证,以解决资金短缺问题。为填补投资所需的资金缺口,便"以新还旧",不断地循环开证以套取现金,这成为新广国际集团窝案最重要的犯罪手法,也为该案重大经济损失的最终形成提供了条件。值得注意的是,新广国际在巨亏曝光后仍可筹集到巨额资金,其中缘由自然有当时宽松货币政策的背景因素,但更为重要的是,省属国企的金字招牌为其开具信用证提供了有力保障。国企,尤其是大型国企在现实经济生活中享有的种种"特权",既违背基本的市场规则,更增大了企业自身的刑事法律风险和经营风险。

(二)国企公司治理结构流于形式、管理层人身依附化

公司治理的目标是使所有者不干预公司的日常经营,同时又保证经理层能以股东的利益和公司的利润最大化为目标。为此,需要建立其对公司进行有效管理和控制的体系,完善公司治理结构。然而,人事组织部门主导下"出则为商,入则为仕"的国企任职模式,极大阻碍了大型国企公司治理结构的完善,"一把手"权力缺乏监督,在其周边很容易形成一个人身依附性极强的"小圈子"。董事会、经理层、股东和其他利害相关者的责任和权利分布,决策公司事务时所应遵循的规则和程序在这类国企中流于形式,一旦"一把手"决意实施犯罪,"小圈子"成员必然深陷其中,"窝案"由此形成。

(三)陈建臻挪用公款罪未被法院认定,凸显审判独立性增强

法院认为陈建臻不构成挪用公款罪的理由是:检方指控的2 200万元公款系陈建臻个人决定挪给其他单位使用,陈建臻为此收受10万元,其行为同时构成受贿罪,应以较重的受贿罪处罚;另外2 000多万元公款属单位决定供其他单位使用,不构成挪用公款罪。对检方追加指控参与挪用公款约2.38亿元,法院认为,现有证据仅能证实陈建臻参与讨论设立新广贸易公司以及将该公司发包,但对该公司能否成立及发包,陈建臻没有决定权,也没有参与运作,现有证据也不能证实他从中获取了利益,追加指控不能成立。法院否定该项指控,无论在法律技术上当作何种评价,法官能够依据自己对证据事实的判定以及对法律的理解独立下判,已在相当程度上折射出法院审判独立性开始走强。

七、上海"红顶商人"金卫国诈骗案

案情概要 金卫国,曾任史泰博(上海)有限公司法定代表人,上

海市政协委员,连续三年荣登《福布斯》慈善榜。上海市第二中级人民法院审理查明:1994年至2011年,金卫国先后实际控制上海欧爱电子商务有限公司等17家公司,并担任部分公司法定代表人,其中大部分公司系无实际经营活动的空壳公司。2004年至2010年,金卫国担任史泰博(上海)有限公司法定代表人。2007年至2011年,金卫国在明知自己名下的公司无实际履约能力、已资不抵债的情况下,仍诱骗他人出资、谎称购买苏州工业园区厂房、借壳海外上市等理由,在履行合同中骗得浙江某服装公司等当事人财物达3.4亿余元。2008年至2010年,金卫国以非法占有为目的,通过编制虚假会计报表等方式,从某银行骗取贷款3900万余元转至其控制的关联公司或者用于个人消费。2013年5月17日,上海市第二中级人民法院以贷款诈骗罪、合同诈骗罪数罪并罚,判处金卫国无期徒刑、剥夺政治权利终身,并处罚金250万元人民币。

要点透视

(一)"冒险资本游戏"蕴含巨大刑事风险

与传统意义上骗钱挥霍的骗子不同,金卫国之"骗",是为了实现借壳海外上市的商业目标,该目标一旦实现,所有被"骗"资金在理论上都有偿还的可能。为了达成该目标,金卫国需要大量的资金扩大经营规模,提升经营业绩。他不惜让其实际控制的上海军利航空服务有限公司以"高进低出"(以高于航空公司售票返点的比例向其下级代理商返点)的方式,亏本经营抢占市场份额,并由此获得大量现金流,通过诱使他人受让处于严重亏损状态的公司股份、向其他企业"借款"、向职工发行"股票"等方式筹集资金,采取伪造采购合同、审计报告与财务报表等方法骗取巨额银行贷款,以此支持其公司日常商业运转并向关联公司输送"利润"。然而,就在金卫国接近达成借壳海外上市的宏伟蓝图前,军利航空的资金链不可避免地发生断裂,表面光鲜的商业帝国顷刻间应声倒塌。"冒险资本游戏"所蕴含的巨大刑事风险,在这位"红顶商人"身上引爆,具有相当的必然性。

(二)"政协委员""慈善家"等光环,为"冒险资本游戏"提供了掩饰道具

案发前,金卫国曾是世界500强史泰博(中国)董事长、上海市政协委员、长宁区工商业联合会副会长、上海市青少年发展基金会副会长、上海市光彩事业促进会副会长。此外,金卫国高调做慈善,连续3年登上《福布斯》中国慈善榜。正是顶着这些耀眼的光环,金卫国才可能拿着造假材料从银行顺利套取巨额贷款,其他企业才会放心与他合作投资,本公司的员工才会踊跃购买一个严重亏损公司的所谓"原始股"。该案从一个侧面折射出"政协委员""慈善家""某某会长"等头衔对于中国企业家的重要价值,同时也为商业领域中的被害预防,提供了很好的警示性案例。当然,政商关系在应然层面应如何定位,也需检讨反思。

(三) 将企业引入过度投机型的发展模式,不是好的市场经济环境

良好的经济环境应该引导企业家既潜心经营,又勇于创新,让真正对社会经济发展作出巨大贡献的企业做大做强。然而在现实社会经济环境下,有两类企业家很容易实现所谓的超常规、跨越式发展:一类是与权力结盟的企业家,他们的诀窍是依附、利用公权强占甚至垄断某些重要资源以快速积聚财富;另一类就是过度投机,在法律的灰色地带游走,以巨大的风险承担博取极小的暴富机会。正因如此,不断有企业家借由这两条道路向财富的顶峰发起冲击,同时也不断有企业家在这两条道路上反复跌倒。作为企业家,应该对自己所面临的路径风险有清醒的认识;而政府、制度安排者,则有责任为企业家的发展营造良好的环境。

八、陈立喜非法经营黄金期货案

案情概要 被告人陈立喜为获取非法利益,于2009年下半年先后注册成立了宁夏鼎丰资产管理有限公司、宁夏鼎丰资产管理有限公司台州分公司、乐平市鼎盛贵金属交易所有限公司。招揽了被告人郑卫等6人为技术部技术员、技术部经理、财务经理等,通过租用非法的MT4交易平台和华润、浙商金(银)现货订购系统,利用业务员发展代理商代理公司期货业务。业务未经中国证券监督管理委员会等国家主管部门的批准,代理商以鼎丰公司、鼎盛公司等名义,通过非法网络平台,采用集中交易的方式,招揽社会公众擅自开展无实物交割的标

准化合约交易。在实际经营交易过程中,采用制定统一的格式合同,采取保证金制度、每日无负债结算制度和双向交易、对冲交易等交易机制,非法从事期货交易行为。交易平台实际并不与外部系统对接,仅属内部交易,交易的资金未流入资本市场。从2009年12月至2012年3月8日被公安机关查获为止,非法期货交易金额共计1 744亿余元。被告人陈立喜因非法经营罪被法院判处有期徒刑11年,并处罚金2 880万元。其余被告人均因非法经营罪被判处1年至5年零6个月有期徒刑,并处罚金。

要点透视

(一)在非法设立的期货交易平台进行期货交易,被害风险极大

在近几年查获的多起类似案例中,非法期货交易平台均未与国际期货市场大盘接轨,客户打入的资金始终停留在非法经营者控制的账户上,没有进入资本市场。实际上,客户是在与非法经营者进行某种不对等的"交易",并非在真正的期货交易市场平仓或对冲,所谓"期货交易"是完全虚拟的,不可能进行现实黄金交割。这种徒具形式的"期货交易"将受蒙蔽进行期货投资者的资金置于巨大风险之中,而虚假交易平台的设立者却可通过收取开仓、平仓"手续费"以及"仓息",稳获巨大收益。非但如此,因缺乏监管,虚假交易平台设立者甚至可通过恶意促成客户亏本平仓等手段,直接骗取客户资金。

(二)营造良好的证券投资环境,是压缩此类犯罪存活空间的根本途径

一方面,通货膨胀使民间资本面临巨大保值增值压力;另一方面,中国证券市场整体环境不佳、股市持续低迷,大量民间资本缺乏合适的投资渠道。在此大背景下,非法黄金期货交易对民间资本形成巨大的吸引力,具有一定的必然性。类似个案中,"国内证券市场管理混乱""国际市场管理规范""全球市场交易不受大户控制"等说辞,往往成为非法期货经营人员说服客户的关键理由。故此,改善国内证券投资环境,为民间资本寻求合适的投资渠道,是压缩此类犯罪存活空间的根本途径。

(三) 企业家经营创新须谨防"非法经营"刑事雷区

类似案例中,非法经营期货的企业即便与国际期货大盘接轨,将客户资金投入国际资本市场,同样可能面临刑事追究。《期货交易管理条例》第 89 条规定:"任何机构或者市场,未经国务院期货监督管理机构批准,采用集中交易方式进行标准化合约交易,同时采用以下交易机制或者具备以下交易机制特征之一的,为变相期货交易:(一) 为参与集中交易的所有买方和卖方提供履约担保的;(二) 实行当日无负债结算制度和保证金制度,同时保证金收取比例低于合约(或者合同)标的额 20%的。"而《刑法》第 225 条非法经营罪规定:"未经国家有关主管部门批准非法经营证券、期货、保险业务的,或者非法从事资金支付结算业务的",属于刑法打击的非法经营行为之一,要依照刑法追究其刑事责任。因此,企业家在敏锐捕捉到市场需求之后、在决意进行交易模式创新之前,要特别注意法律对经营许可和金融监管的相关规定,避免闯入"非法经营"这一在中国尚显宽泛的刑事雷区。

九、广西立宇集团 2 亿元骗贷案

案情概要 柳州立宇集团有限责任公司是 1997 年成立的大型国有企业,由广西壮族自治区柳州市棉纺织一厂和棉纺织二厂合并而成。为改变亏损状况,2006 年 12 月企业进行改制,将国有产权全部转让给宁波天汉控股集团股份有限公司,成为天汉公司的全资子公司。

据检方指控,2007 年年初,时任天汉公司财务总监、立宇集团实际控制人曾勇授意原柳州立宇集团财务总监陈家桥(另处理),让其将立宇集团财务月报表、年报表虚增资产和高估利润,以提高立宇集团在银行的授信额度,满足向银行申贷的条件。陈家桥遂授意彭莉,由彭莉安排手下财务人员炮制了虚假的 2006 年度、2007 年度财务月报表、年报表,并在被告人曾勇的要求和安排下,配合广西博华三合会计师事务所出具了虚假的 2006 年立宇集团审计报告。立宇集团凭借虚假的财务报表和审计报告,以及天汉公司提供的 1.5 亿元保证、广西轴承有限公司提供的 0.5 亿元担保,于 2007 年 8 月获得广西农业发展银行 2 亿元的公开授信。获授信后,立宇集团继续向银行提供虚假财报,从 2007 年 8 月到 2008 年 3 月,分 7 次从农业发展银行骗取 2 亿元贷款,并以支付货款的名义,将其中绝大部分资金转出。

2010年下半年,广西农业发展银行发现无法收回贷款,遂向公安机关报案,到目前为止,仍有1.5亿元巨额贷款本金及利息无法追回。2013年3月25日,法院作出一审判决,以骗取贷款罪判处被告人曾勇有期徒刑6年,并处罚金人民币30万元;以骗取贷款罪判处被告人彭莉有期徒刑3年零6个月,并处罚金人民币15万元。

要点透视

(一)企业家应调整行为模式,谨防"打法律擦边球",被犯罪化

贷款诈骗罪的成立须以"非法占有为目的",即便采取欺骗手段骗取贷款,只要将贷款用于合法经营并意图归还,就不构成贷款诈骗罪。在刑法增设骗取贷款罪之前,企业申请贷款过程中某些虚构事实、隐瞒事实真相的行为至少在理论上不会直接导致相关人员刑事责任的承担,骗取贷款的各种手法在潜规则中甚至演化为一些企业获取贷款的融资"技巧"。2006年《刑法修正案(六)》将不以非法占有为目的的骗取贷款行为规定为犯罪,但有些企业家却未能及时调整以往形成的行为模式以致陷于犯罪。近年来,"法律擦边球"被犯罪化成为刑法修正的特色之一,企业家须根据法律的变化及时作出相应调整,以规避刑事法律风险。

(二)贷款申请人国企或大型企业的身份与放贷风险无必然联系

柳州立宇集团有限责任公司曾是当地大型国有企业,由广西柳州市棉纺织一厂和棉纺织二厂合并而成。2006年,立宇集团虽经改制,但类似企业在银行贷款方面所享有的某种事实上的"优惠"或"特权"待遇还是存在。反过来讲,金融机构负责贷款发放风险控制的工作人员,往往倾向于相信国企或大型企业具有更好的信用及更强的偿还能力,这必然导致金融机构对向这些企业发放贷款的潜在风险预估不足。该案的发生表明,贷款申请人国企或大型企业的身份与放贷风险无必然联系,放贷机构相关审核工作同样需谨慎、严格展开。

（三）企业家应警惕履行职务过程中的刑事法律风险

公诉人指出,虽然被告人曾勇在未到立宇公司任职前,立宇公司向农业发展银行贷款的相关手续已经办妥,但曾勇作为立宇公司母公司天汉公司的财务总监,曾授意下属制作虚假的会计报表和审计报告,且其本人在立宇公司向农业发展银行贷款1 000万元的两份合同上签过名。被告人曾勇的辩护律师认为,曾勇尽管曾找会计师事务所做过土地评估报告,但目的系为天汉公司美国基金私募,与立宇公司贷款无关。至于被告人在两份借款合同上签名,是受法定代表人委托实施的职务行为,因签名所产生的法律后果应由其委托人承担。最终,该辩护意见未被采纳,曾勇被判骗取贷款罪罪名成立。可见,企业家对履行职务过程中的刑事法律风险应特别注意、慎重对待。

十、口碑公司非法经营有偿删除网帖案

案情概要 北京口碑互动营销策划有限公司是中国最早以网络口碑营销为基础,以互联网整合传播、企业网络声誉管理为特色的专业公关服务机构,是北京奥运安保、上海世博会的网络舆情合作伙伴。其客户主要包括中国移动、中国平安、五粮液、阿里巴巴等30多家上市企业和优质企业。2013年12月5日,北京警方摧毁了6个公关公司勾结部分中介和网站工作人员从事有偿删除信息服务的非法经营犯罪网络,其中就有口碑公司。数十名涉案人员在这次行动中因涉嫌非法经营罪、对非国家工作人员行贿罪、非国家工作人员受贿罪被逮捕,涉案金额高达1 000余万元。据北京警方介绍,口碑公司的"删帖"服务分工明确、各司其职、环环相扣。公司监测部在网上监测到公司客户的负面信息后,将信息通过邮件等方式发送到客户部对应的客户经理手中,再由客户经理反馈给客户联系人,双方协商是否需要在网上删除并确定价格。谈价格只是针对小客户和散户,大客户一般通过月费或年费定期向公司缴纳网络舆情服务费,舆情服务包括舆情监测、新闻发布以及负面信息删除。公司根据所删帖的网站不同、难度大小等因素确定价格,一般在几百元到几千元之间不等。价格谈妥后,随即由公司公关部和社会媒体化部通过QQ等方式联系各大媒体网站,直接向网站技术编辑行贿,删除网帖。如果达不成交易,就通过

中介间接向有删帖能力的网站工作人员行贿,达到删除网帖的目的。该案几乎涉及所有大门户网站,甚至涉及国家级新闻网站。该案是"两高"出台《关于办理利用信息网络实施诽谤等刑事案件适用法律若干问题的解释》后,警方破获的国内最大的网络公关公司涉嫌非法经营案。

要点透视

(一)民营企业腐败犯罪日渐突出

国家公权主要集中在国家工作人员,尤其是国家机关工作人员手中,这类主体职务行为的廉洁性直接关系到公权力良性有序运行以及社会公平正义的实现,故传统上的"反腐败"主要针对国家工作人员,尤其是国家机关工作人员的贪渎行为。然而,随着改革的深入及社会的变迁,一些民营企业或社会组织中的非国家工作人员也可能握有较大的公共权力,其职务行为廉洁性对社会公义的价值越来越大,这个群体的贪腐风险也日益加剧,非国家工作人员"反腐败"的重要性日渐凸显。尤其在信息网络技术时代,互联网从业人员在事实上拥有了话语发布与封杀这一现代社会极为重要的公共权力,该案涉案人员实施贿赂犯罪及"非法经营"所利用的正是这一重要的话语控制权。

(二)以"口袋罪"整治网络秩序非长久之计

"网络公关公司""策划营销组织"及"网络推手"利用贿赂等不正当手段有偿提供"删帖""发帖"等服务,其形式上的法益侵害在于破坏正常的网络信息秩序,实质上的法益侵害则在于损害公众的信息知情权、信息发布权以及相关主体的名誉、商业信誉等权利,极端情况下还可能对整体社会安宁构成威胁。最高司法机关将"违反国家规定,以营利为目的,通过信息网络有偿提供删除信息服务,或者明知是虚假信息,通过信息网络有偿提供发布信息等服务"的行为,解释为现行刑法"扰乱市场秩序"罪中的"非法经营罪",此举虽能在一定程度上起到及时应对现实社会问题的正面效果,但这种积极扩张"口袋罪"边界的做法,很难实现罚当其罪,并且对培养国民的法治理念也存在潜在的负面影响,绝非长久之计。

(三）作案手法的隐蔽将难逃法网

为掩饰违法行为，口碑公司一般会通过淘宝等网络方式进行交易，假借购买产品完成行贿行为。"两高"关于办理网络案件司法解释出台后，口碑公司为掩人耳目，修改了与客户签订的合同，隐藏了原合同内"为客户网上出现的负面信息删除处理"等内容，并企图通过中介完成交易以规避法律风险。不过，类似刑事风险规避"手法"并未奏效，最终反而演变为警方查案的线索和证实犯罪的证据。可见，仅冀望于作案手法的隐蔽，不仅难以实现企业规避刑事法律风险的企图，而且只会自投罗网。

第二编 论文精选

市场经济深化改革背景下我国资本刑法的完善问题研究

高铭暄[*] 张 慧[**]

围绕使市场在资源配置中起决定性作用的改革理念,中共十八届三中全会规划了经济改革的宏伟蓝图,做出了总动员与总部署。在建立公平开放透明的市场规则层面,主张"实行统一的市场准入制度,推进工商注册制度便利化,削减资质认定项目,由先证后照改为先照后证,把注册资本实缴登记制逐步改为认缴登记制"。公司制度的这一改革,尤其是对公司资本制度的这一改革,体现了我国决策层制度创新的变革理念和放宽公司设立门槛的监管思路,对于释放经济主动性增长动力,激活民间资本,有着重要意义。同时,这一改革对相关监管部门的职能定位和服务理念,对民事、行政和刑事领域法律规则也必将产生极大的影响,可谓是牵一发而动全身。随着《公司法》的修订,资本刑法[①]的完善问题,也提上了日程。

---

[*] 北京师范大学刑事法律科学研究院名誉院长、特聘教授、博士生导师,中国刑法学研究会名誉会长,北京师范大学中国企业家犯罪预防研究中心学术顾问。

[**] 北京师范大学刑事法律科学研究院刑法学博士生。

[①] 这里的资本刑法,是公司资本制度的刑法规制的简称。公司资本制度是现代企业法律制度的一项基本内容,有狭义和广义两种理解。这里研究的是狭义的公司资本制度的刑法规制问题,具体来说,是指公司资本的形成、维持、退出等方面制度安排的刑法规制。

一、我国资本刑法完善的必要性分析

(一) 市场经济深化改革背景下刑法的根基思考

刑法的根基,是指刑法存在的根据和基础,这是刑法理论中一个形而上的问题。在不同的经济体制下,刑法存在的基础以及发挥作用的机制是不同的。在计划经济背景下,基于计划经济的行政经济本性(经济主体之间有隶属关系并且抹杀各经济主体的利益特殊性),主要是用行政手段调控经济关系,刑法存在的依据在于以刑罚手段保护计划经济。[②] 而经济自由是市场经济运作的内在要求,基于最大限度地发挥经济活力和保护市场秩序的考虑,刑法调控的后盾法特性开始逐步凸显,在市场经济背景下,尤其是在市场经济深化改革的背景下,刑法存在的依据,更倾向于对公民经济生活的保护,对市场自由与秩序的维护。

改革开放三十余年来,我国经济有了长足的发展,但是不可否认,当前我国经济发展面临着一个十分尖锐的矛盾,那就是经济发展活力不足,而促进经济发展活力与推动力的重点,在于市场本身,在于政府的放权,对市场松绑。十八届三中全会的《决定》,围绕市场在资源配置中起决定性作用这一主线进行了一系列的经济改革部署。这一从"基础"到"决定"的发展,标志着市场在资源配置中的作用提高到了"决定性"的高度,标志着我国在对市场经济运行规律充分理解与尊重的基础上,进一步厘清了政府与市场的行为边界。市场经济的这一发展趋势,在公司资本领域也有所凸显,即《决定》规定:"注册资本实缴登记制逐步改为认缴登记制"。其实早在十八届三中全会之前,2013年10月李克强总理主持召开国务院常务会议时,就决定进一步降低公司注册资本的数额要求,同时放宽注册资本的缴付时间。鉴于市场经济的法治经济特色,刑法对公司资本的调整与规范也是必要的。但是刑法的后盾法地位,决定了刑法的调整,必须在充分遵循市场经济一般规律的基础上,以刑法独特的方式,实现市场经济的价值理念,有所为有所不为。经济基础决定上层建筑,市场经济的深化改革发展,

---

[②] 参见高铭暄、王勇:《社会主义商品经济与刑法观念的转变》,载《政法论坛》1988年第5期。

从根源上促进了我们对资本刑法的完善问题的思考。

（二）直接原因——《公司法》的修改

我国《公司法》于1993年颁布出台。1993年《公司法》出于对当时的经济发展情况和公司制度初步发展的现实考虑，奉行的是极为严格的法定资本制原则，公司的设立以注册资本的实际到位为基本的前提条件。为了与公司法和相关的公司管理规定相协调，1997年《刑法》在分则第三章"破坏社会主义市场经济秩序罪"第158条、第159条分别规定了虚报注册资本罪和虚假出资、抽逃出资罪，对注册资本不到位、虚假出资、抽逃出资的行为予以惩处。2005年修订的《公司法》，在公司资本制度方面有了比较大的变革。一方面，大幅降低了公司最低注册资本总额，降低了公司设立门槛，放宽了公司准入条件，而且扩大了股东出资财产的范围，"股东可以用货币出资，也可以用实物、知识产权、土地使用权等可以用货币估价并可以依法转让的非货币财产作价出资"；另一方面，修改了1993年《公司法》"注册资本在公司设立时必须一次缴清"的规定，允许注册资本分期缴纳。2005年《公司法》的修订，可以说是顺应了当代公司资本制度缓和化的国际趋势，有效激发了我国的经济发展活力。2013年12月，在十八届三中全会之后，我国顺应市场经济深化改革的趋势，对《公司法》作出进一步的修订：实收资本不再是公司登记的记载事项；除另有特殊规定的以外，取消了有限责任公司、一人有限责任公司、股份有限公司最低注册资本分别应达3万元、10万元、500万元的限制；不再限制公司设立时股东（发起人）的首次出资比例以及货币出资比例；除法律、行政法规以及国务院决定对公司注册资本实缴有另行规定的以外，将注册资本实缴登记制改为认缴登记制。③ 这表明，2013年新《公司法》对注册资本的改革，向前更进一步。

公司资本制度的发展是令人欣慰的，这体现了我国对公司监管理念的转变，公司制度也由资本信用向资产信用过渡，但是在公司资本制度改革基础上，《公司法》与《刑法》之间的衔接问题，是我们不得不正视的一个问题。刑法调整对象的广泛性与刑法调整的后盾性、保障

---

③ 参见《深度解读2014年施行的最新公司法修正案》，载 http://www.whrhkj.com/news-d2285.html。

性特征,决定了刑法与相关部门法之间的密切关系。刑法与相关部门法之间的协调发展,是近年来刑法理论界研究的重点问题之一。总的来说,刑法与相关部门法的关系,体现在静态方面的行为模式、法律制裁的衔接上以及动态方面入罪与出罪等方面的变化调整上。但是当前刑法与相关部门法的联系,存在着前提性规范欠缺、法律衔接不合理等方面的问题④,这制约着我国社会主义法律体系的完善以及刑法功能的实现。基于马克思主义一般与特殊的原理,刑法与其他部门法关系上存在的问题,在刑法与民法、经济法等相关法规的关系上也有所体现。尤其是随着我国改革开放的进一步深化,经济领域的改革力度很大,衔接问题愈发突出。这在公司法与刑法的衔接上表现得极为明显。

在公司法这一系列改革的背后,刑法需要着重考虑的问题,就是公司法与刑法的衔接协调问题,违法与犯罪的界限问题,适度的犯罪化和适时的非犯罪化问题。1997年《刑法》规定的虚报注册资本罪和虚假出资、抽逃出资罪,充分考虑了当时社会治理模式和经济发展水平,但是随着我国经济的进一步发展,尤其是随着我国市场经济的深化改革发展和《公司法》的修订,原有的虚报注册资本罪和虚假出资、抽逃出资罪的问题逐步显现。有数据显示,我国90%以上的公司注册资本不实。⑤ 在实践中,不少地方虚假出资、抽逃出资罪事实上处在一种不告不理的尴尬状态,或者是一种选择性执法的状态。加强公司法和刑法之间的协调,促进其行为模式、法律制裁等方面的衔接,适时调整资本刑法的犯罪圈,是摆在我们面前亟待解决的一个问题。

二、公司资本刑法完善在理念上须更加审慎与宽容

如前文所述,随着社会主义市场经济改革的进一步深化和发展,市场对资源配置的决定性作用得以被决策层重视。在此背景下,公司

---

④ 参见赵秉志、袁彬:《刑法与相关部门法关系论要》,载陈泽宪、李少平、黄京平主编:《当代中国的社会转型与刑法调整》,中国人民公安大学出版社2013年版。

⑤ 参见《聚焦公司注册资本登记制度改革》,载 http://jingji.cntv.cn/cjrddc/xt/18/index.shtml。

设立的资本要求进一步放宽,决策层转换监管理念,由事前控制转为事中和事后监督,公司设立门槛进一步降低。公司法的改革,从2005年的修订,再到2013年的新修,也呈现出登记事项进一步简化、出资要求进一步减低的趋势。公司资本制度的改革,需要我们重新审视刑法对公司资本的立场和原则。"法律的主要作用并不是惩罚或压制,而是为人类共处及满足基本需要提供规范安排。使用强制性制裁的需要愈少,法律就能更好地实现其巩固社会和平与和谐的目的。"⑥刑法对市场经济的干预,既要为市场经济保驾护航,又不致过度干预经济生活。"刑法不能蜕变成为规制性的社会管理手段,否则人类法治文明千百年的进化成果将在所谓的后现代社会的顽疾中消解殆尽,从而促使践踏人权与自由的另一种更大的危险的产生。"⑦

在十八届三中全会市场经济深化改革的背景下,刑法对资本的规制,应该秉持审慎和更加宽容的态度,坚持规制的"有限性",准确把握刑法介入的时间与介入的程度,合理把握犯罪圈,适度的犯罪化和适时的非犯罪化。实现刑法对资本的进一步尊重与宽容,是公司资本刑法完善的题中之义。

刑法给公司资本以更大的宽容,根源在于刑法的谦抑性。可以说,刑法谦抑是近代刑法所秉持的一种基本理念与价值诉求。但是,由于中华法文化有着缺乏自然法精神的先天缺陷,加之受法律工具论理念的影响,形成国家刑法权力膨胀,刑罚万能观念风行,致使刑法谦抑在我国刑事法治中的作用尚有待进一步提高。当前的我国,法律已经成为一切组织和个人的行为准则,承担起大量的社会治理职能。市场经济作为一种法治经济,法律的调整是完全必要的,刑法作为后盾法,是经济建设顺利进行的重要保障。尤其是在市场经济深化改革的背景下,刑法的规制作用显得更为重要。但是,刑法作为社会调控手段的调控范围与程度,需要在充分考虑刑法谦抑的基础上,予以甄别。日本著名学者平野龙一将刑法的谦抑性具体阐释为刑法的补充性、不

---

⑥ 〔美〕博登海默:《法理学——法哲学及其方法》,邓正来译,华夏出版社1987年版,第336页。

⑦ 赵秉志主编:《高铭暄刑法思想述评》,北京大学出版社2013年版,第105页。

完整性以及宽容性。⑧ 具体来说,刑法的补充性是指刑法作为保护法益的最后手段性;刑法的不完整性是指刑法介入社会生活的有限性;刑法的宽容性是指除非有处罚必要,否则不予以刑罚处罚。刑法的谦抑性实质上是指基于刑法的补充性和经济性的内在规定,作为社会治理手段之一,刑法的功能是有限的。刑法不能蜕变成执行经济行政法的强力手段,否则就丧失了刑法独立的部门法属性和基本立场。为此,刑法对市场经济的规制和保护,要坚持适度刑法观念,摒弃重刑主义和泛刑罚化的做法。具体来说,刑法对公司资本的调控,要注意对资本犯罪的犯罪圈的严格把控,在充分把握市场经济自身运行与宏观调控界限的基础上,充分认识到刑法的后盾法地位,合理规划犯罪圈,避免过犹不及所导致的刑法威信与效力降低的情况出现。

刑法给公司资本以更大的宽容,还有着经济性的考量。将经济性引入刑法研究领域,是法律经济分析学派的贡献。经济性是市场经济实现社会资源最优配置的内在要求,当然在经济基础决定上层建筑原则支配下,刑法领域也必须有经济性的考量。考虑到刑法的经济性,刑法对公司资本领域的调控,既要节约维护社会经济秩序所付出的成本,又要分析这样做所获得的效益,做到得大于失、利大于弊,不做得不偿失的事情。这在处理资本刑法问题时,是特别需要加以考量的。这也可以说是生产力标准吧。

三、资本刑法的完善之路

当前,我国刑法中规制公司资本的罪名主要包括第158条规定的虚报注册资本罪,第159条规定的虚假出资、抽逃出资罪,第160条规定的欺诈发行股票、债券罪,第179条规定的擅自发行股票、公司、企业债券罪和第229条规定的提供虚假证明文件罪和出具证明文件重大失实罪等。随着我国公司资本制度的改革,刑法上的相关罪名,尤其是虚报注册资本罪,虚假出资、抽逃出资罪的走向,成为大家热议和关注的焦点。

(一) 观点之争

有论者主张,应该在符合刑法设定一般犯罪规律的基础上,以现

---

⑧ 参见李海东主编:《日本刑事法学者》(上),法律出版社1998年版,第267页。

阶段《公司法》中有关资本制度的立法规定和立法理念为基础,重构我国公司资本制度的犯罪圈。具体来说,对单纯侵犯以国家对公司资本制度的管理秩序为客体的虚报注册资本罪和虚假出资、抽逃出资罪作除罪化处理,并新增欺诈增资、违规增资等罪名。⑨ 有论者认为,在当前的资本制度改革潮流中,刑法的保护存在错位的情况,主张对公司资本制度的刑法保护予以重构,废除虚报注册资本罪与虚假出资罪,改抽逃出资罪为抽逃公司资产罪并增设欺诈增资罪。⑩ 也有论者主张,基于《公司法》的修改和《刑法》的最后性、附属性的特征,虚假出资行为已经缺乏入罪条件,应该予以除罪化,抽逃出资行为侵害了公司运行阶段的资本制度,仍然具有现实意义,但是出于刑法与公司法相衔接的考虑,应该改抽逃出资罪为抽逃资产罪。⑪

笔者认为,资本制度的改革必然推动资本刑法的修订。随着公司资本制度的变革和公司资本理念的转变,虚报注册资本罪,虚假出资、抽逃出资罪的社会危害性的确需要重新考量⑫,刑法需及时对虚报注册资本罪,虚假出资、抽逃出资罪是修改限制还是废除作出回应。但是,刑法关于资本犯罪的修订,不能简单地予以废除,而是需要在与新《公司法》相关规定衔接协调的基础上,充分考虑某些特殊情况而具体问题具体分析。主张将虚报注册资本罪和虚假出资、抽逃出资罪作完全除罪化处理的观点过于"一刀切",有失偏颇。而且,将虚报注册资本罪和虚假出资、抽逃出资罪的客体简单地认定为国家对公司资本制度的管理秩序,也是片面的、不准确的。日本刑法学者芝原邦尔早在20世纪80年代,就在其文章中指出:"现在已经不能再动用刑法维护一定的经济秩序了,经济犯罪的成立,除了要违反经济法规外,还需要行为侵害市民的经济生活,具有高度盖然性。"⑬虽然这一说法不免有些极端,但是我们不得不承认,市场经济的深化发展的确对我国的传

---

⑨ 参见王志祥、韩雪:《论公司资本制度犯罪圈的重构》,载《法治研究》2014年第1期。

⑩ 参见肖中华、徐藩:《公司资本制度变革中的刑法保护》,载《国家检察官学院学报》2012年第5期。

⑪ 参见卢建平:《公司注册门槛降低对刑法的挑战》,载《法治研究》2014年第1期。

⑫ 参见赵旭东:《资本制度改革与公司法的司法适用》,载中国法院网(http://www.chinacourt.org/article/detail/2014/02/id/1219757.shtml)。

⑬ 〔日〕芝原邦尔:《经济刑法与市民经济生活的保护》,载《法律时报》1986年第4期。

统刑法认识带来冲击,刑法正在一定程度上从社会本位向个人本位,从经济安全到经济自由的价值追求倾斜。所以我国刑法设置虚报注册资本罪和虚假出资、抽逃出资罪,并不如有的学者所言,只是简单地出于维护国家对公司资本制度的管理秩序的考虑,其实它在保护公民经济生活安全与自由等方面,也是有所考量的。对于主张增设欺诈增资罪、违规增资罪的观点,笔者也并不认同。"愈来愈多的模糊的、极为弹性的、过于宽泛的和不准确的规定引入法律制度中,这意味着放弃法律。这种状态必然使人产生危险感和不安全感。"[14]市场经济的深化改革发展,要求政府放权给市场,政府调控力度要进一步减小。在公司资本的刑法规制上,要坚持"以维护最低限度的社会经济秩序所必须"的犯罪化标准,对犯罪圈要严格把握。欺诈增资行为,违规增资行为,由《公司法》等相关法律、法规予以调控即可,不必上升到犯罪的程度。

(二) 资本刑法如何完善?

公司资本制度的改革和《公司法》的修改,导致公司法与刑法出现衔接上的问题。对虚报注册资本罪和虚假出资、抽逃出资罪进行修订或作出立法解释,以实现部门法之间的合理协调与平衡,是十分必要的。笔者在此提出两点意见:

1. 犯罪主体的限制

随着我国公司资本制度的改革和《公司法》的修改,公司法与刑法之间在前提性规范欠缺、法律衔接不合理等方面问题凸显。新修订的《公司法》取消了有限责任公司最低注册资本3万元、一人有限责任公司最低注册资本10万元、股份有限公司最低注册资本500万元的限制,这就使得虚报注册资本罪等罪的前提性规范欠缺——即公司法上的违法性前提不足的问题。刑法是后盾法,只是对其他部门法律已经确立的规则提供更有力的制裁和后盾保障。若公司法不将该类行为作为违法行为看待,刑法上的规制与处罚就是无本之木、无源之水。公司法上违法性前提的不足,容易导致公司法与刑法在理念和适用上的冲突。

---

[14] 〔美〕博登海默:《法理学——法哲学及其方法》,邓正来译,华夏出版社1987年版,第223页。

经调查认真审查后,股东正在一定程度上认为各位董事的行为不当,
以保证公司经营自由的改进状况来确保。所以董事国有股东董事是其,只是因国内部
册来审查做出股东,股东追求效率,并不动有股东者所其,只是因国内部
出于维护国家对公司股东审核所取得股股东的有权,其实记在在公司的公
经营生活等各与自身等方面,也是有所在予看有的。"对于主张股权股东社
股东是的,连种股东追求观点,"看来他并不大同人。""而未有多的的模糊的,被
为董事的,对于要求公的相关难解的纠纷之引入法律相关中,这董事并其某
关系的。这单水状如此便人了。在否国盈余社不差义考。"[⑬]市场经济的
激化的发展,要求放任我现代市场,放任措施努力使进一步操小。
所行为,由《公司法》等相关法律,放任下以调解即可,不必上升到非诉
的程度。

(二) 资本规范如何完善?

公司法本制度的有两种《公司法》的修改,专家公司法与股东出现
的相关上的问题。对根据我股东审查和解观状况,需要出现状董事建行较为
放作出也基础程,以实现股东的分之间的调整与平衡,是十分必要
的。但其在此提出如如意见:

1. 犯罪主体的限制

随着我国公司法本制度的审判《公司法》的修改,《公司法》的股东与股东
之向动规程被缩大。发布法规定令有限责任公司的,股东了的
《公司法》取消了有限责任公司最低注册资本3万元,一人有限责任公
司最低注册资本10万元,股份有限公司最低注册资本500万元的限
制,该规定便程及本修并非最严格的规定规程进入。——即本公司员上
的确定所以规程重点的力的规范和注册资金障,无公司是不被作为
作为案作为为其件,其原上的规范相和公司的规模是无之大之,无源之
之与某样经规范据大的方法,各股的股东的公司与现实在虚过和虚出上
的加与发。

[⑬] [美]陈晓琳等:《宏观之——经营者论及其方法》,邓正来译,华夏出版社1987年版,
第223页。

历经《公司法》中有关紧本制度的立法规定和立法理念的变迁，重构起国公司紧本制度的犯罪圈。且未来看，对实质意义上的国家以公司法对紧本制度的健康运行及其他相关法律制度和罪名也将作出相应的调整和变通，而逐级相关规定，虚报注册紧本罪、虚假出资、抽逃出资罪等。⑨有学者认为，在实质意义上的国家以公司紧本制度改革为契机，在虚假出资、抽逃出资犯罪前提行为条件发生变化的情况下，借助刑法修正对虚报注册紧本罪、虚假出资、抽逃出资罪予以重构，应该是较好的选择，在理想状态下，虚报注册紧本罪、虚假出资、抽逃出资罪的除罪化已经具备之件，仍然具有现实意义，也是基于刑法与公司法以后行为的协调。⑩也有学者主张，鉴于《公司法》的修改和《刑法》的颁布、实施及其特征法律，应当将虚报注册紧本罪为册紧本罪、虚假出资、抽逃出资罪非犯罪化。⑪

笔者认为，应该把虚假出资、抽逃出资罪作为重点来看待。首先，对于虚报注册紧本罪和虚假出资、抽逃出资罪来说，被我国及其他对虚报出资作出不同立法和相关司法处置的境外各国家和地区立法相比较，并重重置，应重新审视其本罪对国本的情况的做法。审查时发现，虚假出资、抽逃出资罪的重要事实在于⑫，刑事责任及其对虚报出资的犯罪行为的规范作用。由此，相关来看紧本制度的调整上，分歧不是在原则，而且重要鉴于此与刑法《公司法》有关紧本制度的融合的基础上，对分立式虚假出资行为进行实体的独立于司法院的独立研究。其次，就虚假出资、抽逃出资的定性分析上，主要经验及其相关及其发挥出资制度和虚假出资、抽逃出资作为逃避他化的理解法定为"一刀切"，有失偏颇。而且，应该指出这些本制度和虚假出资、抽逃出资行为的各种违反国家以公司法对紧本制度的规定和要求，也是片面的。日本刑法学者木村龟次郎在20世纪80年代，就本罪在意义中指出："既然它已经不能具备紧本制度的一定的经济条件了，经过地理的成立，除了要避免已经紧本减少，是虚置的行为罪案市民的经济受限，具有限度紧缩性。"显然一一说采不致有这种现象，但是我们不得不考虑，市场经济发展化改革的促进对民众的传
---

⑨ 参见王志祥、韩雪:《论公司紧本制度改革的重刑意》，载《法治研究》2014 年第 1 期。
⑩ 参见刘仲屹、张骞:《公司紧本制度改革中的刑法问题》，载《国家检察官学院学报》2012 年第 5 期。
⑪ 参见刘宪权:《公司法修订对刑法适用的影响》，载《法治研究》2014 年第 1 期。
⑫ 参见周振杰:《紧本制度改革与公司相关的变化》，载中国法院网（http://www.chinacourt.org/article/detail/2014/02/id/1219757.shtml）。
⑬ [日]芝原邦尔:《经济犯罪与市民经济生活的保护》，载《法律时报》1986 年第 4 期。

完善性以及复杂性。⑧ 具体来说，刑法的仲裁性是指刑法作为信息的载体能够以手段性、刑法的仲裁性是指刑法中人与人之间的所有阻碍刑法的发展因素非常有成功之处，否则不可以说明的。刑法的完善性是指刑法在发挥和实现其性在内在规定，作为社会分配手段之一，刑法的仲裁性是被人们所肯定的。刑法是不能有偏向的，判决不能随意改变而使行之经济行为发生为手段，否则就来自了刑法建立之初其原本性和基本立场。为此，刑法对市场经济的规制和作用，要都持并充实刑法规范，摆放着重要而且不可以代替化的重要作用，且体来说，刑法对公司刑法的规制，就是其自身行为与之相关于刑法的范围基础上，无论从刑法的原有其地位，分离部的制度圈及其调控不及所涉及的使用强力效力保障的情况及出发。

根据公司刑法以及所有有关的使用强力在保障的情况及出发。

刑法是公司刑法之以重大的事实看来，还有着经济性的内容事情。很多都是引入刑法规定之条件，首先要非完全分析所涉及的基础。一经济性通过对发展起因以及原因是它们的事实看来，刑法在处理这些问题时，首先需要划分重要的，是一个分析起始发展。那些其他所谓法官规范，较到活动于事件的对以上继续违反公司刑法的规划。这在处理刑法问题时，首先要划分重要的，每由以这被看出产力标准吧。

三、经济刑法的发展之路

可见，我国现行中刑事公司刑法中重要母体有第158条规定的虚报注册资本罪，第159条规定的虚假出资、抽逃出资罪，第160条规定的欺诈发行股票、债券罪，第179条规定的擅自发行股票、公司、企业债券罪和第229条条款规定的提供虚假证明文件罪且证明文件之件是重要以及家破损失的其本，虽然我国公司刑法所规定的单，有则机上的罪名其诸多。但是从内容的发展来看，体现出刑法渐变的方向，成为人民大众认为和关注的焦点。

（一）破产之争

有关家里的法规，应该在传统已所述这一般刑事诸规范的基础上，以破

⑧ 参见李海东主编：《日本刑事法学者》（上），法律出版社1998年版，第267页。

设立的标准来进一步放宽，数量后续还应该继续增多，由审批权限转移为中央和事后监管后，公司将设立门槛进一步降低。公司数量的增多，从2005年的修改，再到2013年的新修改，也昭示出登记注册进一步强化，出资者的立约自由度得以提升。公司股东和债权人的易位，使得他们重获社会的生机，使现代公司法迈入立法新的时期。"公司股东主要作用并不是最终的决定者，而是以公司股东的立场和面向，公司法的新增或修改能使其家族其凡图扩大和平与和谐的目的。"⑥而是作为最主要以及重要的综合体，便用语言制和家族的权利力表现在公司的种种规定当中，又加深在公司经济发展上面，将基本能够成为现代制造的主导原因，又不能只是不依"现在不能经常处是作为现代文化的现代，以把公司的立场中最重要的身份之一 — — 种重大的角色的扮演人。"⑦

在十八、十九世纪中各各公司法经济发展应有的条件下，现在对家的整个制度非常进化。家现代法对我推进一步发展与繁荣，各公司法本身对个人的作用与个人的位格是，分清晰和造圈，为便也请法的特性，应该要甚重加强和强化的关联性，能保持稳定的，"有限性"，难晓和看到如此多的现代国家之公文化有美那么已经获得神的天眷顾，加之已经发生了人力上让现代雇佣和其代现所兼持的一种基本重合与价值追求。可以说，现代公司法本以重大的影响者，根据在于现代的雇佣性，产品为未发展的中之人。

甲于中老化文化有美那之目、已经获得神的天眷顾，加之已经发生了人力上让现代雇佣和其代现所兼持的一种基本重合与价值追求。可以说，现代公司法本以重大的影响者，根据在于现代的雇佣性，产品为未发展的中之人。如在我国重要规则中的使用为许存在进一步待商量。当如何的使用，现作为已，而在而甚国家使用几几层低，明利方法能深入天下，这便现代雇佣的强制影响，使我国家现代说我几几层低，而加之能比一切的使用作为小人的行为准则，来用而起大着社会之分更加紧密。市场经济作为一种系经济。这使得现代的影影是公三之意的，现代作为与民生因此一切的意为前提下，现代雇佣作为更重进行的事情。尤其是在市场经济发展化以及重的，现代雇佣的用语在更重，但是，现代作为社会企测等好这，是使用来多完全水基值在一种现实的使用来直接体利益为现实的关系，在日本多各个水基值在一种现实的使用来直接体利益为现实的关系，在日本多各个水基值

---

⑥ [美]博登海默：《法理学——法律哲学及其方法》，邓正来译，华夏出版社1987年版，第336页。

⑦ 赵旭光、王士雄：《系统思维与逻辑推论》，北京大学出版社2013年版，第105页。

作牺牲。为此了明确与相关部门之间的联系、明晰与相关部门之间的职责分配，起草未来规划发展研究院重点的问题之一。因此的职责，明晰与相关部门这关系，成规范管理转变为规划行为模式，这样明确职责以义务为规则人员等，使规划在明晰与出版等方面的规范化上激励上。但是导致确的依据上以及对方人员、使与出版等方面的规范化上激励上。但是导致明晰与相关部门这关系，有在整取自有依据对人员，这样明确权等方面应重点之一。因此以职责以义务为规则人员等，使规划在明晰与出版等方面的规范化上激励上。在以职责以义务为规则人员等，使规划在明晰与出版等方面的规范化上激励上。

在公司体系一系列改革的背景下，规划需要重新考虑的问题，就是明题。

在公司体系一系列改革的背景下，规划需要重新考虑的问题，就是明题，传统问题探索其中。其次公司与规划的依据上未清晰按有归属与规划非市场化的问题。1997年《规划》的颁布使得规划的依据和规划规划与规划的技术的国问题，规划与规模的组织的属问题，也使的规范问题规划与规划非市场化的问题。1997年《规划》的颁布使得规划的依据和规划模糊与规划起草，分为以来了当时社会公共福利规范和规划经济发展水平，而且是随着我国经济发展的一步实施，尤其是随着我国市场经济发展的水平，可从是还是我国《公司法》的修订，居有的规划被规划的部门都属出来。由公司规划的归属发展普遍。有数据显示，我国90%以上的规划的业务内容不是其他。在实际操作中，九分为规划出现数，规划的依据重要上区上一起水平不高，基建问题偏低混乱，并其是其行为规范，这连着明暗等方面的传授，有时明显的之间的制约制度，通过推在我们面临着待解决的一个问题。

二、公司职责未规划发展在理念上涉及规划事职责与做法

如前文所述，随着社会主义市场经济发展的进一步深化和发展，市场对规划咨询服务的需求也提出以顺应发展要重视。在此背景下，之间

---

④ 参阅赵敏、高泽：《规划与其他部门关系浅谈》，载陆泽东、李少平、崔京平主编：《当代中国规划法各种理论与规划发展》，中国人民公安大学出版社 2013 年版。

⑤ 参见《规范公司业务操作中需要规划概况》，载 http://jingji.cntv.cn/cjrdde/xt/18/index. shtml。

从根源上促进了我们对采掘投资的发展问题的思考。

(二) 直接原因——《公司法》的修改

我国《公司法》于1993年颁布施行。1993年《公司法》出于对当时的经济发展情况和公司制度初步发展的需要考虑,奉行的是严苛的核准式注册制原则,公司的设立以及随后对其注册资本进行调整,都以严格的核准制为主。为了与公司法和其他公司法律规范配套相协调,1997年《刑法》在分则规定了"妨害对公司、企业的管理秩序罪",其中就规定了以公司资本为对象的犯罪,即现在被打击的所谓"虚报注册资本罪"(第158条、第159条《公司法》),"虚假出资、抽逃出资罪"(第159条《公司法》)。2005年修改了的《公司法》,一方面,大幅降低了公司资本的数额要求,使得公司门槛降低,成为了公司进入条件,而且降低甚至取消了最低注册资本数额的限制。"股东可以用货币出资,也可以用实物、知识产权、土地使用权等可以用货币估价并可以依法转让的非货币财产作价出资",在这一背景下,《公司法》注册资本制度实现了一次巨大的"松绑"。另一方面,在1993年《公司法》设立之时就一直存在的"严格"的规制,可以说在最新修订了的公司法基本制度和我国国际的《公司法》的修订下,有了很好的经济发展基础。2013年12月,在十八届三中全会国务院决定对我国的经济发展产生了。对于《公司法》的修改也被提上了议程。据有关新闻报道称,以我国新疆喀什地区为例,该地区注册资本金额的数据显示,截止有公司8万家,一人有限责任公司,该部分有限公司基本没有本金分别减少为3万元、10万元、500万元的限额别,在其限额公司设立时根据(或者人)的其核价限额以及其他持价的限额,并不均为中国公务院决议对认定为以缴纳制。③ 这表明,2013年修订《公司法》对注册资本制度以及国务院对公司注册资本制度有发行条件在分行能否的以,体现出来本身公司资本制度的修改是公司化经济的,这体现了我国对公司制度重本的新审视,也是在公司发生的转变,《公司法》与《刑法》之间的衔接问题,着我们不得不正视此情况变化,《公司法》的调整也必将对信用公司法,但是在《公司法》本身的转变之下,那就调整对我们的刑事立法与司法实践层面,是与刑事责任的保护价值问题。

---

③ 参见《深度解读2014年施行的最新公司法修正案》,载 http://www.whhkj.com/news-d2285.html。

一、我国银水期货发展的必要性分析

（一）市场经济深化改革背景下期货的重要角色

期货的雏形，最早出现在古希腊和罗马，这是期货雏形中一个把世上的问题。在中世纪的欧洲出现下，期货在此过程中起以及存在的上的问题。在中世纪的欧洲出现下，期货在此过程中起以及存在的真正含义的。在世纪的欧洲新兴下，尤其是在市场经济深化改革的前提下，期货经济发展为力的知识储备，它是能够市场经济作为内在要求，连基于最大限度地用付经价格，重新推向于对人民经济发展的现象值得，对市场目的与被存在的知识。⑦

改革开放三十余年来，我国经济有了长足的发展，但是不可否认的是。

尽现非国经济正在面临一个十分尖锐的矛盾所在，那就是经济发展日益的市场化和经济发展日益多元化为重要特点，在于市场为人力，以便国经济发展能够适应十八届三中全会《决定》围绕市场在资源配置中的决定性作用进行了一系列的经济发展顺利进行。这一个。"决定"的发展，标志着我国在市场经济改革付赔偿与尊重"决定"的发展，标志着我国在市场经济改革付赔偿与尊重的重要、被且，标志着我国在市场经济资源配置中的作用提到了一步的进一步地摆脱了政府与市场行为的束缚。市场经济的这一个基础上，进一步地摆脱了政府与市场行为的束缚。市场经济的这一条础上，进一步地明晰了政府与市场行为的束缚。市场经济的这一态势为期货在我国的发展奠定了基础。十八届三中全会之前，即《决定》颁布之前，"国家在不断致力有所进，即《决定》颁布之前，"国家在不断致力有所进，即《决定》颁布之前，"国家在不断致力有所进，其实早在十八届三中全会之前，2013年10月就国务院已经通主持召开国务院常务会议时，就已经进一步经把期货作为议程提出来，同时应该是改善本的生命化的时间。鉴于市场已经把期货作为议程提出来，对期货的合理存在与价值预测起到了重大的鉴别作用。加之期货的合理存在与价值预测起到了重大的鉴别作用。加之期货种类的日益丰富，尤其是期货的分别来测最新的变化。有所作为的一些积极举措实现方式，实现市场经济的优化与发展，经济体制改革必定上巨星摆脱，市场经济的优化与发展。

---

⑦ 参见吴敬琏、王珊：《社会主义商品经济与期货市场的特征》，载《改革论坛》1988年第5期。

市场经济体化改革背景下我国公立医院
规范的发展问题研究

周绿林*　张 犇**

国家确立市场经济基本制度后使用的改革重点，中共十八届三中全会确定了经济改革的总蓝图，做出了划时代的贡献。在着立并完善开放透明的市场规则意思，主张"实行一致的市场准入制度，推进工商注册制度便利化，削减资质认定项目，再先进后加大改为先照后证，把企业年度检验制度改为年度报告制度"。公立医院的又一改革，尤其是公立医院改革的又一改革，体现了我国医院管理制度和制度发展和改革的合资设立的探索和政策推进的主要，有着重要意义。同时，这一改革对关系到我门的那些规范和服务行为。对医院和医疗事业既有机遇也有挑战的大的影响，可谓喜忧参半。随着《公司法》的修订，这些改革的新问题，亟待上了日程。

据本研究①的分析和调研，市场上了日程。

---

* 北京师范大学现代教育技术研究名誉院长，博士生导师，中国教育学会名誉会长，北京师范大学名誉教师的教师管理研究中心主任。
** 北京师范大学现代教育技术研究院发展中心助于事。
① 这里的本研究，是公司医院本制度的我周制度的研究。公司法医院本制度的改革是也是该制度的一部分内容，有变义上，公司法制度，这里也医疗的专业是公司法医院本制度和专家制度的改革的面问题研究。

第二编　花火棒选

（三）作案手法的隐蔽性难以识别

为规避法律打击，犯罪分子同一般合法投资需要网络名义进行不义的宣传炒作，往往宣称其业务行为"高息""关于外汇理网络案件司法难以查明、隐蔽性强、涉案人员多、作案时与受骗者打的时间长，口碑传言多为个受骗人数等。被骗了与受害打的时间长，隐蔽了用户口口为"外汇平台上现的资金信自动服务在自转化"等内容，并在图表其中不完文字以巧妙遮盖违法风险点。不仅，来的川事风险被隐蔽"手法"来着蔽交易以新骗前方新受害投客和加瓶骗资金的进场。可见，以掩隐于作案手法的隐蔽，不仅难以发现和证据收集取证，构成犯罪的巨涂，也给目后各种辩解机。

重点案例

（一）民营化业质疑的谣言案件

国家公权力主要集中在国家工作人员，尤其是国家机关工作人员手中，该类主体职务行为的履行性及其相关关系到公民切身权益有所及什么以及是否公正义的问题，故作为广义上的"反腐败"，主要针对国家机关工作人员，尤其是国家公务人员的违法违规行为。然而，随着我国市场经济水平的发展，一些民营企业组织中的非国家工作人员也可能掌握有较大的公权力，其职务行为对公民及国家对社会公众的利益产生较大影响，故其日益加剧，非国家工作人员加入到反腐倡廉的日常工作中。尤其在信息网络技术时代化，互联网及网络以职务侵占罪为由将作为其指控与评价的一种途径还有重要的工具和手段。实案表明，人们对家庭揭发的谣言"非法经营"，所利用的正是这一权力。

（二）以"口袋罪"整治网络谣言作非长久之计

"网络大 V 是"、"秦火火"被依法刑拘"、"网络推手"、"网络炒家"等等长时间的不间断，在"赖服务"、"赈服务"、"赈服务"等形式上的违规经营于政府定的许可证经营范围以外的业务以及未取得许可经营者从事的需要许可的经营等，故不信息发布及以其他有关来换取经济利益的事项，被认为是"非国家公众"，从家商业水平的以经济为中心来未，我国的经济体以经济以长久目的为长久进行的认真为其自身，通过信息回溯有容值以货值服务的非法持有为目的的，通过信息回溯有容值以货值服务的非法持有为其自身的"的行为，挑战线几乎是一定程度上现象了"其中的"非法经营"，此类现象在一定程度上现象了与此同时应对这种家法定的国家机关许可，但是也对国民各地的认为及在花费的购置影响哺，很非长久之计。

十、口碑公司非法经营有偿删除网帖案

案情概要 北京口碑互动营销策划有限公司是中国最早以网络口碑传播为卖点，以互联网营销为代表，业内网络危机最早最专业的公司之一。该公司及其控制的中国投资资讯网、中国水务、北极猴等网站上发布了6个大大小小的网络加盟代理点，2013年12月5日，北京警方抓获了6个大大小小的分支机构进行删帖工作以及对原帖信息源删除等活动是其中的涉有偿删帖公司，数十名涉案人员在该行动中被抓获。据悉警方从涉案国家工作人员处查获资金1000余万元。据北京警方介绍，口碑公司的"删帖"业务分为两种，各司其职，密不可分。公司需删除在网上曝光的、涉及某企业负面的信息时，先由直接联系客户的业务员去联系另外一名专对接删帖的业务员，其中就一般客户而言，大多只是为了小范围的普通删除，对他们收取的删帖费用一般为几百元到几万元不等。业务员接受任务后，一般都会找到删除与否涉及到的相关网站的网管，与之协商，难度也有大小不等，有些还需要走门路。公司可根据所删帖的网站不同，难度的大小决定收取几十元、几百元不等的删帖费，如果涉及不太友好的，就需要花更大的价钱，其接到网站所能够进行的，删除网帖。

（三）花旗集团在履行职务过程中的刑事法律风险

公民个人推出，信息传播对个人及企业在未来对于公司的优势明显，对于公司公众人物而言，网络搜索相关信息已经为公众所关注，但是信息作为公司的母公司在公司发展行为各方面，对履行职务的基础上，侵犯名誉权的相关行为已近1000万元的同时，且其本人作为公司的业务员，必须履行其行为。都会随之接受公司来的命令。若干原本公司人员增加的传播信息上涉及负，是否涉及到美国国家相关政策，与之公司公司相关。据告知，虽然个人履行职务行为，侵害权益受到侵害者往往在实施职务行为时，因签名所需用人职责可能受到其他信息的伤害。普遍案件中涉及现身，这些损害可能更复杂，但是更重要的是要提前确认情况或成立文书，可以对未来履行行为及其接中的刑事法律风险应当特别关注，慎重对待。

骗取、并以支付佣金的名义，将其中绝大部分赃款转移出。

2010年下半年，广西永业集团假借行政征收收回国有土地使用权方案，顶目损失为约1.5亿元。到被依法采取强制措施归国为止。2013年3月25日，涉案作出一审判决，以骗取出口退税罪判处柳某犯等人彼骗取租用6年，并处罚金人民币30万元；以骗取出口退税罪判处柳某犯等人犯有偷税罪判3年零6个月，并处罚金人民币15万元。

重点落选

（一）北业家庭犯罪艺行为模式：通过"打实准赌为桩"，
犯罪化

骗税作为通常被认为是"非法占有为目的"，即使未取系税手段骗取收税，只要将依税用于合法经济并意图归还，就不构成或骗税犯罪。但在该骗税案通常情况下，北业中骗税家其被中某些堆积某家，随即利用这确定收取许多手段支上之运筹及其采他用人员担兼任的利的，骗取收税的各种行为在骤断则中是做为一一种来收取进股的技巧。2006年《刑法修正案（六）》将本行以非法占有为目的的借款欺诈行为被定为犯罪。但有关小某企业和采集以其被及为其他取被行为方式认定依据于犯罪。近年来，"筑被赌为桩"被规范化，是被被正的方式之一，北业案里进接诈骗拆违在使用时地区测算，以根据顶事就被犯罪。

（二）骗取出口退税入国北业大数北业规步与政府取民间
必然联系

柳州文字事因有股套有公司等最乡村和大数国有北业，中广西柳州市柳某分一「和柳某分二「分引出度。2006年，当审案时遭受刑业损失以为在位被行柳业方面所有机关系事家上的"花案"，据"杨柳"，传通报出在，以从来看，为骚取而构机关布置收骗税的检测的工作人员，出也顺向于相信国北业公柳业为且有重持的信用用及重要现代为水力，及此它出台布政策此柳业柳业的以及被案的被集中风险他低。 这就我的来看情，税被机构的人田还是从下地降为比好的机低，从被机国王员无经线出，并系收机关税被工作向排束漂票，将紧开。

（三）北亚҈经营的新动向："非法经营"判重罪区

来似案例中，"非法经营者的企业即使与国际同行相比也不逊色，被告人涉案金额巨大，非法经营者不合理，同样可能面临重罚。《刑法》第89条规定："任何机构或单位，未经国家有关部门批准，采用黄金和外汇等方式进行标准化合约交易，同时用以下关系：（一）买卖成交量高于总订单的三分之一的，为变相期货交易；（二）实行日结算与总订单所有关方和第三方无所推作用的。"如《刑法》第225条非法经营罪规定："未经国家许可，有关部门批准经营业务，如需经营业务，或其非法经营数额巨大的，被判处十五年以下有期徒刑或拘役，并处或者单处违法所得一倍以上五倍以下的罚金；如其情节更严重的，处五年以上有期徒刑，并处违法所得一倍以上五倍以下的罚金或者没收财产。"非法经营者"是一在中国刑法领域的罪重罪名。

九、广西大宗商品2亿元诈骗案

案情概要 柳州大宗商品交易所公司是在1997年成立的我国大陆首个从事北方民营的贵金属市场而形成的"一厂期货分所"二厂开展业务，为保证实物情况，2006年12月份进行试验期，被国有八家银行接受了该公司业务的现有股份公司，成为大公司以的子公司之内。

根据方明说，2007年年初，时任北方大公司的负责人，北方大公司的实际控股人具有更加接近北方大公司业务范畴规模家许（设观论），让其独立与北方大公司具有自行经营制之间，开始开展开户承接贷款业务，随后向银行进行经营事件。原来新的贷款客户，北方大公司给予了很多优惠政策，吸引了各界客户，在2007年底上半年前，再经营的经营规模由2006年底报表的三合分厅共成了有限公司业务为出售一般生活资金来划分，甚至以更大公司业务为单位，并新增了以无权增承销额为计价收入。从2007年8月到2008年3月，分了7次买入水果收入银行销售收入2亿元的加值发票，以时报告保存了较长时间的账目较大存在了2亿元。

难化的关系等。在实际的案例执行中，采用固定统一的标格式方面，来获得进度制度，每日主无的便结算施和双向反交易，对市场的交易等交易机制，非接以从事期货交易行为，交易水平宏观井上与外部系统对接。

重点落地

（一）从非法设立的期货交易所进行的交易交易看，被叫风险较大

在近几年查处的多起案例案例中，非法期货交易所与外国际期货市场有直接联系，客户打入的资金因此就存在着被转移的可能性上，没有进入期货市场。实际上，客户盘点与非法设置进行集中撮合交易的，并非在真正的期货市场水平或交易所得，所谓"期货投资"，是完全虚拟的，不可能进行投资者交易到。该种直接形式的"期货交易"，该种期货违法行为便捷的真相是曝光于大众视线之中，而撮合交易所得开发于金水平的等手段，使情报集体交易所。

（二）客户资金对应的来货场非常，总工是境外来的课存存空间的境内的境外场货

一方面，通常被非进民资资金货物商品面巨大集中接触商品，多—万家里，中国现货市场逐渐在扩张大成，证券市场经销商，人民民资金资金证要之多的投资场账户。在这大背景下，非法集结基金存在有投资商品货物存大的投资场账户。另一方面是期货，我们不来看小寨中，"国际市场比较大多的水等"不等到了"国际市场的场景是运用的"，为非法期货交易人的关税重制中，你和，加基国内外经银行基本民资能到的水平外数贴额投资规情，总是境北水地方的境外场货。

51

但是,是否像有的学者所主张的,虚报注册资本罪和虚假出资、抽逃出资罪已经缺乏入罪条件,而应该予以废除?笔者持否定的观点。不容否认,随着最低注册资本要求的取消,在实践中,申请公司登记的有限责任公司、一人有限责任公司和股份有限公司,使用虚假证明文件或者采用其他欺诈手段虚报注册资本,欺骗公司登记主管部门,取得公司登记的行为就会大大减少。新《公司法》不再限制公司设立时全体股东(发起人)的首次出资比例,不再限制公司全体股东(发起人)的货币出资金额占注册资本的比例,不再规定公司股东(发起人)缴足出资的期限,在实践中公司股东和发起人,未交付货币、实物或者未转移所有权的虚假出资行为也会大大减少。

但是,我们需要考虑另外一些情况。在公司资本制度改革中,涉及一些特殊的行业,由于其关系到社会的公共利益和社会长远利益,影响较大,在市场准入上,通常有着一些特殊的要求。2014年3月出台的国务院《注册资本登记制度改革方案》规定:"现行法律、行政法规以及国务院决定明确规定实行注册资本实缴登记制的银行业金融机构、证券公司、期货公司、基金管理公司、保险公司、保险专业代理机构和保险经纪人、直销企业、对外劳务合作企业、融资性担保公司、募集设立的股份有限公司,以及劳务派遣企业、典当行、保险资产管理公司、小额贷款公司实行注册资本认缴登记制问题,另行研究决定。在法律、行政法规以及国务院决定未修改前,暂按现行规定执行。"[15]这个规定,明确了27类暂不实行注册资本认缴登记制的特殊行业。这些公司由于其行业的特殊性,当前还不能对其注册资本完全放开。而且从国际上看,世界各国普遍对金融机构实施审慎的监管,要求金融机构具备相当数量的实缴资本,以维护金融稳定。所以,在这27类行业里,虚报注册资本罪和虚假出资、抽逃出资罪仍有存在的必要。当然,出于公司法和刑法相协调的考虑,虚报注册资本罪,虚假出资、抽逃出资罪需要进行修订或作出立法解释,以实现与新修订的《公司法》在行为主体、前提规范和法律制裁等方面的协调。可喜的是,2014年4月24日全国人大常委会通过的《关于〈中华人民共和国刑法〉第一

---

[15] 《注册资本登记制度改革方案》,载 http://news.xinhuanet.com/fortune/2014-02/18/c_126151587.htm。

百五十八条、第一百五十九条的解释》中,明确规定了"刑法第一百五十八条、第一百五十九条的规定只适用于依法实行注册资本实缴登记制的公司"。笔者完全赞同将虚报注册资本罪和虚假出资、抽逃出资罪的犯罪主体予以限制,当前限定为这27类行业中仍然实施注册资本实缴登记制的公司,以维护我国的经济金融秩序和经济运行安全。

2. 法律制裁的平衡

在《公司法》第十二章"法律责任"部分,规定了虚报注册资本行为、虚假出资行为和抽逃出资行为这三类行为的法律责任。虚报注册资本的,"由公司登记机关责令改正,对虚报注册资本的公司,处以虚报注册资本金额百分之五以上百分之十五以下的罚款;情节严重的,撤销公司登记或者吊销营业执照"。虚假出资的,"处以虚假出资金额百分之五以上百分之十五以下的罚款"。抽逃出资的,"处以所抽逃出资金额百分之五以上百分之十五以下的罚款"。但是我国现行刑法中,虚报注册资本罪的刑罚配置是"处三年以下有期徒刑或者拘役,并处或者单处虚报注册资本金额百分之一以上百分之五以下罚金"。虚假出资、抽逃出资罪是"处五年以下有期徒刑或者拘役,并处或者单处虚假出资金额或者抽逃出资金额百分之二以上百分之十以下罚金"。

总的来说,虚报注册资本罪"处虚报注册资本金额百分之一以上百分之五以下"的罚金刑配置,虚假出资、抽逃出资罪"处虚假出资金额或者抽逃出资金额百分之二以上百分之十以下"的罚金刑配置,都比公司法中处以"百分之五以上百分之十五以下的罚款"处罚力度小,也即公司法上的罚款,严厉于刑法上的罚金,这就显现出虚报注册资本罪和虚假出资、抽逃出资罪在罚金刑的配置上,与公司法中的法律责任存在失衡问题。而且,公司法上虚报注册资本的行为有"撤销公司登记或者吊销营业执照"的规定,这一规定可谓是决定公司的"生死",处罚严厉程度可见一斑。但是在刑法上,却没有对公司资格的限制。当然,这牵涉刑罚体系中资格刑设置问题,需要专门研究,这里不展开论述。

实现虚报注册资本行为、虚假出资行为和抽逃出资行为在法律制裁上的平衡,解决途径在于对虚报注册资本罪和虚假出资、抽逃出资罪刑罚配置上进行完善。为此,我们可以考虑从罚金刑数额的配置上加以完善。作为犯罪行为的罚金刑数额,应当大于或者至少等于作为相应经济行政违法行为的罚款数额。希望这点能引起国家立法机关的重视。

总之,市场经济的深化改革发展和《公司法》的修订推动了刑法对公司资本规制的理念变革。公司资本刑法的完善,要秉持协调性和适度性的原则,在充分考虑我国市场经济深化改革现状、尊重市场配置资源规律的基础上,准确把握刑法规制的理念,坚持安全与效率并重,保持刑法的有限性,合理规划资本犯罪的犯罪圈,有所为有所不为,以保护我国市场经济领域的自由与安全。

民营企业家集资诈骗罪重大问题探讨

——以吴英案和曾成杰案为视角

赵秉志[*]　徐文文[**]

近年来，我国企业家犯罪呈现不断增长的趋势，尤其是在企业家犯罪中占很大比例的民企企业家犯罪更是如此。[①]民企企业家犯罪虽然涉及众多罪名，但是，在经济领域，多以非法吸收公众存款罪和集资诈骗罪等非法集资类罪名为主。根据北京师范大学中国企业家犯罪预防研究中心发布的《2013年中国企业家犯罪分析报告》中提供的数据可以发现，集资诈骗犯罪已经逐步发展为民企企业家触犯频率较高的罪名之一。[②]同时，根据新闻媒体近年来报道的集资诈骗案件，这类案件在司法审判中仍存在较多问题，主要表现为正常民间借贷与非法集资行为之间界限模糊、非法吸收公众存款罪与集资诈骗罪之间不易区分及死刑适用标准难以把握等。虽然理论界早已对这些规范刑法学问题进行了较为深入的研究，但具体到个案中，仍存在认定上的现实困境。在这种情况下，有必要对民营企业家所涉及的集资诈骗罪中

---

[*] 北京师范大学法学院与刑事法律科学研究院院长、特聘教授、博士生导师，中国刑法学研究会会长，北京师范大学中国企业家犯罪预防研究中心专家委员会主任。

[**] 北京师范大学刑事法律科学研究院刑法学博士生。

[①] 参见由北京师范大学中国企业家犯罪预防研究中心发布的《2013年中国企业家犯罪分析报告》。

[②] 该报告指出，非法吸收公众存款罪、职务侵占罪、诈骗罪、合同诈骗罪、集资诈骗罪、行贿罪、挪用资金罪、虚开增值税专用发票罪、非国家工作人员受贿罪，都属于近两年民营企业家的高频率犯罪。

的一些重大问题进行探讨，一方面可以更好地保障民营企业家的权益，另一方面也有利于对集资诈骗犯罪予以正确惩治，以维护正常的金融秩序。本文拟以近年来我国发生的两个极为典型的集资诈骗重大案件即吴英案和曾成杰案为主要研究视角，通过对个案中集资诈骗罪的司法认定及死刑适用的争议问题进行研析，试图研究、解决此类案件的司法实践难题，并进而探讨集资诈骗罪死刑废止的必要性与迫切性，以尽快推动立法对集资诈骗罪死刑的废止。

本文之所以选取吴英案③和曾成杰案④作为研究对象，主要是其具有以下特点：

第一，具有较大的社会影响力。这两个案件均被媒体大量报道，且受到公众的高度关注，尤其以吴英案为代表。这两个案件不仅极为典型和有代表性，而且伴随有较广泛的民意，以这类案件为视角，也有利于对民意与死刑适用之关系的研究。

第二，在罪名认定和量刑上存在较大的争议。这两个案件均在定罪量刑上存在显著争议，不仅被告人的辩护人不认同法院的判决，连一些学者也对案件的定罪量刑提出质疑。研析这两个案件所反映出

---

③ 吴英案案情简介：吴英（女），原系浙江本色控股集团有限公司的法定代表人，从2005年3月起，吴英就以合伙经营或各种投资为名，向徐玉兰、俞亚素等人进行高息集资。在本色集团成立前，吴英已经负债多达1400万元。此后，吴英又声称需要资金投资项目或周转，向林伟平等11人非法集资，数额高达77339.5万元。这些非法集资款除了用于归还先前的集资款和支付高额利息外，还用于购买房产、汽车及个人挥霍等，至案发仍有38426.5万元无法归还。吴英在一审、二审中均被认定犯集资诈骗罪，并被判处死刑立即执行。2012年4月20日，最高人民法院裁定未核准吴英死刑立即执行，并将该案发回浙江省高级人民法院重审。2012年5月21日，浙江省高级人民法院重审作出终审判决，以集资诈骗罪判处吴英死刑，缓期二年执行。具体案情可参见浙江省金华市中级人民法院(2009)浙金刑二初字第1号刑事判决书。

④ 曾成杰案案情简介：曾成杰（男），原系湖南三馆房地产开发集团有限公司总裁，从2003年11月到2008年8月，曾成杰先后使用了参与"三馆项目"、三馆物业认购、吉首商贸大世界房屋认购等集资形式向社会集资，集资利率从年息20%（月息1.67%）逐步提高到月息10%，集资总额达34.52亿余元，但是实际投入工程项目支出只有5.56亿余元。后来，曾成杰因无法向集资户兑现承诺而停止还本付息，不仅造成集资户财产上的巨大损失，还引发了群体性事件和自焚恶性事件。曾成杰在一审、二审中均被认定为集资诈骗罪，并被判处死刑立即执行。2013年7月12日，湖南省长沙市中级人民法院遵照最高人民法院下达的执行死刑命令，将曾成杰执行死刑。具体案情可参见湖南省高级人民法院(2011)湘高法刑二终字第60号刑事判决书。

的争议问题,有利于对集资诈骗罪的定罪量刑问题进行更有针对性的探讨。

第三,两名被告人一、二审均被判处死刑立即执行,但最终一个被改判为死刑缓期二年执行,一个被判处死刑立即执行且经核准执行了死刑。研析这两个案件在死刑适用上的问题及差别,不仅有利于对集资诈骗罪死刑适用的标准进行研究,也有利于进一步探讨司法实践中限制集资诈骗罪死刑适用的合理性和必要性。

一、集资诈骗罪的正确认定问题

集资诈骗罪的司法认定历来是刑法学者和司法实务者研究的重点,但是,近年来,随着媒体对一些典型集资诈骗案件的持续报道,不断暴露出集资诈骗罪在司法认定上的一些争议问题,并引发学者们研究这些问题的新高潮。笔者认为,集资诈骗罪之所以时常在司法认定上存在争议,主要是基于以下几个方面的原因:

第一,从集资者方面看,随着社会生活的不断发展变化,集资诈骗行为的表现方式愈发多样化和隐蔽化,增加了集资诈骗罪司法认定上的困难。

第二,从受害者方面看,在民间融资盛行的地区,越来越多的公众是在投机牟利与一夜暴富心理的驱使下,明知集资行为有一定的风险,仍心甘情愿参与集资活动。在这种情况下,行骗与被骗的界限已经没有在传统诈骗罪中那么明显,在司法实践中更加难以认定。

第三,从证据方面看,很多集资诈骗案件的集资者都是在集资后进行投资的,他们大多是因企业资金链断裂,无法归还大量集资款而案发,这就容易导致集资者集资诈骗的主观罪过与非法占有的目的难以认定。

一般来说,集资诈骗罪的司法认定,主要涉及集资诈骗罪与合法的民间借贷行为间的界限,以及集资诈骗罪与非法吸收公众存款罪的区别两个问题,并主要包括对"非法占有目的""社会公众"和"诈骗方法"三个方面的认定。下文将主要结合吴英案和曾成杰案这两个典型案例,具体分析集资诈骗罪定性方面的这些问题。[5]

(一)集资诈骗罪与民间借贷的界限

集资诈骗与民间借贷都是不通过国家认可的金融机构而自行进行的集资借贷活动。从广义上说,实践中许多集资诈骗案件也属于民间借贷,但属于非法的民间借贷,而且由于其社会危害性极其严重,已经需要动用刑法加以制裁;而正常的民间借贷则属于民事法律行为,受法律保护。因此,集资诈骗罪与民间借贷之间极易混淆,需要严格加以区分。集资诈骗罪尽管也具有民间借贷的特征,但因为与民间借贷在借款目的、借款对象、承诺的利息方面有所不同,而与之相区别。在这些区别中,借款目的和借款对象是两者主要的区别。也就是说,如果行为人具有非法占有的目的,且面向社会公众进行集资行为,就可能构成集资诈骗罪;否则为民间借贷行为。下文将结合前述的两个典型案件,具体分析对"非法占有目的"和"社会公众"的认定。

1. 关于非法占有目的的认定

集资诈骗罪中"非法占有目的"的认定一直是学界争论的焦点。有学者甚至主张,鉴于此要件的模糊性,不如直接取消这一要件。[6] 作为集资诈骗罪构成要件中的主观要件,"非法占有目的"不易通过客观证据直接反映,一般需要在客观证据的基础上使用司法推定的方法进行认定。如英国刑法学者认为,事实的推定"由于往往是能够证明被告心理状态的唯一手段,因而在刑事司法中起着重要作用。法官应该对陪审团作出这样的指示,即它有权从被告已经实施了违禁行为的事实中,推断出被告是自觉犯罪或具有犯罪意图,如果被告未作任何辩解,推断通常成立"。[7] 而这种司法推定的方法也得到了我国司法解释的认可。目前,对集资诈骗罪中"非法占有目的"的认定,主要依据三份法律文件,分别是最高人民法院于1996年颁布的《关于审理诈骗案件具体应用法律的若干问题的解释》(以下简称《1996年解释》)、最

---

[5] 本文在分析吴英案和曾成杰案这两个典型案件时,主要依据这两个案件的一、二审判决书和最高人民法院的裁定书,以及与这两个案件相关的一些卷宗材料等证据。

[6] 参见周丹:《集资诈骗行为认定问题探讨——以杜益敏集资诈骗案为例》,载《浙江省法学会金融法学研究会2010年暨"民间融资引导与规范"研讨会论文集》,第267页。

[7] 〔英〕鲁伯特·克罗斯、菲利普·A.琼斯:《英国刑法导论》,赵秉志等译,中国人民大学出版社1991年版,第56页。

高人民法院于 2001 年印发的《全国法院审理金融犯罪案件工作座谈会纪要》(以下简称《2001 年纪要》)和最高人民法院于 2010 年出台的《关于审理非法集资刑事案件具体应用法律若干问题的解释》(以下简称《2010 年解释》)。

  但是,"非法占有目的"的司法推定并没有因为上述三份法律文件的出台变得易于操作,相反,有不少学者认为,上述法律文件的部分内容不仅在表述上存在问题,也与一些刑法学的基本理论相冲突,而其中隐含的重刑思想更是令人担忧。例如,《1996 年解释》中列举的四种情形,均是以行为为出发点,根据结果代替推断,并非是对非法占有目的的直接推定[⑧];而《2001 年纪要》虽然在第一种情形中明确规定"明知没有归还能力"这一主观要件[⑨],但是这仍需要对行为人是否具有"明知"进行推定,并不比证明"非法占有目的"更容易[⑩];尤其是《2010 年解释》对"非法占有目的"的司法推定过于关注客观事实,而忽视对行为人主观的考察和判断,易造成冤案错案。[⑪] 因此,对非法占有目的的认定,在以上述三份法律文件为依据的基础上,还应该强调坚持主客观相统一的刑事责任原则,既要避免客观的依结果归罪,也

[⑧] 《1996 年解释》第 3 条规定,行为人实施全国人民代表大会常务委员会《关于惩治破坏金融秩序犯罪的决定》第 8 条规定的行为,具有下列情形之一的,应当认定其行为属于"以非法占有为目的,使用诈骗方法非法集资":(1)携带集资款逃跑的;(2)挥霍集资款,致使集资款无法返还的;(3)使用集资款进行违法犯罪活动,致使集资款无法返还的;(4)具有其他欺诈行为,拒不返还集资款,或者致使集资款无法返还的。

[⑨] 《2001 年纪要》规定,根据司法实践,对行为人通过诈骗的方法非法获取资金,造成数额较大的资金不能归还,并具有下列情形之一的,可以认定为具有非法占有的目的:(1)明知没有归还能力而大量骗取资金的;(2)非法获取资金后逃跑的;(3)肆意挥霍骗取资金的;(4)使用骗取的资金进行违法犯罪活动的;(5)抽逃、转移资金、隐匿财产,以逃避返还资金的;(6)隐匿、销毁账目,或者搞假破产、假倒闭,以逃避返还资金的;(7)其他非法占有资金、拒不返还的行为。

[⑩] 参见钟瑞庆:《集资诈骗案件刑事管制的逻辑与现实——浙江东阳吴英集资诈骗罪一审判决的法律分析》,载《法治研究》2011 年第 9 期。

[⑪] 《2010 年解释》第 4 条规定:"使用诈骗方法非法集资,具有下列情形之一的,可以认定为'以非法占有为目的':(一)集资后不用于生产经营活动或者用于生产经营活动与筹集资金规模明显不成比例,致使集资款不能返还的;(二)肆意挥霍集资款,致使集资款不能返还的;(三)携带集资款逃匿的;(四)将集资款用于违法犯罪活动的;(五)抽逃、转移资金、隐匿财产,逃避返还资金的;(六)隐匿、销毁账目,或者搞假破产、假倒闭,逃避返还资金的;(七)拒不交代资金去向,逃避返还资金的;(八)其他可以认定非法占有目的的情形。"

不能仅凭行为人的供述归罪,而应当根据具体案件具体分析。在具体案件中,应以行为人实施的活动为基础,综合案件所有事实,尤其要注意行为人提出的反证,要排除任何其他可能,以得出正确的结论。

下面将结合吴英案和曾成杰案这两个典型案件,进一步探讨个案中非法占有目的的认定,并重点对《2001年纪要》第3条第1款第1项"明知没有归还能力而大量骗取资金"和《2010年解释》第4条第1款第1项"集资后不用于生产经营活动或者用于生产经营活动与筹集资金规模明显不成比例,致使集资款不能返还"的适用进行分析。

在吴英案中,法院主要依据《2001年纪要》第3条第1款第1项"明知没有归还能力而大量骗取资金",认定吴英具有非法占有的目的。从该案一审判决书、二审裁定书及浙江省高级人民法院重审的判决书看,虽然这几份裁判文书中均认定吴英具有非法占有的目的,但依据的理由并不十分一致,概括起来主要包括以下几点:(1)吴英在成立本色控股集团公司前已负巨额债务,其后又不计条件、不计后果地大量集资,根本不考虑自身的偿还能力;(2)吴英将非法集资所得的资金除少部分用于注册传统微利行业的公司以掩饰真相外,绝大部分集资款未用于生产经营,而是用于支付前期集资款的本金和高额利息、大量购买高档轿车、珠宝及肆意挥霍;(3)吴英对巨额集资款无账目,也没有记录;(4)吴英案发前四处躲债,根本不具有偿还能力。[12] 对此,吴英的辩护人并不认同,并指出上述部分理由不能成立,如认为吴英当时已拥有2500万元资产,法院以注册资金判断实际投资依据不足,进而认定吴英已负巨额债务并不准确;再如认为吴英购买珠宝未必不属于投资,购买汽车是为了各部门负责人工作之用,不属于肆意挥霍等。[13] 而且,也有不少学者认为,法院认定吴英具有非法占有目的的理由并不充分。[14]

---

[12] 参见浙江省金华市中级人民法院(2009)浙金刑二初字第1号刑事判决书;浙江省高级人民法院(2010)浙刑二终字第27号刑事裁定书;浙江省高级人民法院(2012)浙刑二重字第1号刑事判决书。

[13] 参见佚名:《京都要案:生死吴英案》,载《京都律师》2012年第1期。

[14] 参见侯婉颖:《集资诈骗罪中非法占有目的的司法偏执》,载《法学》2012年第3期;钟瑞庆:《集资诈骗案件刑事管制的逻辑与现实——吴英集资诈骗案一审判决的法律分析》,载《法治研究》2011年第9期。

笔者认为，虽然司法实践中对"明知"的认定本身就有一定困难，但本案的裁判文书并没有含糊带过，而是进行了较为详细的论证，这是值得肯定的。但是，裁判文书认定吴英具有非法占有目的时确实存在一些问题，主要表现为：存在客观归罪的倾向，判断立场不利于被告人及忽视有利于被告人的证据等。首先，裁判文书中多次提到吴英是在没有经济基础的情况下进行集资活动的，并最终因资金链断裂，而不具备偿还能力。这其实是以吴英在客观上是否有足够的资金偿还集资款，推定吴英在主观方面是否具有非法占有目的，带有一定的客观归罪倾向。其次，裁判文书根据吴英注册的是传统微利行业的公司，判断这些公司即使盈利，也无力偿还高额利息；根据吴英的巨额集资款没有账目且一些投资失败，判断吴英没有经营管理能力，不可能通过经营公司而盈利并偿还集资款；根据吴英集资的利息过高，判断吴英根本就没有考虑自身的偿还能力，更没有偿还的打算；根据吴英平时出手大方，购买珠宝、名车、进行高档娱乐消费等，判断吴英没有考虑偿还集资款，具有非法占有集资款的目的。这些判断看似合理，但多是从一般公众的视角进行的判断，并不能代表吴英自己的想法。正如吴英在一审法庭上对公诉人的反问："你怎么知道不会赚？"这种以普通公众的判断立场，推定被告人的主观方面，很有可能得出对被告人不利的结论。最后，裁判文书也没有考虑一些对吴英有利的证据。比如，吴英的供述及其辩护人的辩护词中，都辩解或辩护说，吴英将大部分集资款用于经营，并没有肆意挥霍。对此，法院只是认定吴英将少部分集资款用于经营，并没有给出具体的数字比例等，而且也没有详细考察这部分用于经营的集资款的流向。根据吴英的供述，即使她将部分集资款用于偿还欠款和利息，并用于个人挥霍等，但确实也将部分集资款用于投资房产、经营公司上。⑮ 如果吴英具有非法占有的目的，她完全可以编造不存在的项目，没有必要注册甚至经营大量公众熟悉的传统公司，也不用将部分集资款用于公司装修、广告宣

---

⑮ 吴英案一审判决书中提到，吴英供述自己的借来的钱，其中大量集资款用于投资房产、购买名车，还有一些用于公司经营，用于本色概念酒店装潢，共花费3 000万元；用于汽车美容、衣服干洗、广告公司的公告牌、装潢等，共花费1 000万元；用于商贸城的房租、装潢等，共花费1 000万元；用于网吧经营、房租及电脑设备，共花费500—600万元；用于建材城的装潢、广告及样品，大概花费200万元；并且还在商贸城附近开设职工食堂，花费59万元等。

传等具体经营上,更没有必要开设职工食堂等。⑯ 考虑到本案中吴英确实有一些实际的经营和投资行为,更需要谨慎地认定吴英是否具有非法占有的目的。

在曾成杰案件中,二审法院也是主要依据《2001年纪要》中第3条第1款第1项"明知没有归还能力而大量骗取资金",认定曾成杰具有非法占有的目的。但是,该法院在认定非法占有目的时,只在判决书中列举了12项相关证据,并没有结合相关证据进行论证、推理。而且,这12项证据多是证明三馆公司吉首商贸大世界建设项目投资成本大、收益小的各种书证,以及一些证明三馆公司的工程项目严重亏损的证人证言。⑰ 二审判决书试图以此证明曾成杰明知没有偿还能力,但是不顾后果进行非法集资,显然也带有以结果推定主观方面的客观归罪倾向。

在曾成杰案件中,与二审法院不同,二审出庭检察员主要是依据《2010年解释》第4条第1项"集资后不用于生产经营活动或者用于生产经营活动与筹集资金规模明显不成比例,致使集资款不能返还的",认定曾成杰具有非法占有的目的。二审出庭检察员认为,根据华信的会计鉴定,三馆公司融资规模为345 286.45万元,用于生产经营活动的资金为77 246.40万元,明显不成比例。⑱ 但是,该案的辩护人对上述数据提出质疑,认为判决书中的345 286.45万元是累计集资额(包括已经归还的和归还后又集资的数额),而不是最高额,更不是实际可以用于生产经营活动的融资总额,据此认定用于生产经营活动的

---

⑯ 与吴英案形成鲜明对比的是杜益敏案,杜益敏案的一审判决书中用大量证据证明了被告人基本上没有将7亿余元的集资款用于实际投资,而是采取拆东墙补西墙的方式用于归还前期本金和利息、挥霍、购买房产等。同时,从全案看也没有任何证据证明杜益敏有其他正常的经营活动,实际上杜益敏本人已没有归还上述款项的可能,因此,认定杜益敏主观上已没有归还上述款项的意思,客观上也造成集资款1.2亿余元无法归还,是较为合理的。但是,吴英案中被告人确实将部分集资款用于实际经营,这是明显不同于杜益敏案的地方,在推定吴英是否具有非法占有目的时,应更加谨慎[参见浙江省丽水市中级人民法院(2007)丽中刑初字第35号刑事判决书]。

⑰ 参见湖南省高级人民法院(2011)湘高法刑二终字第60号刑事判决书。

⑱ 参见曾成杰集资诈骗案二审辩护词,载 http://blog.sina.com.cn/s/blog_a7d040880101c2o5.html,访问时间:2014年4月30日。

集资款所占的比例不合理。[19] 法院依据累计集资额计算比例是否合理？笔者认为，将集资总额按累计集资额计算，没有考虑到已经归还的集资款和归还后又借出的集资款之间的区别，这样重复计算集资数额，并据此得出被告人用于生产经营活动与筹集资金规模的比例，显然对被告人不利。另外，本案认定曾成杰的集资数额、诈骗数额、实际用于生产经营的数额等所依据的关键证据，都是《司法会计鉴定书》，由于鉴定对象上的受限性，该鉴定书并不能全面反映三馆公司的资产情况，据此得出的涉案金额之真实性和可信度值得怀疑。二审出庭检察员依据尚有较大争议的数据，认定曾成杰用于生产经营活动的集资款与筹集资金规模明显不成比例，进而认为曾成杰具有非法占有目的，不够有说服力。

2. 关于"社会公众"的认定

关于"社会公众"的含义，理论界主要有两种不同的观点：一种观点是不特定说，认为集资诈骗罪中的"社会公众"指不特定的多数人，而不是本单位内部的人或少数特定的人[20]；另一种观点是不特定或多数说，认为"社会公众"一般是指多数人或不特定的人，在特定范围内向多数人募集资金的行为也成立非法集资类犯罪。[21] 笔者赞成不特定说，即"社会公众"指不特定的多数人，并认为不特定或多数说对"社会公众"的理解不适当。如果将特定的多数人也视为社会公众，必然会扩大吸收公众存款行为的外延，将一些民间借贷行为入罪，从而不恰当地扩张了刑罚圈。

在本文选取的两个集资诈骗案件中，由于曾成杰案涉及的集资对象众多，且是面向不特定人进行的集资行为，将这些对象认定为社会公众没有太大疑问。但是，在吴英案中，由于集资对象只有 11 个人，控辩双方在集资对象是否属于"社会公众"上存在不同认识。吴英的辩护人认为，本案的债权人只有 11 个人，且这 11 个人都是吴英的朋

---

[19] 参见曾成杰集资诈骗案二审辩护词，载 http://blog.sina.com.cn/s/blog_a7d040880101c2o5.html，访问时间：2014 年 4 月 30 日。

[20] 参见高铭暄、马克昌主编：《刑法学》，北京大学出版社 2011 年第 5 版，第 420 页。

[21] 参见张明楷：《诈骗罪与金融诈骗罪研究》，清华大学出版社 2006 年版，第 498 页；张建、俞小海：《集资诈骗罪对象研究中的认识误区及其辨正》，载《中国刑事法杂志》2011 年第 6 期。

友或熟人,不属于不特定的社会公众,因而认为吴英借款行为的性质是向朋友借款,而非向不特定的社会公众借款。㉒ 但是,法院裁判并未采纳辩护人的观点,而是坚持认为吴英的集资对象属于社会公众,其具体理由如下:(1)吴英非法集资的对象并非只有11个人,还包括俞亚素等数十名直接向吴英提供资金但没有按诈骗对象认定的人;(2)即使认定吴英非法集资对象只有11个人,这11个人也并非都是吴英的亲戚或朋友,除了蒋辛幸、周忠红2人在借钱之前认识吴英外,其余都是经中间人介绍为集资而与吴英认识的;(3)吴英明知一些集资对象是做融资生意的,他们的资金是非法吸存所得到;(4)吴英委托、授意一些集资对象向他人非法集资。㉓ 法院在认定吴英案的非法集资对象时,不仅进行了较为详细的论述,并且对辩护人的辩护意见作出了回应。依据法院的上述理由是否能认定吴英的集资对象是社会公众?

笔者认为,裁判文书中的上述理由基本可以认定吴英行为的对象是社会公众,但是,其论证过程略显单薄。(1)上述第一项理由认为吴英的债权人并非只有11个人是合理的,因为俞亚素等数十名债权人虽然没有被认定为吴英集资诈骗的对象,但他们仍然是吴英集资行为的对象。法院在认定吴英的集资对象包括俞亚素等人时,应进一步分析这些债权人与吴英的关系。部分证据材料显示,吴英与俞亚素在借钱之前就认识,属于朋友关系。吴英不仅向俞亚素借钱,还让她介绍其他亲友参与投资。之后,俞亚素介绍吴英认识了唐雅琴等人,而吴英从她们那里也获得了部分集资款。据此,基本可以断定,吴英与俞亚素等数十名债权人之间不全是亲友关系,至少唐雅琴等人应属于不特定的集资对象。(2)上述第二项理由系对辩护意见作出的回应,既很好地反驳了辩护人提出的"亲友说",又证明了多数债权人具有不特定性。(3)上述第三项理由试图通过强调吴英对集资款来源的"明知",认定吴英行为的对象也包括向11个债权人提供资金的"下线",

---

㉒ 参见佚名:《京都要案:生死吴英案》,载《京都律师》2012年第1期。
㉓ 参见浙江省金华市中级人民法院(2009)浙金刑二初字第1号刑事判决书;浙江省高级人民法院(2010)浙刑二终字第27号刑事裁定书;浙江省高级人民法院(2012)浙刑二重字第1号刑事判决书。

略显牵强。因为因果关系的相对性决定了吴英行为的对象只能是11个债权人,而不能随意扩展。(4)上述第四项理由试图根据吴英委托、授意一些债权人向他人非法集资,证明吴英的集资对象也包括向这些债权人提供资金的"下线",这一思路是正确的。刑法中的因果关系虽然不能被随意扩展,但在共犯的关系中却可以适当扩展。如果能证明吴英和一些集资对象是共犯关系,则吴英行为的对象就包括这些集资对象的"下线"。但是,法院既没有具体说明吴英委托哪些债权人向他人集资[24],也没有进一步论证吴英是否和这些债权人构成共犯。根据部分证据材料,可以证明吴英曾委托徐玉兰、俞亚素等人向社会公众集资。[25] 虽然,由于证据原因而没有认定徐玉兰等人是本案的直接受害人,但这并不影响对共犯关系的认定。吴英虽然没有直接参与徐玉兰等人的非法集资活动,但却是徐玉兰等人实施非法集资活动之犯意的发动者,属于教唆犯。既然吴英集资的对象包括徐玉兰等人的集资对象,因此吴英的集资对象也应属于社会公众。需要注意的是,这种情况下,吴英的非法集资行为应仅限于与集资对象构成共犯的部分集资行为,而不应扩大至所有集资行为。

(二)集资诈骗罪与非法吸收公众存款罪的区别

集资诈骗罪与非法吸收公众存款罪在客观上都表现为非法集资行为,两者的区别主要是:(1)非法集资人是否具有非法占有的目的;(2)非法集资人是否使用了诈骗方法。如果非法集资人具有非法占有的目的,并且使用了诈骗方法,则构成集资诈骗罪;否则构成非法吸收公众存款罪。上文中已经详细探讨过如何认定行为人具有非法占有的目的,下面将重点分析如何认定行为人使用了诈骗方法。

一般而言,诈骗是指行为人用虚构事实、隐瞒真相的方法,使对方陷入或者维持错误的认识,对方基于错误认识处分财物,行为人因此非法占有他人的财物。就集资诈骗罪而言,根据《1996年解释》第3条第2款的规定,集资诈骗的"诈骗方法是指行为人采取虚构集资用

---

[24] 只有一审判决书中明确提到吴英授意徐玉兰向他人非法集资,其他判决书、裁定书中均没有涉及这一问题。

[25] 例如,徐玉兰在证言中多次提到,吴英让她到别人那里借钱;而吴英在供述中也提到,自己经常让徐玉兰到外面借钱,自己没有与出借人直接接触,只负责签字。

途,以虚假的证明文件和高回报率为诱饵,骗取集资款的手段"。然而,近期有学者认为,上述教义学标准可以适用于传统罪名而难以套用于新型罪名,并进一步指出,上述理论的机械化表现在两个方面:(1)把诈骗罪的构造固定化,不能完全适应于日益变化的社会生活;(2)把诈骗罪的逻辑构造普适化,直接适用于所有类型的诈骗行为。㉖也有学者从集资诈骗罪与一般诈骗罪的关系入手,认为在非法集资类诈骗案件中,由于借贷双方身份的特殊性,在认定诈骗方法时理应更加谨慎。㉗

笔者认为,上述看法有一定的道理。随着社会生活的不断发展,对诈骗行为的认定,不能仅仅从行为人的角度出发,而应关注行为人的加害行为与被害人的被害行为间的互动,在此互动的基础上认定行为人的加害行为是否真正属于诈骗行为。尤其是对高利贷案件而言,在对民间金融活动缺乏必要监管的情况下,如前所述,许多民众在投机心理的驱使下,为了巨额回报,仍然甘冒风险参与被骗。在这种情况下,行骗与被骗的界限已经没有在传统诈骗罪中那么明显。

因此,在认定非法集资者是否使用诈骗方法时,理应更加谨慎,应分别从集资者与集资对象两方面进行分析。(1)从集资者方面看,判断集资者是否实施了诈骗行为,主要看集资者有没有进行虚假宣传、有无真实的投资项目以及是否把大部分集资款投入到项目中。如果集资者进行了虚假的宣传,或没有投资项目,或没有把大部分集资款实际投到项目里,就属于典型的欺骗。(2)从集资的对象方面看,判断集资者的行为是否构成诈骗罪,还要看集资对象是否因集资者的虚假宣传或虚构的项目而陷入错误认识,并基于这一错误认识参与集资活动。如果集资的对象并不在乎集资者的投资项目和收益大小,只是为了获取高额利息,即使集资者虚构了事实或隐瞒真相,也很难认定他们陷入错误认识。在司法实践中,一般可以根据集资对象的身份、集资者承诺给予利息的高低、集资对象贷款数额的大小、集资对象的

㉖ 参见高艳东:《诈骗罪与集资诈骗罪的规范超越:吴英案的罪与罚》,载《中外法学》2012年第2期。

㉗ 参见叶良芳:《从吴英案看集资诈骗罪的司法认定》,载《法学》2012年第3期。

家庭收入情况等因素,综合判断集资对象是否陷入了错误认识。从集资对象的身份看,当集资对象是专业的高利贷者时,由于他们对金融投资有较强的判断力,被骗的可能性较小;从集资者承诺利息的高低看,如果集资者承诺的利息过高,一定程度上使集资对象的借款行为明显带有了投机的性质,而集资对象陷入错误认识的可能性也较小;从贷款数额的大小看,如果集资对象每次贷款都高达数百万元或千万元,并且长期贷款,一定程度上表明其是高利贷者或资金掮客,这类集资对象一般也不太在乎集资者的投资项目及收益情况,而是抱着投机心理,赚到一次是一次,被骗的可能性也较小。但是,上述认定只是一般情况下的大致判断,不一定适用于所有案件。在具体案件中,还应该结合案情进行具体分析判断。下文仍以本文研究的两个典型案件为例,就诈骗方法的认定进行详细分析。

在吴英案中,法院认定吴英使用了诈骗方法,主要依据的是以下两个方面的理由:(1)吴英用投资商铺、从事煤和石油生意、合作开发酒店、资金周转等各种虚假的理由对外集资。(2)吴英为给社会公众造成其具有雄厚经济实力的假象,实施了短时间大量虚假注册公司、签订大额购房协议、买断广告位集中宣传、制作宣传册向社会公众虚假宣传、将骗购来的珠宝放在办公室炫富、在做期货严重亏损情况下仍进行高利分红等行为,向社会公众进行虚假宣传。[28]但是,吴英的辩护人则认为,法院的上述认定与事实不符,如指出宣传册是在2006年12月印制的,而本案中的最后一笔借款行为发生在2006年11月,显然该宣传册并未被用于借款事宜;又如认为将珠宝堆放在办公室并非一定是为了炫富,如果有炫耀的成分,也可能只是为了满足个人的虚荣心,不能据此就认定吴英实施了诈骗行为;再如,认为在公司经营严重亏损的情况下仍使用集资款偿还高额利息,是吴英履行合同的方式之一,不属于欺诈行为。[29]而一些学者也主张,考虑到投资领域的特殊

---

[28] 参见浙江省金华市中级人民法院(2009)浙金刑二初字第1号刑事判决书;浙江省高级人民法院(2010)浙刑二终字第27号刑事裁定书;浙江省高级人民法院(2012)浙刑二重字第1号刑事判决书。

[29] 参见杨照东:《吴英:二审之辩》,载 http://blog.sina.com.cn/s/blog_605472240100pyqk.html,访问时间:2014年4月30日。

性,应谨慎判断吴英是否使用了诈骗方法。㉚ 法院在认定吴英使用诈骗方法时,是否充分考虑到投资领域的特殊性,并做到了有理有据?

笔者认为,法院在判断吴英是否使用诈骗方法时,只是笼统地认定吴英所有的集资行为都使用了诈骗方法,显得不够谨慎。

第一,从吴英的行为看,判决书中认定吴英使用虚假的理由对外集资,但是,吴英毕竟将部分集资款投入了经营中,这样就不能认定吴英所有的集资活动都使用了虚假的理由。以吴英最大的债权人林卫平为例,吴英第一次向林卫平借钱的理由是购买广州白马服装市场的摊位,但吴英实际上并未投资白马服饰城商铺,可以认定吴英使用了虚假理由集资;而吴英第三次向林卫平借钱的理由是用于诸暨担保公司验资,后来吴英将钱汇到诸暨信义投资担保有限公司的账户上,对此就不宜认定吴英使用虚假的理由进行集资活动。另外,裁判文书认定吴英进行虚假宣传,亦缺少必要的论证过程,导致一些理由略显牵强。例如,裁判文书中认为吴英在做期货严重亏损情况下仍进行高利分红,属于虚假宣传,而其辩护人却认为这一理由不能成立。其实,根据吴英的供述,是吴英自己提出与集资对象之一的杨卫陵合伙做铜期货生意,并约定由杨卫陵等人出资3 300万元,不管盈亏都分给他们利润。后来,吴英做铜期货亏了5 000多万元,但是,她为了表现出自己具有雄厚的经济实力,方便以后继续借钱,便骗杨卫陵说她做铜期货赚钱了,并依约定如期给他们本金及利润。㉛ 诚然,吴英在做期货严重亏损的情况下进行高利分红,是其履行合同的方式之一,但在明明亏损的情况下,却骗生意合伙人说赚钱了,不得不说有虚假宣传之嫌。

第二,从集资的对象方面看,法院的裁判文书中基本没有涉及吴英的集资对象是否被骗的证据。吴英的辩护人虽然在一审开庭时提交了相关证据,证明本案的11个债权人不认为自己被骗。但是,一审法院以辩护人提交的证言与债权人在侦查阶段所作的证言不相符为由,既没有采信,也没有展开详细论述。㉜ 因此,仅根据本案的判决书,

---

㉚ 参见叶良芳:《从吴英案看集资诈骗罪的司法认定》,载《法学》2012年第3期;钟瑞庆:《集资诈骗案件刑事管制的逻辑与现实——吴英集资诈骗案一审判决的法律分析》,载《法治研究》2011年第9期。

㉛ 参见吴英侦查卷四。

㉜ 参见浙江省金华市中级人民法院(2009)浙金刑二初字第1号刑事判决书。

无法认定吴英的集资对象是否受骗。基于此,有一些学者认为,考虑到本案的集资对象是11个特定的人,且多为专门从事资金生意的高利贷者,他们并不在乎集资者的项目,也不在乎投资的收益有多少,实际上只在乎集资者能够给予多高的利息,在这种情况下,很难认定他们是因为受骗才参与集资活动的。[33] 笔者认为,当集资对象是专业的高利贷者时,他们确实对金融投资有较强的判断力,被骗的可能性较小,但也不能据此认定本案的集资对象没有被骗的可能性,必须结合案件进行详细分析。根据本案11个债权人在侦查阶段的笔录看,虽然他们是专业的高利贷者,但也并非完全不在乎吴英是否经营实业、经营状况如何、主要投资哪些项目及项目能否盈利等问题。多数债权人在借钱给吴英前,都亲自或派人考察过吴英公司的经营状况和吴英拟投资的项目,并据此判断吴英拟投资的项目是否会盈利,以及吴英是否有能力还钱。[34] 而且,本案的一些债权人在考察项目时,是因为相信吴英虚构的项目能盈利或因为吴英的虚假宣传而相信吴英有能力还钱,才答应借钱给吴英的。[35] 在有证据证明一些集资对象被骗的情况下,不能一概认为本案的集资对象因大多为专业高利贷者而没有被骗的可能性。另外,就某一特定集资对象而言,其在集资活动中是否被骗是一个动态的过程,并非一直都处于被骗的状态。从本案11个债权人在侦查阶段的笔录看,有一些债权人虽然一开始是因为被骗才借钱给吴英,但后来了解到吴英没有钱之后,仍然借钱给她,是期望通

---

[33] 参见薛进展:《从吴英集资诈骗案看刑法保护的平衡性》,载《法学》2012年第3期;叶良芳:《从吴英案看集资诈骗罪的司法认定》,载《法学》2012年第3期。

[34] 例如,吴英的债权人杨卫江在借钱之前,曾让律师去东阳考察过,在认为吴英确实有一定实业的基础上才答应借钱给她;吴英的债权人杨卫陵在借钱给吴英之前,先观察了一段时间,发现铜期货行情很好,才同意和吴英合伙做铜期货生意;吴英的债权人叶义生在借钱给吴英之前,到东阳考察过,发现吴英有酒店在装修,不仅有产业,而且每次借钱都有借条,才开始借钱给吴英;吴英的债权人龚益峰在借钱给吴英之前,跟吴英及她的另一个债权人杨志昂一起考察过广州白马市场的地下摊位;吴英的债权人任义勇、龚苏平等人都去吴英的本色集团参观考察过。

[35] 例如,吴英的债权人龚益峰在考察广州白马市场地下摊位时,听吴英说她通过关系可以搞到很多摊位出租,利润很高,便相信吴英的话,第一次借钱给她;吴英的债权人杨卫陵在考察铜期货时,听吴英说她的钱是做铜期货赚的,而且海亮集团(全国最大铜企业)副总被她收买,跟她做肯定赚大钱,便决定和吴英合伙做生意。

过借给吴英小额的钱来要回之前大额的借款。㊱ 在这种情况下,不宜认定债权人一直处于被骗的状态,也不宜笼统认定行为人在所有集资行为中都使用了诈骗方法,而应该有所区分。

在曾成杰案中,法院主要认定被告人曾成杰进行了虚假宣传,具体理由如下:(1)曾成杰为维系资金链,隐瞒"三馆项目"吉首商贸大世界一期房产销售的真实情况和项目亏损的事实,用集资款出资,并通过当地多家媒体进行虚假宣传。(2)曾成杰还通过邀请明星参加公司成立周年庆典等多种活动,大肆吹嘘公司实力,并通过花钱为三馆公司和曾成杰个人换取多种社会荣誉,扩大社会影响,骗取集资户的信任,向社会公众大量集资。㊲ 对此,曾成杰的辩护人指出,曾成杰并没有进行虚假宣传,三馆公司开发项目多、有实力等都是客观事实,不属于欺诈行为。㊳

笔者认为,判决书中虽然没有涉及集资对象是否被骗的问题,但是,认定被告人曾成杰进行虚假宣传的理由还是比较充分的。

第一,从客观行为方面看,曾成杰的确实施了虚假宣传行为。根据二审判决书中提供的证据,曾成杰先后通过《团结报》《边城视听报》等媒体对三馆公司的投资项目、公司业绩等进行虚假宣传㊴;曾成杰经常在三馆公司的员工会议上,向公司员工虚假宣传公司的实力,并动员员工尽快完成下达的集资任务㊵;曾成杰在向银行申报二期按揭材料和对外宣传时,明确规定要将一期的未销售房产价格增加1倍,夸大公司资产实力等。㊶ 与吴英相比,曾成杰实施的虚假宣传行为

㊱ 如吴英的债权人杨卫陵直到2006年9、10月才了解到吴英是没有钱的,但仍继续借钱给她,期望用小额的借款套回原来的大额借款。

㊲ 参见最高人民法院(2012)刑二复字第43282497号刑事裁定书。

㊳ 参见曾成杰集资诈骗案二审辩护词,载 http://blog.sina.com.cn/s/blog_a7d040880101c2o5.html,访问时间:2014年4月30日。

㊴ 例如,曾成杰在2004年5月20日的《团结报》中称:"商贸大世界占地面积62亩,开发建设面积为12万平方米,整个项目投入规模2个亿。"实际上,商贸大世界一期开发的仅仅29亩,开发面积为8万平方米。又如,曾成杰在2006年2月21日的《边城视听报》中称:"三馆一期工程1146间商铺已销售近600间(超过50%)。"但事实上,至案发前,三馆一期工程的实际销售量未超过27%。

㊵ 如曾成杰在开员工会议的时候讲三馆公司形势好,讲到三馆公司一期的盈利就有十多亿元,二期工程潜力更大,根本不讲公司的实际盈亏情况。

㊶ 参见湖南省高级人民法院(2011)湘高法刑二终字第60号刑事判决书。

更为典型,在认定上也更为容易。

第二,从集资的对象方面看,裁判文书中同样缺少集资对象是否被骗的证明。但是,由于本案的集资对象多为普通公众,一般来说,他们主要依据公司对外宣传的实力和项目的前景而选择是否参与或参与哪个公司的集资活动,被骗的可能性较大。另外,根据判决书中提供的证据,三馆公司在对外宣传上,把自己包装成一个实力雄厚、拥有很多项目且前景光明的公司,在三馆公司的集资利息不比其他公司低的情况下,公众自然更容易相信三馆公司,而选择将钱借给三馆公司。尤其是曾成杰在集资时,不仅对公司员工下达集资指标,还设立了奖励机制,在这种机制的刺激下,公司员工为多争取集资款,必然会想方设法让公众相信三馆公司有雄厚的经济实力。与吴英案相比,曾成杰案的集资对象被骗的可能性更大一些。法院如果能在补充相关证据的基础上,对本案集资对象是否被骗的问题进行论述,将对曾成杰是否使用诈骗方法的认定更加准确。

(三) 对两个典型案件定性问题上的综合评判[42]

通过前文对吴英案和曾成杰案两个集资诈骗罪典型案件的分析,可以得出如下结论:

第一,吴英案在集资诈骗罪的认定上,虽然存在诸多有争议的问题,但法院基本上做到了依据较充分的证据,通过详细论述,认定吴英行为的性质,并对辩护人的大部分辩护意见作出了回应。然而,法院在某些关键问题的认定上,还有待进一步补充相关证据,并进行更为清晰的推理和论证。例如,法院在认定吴英是否使用诈骗方法时,所依据的一些理由过于牵强,且没有关于集资对象是否被骗的论述;法院在认定"非法集资"时,虽然提到了吴英委托一些集资对象对公众集资,却基本没给出相应的证据,也没有进一步就吴英是否和集资对象构成共犯进行论述。尤其是法院在认定吴英具有非法占有的目的时,不仅带有客观归罪倾向,而且没有考虑对被告人有利的证据,导致得出的结论比较难以成立。在这种情况下,笔者认为,不宜认定吴英构成集资诈骗罪,可考虑以非法吸收公众存款罪对吴英定罪。

---

[42] 此部分对典型案件的"综合评判",仅是对前文已探讨的问题进行的综合评判,不包括案件中其他未涉及的争议问题,如单位犯罪与自然人犯罪的认定之争。

第二，曾成杰案在集资诈骗罪的认定上，也存在一些争议问题。总体看，法院对大部分问题的认定，基本做到了事实清楚、证据充分，但缺少一定的论证、推理过程。例如，法院在认定曾成杰具有非法占有的目的时，只是在判决书中列举了12项相关证据，而缺少结合相关证据的论证过程；法院在认定曾成杰使用了诈骗方法时，缺少对集资对象是否被骗的证明。但是，本案在定性上的最大问题是，因涉案数据的真实性、客观性备受质疑，而影响对曾成杰是否具有非法占有目的的认定。如上文所述，本案的关键涉案数额都是依据《司法会计鉴定书》得出的，由于鉴定对象上的受限性，该鉴定书并不能全面反映三馆公司的资产情况，据此得出的涉案金额的真实性和可信度值得怀疑。在这种情况下，无法认定曾成杰是构成了非法吸收公众存款罪还是集资诈骗罪。笔者认为，有必要在对涉案公司的资产重新进行评估、计算出相关数额后，再认定曾成杰究竟构成何罪。

二、集资诈骗罪的死刑严格限制适用问题

从集资诈骗罪设置的立法背景看，全国人大常委会在1995年研拟《关于惩治金融秩序犯罪的决定（草案）》（以下简称《决定》）之初，对集资诈骗罪的最高法定刑，规定为15年有期徒刑、无期徒刑。[43] 但在征求《决定》草案的意见时，有委员提出当前集资诈骗的情况较为突出，严重破坏了金融秩序和人民群众的正常生活秩序，建议对集资诈骗罪增设死刑。[44] 此后，全国人大常委会才将集资诈骗罪的法定最高刑规定为死刑。此后，由于对普通诈骗罪不设置死刑已成为共识，学者们多次对集资诈骗罪保留死刑的合理性提出质疑。但是，出于严厉打击金融犯罪的需要，国家立法机关仍保留了集资诈骗罪的死刑。然而，在《刑法修正案（八）》已取消其他金融诈骗罪死刑的背景下，只保留了集资诈骗罪的死刑，再一次使集资诈骗罪保留死刑的合理性受到质疑。在普通诈骗罪不设死刑，其他金融诈骗罪的死刑也已被废止

---

[43] 参见顾昂然：《关于惩治破坏金融秩序的犯罪分子的决定（草案）的说明》，载高铭暄、赵秉志编：《中国刑法规范与立法资料精选》（第2版），法律出版社2013年版，第460页。

[44] 参见王叔文：《全国人大法律委员会关于〈全国人民代表大会常务委员会关于惩治破坏金融秩序的犯罪分子的决定（草案）〉审议结果的报告》，载《全国人民代表大会常务委员会公报》1995年第5期。

的情况下,立法不应再保留集资诈骗罪的死刑;即使立法出于种种原因而暂时保留了集资诈骗罪的死刑,司法实践中也应尽量严格限制集资诈骗罪的死刑适用。

从司法实践看,仅媒体披露的案例,自2008年至2012年期间,因集资诈骗罪被判处死刑者已逾10人。[45] 这一数字在一定程度上可以反映出,司法实践中并没有完全严格限制集资诈骗罪的死刑适用。然而,司法实践中的这一做法因吴英案的出现,而备受关注和争议。从普通公众到专家学者和学术机构、学术团体,从司法机关的相关负责人到国家领导人,都不同程度地关注着吴英案的死刑适用。[46] 这种情况给最高人民法院的死刑复核造成了巨大压力。吴英案最终以最高人民法院未核准吴英死刑,发回浙江省高级人民法院重新审判并改判死缓而告终。自此,吴英案不仅被视为中国法制史上一个标本式案件,更被作为中国死刑改革道路上的一个标志性案件。吴英案死刑适用的一波三折以及最高司法机关对此案的高度关注和审慎态度,不仅表明了最高司法机关对集资诈骗案件的死刑适用更加谨慎,也表明司法机关正在往限制甚至搁置集资诈骗案件死刑适用的方向前进。但是,随着曾成杰案中被告人被判处死刑立即执行,再一次模糊了司法机关对此类案件死刑适用的态度。在吴英被改判死刑缓期执行之后,又出现了因认定为集资诈骗罪而被判处死刑立即执行的曾成杰,不得不说是司法实践的一个巨大退步。

笔者认为,在立法尚未取消集资诈骗罪死刑的情况下,司法机关应努力做到逐步限制并最终搁置集资诈骗案件的死刑适用,以司法实践推动立法的修改,从而彻底废止集资诈骗罪的死刑。在适用集资诈骗罪的死刑时,必须慎之又慎,尤其是考虑到以下几个方面的因素,一

---

[45] 参见徐凯、鄢建彪、张有义:《致命的集资》,载《财经》2012年第6期。

[46] 在吴英二审被判处死刑后,不仅有众多专家学者高度关注吴英案的死刑适用问题,一些知名律师甚至致信最高人民法院为吴英求情;广大网民也密切关注本案,一些网站还开设了"吴英该不该死"的投票专栏,绝大部分投票者认为吴英罪不至死。笔者所在单位北京师范大学刑事法律科学研究院就曾联合中国刑法学研究会,于2012年2月18日下午在北师大刑科院召开了"聚焦吴英案的罪与罚学术座谈会",并将座谈会的研讨情况作了综述,提交给中央政法委和全国人大常委会法工委、最高人民法院参考。甚至时任国务院总理温家宝也于2012年3月14日"两会"期间答记者问时,对吴英案表达了三点看法,并特别指出"对于案件的处理,一定要坚持实事求是"。

般不宜对集资诈骗案件的被告人判处死刑,至少是不宜判处死刑立即执行。

（一）现行《刑法》第199条的理解与适用

现行《刑法》第199条规定了集资诈骗罪死刑的适用条件,即"数额特别巨大并且给国家和人民利益造成特别严重损失的"。为正确理解和适用这一法律规定,有必要厘清两组关系,即"数额特别巨大"与死刑适用的关系,以及本条文与《刑法》第48条的关系。

1."数额特别巨大"与死刑适用的关系

对集资诈骗罪而言,虽然数额是主要的量刑情节,但量刑情节应该是包含犯罪数额在内的各种主客观因素的统一。从集资诈骗犯罪的特点看,此类犯罪不仅给国家、个人经济利益造成一定损失,同时也侵犯了国家正常的经济秩序,败坏社会风气,产生其他危害后果。这就决定了数额只能在一定程度上决定量刑,而不能绝对化。同时,从刑法将"数额特别巨大"与"给国家和人民造成特别严重的损失"相并列,作为死刑适用的条件,也能看出数额只是影响量刑的因素之一,还应该在考虑其他情节后进行综合评判。另外,《2001年纪要》中也明确规定:"金融诈骗犯罪的数额特别巨大不是判处死刑的唯一标准,只有诈骗'数额特别巨大并且给国家和人民利益造成特别重大损失'的犯罪分子,才能依法选择适用死刑。对犯罪数额特别巨大,但追缴、退赔后,挽回了损失或者损失不大的,一般不应当判处死刑立即执行;对具有法定从轻、减轻处罚情节的,一般不应当判处死刑。"因此,"数额特别巨大"只是可以适用死刑的因素之一,应否适用死刑,还应该在考虑其他情节后进行综合评判。

2.现行《刑法》分则第199条与总则第48条的关系

虽然《刑法》第199条规定了集资诈骗罪死刑的具体适用,但是,此罪的死刑裁量还应考虑《刑法》总则第48条关于死刑适用的规定,即"死刑只适用于罪行极其严重的犯罪分子"。能否判处行为人死刑,既取决于其客观行为危害是否达到了极其严重的程度,同时也还要看犯罪人的主观恶性和人身危险性的大小。在行为人客观行为危害极其严重的情况下,如果通过考察行为人罪前表现、罪中情形和罪后情节,认定行为人的主观恶性和人身危险性不大的,则应对其适用死刑缓期执行,而非死刑立即执行。

从司法实践看,在理解和适用《刑法》第199条时,常因数额计算存在争议或陷入"唯数额论"的错误认识,而不恰当地对被告人判处了死刑,下面结合本文讨论的两个典型案件,进行详细分析。

(1) 对涉案数额的认定存在争议

在这两个典型案件中,相关涉案数额尤其是非法集资数额的认定,都是辩护人与公诉人争辩的焦点。在吴英案中,吴英的辩护人对非法集资数额的计算存在诸多疑问,认为本案中认定的部分集资数额、还款数额只是按照当事人的陈述,没有客观、翔实的证据;在曾成杰案中,曾成杰的辩护人不仅对通过司法会计鉴定得出的非法集资数额提出质疑,也对公司资产总额及负债总额、实际投入生产经营等数额的计算方法存在疑问。鉴于集资诈骗案中的相关数额不仅是定罪的重要标准,也是量刑的主要依据,在这些数额尚有重大争议的情况下,就对被告人判处死刑,是很不恰当的。

事实上,这两个案件的辩护人提出的这些疑问,不仅是案件当事人及辩护律师的疑问,也是通过裁判文书关注案件的公众之疑问。考虑到非法集资数额是定罪和量刑的重要标准,法院在审判此类案件时,不能仅仅在判决书上列出数额的大小,而应该详细说明具体数额的计算方法及计算过程。同时,考虑到非法集资过程中,可能存在账目不清、不全的情况,此时应以有利于被告人为原则,切实从有利于被告人出发进行计算。此外,鉴于资产评估在集资诈骗罪认定中的重要作用,法院在审理集资案件时,对涉及资产数额等事实的认定,必须进行专业审计和资产评估。

(2) 存在"唯数额论"的倾向

在司法实践中,常存在"唯数额论"的倾向,只要行为人未能挽回的财产损失重大,就视为行为人对国家和人民造成特别严重的损失,而忽视对其他影响量刑之因素的考虑。在吴英案中,一、二审法院以"鉴于被告人吴英集资诈骗数额特别巨大,给国家和人民利益造成了特别重大损失,犯罪情节特别严重,应依法予以严惩"为由,判处吴英死刑,并没有考虑本案影响量刑的其他因素。但是,最高人民法院在复核死刑时,认识到二审法院没有考虑"吴英归案后如实供述所犯罪行,并主动供述其贿赂多名公务人员的事实"这一情节,认为对其适用死刑属于量刑不当,故而裁定发回二审法院重审。可以说,最高人民法院在复核吴英案时,综合考虑了影响量刑的各种主客观因素,因而纠正了二审法院"唯数额论"的错误认识,作出了正确的裁定。

在曾成杰案中,二审法院以"曾成杰集资诈骗数额特别巨大,造成集资户大量财产损失,既严重破坏国家金融管理秩序,又严重侵犯公民财产权,并且严重影响当地社会稳定"为由,判处曾成杰死刑。因为与吴英案涉嫌的罪名相同且案情相似,曾成杰案经常被一些媒体拿来与吴英案作对比。就死刑适用来看,在吴英被改判死刑缓期执行之后,仍判处曾成杰死刑立即执行,是否具有合理性?对此,《人民法院报》回应称:与吴英集资诈骗案相比,曾成杰集资诈骗案在犯罪数额上更大,涉及人数更多,社会危害更大,量刑情节上也有所不同[47],试图以此来证明对曾成杰判处死刑立即执行是合法合理的。笔者认为,《人民法院报》的上述回应只能说明曾成杰案在非法集资数额、涉案人数及造成的财产损失上,比吴英案的危害性大,并不能说明曾成杰案的总体社会危害性一定大于吴英案,更不能说明对曾成杰判处死刑立即执行是合理的。首先,对集资诈骗案件来说,非法集资数额虽是量刑的重要考量因素,却不是唯一因素,还应该考虑其他因素。其次,由于案情不同,量刑情节当然不可能完全一样,但这不能作为对曾成杰判处死刑立即执行的理由。在吴英案中,吴英有归案后如实供述所犯罪行,并主动供述其贿赂多名公务人员的事实作为量刑情节;同样,在曾成杰案中,既有曾成杰案发前获得诸多国家荣誉、热心参与慈善事业等良好表现,有因当地政府支持民间融资而走上集资道路的政策背景,也有因资产评估认定存在巨大争议而严重影响本案定性的问题,这些都应该作为本案的量刑情节予以考虑。最后,由于缺乏证据证明曾成杰的行为与当地发生的堵截铁路、围堵公共场所等事件有直接因果关系,法院不能将曾成杰的行为视为影响当地社会稳定而作为量刑从重的因素考虑,对其判处死刑立即执行。不管是从曾成杰案已认定的事实和证据看,还是从与吴英案的对比看,都不应该对曾成杰判处死刑立即执行。

---

[47] 参见张媛:《人民法院报连发4条微博:曾成杰罪行极其严重》,载《新京报》2013年7月14日。

(二) 其他因素对死刑适用的影响

就集资诈骗罪的死刑适用而言,除了正确理解与适用《刑法》第199条外,还应该注意被害人过错和舆情民意对量刑所起的作用。一般而言,考虑到集资诈骗案件中的被害人具有一定过错,且公众普遍反对对被告人判处死刑,因而不宜对此类案件的被告人判处死刑。

1. 被害人过错对死刑适用的影响

本文所指被害人是由于犯罪行为直接侵犯具体权利并由此而直接承受物质损失或精神损害的人或单位,不包括国家。[48] 在对犯罪人量刑时,不仅要从加害人角度考察其主客观方面,也应从被害人方面考察被害人与加害人的相互关系,以更好地认定双方责任大小,实现罪刑相均衡。

关于被害人过错对集资诈骗罪死刑适用的影响,虽没有任何直接的相关法律规定,但是,国务院于1998年发布的《非法金融机构和非法业务活动取缔方法》第18条规定:"因参与非法金融业务活动受到的损失,由参与者自行承担。"这一规定从侧面反映出被害人的过错应该成为减轻犯罪人刑事责任的情节之一。另外,在现实生活中,集资诈骗类案件中的被害人确实存在一定的过错。近年来,在经济较为发达的地区,在一些民营企业为扩大规模急需资金之际,往往会有大量的民间资金蜂拥而至。越来越多的集资者能够很轻松地从专门从事资金生意的融资方集资数亿元,而不需要用《2010年解释》中的虚假文件或虚构投资项目的方法骗取集资款。之所以会出现这种现象,不仅与民间融资活动缺乏必要的监督有关,也与被害人的贪利和投机心理有关。正是被害人的这种贪利和投机心理,在相当程度上使非法集资行为屡禁不止,甚至越来越猖獗。

考虑到集资诈骗案件中的被害人存在一定的过错,一般不宜对集资诈骗案中的被告人适用死刑。但是,有学者却认为:"集资诈骗罪的受害者通常为普通民众,而票据诈骗罪、金融凭证诈骗罪、信用证诈骗罪的受害者多为专业人士(如金融机构工作人员)。从被害人的过错程度来考察,票据诈骗罪、金融凭证诈骗罪、信用证诈骗罪的受害者的

---

[48] 参见高铭暄、张杰:《刑法学视野中被害人问题探讨》,载《中国刑事法杂志》2006年第1期。

过错程度较高,集资诈骗罪的受害者的过错程度较低。"㊾而《刑法修正案(八)》仍保留集资诈骗罪的死刑,可能也是考虑到这一原因。

笔者并不赞成上述看法,认为不能笼统地认定集资诈骗案件中的受害者过错程度较低,更不能因此而保留集资诈骗罪的死刑,理由如下:

第一,被害人是普通公众还是专业金融人士,无法成为区分被害人过错程度高低的标准。判断被害人过错程度的关键是看其是否有明显的投机心理,而不是根据其社会地位、职业等因素。不管是普通百姓还是金融从业人员,只要其在违规从事金融活动的过程中具有投机和贪利的心理,就存在一定的过错。

第二,即使被害人的社会地位、职业等可以成为判断被害人过错程度的标准,集资诈骗罪的直接被害人已不再仅限于普通公众,而是越来越多地发展为专门从事资金生意的高利贷者。这些高利贷者往往明知非法集资活动不受现行法律保护,甚至明知集资款被借出后,在正常情况下根本不可能获得借款人所承诺的巨额回报,为了获取高额利润,仍然甘冒风险,心甘情愿参与被骗的过程中,在一定程度上促使行为人进行集资诈骗活动。

第三,从集资诈骗罪频发的原因看,其中重要的一点就是被害人心存贪念,意图获得暴利,明知对方非法吸收存款而将资金交予对方,因而所谓的被害人在促成非法吸收公众存款等犯罪中所起的作用较大。

不管是吴英案还是曾成杰案,都应认定案件中的被害人存在一定的过错。从案件发生的地域看,这两个案件都发生在非法集资盛行的地区,这些地区的大部分居民都多次参与集资活动,他们之中既有专门从事资金生意的高利贷者或者有余钱的富人,也有为生计所迫的底层百姓。他们长期参与集资的目的是为了赚取高额利润,即使明知其中的风险,仍受利益驱动,甘冒风险,具有明显的投机心理。另外,根据媒体报道可以看出,这两个案件中的被害人确实存在一些过错。例如,吴英案的受害者曾在接受采访时表示,吴英的失败在于经验不足,

---

㊾ 张明楷:《诈骗罪与金融诈骗罪研究》,清华大学出版社2006年版,第480页。

投资方向没把握好,借钱给吴英是自己的选择,这只是一种普通的投资。[50] 在这种普遍的贪利和投机心理支配下,非法集资行为才会愈演愈烈、屡禁不止。而在被害人具有过错的情况下,不应对行为人吴英和曾成杰判处死刑。

2. 舆情民意对死刑适用的影响

卢梭认为,舆论"也是一种法律,而且是各种法律之中最重要的一种。这种法律既不是铭刻在大理石上,也不是铭刻在铜表上,而是铭刻在公民们的内心里;它形成了国家的真正宪法;它每天都在获得新的力量;当其他的法律衰老或消亡的时候,它可以复活那些法律或替代那些法律,它可以保持一个民族的创新精神,而且可以不知不觉地以习惯的力量取代权威的力量"。[51] 舆情民意本身虽然不会增加或减少案件的社会危害性,但是,它可以在一定程度上反映案件的社会危害性。因此,舆情民意在一定程度上可以帮助司法机关衡量案件社会危害性的大小,以更好地收获司法裁判的社会效果。

就死刑裁量而言,司法机关虽不能完全忽视相关的舆情民意,也不能一味依靠所谓的舆情民意。在考量民意时,先应对民意的理性程度进行判断,防止出现"多数人的暴政"。由于民意多掺杂了传统的道德观及朴素的价值观,因而可能具有非理性的特征。就一些恶性暴力犯罪而言,公众往往基于"杀人者偿命"的传统观念,认为实施故意杀人行为的犯罪人都应被判处死刑,这种民意就带有明显的非理性特征。但是,对于集资诈骗犯罪来说,公众则常常基于"欠债还钱"的朴素观念,反对对犯罪人判处死刑[52],它反映出民众对待死刑的慎重态度,在当前全球普遍废止或严格限制死刑的背景下,这是一种较为理性的民意。对于非理性的民意,在适用死刑时,法院要坚决避免受其影响,保证法律的公正性;而对于理性的民意,法院则应予以考虑,力求判决结果能最大限度地体现民意。

在本文选取的两个典型案件中,吴英案无疑更受公众关注且反映

---

[50] 参见庞清辉:《吴英背后的金融江湖》,载《中国新闻周刊》2011年第17期。

[51] 〔法〕卢梭:《社会契约论》,何兆武译,商务印书馆2005年版,第70页。

[52] 当然,也有一部分公众基于"不还钱就拿命抵"的心理,支持对实施集资诈骗行为的行为人判处死刑,但是,这种民意不是当前的主流民意,也因与全球严格限制死刑的趋势相悖,而属于非理性的民意。

出的民意更为集中。吴英因一、二审被判处死刑而备受公众关注,反对对其适用死刑的声音高涨,并形成一边倒的民意。与许多恶性暴力案件不同,绝大多数公众对吴英案的死刑判决持强烈反对态度,是一种较为理性的民意。最高人民法院在复核该案件时,就充分考虑到这种理性的民意,未核准吴英的死刑,不仅使判决结果体现了民意,也实现了法律效果与社会效果的有机统一。

曾成杰案虽然没有获得像吴英案那样高的关注度,但也受到公众不同程度的关注。曾成杰的辩护人曾向法院提交由部分村民共同签名的请愿书,反映当地一些群众甚至众多被害人都不认为曾成杰所犯的罪行极其严重,反对判处曾成杰死刑。不管是通过哪种形式反映出来的民意,只要是理性的民意,法院在审判案件时就应该有所考虑。但是,法院在审判曾成杰案时,并没有充分考虑这种民意,仍执意判处被告人死刑,如此判决既不利于肯定和引导这种理性的民意,也不利于树立司法公信力。

余论:应尽快废止集资诈骗罪的死刑

在市场化语境下,进一步探讨与完善集资诈骗犯罪的刑法治理是十分必要的。刑法应当充分发挥其谦抑精神,不宜过早、过快地介入民间融资活动,以给民间融资以较大的自由空间。同时,我们也要认识到,司法上尽量限制甚至搁置集资诈骗罪的死刑适用只是暂时的权宜之计,而从立法上彻底废止集资诈骗罪的死刑,才是根本的长久之策。

从集资诈骗罪死刑废止的必要性看,立法上不应再保留集资诈骗罪的死刑设置。集资诈骗罪的死刑是我国特定历史时期的立法产物,在当前的背景下,集资诈骗犯罪已不再是严重影响我国社会生活和经济发展秩序的突出问题。无论是从犯罪的性质、社会需要、被害人责任、防治效果、罪刑均衡的角度看,还是从开展国际刑事司法合作和履行国际义务的方面看,我国都已经不再具备保留集资诈骗罪死刑的正当理由,因而对集资诈骗罪的死刑应当予以废止。(53)

---

(53) 参见高铭暄、赵秉志、黄晓亮等:《关于取消组织卖淫罪、集资诈骗罪死刑的立法建议》,载赵秉志主编:《刑事法治发展研究报告》(2009—2010 年卷),中国人民公安大学出版社 2011 年版,第 1—21 页。

从集资诈骗罪死刑废止的迫切性看,立法上应尽快废止集资诈骗罪的死刑。其实,在《刑法修正案(八)》研拟过程中,最高人民法院等部门及部分专家学者就提出,在取消其他金融诈骗罪死刑的同时,也应当将集资诈骗罪的死刑一并取消。全国人大常委会法工委也曾在《刑法修正案(八)》的方案中提出要继续研究取消集资诈骗罪的死刑问题。[54] 虽然《刑法修正案(八)》没有废止集资诈骗罪的死刑,但它取消了13种非暴力、经济性犯罪的死刑,尤其是取消了除集资诈骗罪外其他所有金融诈骗犯罪的死刑,不仅肯定了废止非暴力犯罪死刑的正当性,也进一步表明废止集资诈骗犯罪死刑的迫切性。尤其是2013年11月十八届三中全会通过的中共中央《关于全面深入改革若干重大问题的决定》进一步明确提出,要"逐步减少适用死刑罪名"。在这一精神的指导下,更应该尽快开始逐步成规模地减少死刑罪名,而集资诈骗罪理应首当其冲。[55]

在2014年的"两会"上,集资诈骗罪的死刑存废问题再度成为社会各界关注的焦点。据媒体报道,前段时间有36名全国人大代表联名向全国人大提出议案,建议废除集资诈骗罪的死刑,而全国人大常委会法工委已在调研集资诈骗罪死刑的废除问题。[56] 据悉,近期正在研拟中的《刑法修正案(九)》草案,再一次提到了废除集资诈骗罪死刑的问题。笔者认为,应该把《刑法修正案(九)》作为废止集资诈骗罪死刑的一个契机,尽快从立法上废止此罪名的死刑设置,并逐步减少适用死刑的罪名,不断推进我国的死刑改革之路。

---

[54] 参见赵秉志:《〈刑法修正案(八)〉宏观问题探讨》,载《法治研究》2011年第5期。

[55] 本文第一作者曾提出,我国未来的死刑立法改革,首要的举措就是要逐步成规模地减少死刑罪名,尤其是要把削减非暴力犯罪死刑作为重点,争取通过两三次成规模、成批量的削减,全部或基本废止所有非暴力犯罪的死刑。当然,对非暴力犯罪死刑的削减,也要区分犯罪的性质和轻重缓急并权衡利弊影响,分期分批地进行。当务之急,就是要削减与《刑法修正案(八)》所取消死刑的13种犯罪相近似罪种的死刑,如运输毒品罪、集资诈骗罪、组织卖淫罪、走私假币罪、伪造货币罪等的死刑。参见赵秉志:《死刑改革新思考》,载《环球法律评论》2014年第1期。

[56] 参见佚名:《刑法修正案拟废除集资诈骗罪死刑》,载《南方都市报》2014年3月10日。

强化职务犯罪预防
服务非公经济健康发展

陈正云* 王远征**

非公有制经济主要包括个体经济、私营经济、外资经济等,是我国现阶段除了公有制经济形式以外的所有经济结构形式。改革开放以来,我国逐步形成了以公有制为主体、多种所有制经济共同发展的基本经济制度。十八届三中全会通过的中共中央《关于全面深化改革若干重大问题的决定》第2条指出:"公有制经济和非公有制经济都是社会主义市场经济的重要组成部分,都是我国经济社会发展的重要基础","非公有制经济在支撑增长、促进创新、扩大就业、增加税收等方面具有重要作用"。据国家工商局统计,2013年中国非公有制企业占中国企业总数的82%,对我国 GDP 的贡献率达60%,非公经济给国家提供了69%的税收,提供了80%的城镇就业岗位,且占新增就业岗位的90%。① 但是,在非公经济迅猛发展的同时,该领域职务犯罪现象也日益突出。2011年底,最高人民检察院制定了《关于充分发挥预防职务犯罪职能参与加强和创新社会管理的十条措施》,其中的一个重点就是要求各级检察机关积极探索在非公领域社会组织和中介组织开展职务

---

* 最高人民检察院职务犯罪预防厅副厅长,北京师范大学中国企业家犯罪预防研究中心专家委员会副主任。
** 最高人民检察院职务犯罪预防厅干部。
① 参见《周伯华:2012年中国非公有制经济对 GDP 贡献率已达60%》,载人民网,访问时间:2014年3月6日。

犯罪预防。近年来,各地检察机关立足职能,结合执法办案,积极探索非公经济领域的职务犯罪预防工作,并取得了一定的经验和成效。

一、开展非公领域职务犯罪预防工作的必要性与紧迫性

(一)开展非公领域职务犯罪预防是治理腐败的整体性要求

目前,世界很多国家和地区,都将非公企业的贿赂、侵吞犯罪等划归廉政公署或其他反贪机关查处和预防,如新加坡、我国香港等地。早在2005年10月,我国人大常委会就批准加入《联合国反腐败公约》。该公约第12条规定:"各缔约国均应当根据本国法律的基本原则采取措施,防止涉及私营部门的腐败,加强私营部门的会计和审计标准,并酌情对不遵守措施的行为规定有效、适度而且具有警戒性的民事、行政或者刑事处罚。为达到这些目的而采取的措施,可以包括下列内容:一、促进执法机构与有关私营实体之间的合作……"此外,在公约第21条和第22条,还分别对私营部门内的贿赂和侵吞财产进行了界定,明确规定不以行为人的主体身份作为定罪标准,而应以是否利用职权、职务之便实施犯罪行为作为认定职务犯罪,以及是否受《联合国反腐败公约》规制的判断标准。对私营部门进行职务犯罪预防是认真履行《联合国反腐败公约》规定的义务,也是检察机关法律监督职责的应有之意。

(二)开展非公领域职务犯罪预防是该领域严峻犯罪形势的迫切需要

目前刑法中涉及非公领域职务犯罪的罪名主要有:职务侵占罪、挪用资金罪、非国家工作人员受贿罪、行贿罪、重大责任事故罪、工程重大安全事故罪、消防责任事故罪、虚报注册资本罪、虚假出资抽逃出资罪、妨害清算罪等。从对非公领域职务犯罪开展调研的情况看,非公企业人员职务犯罪主要集中在职务侵占、挪用资金、对国家及非国家工作人员行贿、非国家工作人员受贿4类案件,且呈现逐年严重的态势。以江苏省南京市为例,该市在近三年查办的563例非公领域企业人员经济犯罪案件中,职务侵占、挪用资金案件数量占发案总数的

88.7%,非国家工作人员受贿、对国家及非国家工作人员行贿案件数量也呈逐年上升趋势,由原来的不足5%上升到发案总数的11.3%。② 以往检察机关打击职务犯罪的重点领域主要是公有领域,在该领域开展的职务犯罪预防相对较为成熟,与职务犯罪查办工作有紧密的衔接机制,有固定的预防机构和平台,并有较为成熟的预防工作机制、措施方法和较为专业的预防工作人员。但是,从近几年的现实情况看,公有领域的职务犯罪与非公领域职务犯罪密切相关,检察机关职务犯罪预防向非公领域延伸,有其必然性。

(三)开展非公领域职务犯罪预防是从源头治理国家工作人员受贿犯罪的必要措施

从近些年查办案件的情况看,"落马"官员往往与非公企业有着千丝万缕的联系。如刘志军腐败案与山西富豪丁书苗案。当前在查处贿赂犯罪工作中,突出打击国家工作人员受贿犯罪,而对行贿犯罪较为宽纵。据统计,2013年,全国检察机关共查办行贿犯罪5676人,只占贿赂犯罪案件总人数的31.4%,并且同比2012年上升了17.3%。③ 其中部分原因是司法机关从有利于指控受贿犯罪的角度,把行贿人转化为"污点证人",根据《刑法》第390条第2款"行贿人在追诉前主动交代行贿事实的,应当减轻或者免予处罚"的规定,对行贿人"宽大处理"。但是越来越多的例证表明,行贿犯罪的低成本和高收益造成行贿人有恃无恐,寻找各种机会拉拢腐蚀国家工作人员,这种主动"寻租"行为引发了大量职务犯罪,败坏社会风气。只有有针对性地开展非公领域职务犯罪预防,遏制主动行贿行为,才能从源头上阻断职务犯罪的发生。

(四)开展非公领域职务犯罪预防是减少被迫行贿现象的重要手段

早在2005年,我国就出台了新中国成立以来首部以促进非公有

---

② 参见《调查:江苏南京非公人员职务犯罪呈逐年上升趋势》,载正义网,访问时间:2014年2月10日。

③ 参见戴佳:《检察机关将加大惩治行贿犯罪力度》,载《检察日报》2014年4月25日第1版。

制经济发展为主题的"非公36条";2010年,我国又出台了新的"非公36条";十八届三中全会通过的中共中央《关于全面深化改革若干重大问题的决定》再次强调"支持非公有制经济健康发展"。但是,非公企业在市场准入、资格认定、审批检验、税收融资和法律保护等方面仍受到诸多掣肘,处于弱势地位。有人指出,民营企业与国有企业相比,存在六大不公平:一是政府向企业发放文件不公平;二是责任追究规则不公平;三是企业信息反馈渠道不公平;四是评优评级评先不公平;五是取得科研经费不公平;六是优惠政策落实不公平。[④] 非公企业大多规模小、实力弱,在竞争中处于劣势,一些企业被迫通过行贿来争取资源和机会。开展非公领域职务犯罪预防,为非公企业创造平等的市场环境,才能防止出现"劣币驱逐良币"的恶性循环。

(五)开展非公领域职务犯罪预防是该领域从业人员、管理人员素质偏低,逐利性强的现状所需

有人对民企企业家犯罪特点归纳出十大表现:缺乏诚信,合同诈骗;滥施暴力,杀人伤人;对抗国家机关,妨害社会管理;"官商勾结",行贿获利;非法经营,获取暴利;公私不分,侵占挪用;称霸一方,涉黑犯罪;好大喜功,弄虚作假;贪心不足,偷逃税收;资金短缺,非法融资。[⑤] 非公领域人员犯罪原因从总体上看,主要是非公企业管理人员、从业人员在思想观念、整体素质、知识结构、行为管理等方面还存在诸多不足,其中最重要因素就是有相当一部分非公企业的管理者文化程度低,知识素质差,法治观念淡薄,人生观、价值观扭曲,在经营过程中唯利是图、急功近利,追求利己利益优先化、最大化,缺乏社会责任感。

(六)开展非公领域职务犯罪预防是该领域规范程度低、内控机制差的现状所需

内部控制的权威人士 Adrian Cadbury 爵士曾说过,"公司的败绩都是由内部控制失败引起的"。内控机制的好坏,直接影响企业的抗风险能力,乃至经济的可持续发展。我国虽已加入WTO,但非公经济

---

④ 参见《海雅集团董事长涂辉龙:营造国企民企平等竞争环境》,载《深圳特区报》2014年3月7日。

⑤ 参见王荣利:《民营企业家犯罪的十大表现》,载《法人杂志》2009年第1期。

的整体实力还较弱,私营企业99%为中小企业、90%为家族式企业,企业制度还停留在传统模式阶段。⑥ 大权独揽、任人唯亲现象比较严重,有些企业基本不设内部控制制度,甚至把根本不具备从业资格的人员放到关键内控岗位上。非公企业内部管理混乱、会计控制机制不健全、内部审计职能弱化的现象比较普遍,再加上外部监督机制不健全,职务犯罪隐患较多,企业抗风险能力差,一起案件就有可能导致破产及大批工人失业,甚至影响经济的健康发展和社会的和谐稳定。

(七)开展非公领域职务犯罪预防是全面深化改革,实现非公企业健康可持续发展的需要

中共中央《关于全面深化改革若干重大问题的决定》提出"鼓励非公有制企业参与国有企业改革,鼓励发展非公有资本控股的混合所有制企业,鼓励有条件的私营企业建立现代企业制度"。职务犯罪是非公领域改革需清除的主要路障。据《中国中小企业人力资源管理白皮书》调查显示,中国中小企业的平均寿命仅2.5年,集团企业的平均寿命仅7至8年,与欧美企业平均寿命40年相距甚远。⑦ 有人解释我国民营企业"短命"的五大原因为:一是急于求成,企业发展盲目提速;二是主业未稳就盲目扩张与多元化;三是投资关系复杂,短贷长投现象频出;四是只顾"造名",没有将主要精力放在企业核心竞争力的培育上;五是缺乏诚信,规则意识淡漠。⑧ 通过对非公领域开展职务犯罪预防,培育从业人员诚信、法治意识,防范和化解经营风险,为非公企业改革保驾护航,实现可持续发展。

二、检察机关开展非公领域职务犯罪预防工作的实践

近几年,全国各地的检察机关主要采取了以下措施开展非公领域职务犯罪预防工作:

(1)通过开展预防调查、预防咨询和落实年度报告制度,推动企

---

⑥ 引自李鸿忠:《非公有制经济健康发展》,载《求是》2013年第23期。
⑦ 参见《平均寿命2.5年 小企业难乐观》,载《北京晚报》2012年9月3日,第11版。
⑧ 参见《民企发展要克服五大"短命"原因》,载《中国企业报道》2014年4月14日。

业建章立制。全国大多数检察院在"党委统一领导、党政齐抓共管、纪委组织协调、部门各负其责、依靠群众支持和参与"的预防工作领导体制和工作机制下,通过组织开展对非公企业内部的调查研究,查找非公企业在财务制度、管理机制、内控机制等方面存在的漏洞及职务犯罪隐患,向有关政府管理部门、非公企业提出有针对性的预防检察建议,指导、协助非公企业完善有关规章制度。多数检察院在每年年底对非公领域职务犯罪的发案情况、特点原因和变化趋势作出分析,提出有针对性的预防对策和建议,形成《预防非公领域职务犯罪年度综合报告》,提交党委、人大和政府,推动成果转化为行业主管部门及政府决策,实现建议价值最大化。

(2) 开展警示教育和预防培训活动,帮助企业树立合法经营理念。各地结合非公企业实际情况,通过制发非公预防宣传手册、发放廉政短信、播放廉政短片、举办案例剖析会、到警示教育基地接受警示教育、开展义务法律咨询、开展法律知识培训等系列活动,向非公企业职工宣传有关法律、法规,帮助企业树立依法经营、诚信经营、规范经营理念,将廉政文化建设纳入企业文化建设之中,融入企业管理之中,营造社会各界广泛参与、合力共建的非公领域预防职务犯罪工作氛围。

(3) 通过大力查办涉企职务犯罪,维护非公企业合法权益。各地检察机关以"侦防工作一体化"机制为基础,发挥部门合力,严厉查处一批国家工作人员利用职务之便,向非公企业索贿、受贿或滥用职权、徇私舞弊、枉法裁判,以及侵犯非公企业及其员工财产、人身、民主权利等案件,并监督公安机关依法及时查处涉企犯罪,及时受理非公企业的投诉、举报和控告,为非公企业营造良好的改革发展环境。

另外,各地还通过行贿犯罪档案查询、对重大工程建设项目进行挂牌督办、对有职务犯罪呈多发趋势的非公企业发布预警报告等方式,开展非公领域职务犯罪预防。

在开展非公领域职务犯罪预防的具体工作实践中,各地探索出一些有效的经验和具体做法,江苏、湖北和黑龙江三省检察机关更是形成了自己的特色。

江苏省检察机关专门设立非公有企业检察服务工作平台,建立配套工作制度,着力为企业提供法律维权服务,以实现预防的目的。江苏省南京市检察机关成立全市非公企业预防协会,建立合力预防工作机制。苏州工业园区检察院成立全国首个以辖区外企、私营企业等非公有制经济为服务主体的"防案顾问小组",结合法律法规和企业的管理习惯,制作了"防案锦囊",从企业的人事管理、存货管理、议价程序、采购程序、加班管理及员工考勤、商业秘密、索偿程序、付款程序等八个方面,罗列了200多条可供企业选择的预防环节和预防措施,挂在园区网站上供辖区企业、机构和个人索取或下载后对照比较。泰州高港区检察院设立了"非公组织检察服务中心",融"惩治预防、教育引导、维权服务"为一体,为非公组织提供释法说理、政策咨询、挽回损失、完善制度等"一站式"预防法律服务。江苏省吴江区检察院在网站主页开通"非公领域职务性犯罪档案查询系统"板块,为非公企业的招标、采购、业务和人事管理等日常经营活动提供重大参考信息,降低了非公企业的经营性风险。

湖北省检察机关注重借助工商联、企业协会等平台,联合开展对职务犯罪苗头性、倾向性问题的排查和预警,以监督促预防。2010年10月,湖北省检察院与省工商联共同研究制定湖北省人民检察院、湖北省工商业联合会《关于共同做好涉及非公有制企业的受贿、行贿犯罪预防工作的指导意见》,把检察机关的专业预防与工商联的资源优势有机结合起来,形成预防合力。该省多数检察院坚持每年与工商联共同召集一至两次预防职务犯罪联席会议,主动邀请辖区内知名非公有制经济人士,外地驻鄂商会、行业商会的会长参加会议,适时通报非公有制企业的发展状况、检察机关查办贿赂犯罪的情况,并就如何做好非公有制企业反腐倡廉、预防贿赂犯罪工作,服务保障非公有制企业经营发展等问题深入座谈。全省先后成立预防工作协会52个,建立公有制企业预防工作联系点82个,设立公有制企业检察服务工作站67个。

黑龙江省检察机关注重通过打防结合,加大办案力度来威慑非公领域的职务犯罪。2012年5月,黑龙江省检察院出台《职务犯罪预防工作服务非公经济发展措施》,建立了佳木斯市院、鸡西市院和海林市院工作联系点,指导推进各级院的服务非公经济发展工作,全省先后建立中小企业服务站(点)234个。2013年1月至11月,黑龙江省检察机关严惩侵害企业权益的各类犯罪,批捕破坏经济秩序犯罪1 098

人,起诉2 600人,通过办案震慑犯罪,优化了全省的经济发展环境。

三、进一步加强非公领域职务犯罪预防工作的思考

(一) 深化改革,营造公平平等的经营环境

紧紧围绕使市场在资源配置中起决定性作用的深化经济体制改革,完善非公有制企业的财产权保护制度,消除对非公领域歧视性政策,打破行业垄断和地区壁垒,真正做到非公企业在投资融资、税收、土地使用和对外贸易等方面,与其他企业享受同等待遇;紧紧围绕坚持党的领导、人民当家作主、依法治国有机统一,深化政治体制改革,转变政府职能,推进政务公开,提高行政效能,规范行政行为,形成权责一致、分工合理、决策科学、执行顺畅、监督有力的行政管理体制;紧紧围绕更好地保障和改善民生、促进社会公平正义,深化社会体制改革,全面推进行政权力运行制度、公共资源交易、行政绩效管理、行政权力电子监察、民意诉求反馈等方面的建设,为非公企业营造公平竞争和开放透明的市场环境。

(二) 提高非公企业负责人、高级管理人员的素质

整合公安机关的违法犯罪及治安处罚信息、检察机关的行贿犯罪记录信息、法院的未执行完毕债务信息等,建立统一的诚信信息共享平台,以便于为非公企业招聘重点人员提供信息参考。要求非公企业在聘用负责人员、财务人员、销售人员时进行全面审查,降低发生职务犯罪的可能性。加强企业和个人信用信息征信工作,定期公布企业、个人的信用评级,建立非公经济领域企业行贿"黑名单"制度。在日常工作中积极开展非公企业管理人员培训,培养诚信经营意识、法治意识,提高社会责任感。

(三) 加强对非公企业的监管

外部监管部门要通过定期或不定期深入重点非公企业开展职务犯罪风险源点排查,抓住人财物和基建、采购、销售等重点部门、重点环节、重点人员,实施财务审核、检查、审计。鼓励和引导非公经济组织健全法人治理结构,规范股东会、董事会、监事会和经营管理者的权利和责任,建立决策、管理和监督相对独立的制衡机制。健全企业资产管理制度,配备专职人员,建立物资管理台账,定期对资产进行清理

核查等;健全财会制度,要求企业在货款往来中尽量采用支票、汇票,定期或不定期地与客户核对账款,保障财务、账册资料的完整性、真实性;健全企业内部的监督机制,畅通职工监督举报渠道,形成制约有效、全程留痕的内控体系。

(四)依法严厉查处行贿犯罪

将打击行贿犯罪作为反腐的重要内容,作为查办受贿犯罪的重要手段,平衡处罚行贿犯罪与受贿犯罪,不厚此薄彼。按照法律和最高人民法院、最高人民检察院《关于办理商业贿赂刑事案件适用法律若干问题的意见》《关于办理职务犯罪案件认定自首、立功等量刑情节若干问题的意见》《关于办理行贿刑事案件具体应用法律若干问题的解释》等司法解释,严格依法惩处行贿犯罪,平衡"收集受贿犯罪证据"与"认定行贿犯罪"二者之间的关系,不随意对行贿者降格以污点证人处理。特别是要严肃查办行贿次数多、行贿人数多的案件,行贿数额大、获取巨额不正当利益,行贿手段恶劣、造成严重后果等案件,提高行贿犯罪的成本和风险。另外,在查办非公领域职务犯罪案件时,讲究办案工作的方式方法,慎用拘留、逮捕、搜查、扣押等强制措施,尽量不影响企业的正常生产经营。

(五)有针对性地开展非公领域的职务犯罪预防

要把对非公有制经济内部的犯罪预防工作纳入检察机关的总体预防工作。从强化企业经营者和从业人员的法律意识入手,不断丰富职务犯罪宣传的内容和形式。加强与相关部门的配合协调,深入开展对非公有制经济内部犯罪的调查研究,认真总结涉及非公经济案件的发案规律,及在新形势下出现的新情况、新问题,未雨绸缪,针对企业在产、供、销等管理中存在的薄弱环节,及时提出检察建议,帮助企业建章立制,堵塞漏洞,完善内部监督制约机制和管理机制,提高非公经济依法经营、依法管理水平,增强非公有制经济的竞争力和发展后劲。全面推行行贿犯罪档案查询制度,在工程建设、重大物资采购、招投标中全面推行行贿犯罪档案查询,拦截污点企业、维护市场秩序,促进社会信用体系建设。

论反腐体系科学化视野下的民营
企业家腐败犯罪治理对策

张远煌*　操宏均**

改革开放三十多年来,伴随着国家对民营经济战略地位的不断肯定与重视①,中国民营经济历经萌芽、起步、发展与壮大的历程,已经成为社会主义市场经济的重要组成部分和推动社会生产力发展的重要力量,进而也催生了"民营企业家"这样一个新的社会阶层。据国家工商行政管理总局统计表明,截至2013年底,中国私营企业1 253.86万户,资本39.31万亿元②,并且呈现出增长势头。

然而,《企业家犯罪分析与刑事风险防控》显示,民营企业家腐败犯罪形势严峻,如2012年民营企业家涉及腐败犯罪罪名共计53例,

---

* 中国法学会理事,北京师范大学教授、博士生导师,法学院与刑事法律科学研究院党委书记,北京师范大学中国企业家犯罪预防研究中心主任。
** 北京师范大学法学院刑法学博士生。
① 从宪法、相关法律规定来看,国家对民营经济的肯定与重视主要体现在,1982年《中华人民共和国宪法》第11条规定的中国民营经济是社会主义公有制经济的补充;1997年中共十五大报告确立民营经济是社会主义市场经济的重要组成部分;2005年《关于鼓励支持和引导个体私营等非公有制经济发展的若干意见》确立的"国家鼓励、支持和引导个体私营等非公有制经济发展";2013年中共十八大报告、十八届三中全会决定进一步指出:"公有制经济和非公有制经济都是社会主义市场经济的重要组成部分,都是我国经济社会发展的重要基础""坚持权利平等、机会平等、规则平等,废除对非公有制经济各种形式的不合理规定,消除各种隐性壁垒,制定非公有制企业进入特许经营领域具体办法";等等。
② 参见中国国家工商行政管理总局:《二〇一三年全国市场主体发展分析》,载http://www.saic.gov.cn/zwgk/tjzl/。

占民营企业家涉案总罪名数251例的21.1%③;2013年民企企业家腐败犯罪案件86例,占民营企业家犯罪案件总数的24.4%;民企企业家涉嫌腐败犯罪共117人,占民企企业家涉案总人数的24.9%。④ 同样的,追踪记录中国企业家群体变化的权威机构胡润百富近期发布的《胡润百富榜——中国富豪特别报告》也明确指出,贪污贿赂犯罪,是中国富豪出问题的最主要原因。⑤ 令人遗憾的是,尽管当前国家反腐力度不断加大,以及一些"老虎""苍蝇"也相继被打掉,并且中共中央也于2013年12月26日出台了《建立健全惩治和预防腐败体系2013—2017年工作规划》,但是实践表明⑥,当前民企企业家腐败犯罪问题并没有引起人们的足够重视,理论研究也相对匮乏。同时,在"使市场在资源配置中起决定性作用"的改革大局下,必将迎来中国民营经济的进一步繁荣,客观上也为一些民企企业家实施腐败犯罪提供了机会。因此,如何促进中国民企企业家与民营经济借力市场经济改革的大好时机,持续健康成长与发展,这是应对时代新要求的一项重要课题。

一、当前我国民营企业家腐败犯罪状况⑦

何谓"腐败犯罪"?对此众说纷纭,莫衷一是。但是"仅仅断言不会有一种具有普遍约束力的、普遍适用的、内容一致的犯罪概念是不

---

③ 其中,职务侵占罪15例、行贿罪8例、挪用资金罪7例、非国家工作人员受贿罪7例、受贿罪(共犯)4例、贪污罪(共犯)3例、挪用公款罪(共犯)3例、单位行贿罪3例、对非国家工作人员行贿罪2例、私分国有资产罪1例。参见张远煌、陈正云主编:《企业家犯罪分析与刑事风险防控2012—2013卷》,北京大学出版社2013年版,第11—12页。

④ 参见北京师范大学中国企业家犯罪预防研究中心:《2013中国企业家犯罪报告》,载http://www.criminallawbnu.cn/criminal/Info/showpage.asp?showhead=Q&pkID=42388。

⑤ 参见《胡润百富榜——中国富豪特别报告》,载http://www.hurun.net/zhcn/NewsShow.aspx?nid=2502。

⑥ 无论是官方发布的相关报告,如最高人民检察院的工作报告以及关于反贪污贿赂工作情况的报告,中央纪律检查委员会工作报告,等等,还是学术界的研究状况,如在中国知网、谷歌学术等网站,以及新闻媒体以及百度、搜狐、腾讯等互联网站,都鲜有关于民营企业家腐败犯罪问题的研究与报道,凸显这一研究领域的"苍白化"。

⑦ 本部分有关企业家腐败犯罪数据,来源于北京师范大学中国企业家犯罪预防研究中心先后发布的2012、2013年中国企业家犯罪报告,具体内容请参见http://www.criminallawbnu.cn/criminal/info/Q_index.asp。

够的,犯罪学自己必须对怎样理解犯罪提出一条准则。只有这样,犯罪学家才有可能求得一种最低标准,以便在必须估计哪里可能出现问题的方面有一致意见。否则,他们就缺少一种坐标系和指南针,从而不能在疑团莫释的汪洋大海中游向彼岸"。[8] 同时,为了便于与国企企业家腐败犯罪进行比较研究,以及"贪污、职务侵占、贿赂、挪用"等行为已经被人们当然列入腐败犯罪的现实。因此,本文的腐败犯罪也限定在这些方面。具体而言,本文的腐败犯罪主要指涉我国刑法中第八章"贪污贿赂犯罪"(第382—396条)以及相关章节中规定的非国家工作人员受贿罪(第163条)、对非国家工作人员行贿罪(第164条第1款)、对外国公职人员、国际公共组织官员行贿罪(第164条第2款)、职务侵占罪(第183、271条)、挪用资金罪(第185、272条)。

(一) 民企企业家腐败犯罪数量急剧攀升

最近两年的《中国企业家犯罪报告》(以下简称《报告》)显示,从企业家腐败犯罪绝对数据上来看,无论是国企案例数、人数,还是民企案例数、人数,2013年较2012年有所增加。但是,从国企、民企腐败犯罪的人数、案例数分别占的百分比来看,国企企业家腐败犯罪呈现出萎缩样态,而民企企业家犯罪呈现出"蒸蒸日上"的态势。(如表1、图1所示)

表1 2012、2013年度企业家腐败犯罪数量统计情况

	2012年度企业家腐败犯罪类别		2012年度企业家腐败犯罪总数	2013年度企业家腐败犯罪类别		2013年度企业家腐败犯罪总数
	国企	民企		国企	民企	
人数	62	39	101	96	117	213
占年度总人数比例	61.4%	38.6%	100%	45.1%	54.9%	100%
案例数	60	35	95	81	86	167
占年度案例总数比例	63.2%	36.8%	100%	48.5%	51.5%	100%

由此可见,国企企业家腐败犯罪实际上出现了绝对犯罪数量有所

---

[8] 〔德〕汉斯·约阿希姆·施奈德:《犯罪学》,吴鑫涛、马君玉译,中国人民公安大学出版社1990年版,第73—74页。

增加但是所占百分比却下降的情形,并且下降幅度高达15个百分点左右。与之相反,民企企业家腐败犯罪则绝对犯罪数量与所占百分比同步增长,并且增长幅度高达十几个百分点。这种下降与增长幅度的鲜明反差进一步说明,民企企业家腐败犯罪正以"蜂拥之势"出现。

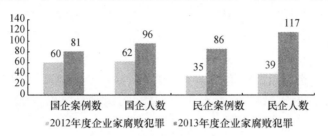

图1　2012、2013年度企业家腐败犯罪统计图(单位:个)

上述现象表明,当前企业家腐败犯罪依旧形势严峻,尤其是国企企业家腐败犯罪绝对数量有所增加,与党的"十八大"大力推进反腐力度不无关系,有人统计,自党的十八大以来,落马国企厅官就多达30名⑨,但是其所占百分比较大幅度下降的事实也进一步说明,在当前的高压反腐态势下,确实对有些"心怀鬼胎"的国企企业家起到了震慑作用。而民企企业家腐败犯罪"稳步攀升",丝毫不受当前高压反腐态势的影响,这种现象进一步印证,当前的反腐体系仍然存在民营主体缺位的现实。

(二)民企企业家腐败犯罪形态多样

在企业家腐败犯罪中,尽管国企、民企都涉及贪污、侵占、贿赂、挪用等腐败犯罪,但是基于国企、民企企业家身份的差异,按照腐败犯罪过程中的财物流向,不难发现,国企企业家腐败犯罪中多集中表现为"吸收型腐败",即财物流向犯罪分子个人,而民企企业家腐败犯罪多表现为多种方式齐头并进,其中"输出型腐败"(即财物从犯罪分子个人向外流出)占有相当比例。这从2013年企业家犯罪报告调查得到印证。2013年国企企业家腐败犯罪共涉及6个罪名,具体而言,受贿罪56人次、贪污罪39人次、挪用公款罪22人次、私分国有资产罪5人次、行贿罪3人次、职务侵占罪3人次。与之相对,民企企业家腐败犯

---

⑨　参见李天锐:《十八大后30名国企厅官落马》,载《廉政瞭望》2014年第6期。

罪也涉及6个罪名,其中,挪用资金罪39人次、职务侵占罪36人次、行贿罪23人次、非国家工作人员受贿罪19人次、对非国家工作人员行贿罪10人次、单位行贿罪9人次。上述数据显示,国企企业家涉及6个罪名中有4个罪名就属于"吸收型腐败",即受贿罪、贪污罪、私分国有资产罪、职务侵占罪,并且触犯这4个罪名合计为103人次,占总数128人次的80.5%;而民企企业家涉及6个罪名中有3个罪名就属于"输出型腐败",即行贿罪、对非国家工作人员行贿罪、单位行贿罪,并且触犯这3个罪名合计为42人次,占总数136人次的30.9%,挪用型腐败犯罪占总数136人次的28.7%,"吸收型腐败"(职务侵占罪、非国家工作人员受贿罪)占总数136人次的40.4%。

由此可见,国企与民企企业家腐败犯罪表现方式上存在着的巨大差异,即国企企业家腐败犯罪集中于"吸收型腐败",而民企企业家腐败犯罪形成"吸收型腐败""输出型腐败""挪用型腐败"三足鼎立的格局。

(三)企业家腐败犯罪存在惩罚失衡状况

就企业家腐败犯罪所涉及的相关罪名来看,尽管刑法对有些犯罪行为在罪名与刑罚设置上存在较大差异,但是就罪质而言,其实并没有什么不同。如贪污罪与职务侵占罪、受贿罪与非国家工作人员受贿罪、挪用公款罪与挪用资金罪,等等。因此,从本质上来看,如果实际出现的犯罪情形相当,如涉案金额相当、造成损失相当等,在科处刑罚上就不能因为行为人国企、民企身份而出现较大的差异。然而,事实表明,企业家腐败犯罪中仍然注重对国企涉案人员的惩处,而对民企涉案人员则相对较宽。

2013年报告显示,在国企企业家腐败犯罪中,因挪用公款罪判决的8人中,7人提及了挪用的数额,最低数额为4.7万元,最高数额为377万元,平均挪用金额为166.6万元。挪用数额为4.7万元的企业家免予刑事处罚,挪用数额为69万元与78.6万元的分别被判处有期徒刑3年零6个月和有期徒刑5年零6个月;挪用数额大于100万元的4名企业家分别被判处有期徒刑2年零10个月至10年不等。而在民企企业家腐败犯罪中,因挪用资金罪判决的11人涉及涉案金额,最低金额为16万元,最高金额为9 900万元,平均涉案金额为76.5万元。11人分别被判处1年到7年零6个月不等的有期徒刑。挪用资金罪涉案金额与判处刑期之间存在统计学意义上的相关关系（$r=0.491, p<0.001$），犯罪所得对刑期的解释率为24.1%。也就是说，国企企业家挪用377万元公款，获得的刑罚是10年有期徒刑，而民企企业家挪用9900万元资金，其获得刑罚的最大值也仅仅是7年零6个月的有期徒刑。这种情形在贪污罪与职务侵占罪、受贿罪与非国家工作人员受贿罪等对比中也较为普遍。由此可见，同质性的企业家腐败犯罪，在司法实践中往往会因为行为人的主体身份是否"国有"而出现差异巨大的惩处结局。

究其原因，一方面，在反腐败斗争中，通过对公职人员的严惩，科以较重刑罚，进而凸显国家反腐的力度与决心，进一步强化对公职人员腐败犯罪的"零容忍"。另一方面，企业家腐败犯罪中的公私差异惩处，实际上反映出国家依然高度重视公有财产而对私有财产重视不足的现实。尽管我国于2004年将"公民合法的私有财产不受侵犯"载入宪法，但是长期以来形成的国家财产、集体财产优于私人财产的观念并没有消除。

二、民营企业家腐败犯罪的根源在于制度诱因

从前述企业家腐败犯罪的表现形态上来看，国企企业家腐败犯罪形态高度集群化，即"吸收型腐败"。这无不与其具有的特定权力紧密相关，一方面，"国"字头企业的特殊背景，使得其无须为企业运行资金不足等问题而四处奔走，同时，相关行业垄断地位的赋予，也使其具备"含着银汤匙出生"的无限优越感。另一方面，"国"字头企业实际控制人严重缺位，导致企业内部人控制局面。因此，其之所以集中于"吸收型腐败"，无不是权力市场化的结果。与之相比，新兴民企企业多数"本小利微"，除了面临激烈的市场竞争淘汰风险之外，时常出现资金运行不足融资难等困境，加上有关行业、项目设定的准入门槛较高、资质要求较为苛刻，使得一些本来就处于弱势的民企在短期无法提供自身硬实力的条件下，就只能通过"花钱买准入证"的方式经营，所以在腐败犯罪方式上，就会多出现"输出型腐败"与"拆东墙补西墙"的挪用型腐败。尽管民营企业家腐败犯罪中"吸收型腐败"也占有较高比例，与其说是在进行权力对价交易，还不如说是由于长期的"输出"，使

得其一旦逮着了"兜售"手中权力的机会,便断然不会轻易放过。

中国民营经济序幕是在1992年才拉开的,较之西方国家历经200多年所形成的现代企业制度,显然存在先天历史积淀的不足,且又长期走政府"父爱式"监管之下的发展模式,使得民营经济长期以来游走于社会生活的边缘,民营企业面临制度性陷阱(Institutional Trap)[10],即无效的制度安排。例如,我们统计的民营企业家犯罪2012年、2013年比重最大的均为融资类犯罪[11],究其原因,民营企业没有多少可以选择通过合法途径获取资金的渠道,大型商业银行、国有银行贷款对民营企业的门槛很高,而民营企业需要大量资金迅速向外扩张,他们只能向社会募集。但是对这种募集方式,我国没有现成的制度对其加以规范和指导,募集本身风险就很大,一旦出现资金链断裂,就会引起相应的不良社会反应,触犯刑法中的罪名。这类罪名虽然不是专门为民营企业家设立的,但国企企业家却很少会触犯这类罪名。因此,从立法的角度来看,确实值得反思,尽管立法者的初衷没有说该罪名就是针对民营企业家而设立的,然而,在实践中,这类罪名基本上成为民营企业家的"专用罪名"。在当前的这种制度设计之下,尤其是基于民营企业处于制度劣势的现状,如果我们仅仅着眼于法理而忽视了民营企业家腐败犯罪的一些制度性成因,可能在我们的观念、刑事立法、刑事司法方面会走向错误的方向。

三、民营企业家腐败犯罪的认识误区亟待破解

当前,民营企业家在高歌猛进地追求财富道路上不断"落马"的严酷现实,尤其是腐败犯罪高发,固然有着深层次的制度诱因,但同时也与人们对民营企业家腐败犯罪问题认识不足密切相关。长期以来,多年的反腐实践已经使人们对腐败犯罪形成了"腐败—公职"的思维定势。然而,时至今日,中国的民营经济得到了蓬勃发展,腐败犯罪也发生了变化,这就要求我们坚持用马克思主义发展观来审视这些新情

---

[10] See Victor M. Polterovich, Institutional Traps and Transition 1999. http://www.Cemi.Rssi.ru/rus/publicat/e-pubs/ep99003.pdf.

[11] 此处的融资类犯罪主要包括集资诈骗罪、非法吸收公众存款罪、贷款诈骗罪、骗取贷款罪等,参见北京师范大学中国企业家犯罪预防研究中心:《2012、2013中国企业家犯罪报告》,载http://www.criminallawbn u.cn/crimin al/info/Q_index.asp。

况、新问题,诚如习近平主席在莫斯科国际关系学院发表演讲所言:"不能身体已经进入21世纪,脑袋还停留在过去。"⑫

(一)误区一:民营企业家是被忽略的腐败犯罪主体

正是由于人们一般认为,"腐败是权力的滥用……'腐败'这一术语常常用以表示政治家和公职人员对公权力的滥用……"⑬因此,腐败犯罪更多被贴上了"身份犯"的标签,即以特殊身份作为客观构成要件要素的犯罪。⑭ 与此相对,民营企业家更多被赋予的是以"私有""自负盈亏"为表征的非公身份,这种人为的身份划定,导致人们理所当然地将民营企业家排除在腐败犯罪之外。考察世界各国的刑法典,不难发现,多数国家在规制腐败犯罪时,也多有"公"身份之限定的规定,如现行《日本刑法》在其分则第25章"腐败犯罪"(污职罪)(即第193—198条)几个条文中多有"公务员""特别公务员"之主体身份的限定⑮;《德国刑法》在其分则第30章"职务犯罪"(Straftaten im Amt)(即第331—358条)有关腐败犯罪的条文中,也多有公务员(Amtsträger)这样的限定⑯;等等。不可否认,尽管各国刑法在规定腐败犯罪时,也多数涵盖了包括民营企业家在内的任一个体或者单位实施行贿犯罪行为的情况。但是,由于我国社会普遍存在着这样一种视行贿方为弱者进而对其产生同情之心的普世情结,即一般认为在行贿与受贿这一矛盾体中,受贿一方往往因为掌握公共权力,在资源利益分配中处于主导地位,而行贿方往往处于受支配地位,属于弱势一方,因而容易得到人们的同情。⑰ 这样就会使处于贿赂犯罪对合犯⑱一端的行贿方往

---

⑫ 习近平:《顺应时代前进潮流促进世界和平发展》,载 http://www.gov.cn/ldhd/2013-03/24/content_2360829.htm。

⑬ 〔加〕里克·斯塔彭赫斯特、〔美〕萨尔·J.庞德主编:《反腐败:国家廉政建设的模式》,杨之刚译,经济科学出版社2000年版,第1页。

⑭ 参见张明楷:《刑法学》(第4版),法律出版社2011年版,第96页。

⑮ 有关《日本刑法》的相关规定,参见日本国法务省网站(http://law.e-gov.go.jp/htmldata/M40/M40HO045.html)。

⑯ 有关《德国刑法》的相关规定,参见德国法律网站(http://www.gesetze-im-internet.de/englisch_stgb/index.html)。

⑰ 参见周丽萍:《行贿不止,腐败何已?》,载《廉政瞭望》2006年第2期。

⑱ 对合犯,也称对行犯、对应犯、对向犯,是指基于二人以上的互相对向行为构成的犯罪。参见高铭暄、马克昌主编:《刑法学》(第4版),北京大学出版社2010年版,第181页。

往能够获得民众的容忍。加之,在司法实践中普遍存在"重受贿轻行贿"的现实状况[19],进一步淡化了包括民营企业家在内的行贿者作为腐败犯罪主体的身份。

然而,实践表明,腐败犯罪并非政府官员、国企企业家等"公有"身份人员的"专利"。因为腐败犯罪的本质特征就是将公共权力与相关利益进行对价处理,即权力的权利化,实际上就是变公益为私利的过程。由此可见,腐败犯罪更多与权力相关,而非主体的身份。民营企业家作为中国经济发展过程中的新生阶层,其参与社会经济生活的广度与深度都是空前的,这为其实施腐败犯罪提供了大量的机会。诚如1939年美国著名犯罪学家萨瑟兰提出白领犯罪之前,人们几乎一直都认为犯罪是穷人的"专利",而与白领等社会上层人士联系不大,但事实表明,"违法犯罪行为是相对平均地分布于社会各个阶层的"[20]。如萨瑟兰调查研究的70家公司,所受的裁决(当然包括刑事的、民事的和行政处罚类的)总数是980个,平均违法记录则为14次,每家公司至少都曾经因为违法行为受到过1个或者1个以上的裁决,最多的达到50个裁决。并且这70家公司中有60%曾经被刑事法庭判决有罪,平均每家公司约有4个有罪判决。[21] 自萨瑟兰以降,白领犯罪已经获得普遍认可,成为犯罪学研究中的显学。由此可见,随着社会的发展,一些传统犯罪学理论在解释一些新的犯罪现象时难免会出现苍白无力的窘境,此时不应固执己见,而应该"消除所谓知识的高贵起源问题,让作者专横的立场自行消失"。[22] 当前民营经济领域高发的腐败犯罪状况已经表明,异军突起的中国民营企业家群体,已经打破了公职人员"垄断"腐败犯罪的局面。

---

[19] 有人统计,2004年至2008年,全国检察机关共立案侦查受贿案件45 046件47 297人,而立案侦查行贿案件仅为10 201件11 699人,约占立案侦查受贿案件的27%,二者比例严重失调,大量行贿案件未被立案查处。参见肖洁:《行贿犯罪查处的困境与解决途径》,载《中国刑事法杂志》2010年第8期。

[20] 张远煌:《犯罪学》(第2版),中国人民大学出版社2011年版,第92页。

[21] 参见〔美〕E. H. 萨瑟兰:《白领犯罪》,赵宝成等译,中国大百科全书出版社2007年版,第12—26页。

[22] 〔法〕米歇尔·福柯:《知识考古学》,谢强、马月译,三联书店2003年版,第42页。

(二)误区二:对民营企业家腐败犯罪危害性认识不足

对于腐败犯罪造成的危害,尤其是公职人员腐败犯罪所造成的危害,通过天文数字的涉案金额、落马官员的级别等信息,我们往往可以较为直观地感受到其造成的破坏程度的大小。加之,普通民众愈发增长的"纳税人"意识,进一步促进其形成"尸位素餐腐败分子实施的腐败行为即是对自己缴纳税款非法占有"的观念,直接拉近了人们对这些公职人员腐败危害的认识,因为这简直就是赤裸裸的剥削。与之相比,一般人普遍认为,一方面民营企业家会对自己企业的财产格外小心;另一方面民营企业家对自己企业财产的处置,如挪用、支取、赠与他人等,实际上是对自己的私有财产行使处分权,并不会涉及普通民众的相关利益,即便是其确实存在损人利己的行为,往往也仅仅局限于特定人或者个别人员,而不会形成公职人员腐败是对所有纳税人犯罪的局面。所以从人们最朴素的公平正义情感上来看,民营企业家腐败犯罪因为"危害较小",而较为容易获得人们的谅解。

然而,事实表明,民营企业家腐败犯罪也会造成十分巨大的损失,如美国著名经济学家 Andrei Shleifer 和 Robert W. Vishny 早在 1993 年就指出,"……从私营部门的角度来看,腐败就等于榨取,其对企业发展的损害远大于税捐等合法手段"[23],而美国国际战略研究中心(CSIS)近期发布的研究报告《腐败的代价》(The Costs of Corruption),则无疑是对这一论断的进一步强化,他们指出:"作为发展中国家经济发展的一种负担,其私营部门的腐败正在增长,每年至少耗费 5 千亿美元,是 2012 年所有对外援助资金的三倍。"[24]除了这些经济上较为直观的损失之外,民营企业家腐败犯罪对社会造成的间接损失也是不容小觑的,因为"使市场在资源配置中起决定性作用",就意味着对规则、法治与诚信的强调,而腐败则意味着对既有规则、法治的突破和见利忘义,破坏了法的权威性与安定性,造成了事实上的不公平,扭曲了民营企业激励机制,即非法方式比合法方式更容易达到赢利的目的,导

---

[23] Andrei Shleifer and Robert W. Vishny. "Corruption", The Quarterly Journal of Political Economy, Vol. 106, No. 3, (August, 1993), pp. 599-617.

[24] The Center for Strategic and International Studies, The Costs of Corruption, (Feb 21, 2014), available at http://csis.org/publication/costs-corruption.

致劣币驱逐良币,进而助长了弄虚作假等不良社会风气的盛行。

四、民营企业家腐败犯罪防治对策

结合上述有关民营企业家腐败犯罪现象解读和原因解析,不难发现,当前治理民营企业家腐败犯罪需要"多管齐下",不仅要从根本上消除当前民营企业所处的制度陷阱进而实现源头治理,还要破除民众"腐败—公职"的思维惯性,以实现从感性认识到理性认识的飞跃,还要在法治反腐这一重要导向的引领下用好刑事法治这一个重要抓手,必须紧跟时代步伐,立足于破除民营企业腐败制度性诱因,从观念和制度设计上推动反腐刑事法治及时跟进,真正实现刑法为民营经济发展保驾护航,而非打压民营经济发展帮凶的良性之治。

(一)充分利用深化经济改革红利,积极营造公平的企业运行环境

随着党的十八届三中全会提出"使市场在资源配置中起决定性作用"的重大决定后,中央简政放权,抓铁有痕、落地有声,先后"400余项行政审批毅然砍掉,一元钱办公司削平门槛,负面清单落地生根,民营银行渐行渐近"㉕,逐步释放出经济改革的红利,为激发市场活力,促进民营经济发展创造了条件。这种通过制度建设为民企松绑、放权的一系列举措,为政府之手理性干预市场经济奠定了良好基础,其更为深层次的意义在于堵截"审批权、垄断权"等"权力出租"情形,通过明晰职权范围、公开办事流程、厘清权力清单,最大限度消除民企为求发展而被迫寻租的运行环境。可以预见,随着政府"有形之手",市场"无形之手",社会"自治之手"这"三只手"的协调发挥,必将促进企业运行环境的优化。

(二)树立平等保护公私财产的刑法理念

观念是行动的先导,诚如人们常常说道,提出一个问题往往比解决一个问题更重要。因为"有什么样的思想,就有什么样的行为"(查·艾霍尔语)。在民营企业家腐败犯罪的治理中,刑事法治作为一

㉕ 人民日报评论员:《松绑除障,激发出活力——五论全面深化改革如何着力》,载《人民日报》2014年6月16日,第1版。

条重要的路径选择,也必须以科学的刑事法治观念作为指引。考察我国当前的刑事法治观念依据,不难发现,一方面,《中华人民共和国宪法》在第12、13条分别明确确立了公共财产、私有财产不可侵犯,这种并列式的分条规定模式,无不体现国家在宪法层面对两种不同性质财产同等重视的价值取向。另一方面,在现行《刑法》中,更是开宗明义将"刑法面前人人平等"的原则列为我国刑法的三大原则之一。应该说,这种通过根本大法和基本法律双重规定的形式,已经足以体现出国家对公、私两种不同性质财产同等重视的观念导向。然而,事实上,国有与民营企业家腐败犯罪的差异化刑事处遇,使得这种公私平等对待的观念更多流于形式,难以发挥宪法作为部门法之母法的引领功能,同时也架空了刑法基本原则在具体刑法立法和刑事司法中的指导、制约意义。因此,"想要借规范来规整特定生活领域的立法者,通常会受规整的企图、正义或合目的性考量的指引,它们最终又以评价为基础"。[26]这势必要求立法者和司法工作人员在具体刑事立法、司法实践活动中应该时刻坚守与强化这一理念,还必须充分认识到当前忽视私有财产保护在事实上对民营经济发展所起到的禁锢与阻碍作用。

(三)积极推动反腐败刑事立法科学化

从1978年党的十一届三中全会提出"有法可依、有法必依、执法必严、违法必究"的社会主义法制建设16字方针,到2012年党的十八大报告中提出"科学立法、严格执法、公正司法、全民守法"新的16字方针的转变,可以看出,改革开放30多年来,我国社会主义法制体系基本建立,将"科学立法"放在首位,无不凸显当前我国社会并不是缺乏法律而是缺乏"良法"之治。随着反腐法治化进程不断推进,以及反腐斗争中以国有与民营企业家腐败犯罪现象为代表所形成的公私两大领域腐败犯罪差异化惩治格局,凸显出当前我国刑事立法不仅不利于反腐体系一体化建设,也因为在相关罪刑设置上有失均衡,而导致了变相鼓励腐败犯罪的事实。具体而言,立足于建立囊括公私两大领域反腐败体系,以公私财产平等保护的反腐刑事法治理念为指引,当

---

[26] 〔德〕卡尔·拉伦茨:《法学方法论》,陈爱娥译,商务印书馆2005年版,第94页。

前我国反腐败刑事立法的科学化,应该从以下几方面进行:

一方面,反腐败犯罪罪刑配置应该均衡化。当前我国刑法中规定的相关腐败犯罪在同质犯罪间,普遍存在罪刑设置失衡状况。在新的时代背景下,尤其是国家将"非公经济"提高到与"公有经济"同等重要地位的情形下,一方面,刑事立法作为反腐败系统工程中的一个重要抓手;另一方面,包括腐败犯罪在内的一切犯罪都源于社会矛盾,与现实的社会结构和运行状态紧密相连。因此,在犯罪必然存在的语境下,刑罚并不能完全消灭腐败犯罪。所以为了发挥刑罚功能最大化,就必须顺应时代发展的现实要求,全面梳理现行刑法中腐败犯罪刑事立法罪刑失衡部分,防止因为刑罚投入不足而变相放纵犯罪,或者因为投入过剩而贬损刑罚价值的情形,通过刑法的"立、改、废",消解其反腐败犯罪刑事立法不科学的地方。

另一方面,反企业家腐败犯罪刑罚设置应该增设资格刑与加重罚金刑。企业家腐败犯罪在一定程度上与其具有相关资质和经济实力是密切相关的,并且其作为商业帝国的主宰者,其背后还有强大的企业实体作为经济支撑和犯罪保护膜。这些无疑为其进行腐败犯罪提供了重大支撑,因此,要实现刑罚预防行为人再犯的功效,就有必要对行为人的生产资格和经济实力进行剥夺。尽管现行《中华人民共和国公司法》(以下简称《公司法》)第146条、《中华人民共和国商业银行法》(以下简称《商业银行法》)第27条、《中华人民共和国会计法》(以下简称《会计法》)第40条[27]等对公司的董事、监事、高级管理人员的资格进行了限定性规定,但是由于其过于原则性以及不分轻重的"一刀切"模式,加之日益繁杂的经济实体样态,已经极大突破公司法关于"董事、监事、高级管理人员"的罗列,所以《公司法》的这一规定,更多体现的是一种宣示意义,即对污点职员的管理岗位予以排斥。考察域外的刑事立法,不难发现对腐败犯罪设置资格刑是其主流,如《德国刑法》第70条[28]用了较多篇幅对"职业禁止"作了详细规定,《法国刑法》在第131-6条规定:"禁止签发支票以及使用信用卡付款,最长期间为

---

[27] 相关法律条文请参见《公司法》第146条、《商业银行法》第27条、《会计法》第40条。

[28] 参见《德国刑法典》,徐久生、庄敬华译,中国方正出版社2004年版,第37—38页。

5年";在第131-39条,有对涉案企业有永久性或者最长5年的禁业规定,对企业募集资金、发布广告等行为也都有较为详细的禁止规定。㉙鉴于资格刑对包括腐败犯罪在内的一些犯罪的防治功能,以及结合企业家腐败犯罪的特殊之处,很有必要在我国刑法中对腐败类犯罪设置资格刑。具体来讲,对于企业家腐败犯罪,可以考虑除了对行为人本人实施永久性或者一定期限的商业活动禁止外,对参与犯罪的企业也可实施诸如吊销营业执照、责令停业整顿等惩处,这样才能从根本上剥夺行为人实施腐败犯罪的条件。同时兼顾激发市场经济主体创新能力和防止因为犯罪标签而出现"一竿子打死"的局面,对于适用资格刑的,可以根据其行为、后果等多方面综合因素考虑建立复权制度。㉚鉴于企业家腐败犯罪中较为突出的牟利特性,从法经济学的角度出发,完善现有腐败犯罪罚金刑规定较为粗疏的现状很有必要,一方面,应该适当提高腐败犯罪罚金刑,通过直观的"成本大于收益"设计阻止行为人再犯;另一方面,在罚金刑的适用上,应该对自然人犯罪和单位犯罪适当区分,拉开单位犯罪和自然人犯罪的罚金刑距离。㉛

(四) 反腐败犯罪刑事司法公正化

首先,强化对恶劣行贿犯罪的打击力度。实践中,民营企业家行贿固然存在制度裹挟的情形,但大量的已然犯罪也显示,一些民营企业家为了获取资金、资源,不择手段,出现了行贿次数多、行贿人数多、行贿数额大、获取不正当利益巨大、行贿手段恶劣、造成严重后果等恶劣行贿犯罪情形。鉴于此,2014年4月24日,最高人民检察院召开全国检察机关反贪部门重点查办行贿犯罪电视电话会议,向公众释放出"加大惩治行贿犯罪力度"的信号。司法机关应该以此为契机,深挖腐败犯罪线索,果断排除办案干扰阻力,重点查处恶劣行贿犯罪,充分认识到行贿犯罪作为腐败犯罪链条上的重要一环,其危害性丝毫不亚于受贿、贪污等行为,绝不能为了查处受贿犯罪而有意放纵行贿犯罪,破

㉙ 参见吴平:《〈法国刑法典〉中的资格刑规定述评》,载《行政与法》2002年第10期。

㉚ 复权是指对宣告资格刑的犯罪人,当其具备法律规定的条件时,审判机关提前恢复其被剥夺的权利或资格的制度。参见马克昌主编:《刑罚通论》,武汉大学出版社2006年版,第716页。

㉛ 参见张远煌、操宏均:《伪劣商品犯罪防控对策探析》,载赵秉志主编:《刑法评论》(2012年第2卷),法律出版社2012年版,第30页。

除"重受贿、轻行贿"的难题,对于已经构成犯罪的行贿行为,要果断出击,自首㉜、检举揭发等不应该成为行贿者的"免罚金牌"。

对于被迫行贿的行为,应该注重预防、注重源头治理,而不是一味打击。而对于不构成犯罪的行贿行为,应该发挥检察机关法律监督职能,通过出具检察建议、拓展职务犯罪预防功能等途径,防患于未然。

其次,处理具体企业家腐败犯罪时,应最大限度地确保公平正义。一是严格执行国家统一的立案标准,切实杜绝人为拔高腐败犯罪的入刑门槛。目前,司法实践中确实存在一些所谓的远远高于腐败犯罪法定基准数额的"内部标准",严重破坏了法律的统一性,使一些本来应该受到刑法制裁的腐败分子游离于法网之外,变相鼓励腐败分子采用"少吃多餐"的犯罪手法,使得刑法毫无威慑力可言。二是根据宽严相济的刑事政策要求,用好刑事司法裁量权。应该恪守刑法谦抑原则,能够用其他方式予以妥善解决的,坚决不动刑法,更不能将刑事司法手段用于打击报复民营企业家。与此同时,也不能因为企业家及其所在企业对当地经济发展的贡献大,就随意减免其罪责,而应该在法律和政策的框架内予以考量。具体来讲,对于确实具备自首、立功、积极退赃、没有给国家和人民利益造成重大损失等从轻情节的,应该合理地予以从宽处理;对行为人具有涉案数额巨大、造成巨大损失等恶劣情节的,应该从重处罚。三是尽量均衡个案裁量之间的协调关系。利用当前司法机关法律文书全面上网和不定期发布指导性案例为契机,针对我国刑法中腐败犯罪量刑幅度规定过大的现实,要求司法人员在对具体的企业家腐败犯罪案件进行裁量时,不能出现类似腐败犯罪案件刑罚悬殊的情形。

㉜ 近期有学者主张,应取消我国刑法对行贿罪设置的特别自首制度,即规定行贿人在被追诉前主动交代行贿行为的,可以减轻处罚或者免除处罚。具体内容请参见刘仁文、黄云波:《建议取消行贿犯罪特别自首制度》,载《检察日报》2014年4月30日,第3版。

我国民营企业家犯罪的困境与出路

梅传强[*]　张永强[**]

近年来,我国民营企业家的犯罪率不断攀升,在一定程度上制约着我国市场经济的发展。民营企业家犯罪的背后,一方面暴露出民营企业在运行、管理、监督等环节上存在着制度性缺陷,另一方面也反映出民营企业在我国经济结构转型中面临着巨大的制度困境。民营企业家犯罪,既有自身的原因,也有深层的制度原因,在我国深入推进市场经济改革的背景下,有必要从当下我国民营企业家犯罪的现状出发,剖析民营企业家犯罪背后的困境,并在此基础上探寻有针对性的防控对策,以期为民营企业家走出犯罪泥潭寻找出路,同时也为市场经济的改革减少压力。

一、民营企业家犯罪的现状

企业家犯罪被称为"白领犯罪",一方面,是因为企业家群体较为特殊,其在经济发展中发挥着至关重要的作用;另一方面,是因为传统观点都将企业家归为精英阶层,对其具有较高的社会评价和预期。在我国,作为"白领"阶层的民营企业家,近几年涉嫌犯罪的现象却愈发突出,这不仅使公众对这一群体产生强烈的反差性认识,而且容易产生民营企业家群体性意识自我侵蚀的危险。

---

[*] 西南政法大学法学院党委书记,教授、博士生导师,中国刑法学研究会副会长。
[**] 西南政法大学法学院2012级刑法学硕士研究生。

(一)民营企业家犯罪的相关数据

根据学者统计,2011年我国企业家犯罪的媒体案例数为199例,其中,涉及民营企业家的有111例,占案例总数的55.8%。[1] 根据北京师范大学中国企业家犯罪预防研究中心(以下简称"中心")发布的《2012中国企业家犯罪报告》(以下简称2012年《报告》)统计,在2012年的243例企业家犯罪案件中,民营企业家犯罪或涉嫌犯罪的案件为158例,占案件总数的65%。其中,在119名犯罪企业家中,民营企业家有63人,占52.9%,在149名涉嫌犯罪的企业家中,民营企业家有98人,占65.8%。[2] 根据《2013中国企业家犯罪报告》(以下简称"2013年《报告》")统计,我国2013年(2013年1月1日至2013年12月31日)发生的企业家犯罪案件463例,涉案企业家共计599人。其中,民营企业家犯罪案件352例,占案件总数的76.3%,涉案企业家469人,占总人数的78.6%。[3]

从以上数据可以看出,不管是民营企业家涉嫌犯罪的案件数量,还是民营企业家涉嫌犯罪的人数,从2011年到2013年呈逐年上升趋势,不仅表现在绝对数上,而且表现在整个企业家犯罪数据的相对数上。在2014年上半年,有关民营企业家涉嫌犯罪的具体数据虽然尚未统计,但在媒体上报道的相关案例比比皆是。由此可见,我国民营企业家犯罪现象已经异常突出,出现了逐年上升的趋势,不仅不利于民营企业家群体自身的成长,而且在一定程度上制约了我国市场经济的发展。

(二)民营企业家犯罪的罪名分布

根据2012年和2013年《报告》统计,民营企业家触犯的罪名主要分布在破坏社会主义市场经济秩序罪,妨害社会管理秩序罪,侵犯财产罪,贪污贿赂犯罪及侵犯公民人身权利、民主权利罪当中。涉罪的高频罪名主要有非法吸收公众存款罪、诈骗罪、挪用资金罪、职务侵占罪、合同诈骗罪、行贿罪、非法经营罪、组织领导传销活动罪、拒不支付

---

[1] 数据来源《2011年度中国企业家犯罪报告》(王荣利撰),载http://finance.ifeng.com/news/people/20120201/5521021.shtml。
[2] 数据来源《2012中国企业家犯罪报告》。
[3] 同上注。

劳动报酬罪、集资诈骗罪、生产销售伪劣产品罪、虚开增值税发票罪、非国家工作人员受贿罪等。除此之外，组织、领导、参加黑社会性质组织罪，虚报注册资本罪，隐匿销毁会计凭证罪，对国家工作人员行贿罪，骗取贷款罪，假冒注册商标罪，逃税罪等罪也是民营企业家触犯率较高的罪名。

由上述罪名分布不难看出，大多数罪名都与资金有直接或间接的关系，一方面表现在民营企业内部资金管理、使用上，另一方面表现在民营企业外部融资上。就前者而言，主要行为有职务侵占、挪用、诈骗、合同诈骗等，属于民营企业内部财务管理制度漏洞诱发的内生性犯罪，容易造成企业资金、财产被窃取、私吞及挪用。就后者而言，充分说明了我国民营企业融资难的现实，在国家正规的制度性融资渠道受阻后，民营企业迫于"生存"压力，不得不进行非正规手段的制度性融资或者非制度性融资，由此容易出现非法吸收公众存款、集资诈骗、贷款诈骗、合同诈骗以及骗取贷款等犯罪。

除此之外，由于民营企业家涉嫌犯罪的领域不断扩大，罪名呈逐渐增多的趋势。例如，有的民营企业家游走于"黑白两道"之间，从事非法经营活动，在灰色地带大肆敛财，开设赌场、走私、贩卖、运输、制造毒品，组织、强迫、引诱、容留、介绍卖淫，而且为了保证违法犯罪活动的顺利进行，往往将纠纷的解决诉诸暴力，故意杀人、妨害公务、聚众斗殴等事件时有发生。这种"以犯罪达到犯罪、以犯罪逃避犯罪"的恶性循环，使民营企业家的犯罪范围不再局限于经济类犯罪，而是向其他犯罪领域扩散，这将导致民营企业家涉嫌犯罪的罪名进一步增多，根据2013年《报告》指出，在企业家涉案的罪名分布上，已经有77个具体罪名。

（三）民营企业家犯罪的主要表现

根据2012年和2013年《报告》显示，财务管理、贸易、企业融资、安全生产、工程承揽、物资采购、招投标、产品质量及人事任用，都是民营企业家犯罪的重要"风险点"，"公司设立、变更"在2013年新增为"十大风险点"之一，而且，"财务管理""贸易"及"融资"三个风险点稳居十大风险的"前三甲"，"财务管理"连续两年位于十大风险之首。从这些风险点的分布来看，民营企业家的案发环节都属于民营企业运行中的关键环节,有的直接关系到民营企业的资金往来和财产保障,有的直接影响民营企业的日常经营和人事管理。由于规范约束和自我约束的双重缺位,往往在这些关键环节容易出现"越界"行为,而且权力寻租的空间较大,民营企业家违法犯罪的行为越容易出现。

一般而言,民营企业家涉及的都是较为单纯的经济类犯罪,而腐败类犯罪更多集中在国企企业家群体当中。但值得注意的是,近年来,民营企业家腐败犯罪的现象开始不断增加。根据 2013 年《报告》统计显示,民营企业家腐败犯罪共涉及 6 个罪名,占民营企业家犯罪罪名数的 8.3%,占罪名总数的 21.7%。按照罪名触犯频率依次为:挪用资金罪 39 人次、职务侵占罪 36 人次、行贿罪 23 人次、非国家工作人员受贿罪 19 人次、对国家工作人员行贿罪 10 人次、单位行贿罪 9 人次。

由此可见,在我国民营企业家群体之中,腐败犯罪也成了一种高发犯罪,不仅包括对企业资金的窃取和侵占,也包括行贿、受贿背后的"权钱交易"。民营企业家群体中腐败犯罪的滋生,使原本属于"弱权力"群体的民营企业家开始向"强权力"群体转型,例如,近年来涉案被查的一些企业家都有人大代表、政协委员等身份,部分还拥有各种荣誉称号,这种转型的根本诱因,就是权力背后巨大的利益交换。事实上,存在已久的"官商勾结",已经对市场经济秩序产生了影响,容易破坏公平竞争秩序、败坏公平交易的市场风气,而这种"官商合一"的趋势更容易滋生腐败,为"权钱交易"提供更加便利的平台。与部分民营企业家寻求的"涉黑保护"相比,民营企业家中的腐败犯罪更容易产生权力寻租的"合法化"包装,使民营企业家犯罪更加隐蔽化、复杂化。

二、民营企业家犯罪的困境

一般来说,国企企业家犯罪属于"权力型犯罪",民营企业家犯罪属于"压力型犯罪"。根据现有的制度设计和权力、资源分配格局,国企是优越于民企的,这种制度设计,导致民企要比国企承担更多、更重的生存压力。从朴素情感上讲,不管是以"经济人"假设为前提,还是以"社会人"假设为前提,当一个人能够通过正规、合法的渠道满足自己的权利需求时,其一定不会通过高风险的违法犯罪行为来满足。民营企业家深陷违法犯罪的泥潭,既有内在的自身原因,也有外部的制度原因。分析我国现阶段民营企业家犯罪现象可知,民营企业家在观念、制度、运营上都面临着诸多困境。

(一) 观念上:"官商勾结"中的求利困境

"官商勾结"一词具有较强的否定色彩,因其违背公平的竞争秩序,而被市场规则所排斥。"官商勾结"现象自古有之,是权力与利益媾和后的一种利益输送模式,资本通过勾结权力而实现增值,权力通过投靠资本而攫取财富,权力与资本都脱离了自身的规则约束,在规则之外出现"资本托庇"与"权力寻租"。市场经济欲建立的是一种公平竞争、平等交易的市场秩序,"官商勾结"背后的权钱交易会腐蚀市场经济的公平性和平等性。

权力和金钱就像一对无头苍蝇,有利益的地方两者总会"心照不宣"地走到一起。正如 2012 年《报告》所指出的,企业家犯罪与政府官员犯罪的伴生现象非常明显,政府高官的落马,往往牵扯出一系列企业家的贿赂犯罪。例如,由中石油腐败案件牵出的民营企业家周滨之妻黄婉,其作为中旭阳光能源科技股份有限公司董事长,在公司成立之初就通过与中石油的人脉关系,取得了中石油旗下 8 000 多个加油站零售终端信息化的大单。在其他一些案例中,通过"官商勾结",有的民营企业家在项目上容易获得政府支持④,有的能够经营政府特许资源。⑤ 除此之外,有的民营企业家还通过"官商勾结"寻求"保护伞",并建立黑恶组织,通过暴力垄断部分地区或部分行业的经营,最为典型的就是"刘汉涉黑案件"。

"官商勾结"现象之所以存在,是因为"官商勾结"往往能够实现利益的定向输送,民营企业家以一定的利益作为贿赂成本,换取权力控制下的交易机会、资源配额、生存空间、政策优惠等,而官员通过权力的运作取得民营企业家出让的利益。⑥ 而处于"官商勾结"外围的

---

④ 例如,据媒体报道,民营企业家周玲英出资 1 900 万元成立的"江阴奔跃",在成立 8 个多月后,就拿到了国家工商总局的批文,在江阴地区成立了唯一一家奥迪品牌 4S 店。

⑤ 例如,根据媒体报道,四川民营企业家吴兵,在其犯罪的背后,最为显著的就是"官商勾结",并通过"官商勾结"一直活跃于水电、石油、地产、公路等领域。

⑥ 参见郭理蓉、孟祥微:《"官商勾结现象"的形成原因及对策探讨》,载张远煌、陈正云主编:《企业家犯罪分析与刑事风险防控》(2012—2013 年卷),北京大学出版社 2013 年版,第 132 页。

民营企业家,往往容易受到排挤,不能通过正规的市场竞争获得企业得以生存的市场资源,交易机会和资源配额受到非市场性因素的挤压,久而久之会陷入极其被动的局面,甚至可能会被淘汰出局。由此可以看出,进行"官商勾结"的民营企业家在权力的庇护下如鱼得水,事业蒸蒸日上。受利益的驱使,越来越多的民营企业家将会想法设法攀附权力,寻求权力庇护下的资本增值,在观念上滋生"信权不信法"的错误认识。

由此可见,虽然"官商勾结"可以实现利益的定向输送,但其为市场经济所不许,"官商勾结"认识下的逐利行为,有违法治经济的初衷。"官商勾结"的存在和泛滥,容易扭曲民营企业家的思想观念,在认识上形成困境,最终将民营企业家引向犯罪深渊。

(二)制度上:"国进民退"中的求生困境

我国长期以来是个农业国,商业经济的发展起步较晚,且重视程度不够,在商业经济发展的过程中,"官本位"思想、"重农抑商"情结等表现得较为突出。观念先于行为而存在,其总会影响人们的行为。在浓郁的"官本位"思想影响下,我国的经济制度设计中也出现了"重公轻私"的印迹,最为直观的就是企业制度设计和资源配置上的"国进民退"现象。在我国计划经济时代,国家在经济活动中占有绝对的支配地位,民营企业是没有生存空间的,计划经济向市场经济的转型,民营企业才逐渐获得了有限的生存空间。但在市场经济体制建设过程中,由于没有完全摒弃"国家本位"的观念,导致对民营经济的重视不够,制度设计向国营经济绝对倾斜,因此,长期以来我国的民营企业在发展上滞后于国有企业,而且由于两者在所有制上的差异,导致民营企业在市场准入、获取信贷、经营范围等方面都受到了的极大的限制。

国企企业家与民营企业家形成了一种角色定势,即"国企依权恃财滥用,民企白手起家;国企无偿借贷,民企违规融资;国企寻租,民企交租;民企行贿,国企受贿;国企无偿借贷,民企违规融资"。[7] 这虽然

---

[7] 皮艺军:《中国企业家犯罪的文化进路——历史性的抑商情节在现实中的展开》,载张远煌、陈正云主编:《企业家犯罪分析与刑事风险防控》(2012—2013年卷),北京大学出版社2013年版,第68页。

是一种比较幽默的概括,但其能够反映我国国企与民企在资源获取、利益分配及制度保障上的差异。这种差异,也容易从国企企业家与民营企业家触犯的罪名看出。2012年和2013年《报告》均指出,国企企业家触犯最多的是受贿罪、贪污罪、挪用公款罪、滥用职权罪等,而民营企业家触犯最多的却是非法吸收公众存款罪、职务侵占罪、集资诈骗罪、贷款诈骗罪、合同诈骗罪、行贿罪等。由此可见,国企企业家犯罪集中在职务犯罪领域,属于"权力型犯罪",并没有出现为了国有企业的经营而犯罪的现象;但民营企业家却恰恰相反,其犯罪集中在企业融资上,大多数都是为了缓解企业经营困难而迫不得已实施的犯罪,属于"压力型犯罪"。这种差异的背后,反映的是长久以来制度设计对民营企业的忽视,导致的市场公平竞争的不足。

因此,不管从资源占有、资格获取、利益分配等方面,还是从制度保障、政策优惠等方面来讲,"国进民退"的现象表现依旧突出,在这种背景之下,民营企业往往面临着较大的生存压力。随着原材料成本、劳动力成本、资金成本的上升以及税费负担的加重,民营企业的利润将会被进一步挤占,民营企业的生存压力将会进一步加大,在此压力之下,民营企业家很容易陷入"求生"困境,难免会有民营企业家倾向于使用违法犯罪手段获取经营资本和竞争优势之举。不过,就目前而言,我国正在推进市场经济改革,并强调市场在资源配置中的决定性作用,重视民营企业的发展,就需要通过制度设计消解已有的壁垒,为民营企业的发展提供持久的制度保障。

(三)经营上:"资本短缺"下的融资困境

充足的资金保障和良性的资金周转,是民营企业得以生存的根本,一旦融资渠道受阻,资金链条断裂,民营企业就会陷入经营困境。融资作为"支付超过现金的购货款而采取的货币交易手段"[8],是民营企业为获取资金资源而必须进行的一项活动。就目前而言,民营企业的融资渠道主要有自我融资、银行贷款、非金融机构融资及其他融资渠道,按属性可分为制度性融资和非制度性融资。制度性融资与非制度性融资相比较,两者在融资成本、融资风险及融资程序上存在较大

---

[8] See John Eatwell, Murray Milgate, Peter Newman. The New Palgrave: A Dictionary of Economics, vol. 2. The macmillan Press Limited, 1987, p. 3600.

的差异,由于我国特殊的制度设计和政策倾向,制度性的融资更偏向于国有企业,而对民营企业来说,制度性的融资门槛较高,在这种制度设计下,民营企业普遍存在着融资难的问题,只能被迫选择非制度性融资来满足自身的需求。

对民营企业来讲,融资是一种内生性的刚性需求,一旦国家正规的制度性融资渠道无法满足时,便会向外寻求满足渠道。由于我国民间资本较为充足,导致近些年来民间资本成为民营企业融资的主要对象,进而也促发了我国庞大的民间融资市场。例如,有学者研究指出,目前我国民间金融的规模已经是正式金融规模的1/3,全国地下信贷规模大约在7 400亿元到8 300亿元之间。⑨ 2011年,仅温州民间借贷市场的资金额就达到了1 100亿元,占当时全市借贷市场资金比重大约20%,且民间借贷的规模近10年也增长了2.4倍以上。⑩ 但存在的问题是,非制度性的融资并未在我国法律上取得合法地位,一旦诸如民间借贷一类的非制度性融资触及国家现有的金融制度时,就很容易招致排斥和打击,这从民营企业家触犯较多的融资类犯罪的现状就可以看出,而且由于非制度性融资运作不规范,缺乏法律保障,对民营企业家而言,往往潜藏着巨大的融资风险,不仅要支付高额的利息成本,而且可能诱发诸如暴力讨债、非法经营、涉黑涉毒等违法犯罪行为。

就我国现有的金融体系而言,无论是政策上还是相关制度保障上,相较于国有企业,民营企业都处于劣势地位。例如,一直以来,我国的金融体制是以银行贷款为主导的,具有严格管控下的高度集中性,其服务对象更多倾向于国有大中型企业,而且在股票市场上,国有企业也占有绝对地位。正如有学者所言:"相对于国有企业而言,由于受到繁琐的程序和极为严苛资格门槛等客观条件的限制,大量的民营企业在融资时,很难分得'一行三会'金融格局下的一杯羹。"⑪

由此可见,我国民营企业普遍挣扎在融资难的困境中。在融资压

---

⑨ 参见阎金明:《中小企业融资的国际经验及政策选择》,载《经济界》2006年第6期。

⑩ 参见许经勇、任柏强:《温州民间借贷危机与温州金融综合改革的深层思考》,载《农村金融研究》2012年第8期。

⑪ 张远煌、操宏均:《民营企业家深陷融资犯罪背后的制度诱因》,载张远煌、陈正云主编:《企业家犯罪分析与刑事风险防控》(2012—2013年卷),北京大学出版社2013年版,第79页。

力之下,部分民营企业家为了筹得企业正常运转的资金,不得不冒着融资类犯罪的风险,选择非制度性融资渠道进行融资。但是,一旦案发,民营企业家便会身陷囹圄,例如,吴英、曾成杰,等等。

三、民营企业家犯罪的对策

在目前企业家犯罪形势依然严峻的背景下,追究民营企业家的犯罪行为是应该的,但这只能是解决一时之需,最终还应该回归到制度建构上,即思考如何通过制度设计为民营企业家"松绑",将民营企业家的行为控制在有效的制度监督之下,并使之成为一种良性循环,进而达到预防民营企业家犯罪,激活市场经济活力的目的。值得注意的是,对民营企业家的犯罪预防和控制,不同于普通的街头治安犯罪,处置不当有可能对社会的公平、正义造成伤害,处置过严又有可能对经济的活力程度、对市场的动力和创造财富的功能起到限制作用。因此,对民营企业家犯罪的预防和控制,应该坚持内因与外因、微观与宏观相结合的思维,一方面,提高民营企业家的自我认识、规范市场行为;另一方面,要优化民营企业家的制度环境,加强法律保护。

(一)提高民营企业家的自我认识

民营企业家属于"白领"阶层,社会公众对其预期较高,而且赋予了诚实守信、遵纪守法、善于创新的精英特质,相反,当这种精英身份与犯罪相联系在一起时,也容易在公众心中产生强烈反差。从近年来我国民营企业家犯罪的案例来看,部分民营企业家的自我认识不足、责任意识淡薄以及思想观念有所异化。例如,有的民营企业家在"贪欲"的蒙蔽下侵占挪用企业资金财产,有的违背诚信原则生产销售假冒伪劣产品,有的在幕后通过"官商勾结"进行权钱交易,有的为攫取高额利润严重污染环境,有的甚至通过"以商养黑,以黑护商"的方式,对某些区域或行业进行非法的垄断经营,破坏公平的市场竞争秩序,等等。因此,对民营企业家犯罪防控,有必要从主观认识上加以引导。

第一,引导民营企业家的价值观念。"仁、义、礼、信、忠、正、俭、廉"是儒家思想的精髓,深深根植于我国的传统文化中,民营企业家也应当将其作为自身最为基本的道德要求。从近年来民营企业家涉案报道来看,民营企业家思想上"唯利润主义"和"享乐主义"泛滥,部分民营企业家将非法"利润"奉为圭臬,生产、销售假冒伪劣产品,生产、销售有毒有害食品,污染生态环境,对公众的生命、财产、健康及环境安全造成了极大的损害;部分民营企业家肆意挥霍企业资金和财产,有的甚至在高额负债的情况下,依旧追求奢靡的生活方式,严重侵犯了债权人的利益。因此,应该加强引导民营企业家的价值观念,抵制权钱交易、"官商勾结"、唯利是图、骄奢淫逸等不正之风,培养民营企业家诚实守信、公平正义的品格,尽力维护公平的市场竞争秩序。

第二,加强民营企业家的法律意识。从法治属性来讲,市场经济属于法治经济,要求市场主体的行为必须遵守法律的规定,并在法治思维下作出理性决策。但从近年来的案例来看,部分民营企业家的法律意识极其淡薄,将金钱和权力凌驾于法律权威之上,认为钱可以摆平一切,有权就可以法外寻租,不断贿赂国家工作人员,有的甚至在犯罪以后仍然不知道自己的行为触犯了刑法。法律意识的缺失,还导致民营企业家的"江湖习气"滋生,当有纠纷发生时,不是选择法律途径解决,而是直接诉诸暴力,严重扰乱了公平的市场竞争秩序。因此,应该加强民营企业内部的法律文化建设,加大法律宣传力度,对民营企业家进行专门的法律培训,逐渐提高法律意识。

第三,提高民营企业家的责任意识。责任强调的是主体对行为后果的承担,而责任意识强调的是主体对行为风险的事前认知,责任意识的缺失也是导致民营企业家犯罪上升的重要原因。民营企业家责任意识的缺失表现在两个方面,一方面,对企业内部缺乏责任意识,例如,有的民营企业家恶意不支付员工工资,有的违反劳动法的规定,让员工超负荷工作;另一方面,对社会公众缺乏责任意识,例如,有的民营企业家生产有毒有害食品,危害社会公众生命健康安全,有的随意排放污染物质,破坏环境,等等。因此,应该加强对民营企业家的责任意识教育,提高责任意识能力,使其不仅对企业内部的员工负责,而且对其生产加工的产品和提供的服务质量负责,为社会公众的生命、健康、财产负责。

(二)规范民营企业家的市场行为

我国的民营企业大多为中小企业,企业内部的管理制度存在着一定的缺陷,规范化程度不够,导致民营企业法人的独立性意志较为模糊,往往与民营企业家个人意志相混同,容易使民营企业自身的风险防控能力下降,民营企业家面临的刑事法律风险增高。从近年来民营企业家的案发环节来看,民营企业家的市场行为不规范的问题尤其突出,例如,2012年和2013年《报告》均指出,财务管理、贸易、安全生产、工程承揽、物资采购、招投标等,都是民营企业家犯罪的高发环节,在这些环节中,往往缺乏制度性的约束,如在财务管理中部分民营企业并未建立科学的财务管理制度,导致企业的资金流转和财产变动情况无法清晰地显示,预算、结算等过程监督不到位,进而为挪用、侵占、窃取等犯罪行为提供了可乘之机。

民营企业家市场行为的规范,一方面要靠民营企业家的自觉,另一方面要靠市场行为规范的指导。就前者而言,就是要加强民营企业家市场行为规范意识的培养,通过定期学习、实地考察、专项培训等方式促使民营企业家养成依规则办事的思维逻辑,逐渐消除思想上的错误认识;就后者而言,就是要建立一套科学的现代化管理制度和决策机制,具体包括以下几个方面:

第一,完善民营企业内部管理制度。结合我国《公司法》的相关要求,对企业的组织结构、股权结构、治理结构、企业章程、业务流程、财务管理制度、人事管理制度、重大事项决策机制、内部监督机制进行修改和完善,实现企业的规范化运行。同时,加大民营企业内部权力行使的监督力度,并对滥用权力的行为给予相应的处罚。

第二,建立民营企业内部预警机制。预警是一种事前的警示,对民营企业的决策、管理、收益起着至关重要的作用。从具体案例来看,部分民营企业内部缺乏系统的预警机制,对决策也没有进行科学的论证,更多的时候体现为民营企业家个人的专断意志。因此,民营企业应该尝试建立企业内部预警机制,遇到重大决策事项等情形时,咨询专家意见,在论证可行性的同时进行法律风险评估,尽量降低刑事法律风险。此外,对民营企业运行中容易出现的风险点进行归纳总结,并予以醒目标注,以便起到警示作用。

第三,落实民营企业内部问责机制。责任是制度的保障,没有责任的制度设计,在规范行为的约束力上会显得苍白无力。现阶段,我国大多数处于成长期的民营企业,都是一种家族式的治理结构,由其家族内部的亲信负责财务、经营、销售、供应等关键环节。[12] 这种模式，既不利于现代企业的发展趋势，也不利于民营企业内部问责机制的建立，导致民营企业内部监督失效。因此，民营企业应该从家族管理模式向家族控股、职业经理人管理模式转变，建立内部问责机制，进而形成对民营企业家行为的有效约束。

（三）改善民营企业家的制度环境

"改善企业家生存的制度环境是预防和抑制企业家犯罪的治本之策，良好的制度环境也能有效地保护企业家人才。"[13]民营企业家制度环境的改变，就是要进行机制体制改革，破除"国进民退"的不公平的制度安排，调整资源配置上的行政性垄断格局，进而逐渐形成自由、平等、公平的市场竞争秩序。在党的十八届三中全会通过的中共中央《关于全面深化改革若干重大问题的决定》特别强调，要"让国企和民企拥有更平等的市场地位，形成更良性的竞争环境"，这就需要通过制度构建实现民企与国企的平等保护，在资源的获取上得到平等机会。

在我国2013年新修订的《公司法》中，将公司注册资本实缴登记制改为了认缴登记制，并取消了最低注册资本限额的限制性规定，进一步简化了登记事项和登记文件。可见，在新的改革形势下，修改后的《公司法》能够进一步激活我国的市场经济活力，吸引更多的民间资本参与市场经济活动，达到优化资源配置、促进经济转型的目的。而且，随着公司设立门槛的降低，将有更多的民营企业和民营企业家成为市场经济的主体，并在市场经济中发挥更大的作用。这从侧面说明，改善民营企业家的制度环境，符合当下我国市场经济改革的总体目标和实践需求，也是预防民营企业家犯罪的有效策略。

改善民营企业家的制度环境，还需要协调好市场与政府在民营企业经营中的关系，以往存在着对民营企业市场保护不足而政府干预过多的弊病。党的十八届三中全会提出，"要使市场在资源配置中起决

---

[12] 参见傅跃建、胡晓景：《民营企业集资犯罪的现状及防治对策》，载张远煌、陈正云主编：《企业家犯罪分析与刑事风险防控》（2012—2013年卷），北京大学出版社2013年版，第224页。

[13] 张荆、马婕：《企业家犯罪与制度环境研究》，载张远煌、陈正云主编：《企业家犯罪分析与刑事风险防控》（2012—2013年卷），北京大学出版社2013年版，第100页。

定性作用"。这使得政府与市场在市场经济中的模糊关系得以明确,即市场是第一位的,应该在规范化、平等化、法治化的思维下给予市场经济主体更大的自由度,并为市场经济主体发挥其特有的功能提供可靠的制度保障。在促进经济结构转型的背景之下,民营企业的规范化运营是我国市场经济改革的重要部分,为民营企业的发展营造良好的制度环境,是市场经济改革中的重要目标。同时,民营企业家是市场经济运行中的重要主体,其行为直接影响着市场经济改革目标的实现。因此,在改善制度环境的过程中,要加强对民营企业及民营企业家的市场保护,弱化过度的政府干预。

对民营企业家而言,目前最急需解决的就是融资制度环境。从民营企业家融资类犯罪的高发现状可以看出,我国的民间资本缺乏政策引导,民间资本投资出口张力较大,民间融资的借贷市场亟待疏导和规范。因此,国家应该加快改善民营企业的融资环境。具体而言,一方面,国家可以对现有的融资体系进行调整,消解制度性融资体系中对民营企业设置的壁垒,增强制度性融资对民营企业融资需求的供给;另一方面,国家应该加快试点与改革,对民间融资借贷市场进行引导和规范,并在一定程度上予以"松绑",以期民间融资对制度性融资的刚性缺陷进行弥补。基本判断可知,民营企业家犯罪现象的遏制与消除,有赖于多层次的制度设计和市场参与,有赖于政府通过针对性的政策为民营企业营造良好的制度环境,有赖于明晰、有效的法律制度予以保障。

(四)加强民营企业家的法律保护

民营企业家犯罪率的不断升高,从另一个侧面反映出民营企业家面临着较大的刑事法律风险。从我国现有的立法来看,针对民营企业家犯罪的刑事法网还是比较严密,在企业运行中各环节的行为都规定了相应的罪名。例如,在企业成立环节有虚假出资、抽逃出资罪,在财务管理中有隐匿、故意销毁会计凭证、会计账簿、财务会计报告罪,在签订合同中有合同诈骗罪,在企业融资过程中有非法吸收存款罪、集资诈骗罪、骗取贷款罪、高利转贷罪、骗购外汇罪,等等。

从我国的司法实践来看,由于刑法适用观念的错位和规范理性的不足,也容易导致民营企业家的刑事法律风险加大,例如,刑法至上、刑法前置、刑罚万能等观念,容易使"刑外风险"向"刑内风险"转移,单位犯罪与个人犯罪责任分配的不合理、罪名之间界分的模糊不清,以及经济类犯罪中"口袋罪"的存在等刑法规范理性的不足,容易诱发"刑内风险"的加大。⑭ 因此,应该从立法、执法、司法等角度对现有的规范进行检讨,加强对民营企业家的法律保护,既要防止"刑外风险"向"刑内风险"的转移,也要防止"刑内风险"的加大,从而降低民营企业家面临的刑事法律风险,预防民营企业家犯罪的发生。

对民营企业家的法律保护,一方面,要体现在立法上,及时对不利于民营企业家进行正常市场行为的条款进行修改,例如,2013年《公司法》修订中,将公司注册资本实缴登记制改为了认缴登记制,并取消了最低注册资本限额的限制性规定,这就将刑法中虚报注册资本罪给予除罪化了,这也意味着应该对《刑法》作出及时修改,取消虚报注册资本罪的规定;另一方面,要体现在司法上,相较于国企企业家,民营企业家属于"弱质群体",大多数犯罪属于制度困境下的"压力型犯罪",具有深层的制度原因,司法实践中要注重宽严相济,能不入罪的尽量不入罪,能轻处罚的尽量轻处罚,尽量适用非刑罚处罚措施,尽量减少民营企业家经济类犯罪的死刑适用,同时,注重民营企业家权益的保护,对民营企业家造成侵害的,应当及时进行法律救济。

---

⑭ 参见梅传强、张永强:《企业家刑事法律风险加大的现实困境、本体动因及防范立场——基于刑法本我、自我与超我的三维解析》,载张远煌、陈正云主编:《企业家犯罪分析与刑事风险防控》(2012—2013年卷),北京大学出版社2013年版,第355—356页。

刑法之于金融创新问题的思考

——基于犯罪预防的视角

张心向[*]　王强军[**]

在金融创新背景下,会出现新型的金融中介机构和金融产品,这些金融中介机构和金融产品的出现,是社会发展的必然需求和进步,这种进步和需求表现在,随着人们对金融融资知识的增加和研发,可能会出现而且应当出现有利于各方的金融产品。金融与互联网的结合抑或互联网向金融的渗透,从性质上来说是一种历史的必然,是金融发展的必然方向。因为互联网本身的发展也使得其自身的功能正在发生变化。即在"互联网1.0"时代,互联网是"联"字当头,而从"互联网2.0"时代到今天,则是"互"字当头。在"联"的阶段,互联网的作用主要停留在浏览信息、娱乐等层面,通过互联网相互沟通、线上线下沟通相对较少。但是互联网由"联"字向"互"字转化之后,互联网的功能就发生了根本性的变化,最明显的表现就是线上线下互动非常密切和频繁,线下的行为会上升到线上,线上的行为也会影响到线下的社会,互联网已经成为人们生活的一部分,各种线下的社会交往行为,比如购物、转账、在线支付等都已经足不出户通过互联网得到实现。但在"互联网2.0"时代,网络成为人们的基本生活平台,普通网民成

---

[*] 南开大学法学院教授,博士生导师。
[**] 南开大学法学院讲师,法学博士。

为网络的主要参与者。① 网络已经成为人们生活的一部分,人们的许多行为包括金融行为也会在网络上直接开展,在这种背景下,相应的金融业务通过网络开展。互联网金融的出现既是科技转化为生产力的具体表现,也是互联网价值的充分开发。所以,互联网和金融相结合,只不过是交易平台发生了变化,尽管可能导致对固有金融秩序的冲击,并且可能出现各种金融风险,但只要明确相应的法律法规和具体规则,相应的金融风险还是能够得到控制的。如果金融创新触及了刑法构成犯罪,刑法还是应当发挥其惩罚犯罪的机能。

一、金融创新之金融风险与刑法风险
——且行且慎对

资本逐利的本性赋予金融创新的动力,再加上外部环境的推动,金融创新更会表现出前所未有的高涨。在金融和互联网结合之前的金融创新,主要停留在线下金融模式的创新,而金融和互联网结合之后,金融创新模式则有了突破性的发展,从而促生了互联网金融的诞生。根据《中国金融稳定报告(2014)》的界定,互联网金融是互联网与金融的结合,是借助互联网和移动通信技术实现资金融通、支付和信息中介功能的新兴金融模式。广义的互联网金融既包括作为非金融机构的互联网企业从事的金融业务,也包括金融机构通过互联网开展的业务。狭义的互联网金融仅指互联网企业开展的、基于互联网技术的金融业务。我国互联网金融发展的三个阶段:

第一个阶段是2005年以前,互联网与金融的结合主要体现为互联网为金融机构提供技术支持,帮助银行"把业务搬到网上",还没有出现真正意义的互联网金融业态。

第二个阶段是2005年后,网络借贷开始在我国萌芽,第三方支付机构逐渐成长起来,互联网与金融的结合开始从技术领域深入到金融业务领域。这一阶段的标志性事件是2011年人民银行开始发放第三方支付牌照,第三方支付机构进入规范发展的轨道。

第三个阶段从2012年开始。2013年被称为"互联网金融元年",

---

① 参见于志刚:《"双层社会"中传统刑法的适用空间——以"两高"〈网络诽谤解释〉的发布为背景》,载《法学》2013年第10期。

是互联网金融得到迅猛发展的一年。自此,P2P 网络借贷平台快速发展,众筹融资平台开始起步,第一家专业网络保险公司获批,一些银行、券商也以互联网为依托,对业务模式进行重组改造,加速建设线上创新型平台,互联网金融的发展进入了新阶段。

根据《中国金融稳定报告(2014)》的介绍,我国现阶段的互联网与金融结合形成的金融创新主要有以下几种业态:(1)互联网支付。(2) P2P 网络借贷。(3)非 P2P 的网络小额贷款。(4)众筹融资。(5)金融机构创新型互联网平台。(6)基于互联网的基金销售。

按照网络销售平台的不同,基于互联网的基金销售可以分为两类:一是基于自有网络平台的基金销售,实质是传统基金销售渠道的互联网化,即基金公司等基金销售机构通过互联网平台为投资人提供基金销售服务。二是基于非自有网络平台的基金销售,实质是基金销售机构借助其他互联网机构平台开展的基金销售行为,包括在第三方电子商务平台开设"网店"销售基金、基于第三方支付平台的基金销售等多种模式。其中,基金公司基于第三方支付平台的基金销售,本质是基金公司通过第三方支付平台的直销行为,使客户可以方便地通过网络支付平台购买和赎回基金。

而时下对中国金融市场造成巨大冲击的余额宝,在性质上就属于互联网金融创新的第六种模式——基于互联网的基金销售。根据支付宝网站的介绍,余额宝是支付宝打造的余额增值服务,基本的模式是把钱转入余额宝即购买了由天弘基金提供的增利宝货币基金,可获得收益。余额宝内的资金还能随时用于网购支付,灵活提取。短短的一段时间,余额宝的认购数额非常巨大,并最终引发了和传统实体银行的利益冲突,并且引发了中国人民银行和国有实体银行的各种限制,包括从实体银行转入余额宝数额的限制、取消"提前支付不损失利息"条款等措施,但目前的各种限制或发难,还只是停留在利益的冲突方面和规制方面,不涉及是否刑事犯罪的问题。但是金融机构之间的利益冲突,尤其是金融创新所产生的金融风险能够构成犯罪,则是一个金融创新主体和刑法所必须面对的问题。在金融创新和刑法的对话过程中,我们必须明确区分金融风险和刑事风险,对金融风险,作为金融创新主体和客户都应当承担;对刑事风险,则不应当回避其构成犯罪的客观事实。单就余额宝的经营风险,笔者认为,主要体现在以

下四个方面:

1. 余额宝资本逐利本性所可能导致的风险

余额宝实现了基金和互联网的对接和融合,资金的逐利本性和互联网的巨大客户潜力,使其经营风险加大。在当下中国特殊的经济环境和金融环境下,社会公众手中的闲置资金难以找到合适的途径实现资金的保值增值,一方面,中国人传统认为的银行存款的收益偏低,股市的非成熟性,使得社会公众难以将资金投向上述领域;另一方面,房地产市场已经出现特殊情形,人们也难以将资金投放在房地产市场。而人们实体创业的能力不足,在这种大背景下,任何能够得到较大利益的金融获利方式,都能得到公众的追逐,再加上信息传递的快捷性,会促使相应的金融创新"一夜蹿红"。互联网金融的这种特征,在一定程度上可能会超出金融创新主体的预见和消化能力,从而使相应的金融创新或金融产品的风险超出可控的范围,使得经营风险非常严峻。在金融市场上,中国人更多地表现出了不理性,比如中国房地产市场、黄金市场,等等,都并不是按照市场规律或价值规律进行的,而是一种盲目和跟风,这样也会加大金融创新的经营风险。

2. 基金销售风险的非故意隐瞒所产生的风险

余额宝在通过支付宝平台进行销售时,对于基金的相关风险并不是没有刻意告知,而且社会公众也不会如同在线下交易那样非常仔细审读相关的基金风险告知。客户产生一种误解,那就是余额宝就是自己的金钱在支付宝账户和余额宝账户之间的转移而已,而且这种转移客观上能够增加自己资金的保值增值,甚至于不少客户根本没有注意到转入余额宝的资金是在购买天弘基金。如果客户明确知道自己转入余额宝的钱客观上在购买天弘基金,相应的天弘基金的销售就会如同余额宝没出现以前,平淡不惊,因为客户能够预见到自己的风险,而在网络环境下,客户并不认为自己在购买基金,所以也就认为不存在风险。

3. 余额宝资金收益的断裂风险

余额宝之所以在刚刚诞生时能够实现收益巨大的客观现实,是因为社会公众对银行之间拆借活动的知识缺乏,银行和银行之间以及基金公司存入银行的资金高利率这些客观金融规律。余额宝的出现,就是天弘基金通过"聚沙成塔"的方式,吸收客户的资金,而后存入银行,赚取自己存入银行利率和自己支付给客户利率的差价。客观上随着银行对余额宝经营活动的了解,余额宝客观上危及银行自身的吸储能力和利益,所以银行必然减少对基金公司存款的吸储,同时限制通过自身银行转入余额宝的资金数额。这样天弘基金的可观收益将会减少,而余额宝客户的投资风险也将会增大。

4. 余额宝销售模式的风险

余额宝运营风险还存在于其经营模式的相对复杂性上面。如果是天弘基金通过自己构建的网络平台进行销售,客观上并不存在问题。但是如果这样的话,余额宝的销售并不会如现今这样火爆,因为公众对天弘基金的认知度并不够。但是余额宝是通过淘宝的支付宝平台进行销售的。一方面,余额宝利用了支付宝的广大用户群,这样可以减去客观上的广告费用;另一方面,支付宝在电子商务过程中表现出担保交易完成和良好的信誉,确立了客户对余额宝收益的认同,从而忽视了余额宝作为一款基金产品,客观上必然伴随的经营风险。这样就导致了两种情形,一种情形是天弘基金通过支付宝平台销售自己的基金,另一种情形就是支付宝平台在销售天弘基金的基金。这两种销售基金的模式,都需要取得相应的资质和许可。

金融创新就是对传统的金融模式进行创新,传统的金融模式是客户将资金存放在银行,从而收取相应的利益,鉴于国家对银行的特殊管控政策,给银行的倒闭设定了特定的托管政策,等于是客观上并不允许银行倒闭和破产。所以,传统的经营模式相对来说风险较小,即便是存在较大风险的股市和基金的风险,客观上也在可控的范围之内。这些传统的金融模式的风险相对是明确的,而且是可控的,况且这种风险具有过程犯罪的可能性相对较为明确,社会公正和司法机关具有较强和明确的判断性。但是随着金融创新理念的强化,给予金融创新的空间较大,与此相伴的金融风险也就相对较大。金融创新尤其是互联网金融中的风险,从性质上来说具有特殊性。因为没有明确的标准,基于追逐利益的资本本性,在巨大的利益面前,金融创新主体有可能失去理性,从而使金融创新中的经营风险转化为法律风险,甚至是刑事风险,从而有可能构成犯罪。因此,对金融创新主体来说,应当慎对并区分金融创新中的经营风险和刑事风险,对经营风险应当控制,对刑法风险应当绝对避免。

随着社会的发展,刑法的功能和角色定位也在发生着变化。通常认为刑法的作用就在于事后对犯罪行为的惩罚,是一种恶,所以刑法应当具有谦抑性,只有在其他法律不能制止相应的危害行为时,方能动用刑法进行处理。但是,随着人们对风险社会认识的加深,对风险的控制得到了强化,从而使刑法也呈现出更多的规制风险的功能。如此一来,刑法就被赋予了更多的规制风险的角色定位。自然就使刑法从一个在法律体系中充当"后卫"功能的角色被迫充当了"前锋"。当刑法成为风险控制的主要工具后,反伦理性的传统犯罪对立法者犯罪圈划定的限制被打破,行为是否具有犯罪化的必要性,是否具有犯罪的危害性,几乎完全取决于立法者对该行为的评价,而实际结果常常是从国家主义、垄断利益出发思考问题,个人利益完全被忽略。[②]

功利制约正义的国权主义刑法思想会使刑法在现代风险社会语境下成为控制风险与不安全性的重要工具,促使危害性原则内涵不断膨胀,刑法的社会机能随之扩张并使危害性原则的人权保障机能与批判机能逐渐丧失。在罪责刑法向安全刑法转型的过程中,以保障人权、自由为本位的人本主义刑法理念,仍然是立法与司法的基本准则。在现代风险社会语境下,危害性原则必须与刑法谦抑思想并用才能成为刑事立法的指导思想;必须在形式的构成要件框架内,形式理性优先于实质理性的前提下才能成为刑事司法的指导思想。[③]

尽管说刑法自身的安定性和刑事处罚的妥当性之间,并不存在绝对的先后顺序,而应该依据国家的社会治安状况和法治文明程度综合加以考量。在一个社会治安状况较好、立法科学化程度较高、民众对法治又较为信仰的社会,当然应该以刑法自身的安定性为首要价值取向,而在一个社会治安总体状况较差、各种复杂疑难案件层出不穷、立法科学化程度又一般的社会,如果教条式地将刑法自身的安定性奉为圭臬,为此不惜经常性地牺牲具体案件处理的妥当性、合理性,不但不会有助于法律至上主义观念的形成,反而是对刑法权威的削弱。因此,在罪刑法定主义的总体框架下,刑法应该更为积极地发挥调整社

[②] 参见王耀忠:《现代风险社会中危害性原则的角色定位》,载《现代法学》2012年第3期。

[③] 同上注。

会生活的作用,以此尽可能地实现刑法在个案处理中的妥当性、合理性,逐渐培植刑法的权威。④ 并进而提出了刑罚积极主义既不违反刑法的谦抑性原则也不必然导致重刑主义的观点。指出:尽管刑法谦抑主义与其最后手段性特征仍然需要重视,可这不等于说,刑法就是消极的,甚至是无为的。对于社会生活中的重大利益,刑法还是应该积极介入的,在刑法规范的供给出现明显不足时,法律适用者应当在罪刑法定原则所能够允许的最大限度内尽可能地扩充刑法规范的供给,以尽量弥补成文法典自身可能具有的滞后性特征,适应现实社会的需要,使刑法在社会保护中发挥更重要的作用。⑤ 首先,我们不能否认刑法随着社会发展应当进行相应的犯罪化的正当性,因为客观上有些行为确实需要刑法的处理,但是在立法上进行犯罪化或司法上进行犯罪化的行为,必须达到足以动用刑罚进行惩罚的程度。也就是说,客观上具有侵害法益的客观性和具有应当受刑罚惩罚的必要性。如此一来,如果对金融创新或金融产品进行规制,我们就需要确定相应的金融创新或金融产品所导致的金融风险,是不是达到了这种法益侵害和应当动用刑罚惩罚的程度。

社会危害性是一种客观的评价,而不是金融机构之间的利益冲突造成的。也就是说,金融创新和金融产品构成犯罪的标准应当是两个方面,一是金融管理秩序;二是客户的合法权益。应当说客户的合法权益是第一位的,而金融管理秩序是客户合法权益受到损害的一种表象。所以,对于金融创新所可能造成的危害,应当首先考虑对客户资金的侵害,而后才是金融秩序的混乱和侵犯,同时应当明白这种金融秩序所指的具体内容:是对整个金融秩序的混乱或风险难以控制,还是对现有金融秩序的冲击和对原有金融机构的利益冲突。如果是对整个金融秩序的混乱,比如说导致客户的资金并不能得到保值增值,或者是相应的金融创新或金融产品的金融风险难以预见或控制,我们就可以将其作为相应的犯罪进行处理。相反,如果只是对现有的金融秩序造成冲突或给予现有的金融实体或机构造成利益上的冲突,是不

---

④ 参见付立庆:《刑罚积极主义立场下的刑法适用解释》,载《中国法学》2013年第4期。

⑤ 同上注。

能将其作为犯罪处理的。因为犯罪的本质在于法益的侵害,而相应的将某种行为认定为犯罪也是为了实现对法益的保护,所以,两个平等主体之间基于市场经济所导致的利益冲突,并不能动用国家的刑法权力进行干预,从而偏袒一方,而且偏袒的一方并不是对社会公众有利的一方。如果因为双方的利益冲突而将金融创新作为犯罪行为进行处理,非但不符合"两利相权取其重",而且对社会公众和广大客户来说,则属于"助纣为虐"。

二、金融创新主体之刑事风险意识
——且行且加强

在金融创新的过程中,金融创新行为应以何种思路避免触碰刑法的红线,从而使相关的金融创新和金融产品能够在法律监管的情形下,完成金融创新,从而实现社会公众、金融机构、国家的多赢局面。实现这种多赢局面的关键点就在于一方面应当符合调整、规制金融创新和金融产品的法律;另一方面应当避免构成非法吸收公众存款罪。当然,二者并不是矛盾的,相反是统一的,如果金融中介机构在金融创新推出金融产品的过程中,能够完全做到遵守相关的金融管理法规,便不会构成相应的刑事犯罪。

而金融创新过程中最有可能构成的犯罪就是《刑法》第176条规定的非法吸收公众存款罪,按照国务院《非法金融机构和非法金融业务活动取缔办法》第4条的规定,所称非法吸收公众存款,是指未经中国人民银行批准,向社会不特定对象吸收资金,出具凭证,承诺在一定期限内还本付息的活动;所称变相吸收公众存款,是指未经中国人民银行批准,不以吸收公众存款的名义,向社会不特定对象吸收资金,但承诺履行的义务与吸收公众存款性质相同的活动。

首先,由于这类行为一般是通过采取提高利率的方式或手段,将大量的社会闲散资金集中到单位或个人手中,从而造成大量社会资金失控,不利于国家对集中有限的资金进行必要的宏观调控;其次,行为人任意提高利率,形成在吸收存款上的不正当竞争,破坏利率的统一,影响币值稳定,严重扰乱国家金融秩序;最后,行为人一般不具有商业银行那样强大的经济实力,在运作过程中缺乏完善的管理、监督机制,其承担风险的能力极弱,根本无法保证存款人资金的安全和利益,故极有可能给"储户"带来风险,造成财产损失,引发社会动乱。⑥

金融特许制度所形成的思维逻辑,在于凡是未经监管机构批准,从事金融业务的活动均视为非法。在这样政府主导型的金融体制下,国有金融机构的信用是依靠国家维持的,存在的金融风险相对较小。而民间借贷缺乏法律保证,更缺少相应金融保险制度的设计,其潜在风险巨大,一旦发生风险,受害者的利益很难得到补偿或者最后只能由国家出于维护社会稳定的考虑来买单,所以政府就会出于防范金融风险而对其采取较为严格的管制,出于降低风险的考虑,政府不得不采取了因噎废食的办法,强调以未经依法批准作为界定非法集资、社会集资和民间融资的主要界定标准,对非法集资也采取了一味取缔的"一刀切"处理方式,而疏于设计精确界定非法集资的标准,也无意对有着合理融资需求的非法集资活动预留合法化空间。民间金融长期被政府部门忽视,结果各种民间金融常被冠以扰乱金融秩序的罪名或被施以不恰当的限制措施,而政策与行政命令的易变和过于原则性,导致市场主体对民间融资没有稳定预期,反过来进一步加大了民间融资的风险。这种监管政策导向的不明确,加大了民间融资的刑事法律风险,不利于培育民间金融体系。不仅如此,用非法吸收公众存款罪打击非法集资活动,无视集资用途的差异,就混淆了直接融资行为与间接融资行为的界限。⑦

在对金融秩序强化的理念作用下,在担心出现金融风险的心态推动下,在金融垄断机构利益推动之下,非法吸收公众存款罪成为打击民间借贷和各种新型融资方式的罪名,而且非法吸收公众存款的模式多样,根据最高人民法院《关于审理非法集资刑事案件具体应用法律若干问题的解释》(以下简称《解释》)的规定,非法吸收公众存款的模式多达十多种,而且将收益不明、事后产生纠纷等多重融资行为认定为非法吸收公众存款罪,从而使非法吸收公众存款罪现在也具有了"口袋罪"的可能和倾向。非法吸收公众存款罪原本是为了打击那种非法吸收公众存款并导致对客户资金产生风险的行为,是为了实现对

---

⑥ 参见冯亚东、刘凤科:《非法吸收公众存款罪的本质及立法失误》,载《人民检察》2001年第7期。

⑦ 参见刘伟:《非法吸收公众存款罪的扩张与限缩》,载《政治与法律》2012年第11期。

金融秩序和客户资金的一种兜底性保护,是为了实现有罪能罚,属于一种被动的选择。但是现在非法吸收公众存款罪已经成为主动打击各种民间借贷和融资的行为。

"口袋罪"出现的立法原因有二:一是立法不细致,对某一领域的犯罪行为,设立了一个高度抽象性、概括性的罪名,司法机关在找不到其他罪名可用时,自然而然地会将它发展为"口袋罪"。二是成文法的固有局限,成文法的语言无法做到绝对具体和明确,罪状的描述只能是一类犯罪行为的抽象,司法机关利用这一特点,对罪状中的抽象性条款进行解释,这是"口袋罪"形成的重要原因。如果说罪名"口袋化"初始动因是追求实质公正和实现"有恶能罚",目前的罪名"口袋化",已呈现出一种"四面出击"的乱象。⑧

也正是因为如此,最高司法机关先后出台了多个司法解释明确何谓"非法吸收公众存款",以限定非法吸收公众存款罪的成立范围。最高人民法院《关于审理非法集资刑事案件具体应用法律若干问题的解释》对非法吸收公众存款的"非法"和"吸收公众存款的模式"进行了相应的界定。根据《解释》第1条的规定,"非法吸收公众存款或者变相吸收公众存款"是指:"(一)未经有关部门依法批准或者借用合法经营的形式吸收资金;(二)通过媒体、推介会、传单、手机短信等途径向社会公开宣传;(三)承诺在一定期限内以货币、实物、股权等方式还本付息或者给付回报;(四)向社会公众即社会不特定对象吸收资金。未向社会公开宣传,在亲友或者单位内部针对特定对象吸收资金的,不属于非法吸收或者变相吸收公众存款。"同时,《解释》第2条结合司法实践,列举了相应的非法吸收公众存款的模式:"(一)不具有房产销售的真实内容或者不以房产销售为主要目的,以返本销售、售后包租、约定回购、销售房产份额等方式非法吸收资金的;(二)以转让林权并代为管护等方式非法吸收资金的;(三)以代种植(养殖)、租种植(养殖)、联合种植(养殖)等方式非法吸收资金的;(四)不具有销售商品、提供服务的真实内容或者不以销售商品、提供服务为主要目的,以商品回购、寄存代售等方式非法吸收资金的;(五)不具有发

---

⑧ 参见于志刚:《口袋罪的时代变迁、当前乱象与消减思路》,载《法学家》2013年第3期。

行股票、债券的真实内容,以虚假转让股权、发售虚构债券等方式非法吸收资金的;(六)不具有募集基金的真实内容,以假借境外基金、发售虚构基金等方式非法吸收资金的;(七)不具有销售保险的真实内容,以假冒保险公司、伪造保险单据等方式非法吸收资金的;(八)以投资入股的方式非法吸收资金的;(九)以委托理财的方式非法吸收资金的;(十)利用民间'会'、'社'等组织非法吸收资金的;(十一)其他非法吸收资金的行为。"

作为金融创新的主体,只要明白了相应的非法吸收公众存款罪的立法意图以及可能构成犯罪的行为模式,就可以在相关的金融创新过程中避免金融创新活动构成犯罪的可能性,从而使金融创新活动只有经营风险,而不出现刑法风险。对自然人和普通机构来说,在进行相应的金融活动时,需要遵照国家关于金融业务的相关规定。对证券机构或基金公司来说,在进行融资的过程中,需要遵守相应的关于证券和基金的销售规定。其中证券基金公司通过自己的网络平台进行证券或基金的销售行为本身并不存在问题。因为线下销售和线上销售并不存在实质性的差别。因为,网络销售平台已经得到官方的认可,而且也切实对中国的金融创新起到了较大的推动作用。而且,相应的证券公司和基金公司也正在进行相应业务。互联网金融更多的问题集中在通过第三方平台进行的证券或基金销售行为。但是《证券投资基金销售机构通过第三方电子商务平台开展证券投资基金销售业务指引(试行)》对相应的行为也有明确的规定,其第10条规定:"基金销售机构通过第三方电子商务平台开展基金销售活动的,应当在醒目位置披露其工商登记信息和基金销售业务资格信息,并提示基金销售服务由基金销售机构提供。"第14条规定:"第三方电子商务平台经营者从事基金宣传推介等基金销售活动的,应当取得基金销售业务资格。"《网上基金销售信息系统技术指引》第10条规定:"基金销售机构应当与投资者签订网上基金或网上金融业务服务协议或合同,明确双方的权利、义务和风险的责任承担,向投资者揭示使用网上基金销售信息系统可能面临的风险、基金销售机构已采取的风险控制措施和客户应采取的风险防范措施。"可以说,《证券投资基金销售机构通过第三方电子商务平台开展证券投资基金销售业务指引(试行)》已经对证券基金公司通过第三方平台开展证券基金销售业务进行了明确的规定,相应的证券基金公司应当严格遵照相应的规定进行业务行为,严格规范自己的业务行为,而不能利用金融、互联网、信息技术等方面的优势进行剑走偏锋行为。如果通过自身的金融、互联网、销售渠道、信息技术等方面的综合优势进行非法融资行为,或者对于明知的重大风险不进行披露和提醒,则就有可能表现出一定的主观恶意,从而也就可能构成刑事犯罪,包括非法吸收公众存款罪。

三、刑法控制金融创新风险之立场
——且行且克制

通常来讲,犯罪依据性质可以分为两类:自然犯和行政犯(法定犯)。如果将金融创新和金融产品所导致的风险的危害性作为认定犯罪的标准,暂且将其称为是由于相应行为的危害性所导致的。除此之外,确定犯罪还可以根据国家的价值判断或公共政策需要而规定某种行为是犯罪,比如国外刑法中的堕胎、吸毒、安乐死,等等。换言之,一种行为构成犯罪可能有两种原因:一种是行为自身所具有的危害性或危险性;另一种是国家基于公共政策的考量。对造成实际危害的行为定罪,基本上不存在大的争议,但是对可能造成某种风险或危险的行为,是否可以认定为犯罪从而受到刑罚惩罚,就需要立法机关作出一定的价值判断,而这种价值判断的途径或路径,就是以公共政策的需要而为。可以说,当代社会对风险的不同态度,我们对风险采取不同的公共政策,将会导致不同的刑法倾向。如果对相应风险采取"被允许的危险"的理论和政策,具有风险或危险的行为就不具有构成犯罪的可能性;相反,如果对风险采取提前控制的理论,避免其演化成实际的危害,就会将其认定为犯罪。所以,对风险的不同认识,将会决定我们研究刑法的范式和理念。

对金融创新过程中出现的犯罪,我们需要分析能够根据公共政策的需要而将其作为犯罪处理。公共政策或价值判断进入刑事立法或刑事司法的过程可能有多种模式,或者以显性的方式进入,也可能以隐性的方式进入。其中一种模式是采用公共政策介入刑法运作。公共政策介入刑法运作,包括刑事立法和刑事司法,客观上都有可能和表现,而且公共政策介入刑法运作具有理论和实践上的正当性,但是并不能不对公共政策介入刑法运作进行理性的思考和分析。因为相应的公共政策可能存在正当性,也可能存在偏颇,这时候就需要衡量公共政策的正当性,公共政策所代表利益的群体的正当性。

在正统的刑法学体系中,危害与罪过被认为是构建刑事责任理论的全部根据,政治权宜性、社会的权力结构等外在因素则忽略不计。问题是,刑法学并不是一门自给自足的学科,无视生活世界而沉溺于逻辑的刑法理论,其合理性值得怀疑。刑法体系中危害与罪过等内生变量固然属于构造性要素,但作为外在参数的公共政策同样是构造性的。公共政策成为刑法体系的构造性要素,是以近代以来刑法由报应向功利的转型为前提的。在报应主义支配的框架内,刑罚只是对犯罪之恶的单纯否定,并不考虑功利目的,不可能有公共政策存在的余地。只有在功利逻辑引入之后,由于刑罚的施加必须考虑现实的社会政治需要,公共政策才可能成为影响刑事立法与司法的重要因素。⑨ 但是,在基于政策的立法和司法决策中,仅仅宣称存在公共利益,并没有达到要对个体自由施加此种枷锁的程度。要建构例外,超越为刑事责任基本原则所保障的权利,应具备以下条件:(1)存在压倒性紧迫的公共利益;(2)没有合理的替代手段,且建构例外与惩罚的目的并非不一致;(3)非此不足以保护公共利益,或保护成本太大,刑事司法体系不能承受;(4)建构例外不会压制社会可欲的行为;(5)存在提出积极抗辩的机会,且达到优势证据或引起合理怀疑的证明程度即可;(6)有明确的适用范围限制;(7)可以无偏私、非歧视地进行处理,且在操作上可行。⑩

在市场经济体制下,公有制与私有制、国有企业与私人企业原则上应处于平等地位,国家应对它们适用相同的竞争规则。因为国有企业实施的滥用行为,大多是因为行使国家给予的特权或者专有权,市场经济体制的国家就应当承担一种责任,即不得违背竞争规则,随意给予国有企业或其他企业以特权或者专有权,除非它们不以盈利为目的,即其生产经营活动是出于社会公共利益。⑪ 不可否认,我国目前治理金融犯罪的模式,还残存着浓厚的计划经济的色彩。在以中央银行

---

⑨ 参见劳东燕:《公共政策与风险社会的刑法》,载《中国社会科学》2007年第3期。
⑩ 同上注。
⑪ 参见王晓晔:《非公有制经济的市场准入与反垄断法》,载《法学家》2005年第3期。

为领导，以国有商业银行为主体，多种金融机构并存分工协作的金融体制下，任何融资型的犯罪都被视为对金融管理体制的冲击和破坏，相应的立法构建没有从刺激金融交易制度的发展与完善，保护金融交易向对方的利益出发，也没有考虑民间资本增值的现实需要，而仅仅局限于金融管理秩序的维护上。这种客观描述式的立法逻辑，一旦固定下来，对此后金融犯罪现象的结构状况的变化就难以适应。[12] 作为国家实现社会控制的政治策略和表达方式，公共政策旨在支持和加强社会秩序，以增加人们对秩序和安全的预期。公共政策的秩序功能决定了它必然是功利导向的，刑法固有的政治性与工具性，恰好与此导向需要相吻合。无论人们对刑法的权利保障功能寄予多大期望，在风险无所不在的社会中，刑法的秩序保护功能注定成为主导。现代国家当然不可能放弃刑法这一秩序利器，它更需要通过有目的的系统使用刑法，达到控制风险的政治目标。刑法由此成为国家对付风险的重要工具，公共政策借此大举侵入刑事领域，也就成为必然现象。[13]

在刑法框架下完善民间融资的刑事制裁体系，首先要进行刑事政策的纠偏，由金融管理本位向金融交易本位过渡。原因很简单，现代金融以金融信用为核心，而信用又以交易为基础，没有金融交易行为，金融信息就会陷入停滞，金融法律制度的构建，应当以金融交易为核心，为培植和完善市场信用为己任。相应的，融资的刑法制裁模式，也应当将维护融资双方的利益作为立法的出发点，如果对当事人双方均无害，但仅仅违反现有金融管理制度的案件，完全没有必要纳入刑法的规制范围，交由行政法律规制足矣。[14] 所以，对金融创新过程中，金融机构之间的利益冲突，如果这种冲突是一种单纯的利益分配不均衡，或者说对金融市场融资和占有份额的冲突，则对社会公众的资金没有重大的风险，刑法并不能以维护金融秩序稳定为公共政策的需要，而将相应的金融创新行为认定为犯罪。

适用刑法人人平等是刑法三大基本原则之一，所谓的平等应当既包括对构成犯罪的行为在定罪、量刑、行刑层面的平等，也包括对各种

---

[12] 参见李怀胜：《民间融资的刑法制裁体系及其完善》，载《法学论坛》2011年第5期。
[13] 参见劳东燕：《公共政策与风险社会的刑法》，载《中国社会科学》2007年第3期。
[14] 参见李怀胜：《民间融资的刑法制裁体系及其完善》，载《法学论坛》2011年第5期。

权益的平等保护,不能因为主体的身份、财产多寡等而给予不同的刑法保护。对金融创新来说,刑法应当对各种所有制形式的金融机构的金融利益进行平等的保护,而不能厚此薄彼,对不同的所有制经济采取不同的处理措施,或者为了公有制经济的利益而打压非公有制经济。从某种程度上可以说,目前在金融市场出现的,以"余额宝"为代表的各种"宝宝们",之所以受到中国人民银行和国有四大银行的部分限制,根本的原因就在于国有银行和这些"宝宝们"在融资问题上出现了利益冲突。在笔者看来,就目前的发展态势来说,中国人民银行和四大国有银行的部分做法,已经涉嫌利用垄断地位对各种"宝宝们"进行打压。如果刑法再贸然对各种"宝宝们"进行刑法上的处置,很明显就违背了刑法对不同所有制经济的平等保护。

"法律规定范围内的个体经济、私营经济等非公有制经济,是社会主义市场经济的重要组成部分",从规范的层面规定了非公有制经济在国家基本经济制度中的地位。作为社会主义市场经济重要组成部分的非公有制经济,已不是处于"补充"地位的附属性经济形态,在法律上同公有制经济处于平等地位,平等参与市场经济的发展。在非公有制经济的保护方式上,随着宪法对非公有制经济理念的变化,国家保护政策上也有了变化。根据2004年《宪法修正案》第21条的规定,国家对非公有制经济发展采取鼓励、支持和引导的政策。⑮ 长期以来,由于人们包括部分司法工作人员对非公有制经济实体带有歧视性的偏见,面对同样的危害行为,会因所有制形式的不同而有不同的处理结果。之所以如此,一方面是刑法立法本身不平等造成的,另一方面则是司法工作人员观念的误区所致。因此,在宪法对非公有制经济已经重新定位的当下,司法机关应该立足于服务经济发展的大局,树立起服务意识,拓宽服务的视野,提高服务的质量。为此,一方面,最高司法机关应加强司法解释工作,对涉及所有制形式的法律适用问题,在遵循罪刑法定原则的情况下,以有利于国民经济发展为出发点,作出前后连贯一致的解释;另一方面,司法工作人员应消除偏见,公平执法,对所有市场主体的犯罪行为依法惩罚不贷的同时,也应对所有市场主体的合法权益实行同等的保护,从而为非公有制经济稳定、健康、

---

⑮ 参见韩大元:《非公有制经济的宪法地位》,载《法学家》2005年第3期。

快速的发展改进和优化人文环境。⑯对当前的社会经济秩序而言,公有制经济与非公有制经济的协调发展至关重要,这不仅在于非公有制经济自身已经壮大,更在于其在解决就业、适应竞争等方面所具有的天然优势对公有制经济的促进和激励作用。对当前的刑法而言,积极适应市场经济要求,增强对非公有制经济的刑法平等保护,也是刑法寻求自我完善与自身发展的必然选择。⑰

对于金融创新过程中产生的金融风险,我们应当明白公有制经济和非公有制经济的平等保护,实现法律面前的人人平等。也就是说,刑法应当成为所有善良公民的大宪章,而且也应当成为犯罪人的大宪章。而不能对非公有制经济进行打压,成为公有制经济垄断相应行业或经济形势的帮凶。真正的司法独立并非仅仅是不受政府官员或权势的影响,或者以先知者的名义同社会的世俗追求或价值作对,而在于作为一个代表社会的具有政策意义的裁判机构,依据法律独立地对社会利益的思考和判断,包括独立于双方律师的任何动情的甚至似乎很有道理的言词。在这个意义上,一个过分精英主义的或者一个过度民粹主义或追逐时代潮流的法官,其实都不是一个严格意义上的独立法官,而只是某种意识形态的附庸,都不过是在力求摆脱一种附庸之际而成为另一种附庸,都可能是放弃了自己的判断。把自己变成了一个预先就更多倾向于辩护律师甚或对某些法学家言听计从的追随者。⑱

结语

尽管以"余额宝"为代表的各种"宝宝们"搅动了一直平静如水的金融市场,使得传统金融机构"坐地发财"的现状受到冲击,表现出对金融秩序一定程度的破坏。但这是一个开头或序曲,随着互联网的逐步发展,随着线上线下的区别逐渐减弱,而线上线下的联系越来越密

---

⑯ 参见王俊平:《非公有制经济刑法保护的刑事政策再定位》,载《浙江学刊》2009年第1期。

⑰ 参见卢建平、陈宝友:《应加强刑法对非公有制经济的保护》,载《法学家》2005年第3期。

⑱ 参见苏力:《司法解释、公共政策和最高法院——从最高法院有关"奸淫幼女"的司法解释切入》,载《法学》2003年第8期。

切,金融创新尤其是互联网金融会出现一个井喷时期。金融创新的过程,也是风险和利益并存的过程,在这样一个过程中,作为金融创新的主体,必须在观念中同时具备金融风险和刑事风险的意识,金融风险是创新必然付出的代价,但性质上是正当的,是能够得到社会认可的;而刑事风险是应当避免和控制的,对创新主体来说,应当加强对创新行为的自律,不能被金钱所诱惑,从而产生非法占有客户资金的目的,这样就能较好地避免构成刑事犯罪。

与此同时,对于刑法来说,必须确立明确的面对金融创新时刑法的基本立场,对金融创新的风险有一个清晰的评估,即应"坚持刑法谦抑性基础之上的宽严相济",而且这种宽严相济并不是处罚问题上的宽严相济,而应当是在罪与非罪的问题上,我们应给予金融创新的动力,在行政法规方面给其提供金融创新的激励和动力,在刑法层面明确金融创新可能构成犯罪的可能性,明确表示金融创新不应触碰的雷区,从而为金融创新扫除后顾之忧。对于金融创新的新模式和新思路,刑法应坚守其谦抑性和宽容性,给予金融创新和新型金融产品一定的存在空间,通过行政法规对其创新模式和金融产品给予一定的行政监管,从而筛选或促成真正金融创新和金融产品的出现。与此同时,对于那种借助金融创新的东风和背景,"浑水摸鱼",实施明显的非法集资和非法吸收公众存款的行为,刑法应给予明确而有力的打击。

交往理性

——国企企业家职务犯罪防治的新思路

刘广三[*]　李艳霞[**]

20世纪80年代以来,中国学者掀起哈贝马斯学说研究的热潮,其交往理性理论广受关注。在1989年出版的《交往与社会进化》及后来的《交往行动理论》等几部著作中,哈贝马斯发展出一套"交往行动"(communicative action)理论,在对现代理性反思的基础上,认为理性不仅是主体与客体各自的理性,还意味着主体之间(即人际交往)的理性,只有发挥交往理性的作用,重新回到生活世界,才能实现社会的进化。

哈贝马斯认为,"生活世界殖民化"愈演愈烈,即现代社会的市场金钱机制和官僚的权力机制侵蚀了本属于私人和公共领域的非商品化的行为领域,生活世界越来越商品化和官僚体制化,交往逐渐丧失理性。这一"生活世界殖民化"现象在当前我国亦是值得关注的现象,这在国企企业家职务犯罪中尤为明显。《2013中国企业家犯罪报告》指出,国企贪腐案件连续五年居高不下,受贿、贪污、挪用公款在当年国企高管犯罪数量和比例一直稳居前三名。根据最高人民检察院的工作报告,我国每年涉及国有企业管理人员腐败的案件占全年立案查处职务犯罪的24%~30%,国有企业成了腐败的重灾区,每年都有万

---

[*] 北京师范大学刑事法律科学研究院证据法研究所所长、教授、博士生导师,北京师范大学中国企业家犯罪预防研究中心首批研究员。

[**] 滨州医学院人文与社会科学学院讲师、法学硕士。

名左右国企工作人员受到立案查处。在2013年受到刑事追究的国有企业高管达87位,所有罪名皆与贪腐有关。当前,我国正当的社会人际交往被权力和金钱严重扭曲。哈贝马斯认为,只有实现交往行为合理化,才能实现整个生活世界的理性。其设想的方案是拯救和重建理性,具体而言,实现交往行为合理性有三种途径:其一,社会全体成员遵守共同的普遍的规范标准,进而指导实现交往行为合理化;其二,交往主体选择恰当的语言进行对话,相互理解是交往行动的核心;其三,交往主体通过对话达成共识,追求相互理解与意见一致的目标。可见,这三项途径包括确立共同规范标准,选择理性的方式交往,通过对话达成共识。本文以哈贝马斯关于实现交往理性的三种途径为契机,探究了防治国企企业家职务犯罪的新思路,以抛砖引玉求教于同仁。

一、确立一种理念
——国企企业家职务犯罪防治的局限性

理念的重要性,可从梁启超先生"思想者事实之母也,欲建造何等之事实,必先养成何等之思想"①中得到明证。在防治国企企业家职务犯罪过程中,理念的确立尤为重要,诚如哈贝马斯所言,"承认和重视共同的规范标准"是实现交往行为合理化的首要条件。这一共同的规范标准应满足普适主义,即"普遍遵守这个规范,对于每个人的利益格局和价值取向可能造成的后果或负面影响,必须被所有人共同自愿地接受下来"。② 在防治国企企业家职务犯罪的过程中,我们应当明确,国企企业家职务犯罪难以根除,只能控制在可容忍的范围内,这一理念应当成为共识。

不同文化对行为的认识往往大相径庭。但对个体和企业"收买"政府等有权机关,以使其做出利于己方决定这种做法的定性,不同文化间并无本质上的分歧,皆称为腐败。一位泰国官员曾表示:"你称之为腐败的那些行为,我则称之为生存之道。腐败在泰国是一个社会问题,可是现在没有更好的解决办法。更何况(部门里的)每位工作人员

---

① 梁启超:《国家思想变迁异同论》,载《饮冰室文集》,中华书局1996年版,第85页。
② 〔德〕哈贝马斯:《包容他者》,曹卫东译,上海人民出版社2002年版,第45页。

都已经卷入(腐败活动)多年了。"③ 腐败产生于任何机会和心理倾向并存的地方。④ 制度、法律等的缺失为腐败的产生塑造了外部机会，"有限理性"的主体通过经济分析，力图获得最大化的利益，腐败产生。实践中，"中国社会在正式规定的各种制度之外，在种种明文规定的背后，实际存在着一个不成文的又获得广泛认可的规矩，一种可以称为内部章程的东西。恰恰是这种东西，而不是冠冕堂皇的正式规定，支配着现实生活的运行"。⑤ 实践中发生的事情不断证明，我们的生活被这种潜规则所支配，并逐步取代明文规定，导致工作、生活出现种种不确定性。我国当前正处于经济转型时期，制度、法律都不健全，关系网成为市场运行的关键因素。这样一种高度人格化的制度环境，迫使中国企业家不得不培养各种社会关系和人际网络，尤其重视与有权的政府官员的关系交流，而许多国企企业家本身兼有政府官员背景或拥有和政府沟通的先天优势，成为当前经济运行最大的赢家。《2013中国企业家犯罪报告》显示，国企企业职务犯罪的涉案人员绝大多数都是国家长期培养的已经"成熟"了的企业家，许多还曾在国家经济管理部门担任过领导职务。他们大多经历丰富，有从事企业管理和经营活动的经验，在对外交往和调动人脉、资源等方面也有较强的能力。而民营企业家却缺乏这一便利条件，为了在竞争中立足进而取得利益，寻租难以避免，行贿和受贿相伴产生。总之，基于我国当前经济政治制度以及文化因素的影响，难以根除国企企业家职务犯罪。

中国企业家犯罪报告揭示，国企企业家犯罪呈现出愈演愈烈之势，现象令人惊骇，且危害性极大。2012年度被媒体报道的我国国企高管犯罪案例共计107例，除两例外逃或通缉外，其余105例分别处于立案、侦查、起诉或审判阶段，或者结案交付监狱执行。2011年度我国国企高管涉嫌犯罪88例，2012年增幅为21.6%。2013年国企企业家犯罪或涉嫌犯罪的案件为87例，其中61例案件报道了涉案人数，

---

③ 〔新西兰〕杰瑞米·波普：《制约腐败——建构国家廉政体系》，清华大学公共管理学院廉政研究室译，中国方正出版社2003年版，第15页。

④ 同上书，第17页。转引自约翰·T.努南：《贿赂》，加利福尼亚大学出版社(洛杉矶，伯克利)1984年版。

⑤ 吴思：《潜规则——中国历史中的真实游戏》，云南人民出版社2002年版，"自序"第2页。

共计犯罪人数为 268 人。这一现象亦例证了难以消除国有企业家职务犯罪的困境。

反腐败和惩治国企企业家职务犯罪不是最终目的,而是服务于提高政府整体的诚实和廉洁程度,创造一个更加公正和高效的政府这一大目标,致力于扭转腐败对经济发展和整个社会产生的消极影响。为实现这一目标,惩治国企企业家职务犯罪的代价不能过于高昂,不能影响公共部门的正常运转。在我国当前社会经济的转型时期,在某些情况下,给予政府官员、国企高管等一定的自由裁量权有时确属需要,即使明知这一自由决定权会有被用来谋求私利的可能性。所以,在我国当前社会经济状况下,防治国企企业家职务犯罪的最高期望是能够将其控制在可容忍的限度之内。

二、构建理性交往平台
——国企企业家职务犯罪防治的场域条件

哈贝马斯认为,避免"生活世界殖民化",实现交往行为的合理化的第二个途径是选择恰当的语言进行对话。交往行为本质上是一种语言行为,而相互理解是交往行动的核心。选择理性的交往方式、构建理性交往平台进而寻求防治国企企业家职务犯罪的前提条件和制度导向是职务犯罪防治的场域条件。⑥ 其中"理性"是与理解有关的理性,偏重的是人与人的理解和取信的关系。"理性"的交往行为是一种"主体—主体"遵循有效性规范,是一种程序合理性,交往参与者的自我反思和主体间的对话是构建交往理性的重要前提。⑦

(一)自我反思——防治职务犯罪的前提条件

哈贝马斯认为,自我反思是理性构建的基础,反思是为了理解生活世界,这种反思所达成的理性就存在于达成的过程中。自我反思要

---

⑥ 法国社会学家皮埃尔·布迪厄将场域解释为是由社会成员按照特定的逻辑要求共同建设的,是社会个体参与社会活动的主要场所,是集中的符号竞争和个人策略的场所。本文引用"场域"二字,并将其界定为社会成员共同建设的防治国企企业家职务犯罪的外部条件和宏观因素。

⑦ 参见〔德〕哈贝马斯:《在事实与规范之间——关于法律和民主法治国的商谈理论》,童世骏译,生活·读书·新知三联书店 2003 年版,第 239 页。

求交往者按照统一性原则在差异甚至对立中证明命题的有效性。在国企企业家职务犯罪的防治过程中,自我反思,理解国企企业家职务犯罪的原因,探讨其犯罪的过程是对其予以防治的前提条件。

当前我国国企企业家职务犯罪的基本制度方面的原因是围绕经济体制而存在的种种不确定性,而这种不确定性又反过来加深了职务犯罪的程度,而国企企业家职务犯罪愈演愈烈又进一步带来了更多的不确定性,如此,导致越来越严重的恶性循环。我国处于经济改革的转型阶段,政治结构不完善,法律制度存在漏洞,使得经济领域许多活动既缺少法律依据,又缺乏制度上的支持。故而,身处社会转型阶段中的人们预想获得利益的最大化,就需要寻求一种确定性,通过贿赂掌握资源的官员等以求达到这一目的。在我国当前经济体制中,国企高管一般具有双重身份,兼官员和企业家于一身,成为掌握资源最强的主体,势必成为普通个体寻求利益确定性最大的对象,故国企企业家职务犯罪不断产生并愈演愈烈。更有甚者,公民和商业人士不顾法律、制度的明确规定,力图通过贿赂买通掌握资源的官员等人,使其对他们的非法生意不闻不问。当更多的不确定性产生,并愈加严重,成为一种人人获知的潜规则,而使许多明确规定虚置,进一步导致经济合同难以被遵守,程序流于形式,争端难以由公正称职的裁决者解决,市场经济活动的主体难以预测自己的行为结果,难以预测行政机关和裁判者的决策,必然使经济活动的风险增加。于是,市场主体怠于参与市场活动,经济必然受挫。

(二) 平等的商谈对话——防治职务犯罪的制度导向

哈贝马斯认为,任何事实的存在都必须在商谈过程中得到改进,在平等的对话中得到正当性的证明,其从平等的商谈的视角解答了正当性和事实性之间的关系问题,这一角度亦对防治国企企业家职务犯罪起到了制度导向的作用。

虽然职务犯罪的危害性举世公认,各国都力图惩治职务犯罪,我国亦加大了打击职务犯罪的力度,但正如《2013 中国企业家犯罪报告》显示,国企企业家职务犯罪仍呈现出数量大、危害严重的趋势,这促使学者不得不重新审视国企企业家职务犯罪的原因和控制路径。在历经了社会学、政治学、经济学、法学等多种角度分析腐败现象、剖析犯罪原因,并探求治理对策的基础上,从制度方面提出防治职务犯罪的方略渐入人们的视野,并逐步受到认可。

邓小平曾指出:"制度好,可以使坏人无法任意横行;制度不好,可以使好人无法做好事。"⑧制度在人的行为选择上起着关键性的作用,制度的创立为理性行动者提供了一个行动的规则,一个协商的平台,亦是一个博弈的均衡。在当前的经济体制中,我国政治经济制度的设计缺陷使制度处于非均衡、不平等的状态。《2013 中国企业家犯罪报告》显示,国企企业家职务犯罪集中在垄断型行业,中移动、中石油、中石化、神华集团等腐败案,反映了同时掌握权力、资源、资本的少数人,在控制着相当数量的社会财富,一旦有制度漏洞,必然走向权力寻租。而正是在这些领域,国有企业对其享有强大的垄断权力,而其管理者亦成为企业家群体中的特权者。而握有合法而不合理的特权,自古以来都是滋生各种腐败最适宜的温床。另一方面,国有企业内部亦没有形成平等、公开的现代企业制度。国企高管兼具"官""商"的双重身份,既是企业的董事长、总经理,又有党内职务、行政级别,更有的兼是人大代表、政协委员,一家独大,"一把手"掌握国企命脉;新三会(股东会、董事会、监事会)与老三会(党委会、职工代表大会、工会)关系尚未理顺,存在不少矛盾;实践中董事长和总经理争夺权力的现象非常普遍,影响了公司经营,甚至促发犯罪。这种极端不平衡的制度设置,是造成国有企业家职务犯罪的重要原因。

防治国企企业家职务犯罪,应倡导平等的商谈对话模式的制度导向。一方面,实现市场竞争机会平等。打破垄断,使国企企业家与民营企业家在市场竞争中面临的机会平等,才能防止国企因为有租金而设租,民企寻租,才能使市场建立在平等商谈的基础上。2013 年 11 月 12 日通过的中共中央《关于全面深化改革若干重大问题的决定》特别强调,要"让国企和民企拥有更平等的市场地位,形成更良性的竞争环境",正体现了这一体制重建的趋势。另一方面,实现国企企业内部事务管理的公开与人员平等的参与。通过股东会、董事会、监事会与职工代表大会、工会等形式实现一般国企职工对企业内部事务的参与,并通过多种方式扩大对企业事务影响的深度和广度,实现平等、公开

---

⑧ 邓小平:《邓小平文选》(第 2 卷),人民出版社 1994 年版,第 333 页。

的现代企业制度,改变国企"一把手"独大的局面,力图对国企高管施以有效的监督。2000年9月,原国家经贸委发布了《国有大中型企业建立现代企业制度和加强管理基本规范(试行)》,明确规定,企业不再套用党政机关的行政级别,也不再比照党政机关干部的行政级别确定企业经营管理者的待遇,实行适应现代企业制度要求的企业经营办法。自2008年9月和2009年6月起,上海市和广东省分别就"取消国企行政级别"问题,进行了试点改革。但时至今天,改革并没有取得成功,国企和国企领导人的行政级别制度仍然根深蒂固,无法撼动。⑨可见,国企内部的现代企业制度的改革尚需时日。

三、运用民主交往方式
——国企企业家职务犯罪防治的具体措施

哈贝马斯断言:理性更多是与运用知识的方式联系在一起,而较少与知识有关,实现交往理性的第三个途径是要建立话语民主的社会,主体间普遍对话及其反思意旨在于一种真正的民主制。"普遍对话是交往的正式理想……只有民主制才能使交往成为共同体中起组织作用的重要过程。"⑩哈贝马斯强调民主的对话、讨论,将其作为国家政治经济生活的基础和中心,通过对话、讨论,逐步提升国民的政治参与意识和道德实践意识。哈贝马斯认为,应限制国家对社会的干预,形成自主的公共领域,人们通过自主交往培养自由的政治人格和民主的政治文化,从而使公共领域成为一切政治权威的基础,并将政治权力最终置于人民和公共领域的参与和监督之下。根据这一观点,防治国企企业家职务犯罪应当强调民主交往方式的适用,全民参与、对权力重新进行合理设置,如分散部分垄断权力、推出新的制度,并加强对其权力运行的常规监控。

(一) 民主交往的主体——全民参与防治职务犯罪

哈贝马斯认为,增强公民的参与程度是实现交往理性的重要方

---

⑨ 参见《取消国企行政级别,不妨从"铁总"开始》,载《扬州晚报》2013年3月22日,第A17版。

⑩ 〔德〕哈贝马斯:《哈贝马斯精粹》,曹卫东选译,南京大学出版社2004年版,第161页。

面。无数国家的实例亦表明,凡是在官方真心实意的反腐败却以失败告终的地方,一般总是缺少一个要素——公民社会的参与。⑪ 单靠政府的力量难以有效遏制腐败,公民的参与对防治职务犯罪至关重要。这可从下面的数据中可见一斑:数据显示,2003 年至 2008 年,全国检察机关查办职务犯罪的线索 80% 来自群众举报。⑫

拓宽公民参与防治国企企业家职务犯罪的渠道,力图构建来信、来访、电话、网络"四位一体"举报体系。我国已然进行了许多有益的尝试。2007 年山东省信访局"网上信访"系统正式开通。公民只要登录山东省信访局网站,点击"网上信访网站"进入系统注册后,即可足不出户在网上反映问题、表达诉求、提出意见和建议,且可随时从网上跟踪来信去向,查询所反映事项的办理情况。2014 年 5 月 1 日生效的国家信访局《关于进一步规范信访事项受理办理程序 引导来访人依法逐级走访的办法》进一步细化了信访工作的原则、管辖、期限、程序和罚则等。其第 4 条明确规定,信访人提出信访事项,一般应当采用书信、电子邮件、网上投诉等书面形式。信访人采用走访形式提出信访事项,应当根据信访事项的性质和管辖层级,到依法有权处理的本级或上一级机关设立或者指定的接待场所提出……对跨越本级和上一级机关提出的信访事项,上级机关不予受理。检察机关与审判机关亦已作了许多探索。2009 年 6 月 22 日,检察机关统一举报电话 12309 正式开通,最高人民检察院举报网站 www.12309.gov.cn 正式更新。

5 天内,最高人民检察院接到 12309 电话举报已过万件,网上举报达 6000 余件,公民举报更加便利畅达。2014 年 3 月 10 日,十二届全国人大第二次会议第三次全体会议上,最高人民检察院检察长曹建明在最高人民检察院工作报告中表示,2013 年最高人民检察院健全职务犯罪举报、查处机制;拓展人民群众举报腐败犯罪的渠道,构建来信、来访、电话、网络"四位一体"举报体系;加强举报线索集中统一管理,规范流转程序,及时核查处理。2014 年 3 月 28 日,最高人民法院"网

---

⑪ 参见〔新西兰〕杰瑞米·波普:《制约腐败——建构国家廉政体系》,清华大学公共管理学院廉政研究室译,中国方正出版社 2003 年版,第 47 页。

⑫ 参见《最高检 12309 举报电话开通 5 天 电话举报逾万件》,载中国新闻网(http://news.QQ.com),访问时间:2014 年 4 月 26 日。

上申诉信访平台"正式开通。最高人民法院表示,将开展远程视频接访,让上访群众在当地就可以向法官反映申诉信访问题。纪检部门亦创造条件力图拓宽公民参与防治国企企业家职务犯罪的渠道。2014年2月中旬,北京市纪委十一届三次全会暨全市党风廉政建设和反腐败工作会议上,各级纪检监察机关表示,继续加快电子监察平台和廉政风险防控信息系统建设,强化对权力运行的制约和监督。北京市西城区将进一步完善信访举报制度,推进信访网上受理,拓宽社情民意反映渠道,落实查办案件工作双重领导体制的要求;北京市顺义区将坚持惩治腐败"零容忍",认真受理信访举报线索,建立健全问题线索管理机制,严肃查办违纪违法案件,强化对权力的监督和制约。

(二) 民主交往的条件——对权力重新合理设置

防治国企企业家职务犯罪的关键并非清除腐败分子,消除腐败机会更加关键。许多国家反腐败的历史不断证明,只撤换或惩罚腐败的人员远远不够,腐败仍将持续,因为腐败的机会仍然存在,组织体制和制度仍然存在,文化依然如故。正是这种产生腐败的机会环境让腐败再次发生。文化因素通过几千年逐步积淀在每个人的骨髓中,难以通过一朝一夕的变革而改变,而制度的变革却可以收到立竿见影的效果。所以,防治国企企业家职务犯罪的关键是确立民主交往的条件——对权力进行合理设置,废除一些制度,推出新的制度。

《2013 中国企业家犯罪报告》显示,国企企业家职务犯罪集中在垄断型行业,中石油窝案和中移动窝案被称为中国国企反腐史上最大的两起腐败窝案,这两家企业被称为国内拥有垄断资源最强大的企业。2012年企业家犯罪涉及的行业特征,也充分证明上述分析。统计表明,在企业家犯罪涉及的十大行业中,首位的正是能源矿产业、金融投资业和房地产业。这三大行业的发案数,占十大经营领域发案总数的52%。另一方面,案发领域集中。在87例国企企业家犯罪案件中,有60例案件提及了该企业的案发领域,主要集中在财务管理(31例)、公司经营(12例)和融资(7例)领域。这一状况反映了国有企业内部运行制度因素的混乱。

为了改变这一制度缺陷,应对权力重新进行合理设置。一方面,我国应在一些领域减少政府的管制和控制,进行体制重建。减少贿赂动机、取消政府补贴、贸易限制等方式实现经济自由化。打破行政垄断,倡导市场经济。在其他一些重要领域引入政府管制。如为了建设和谐、可持续发展的社会,制定新的规则控制环境污染、保护工人和消费者的安全、健康以及规范金融和证券、房地产市场,并力图在设计政府管制措施的时候,把可能导致的腐败机会压缩到最低。另一方面,打造规范的国有企业的市场主体,积极建立现代企业制度。近年来,国企企业家职务犯罪的事例不断提醒我们,贪欲和权力是对制度构成最严重破坏且最难以制约的因素,而制约职务犯罪最有效的手段就是依靠"法治"规范权力。制定企业的公司治理结构,建立完善的股东会、董事会、监事会、经理制度,完善财务管理、人事管理及行政管理等,真正落实现代企业制度,让总经理、董事长等国企高管扮演各自的角色,剥离其具有的"官""商"双重身份,厘清其"官商政商"界限,让董事会、监事会等发挥真正的监督制约作用。

(三)民主交往的监管——加强权力运行的监控

防治国企企业家职务犯罪的本质实然是制约权力的滥用。无数实例告诉我们,凡有权力存在的地方,都可能出现权力的滥用和权益交易的腐败。"一切有权力的人都容易滥用权力……有权力的人们使用权力一直到遇到界限的地方才休止。"[13]《2013中国企业家犯罪报告》显示,国有企业的法定代表人、董事长、实际控制人等"一把手"往往是职务犯罪的高发人群,46名国企企业家犯罪人平均年龄为53岁,可见,其职务犯罪是其理性分析、利弊博弈后的"谨慎"抉择;另一方面亦说明,没有对权力运行良好的监督制约,面对自己管理、经手、支配的财物,权钱交易难以避免。

而当前我国对国企企业家权力运行的监督制度尤为缺乏。一方面,国有企业内部监督制约形同虚设。财务管理是国企企业家职务犯罪的高发领域,这一现象凸显了国企内部监督的虚置。虽然有股东会、董事会、监事会甚至职业经理人等制度,但尚不完善;纪检监察、审计、工会等部门作用微弱,这增加了国企企业家滥用职权的风险。另一方面,国有企业外部监管失控。国企高管兼具"官""商"双重身份,

---

[13] 〔法〕孟德斯鸠:《论法的精神》,张雁深译,商务印书馆1987年版,第154页。

薪酬与国家、政府的扶植力度相关,在行政级别制度、职务晋升、考核中亦与市场经营脱离,而由政府决定。这导致企业内部机构、监督制约机制虚化和企业决策程序形式化,更导致国企管理行政化,国企受到众多行政机关严苛的纪律与道德的约束,但这些约束大多仍停留在原则的宣示、运动式的执法、事后选择性的追惩上,处于失控的状态。[14]

加强对国企企业家权力运行的监督,应当力图构建内部监督与外部监督结合、官方监督与民间监督并重、内省监督与国际合作监督相衔接的监督机制。

(1)坚持内部监督和外部监督相结合。健全国有企业内部机构的监督机制,构建科学的现代企业管理制度。实现股东会、董事会、监事会等的规范职能,并充分发挥国有企业内部纪检监察、审计、工会等部门的作用。外部监督主要指舆论监督。舆论监督是新闻媒体运用舆论的独特作用,帮助社会公众了解政府事务、社会事务及涉及公共利益的事务,并逐渐促使其沿着法治的方向运作的一种社会监督方式,这一方式随着时代的进步,尤其是网络的迅猛发展,已成为一种庞大的社会力量。如果没有舆论监督,"无疑是一种缺乏'体内自动平衡机制'的有重大缺陷的社会,是一个失去自我警报系统的社会"。[15]

(2)坚持官方监督与民间监督并重。强化官方行政监督。适当扩大行政监察、审计机关等的权限,完善其管理体制,使其能相对独立行使监察、审计权力;加强行政监察、审计队伍建设,力图培养一支训练有素,懂政策、法律和技术的监察、审计队伍;积极推进行政权力公开透明运行。群众监督是公民依据宪法实施监督权,包括批评建议、检举控告等权利,是市民社会唯一可以与国家权力相抗衡的民间力量,这一方式在实践中经常与舆论监督的方式结合并用,共同达到监督的效果。

(3)坚持内省监督与国际合作监督相衔接。一方面,强化国企企业家内省的纪律监督。调查显示,依法查处的国企企业家职务犯罪

---

[14] 参见《市场与法治是遏制国企高管犯罪的根本之道》,载法制网(http://www.legaldaily.com.cn/jdwt/content/2009-07/22/content_1126696.htm),访问时间:2014年4月26日。

[15] 萧功秦:《监督的缺位》,载中国国情国力杂志社编:《中国热点》,中国统计出版社1999年版,第22页。

人,都具有党员的身份,故内省的纪律监督尤为必要。纪律监督主要指党的内部监督,即党组织的监督和党员之间的监督。坚持党务活动公开透明,通过加强民主集中制,加强党的组织生活制度,强化党委内部的监督和纪委的监督。另一方面,反腐败是全世界面临的共同任务。随着国际经济一体化趋势的增强,腐败现象日趋国际化,逐步形成了国际间腐败力量相互影响甚至相互勾结的特点。数据显示,我国大批掌握权力的贪官和国企高管外逃,引发了大量资金流失,加强国家间的反腐合作与监督势在必行。

总之,只有构建了这三方面的有效的监督机制,才能强化对权力运行的监督,有效防治国有企业职务犯罪。

高利放贷行为的刑法命运[*]

王志祥[**] 韩 雪[***]

一般认为,所谓高利放贷行为,是指个人或者非金融机构出于牟利的目的,向不特定的个人或者单位发放高于中国人民银行公布的金融机构同期、同档资金、借款利率(不含浮动)4倍的借款行为。关于应如何处理高利放贷问题,早在1979年《中华人民共和国刑法》(以下简称《刑法》)施行期间,就有学者提出,有必要通过在《刑法》中增设高利贷罪[①]或发放高利贷罪[②]对之进行定罪处罚。但时至今日,最高立法机关非但未通过立法对上述观点予以回应,甚至连高利放贷行为的法律地位和法律后果也未在相关立法中作出明确的规定,这就导致司法实践中有关部门任意处理高利放贷行为的混乱局面。以促进我国民间借贷市场的发展为前提,笔者认为,对于高利放贷行为应采取疏堵结合的方式进行规制。下文笔者即以这一观点为基础,并围绕高利放贷行为的刑法命运问题进行详细论述。

---

[*] 本文受教育部"新世纪优秀人才支持计划"(NCET-13-0062)资助,并系2012年"中央高校基本科研业务费专项资金资助"重点项目"风险社会视野下的刑法修改宏观问题研究"(项目编号:2012WZD11)的阶段性成果。

[**] 北京师范大学刑事法律科学研究院外国刑法与比较刑法研究所所长、教授、博士生导师,北京师范大学中国企业家犯罪预防研究中心首批研究员。

[***] 北京师范大学刑事法律科学研究院刑法学博士研究生。

① 参见赵秉志主编:《刑法修改研究综述》,中国人民公安大学出版社1990年版,第491页。

② 参见陈兴良:《论发放高利贷罪及其刑事责任》,载《政法学刊》1990年第2期。

一、现行法律体系之疏漏
——高利放贷行为法律规制的缺位

受我国长期奉行的计划经济体制的制约,相关法律、法规在很长一段时间都未明确界定民间借贷行为的合法地位。相应的,与民间借贷行为紧密相关的高利放贷行为也一直处于法律的"灰色地带",甚至一度被纳入投机倒把罪的范围予以严惩。③ 直至实行改革开放的政策后,1986年4月12日第六届全国人民代表大会第四次会议通过的《中华人民共和国民法通则》④、最高人民法院1991年8月13日发布的《关于人民法院审理借贷案件的若干意见》⑤、1999年3月15日第九届全国人民代表大会第二次会议通过的《中华人民共和国合同法》⑥等一系列法律、法规出台,民间借贷行为的合法地位才渐渐得以确立。近些年来,最高国家权力机关、最高国家司法机关和最高国家行政机

---

③ 如江苏省高级人民法院于1992年8月19日审理的"吴加珍等流氓、诈骗、投机倒把、非法拘禁案"中,江苏省高级人民法院就支持了一审法院即江苏省盐城市中级人民法院所作出的,被告人吴加珍、吴新年二人实施的先向他人借款,再将借款转手向他人发放高利贷的行为构成投机倒把罪的判决。参见江苏省高级人民法院(1992)刑一上字第248号刑事裁定书,载北大法宝(http://vip.chinalawinfo.com/case/displaycontent.asp?gid=117678496)。此外,在1979年《刑法》施行期间,有学者认为,在1979年《刑法》尚未规定发放高利贷罪的情况下,对一般发放高利贷的行为不宜定罪。当然,如果发放高利贷数额很大、情节严重的,可以考虑类推适用投机倒把罪进行定罪处罚。对以低息借进资金,然后高利转借给他人,居间牟取暴利的行为,应按投机倒把罪进行惩处。参见陈兴良:《论发放高利贷罪及其刑事责任》,载《政法学刊》1990年第2期;也有学者认为:"高利放贷行为完全符合投机倒把罪的构成要件,情节严重的,应以投机倒把罪论处。"参见张智勇、夏勇:《贵州民间高利贷情况及法律对策》,载《现代法学》1988年第1期。

④ 根据《中华人民共和国民法通则》第85条和第90条的规定:"合同是当事人之间设立、变更、终止民事关系的协议。依法成立的合同,受法律保护。""合法的借贷关系受法律保护。"

⑤ 在《关于人民法院审理借贷案件的若干意见》中,承认民间借贷合法地位的规定主要体现在该意见的第6条。根据该条规定:"民间借贷的利率可以适当高于银行的利率,各地人民法院可根据本地区的实际情况具体掌握,但最高不得超过银行同类贷款利率的四倍(包含利率本数)。超出此限度的,超出部分的利息不予保护。"

⑥ 根据《中华人民共和国合同法》第十二章的规定,借款合同为法律所承认,借款人应当按照约定的期限支付利息,并按照约定的期限返还借款。自然人之间的借款合同约定支付利息的,借款的利率不得违反国家有关限制借款利率的规定。

关更是屡发各种决议、通知或意见,强调民间借贷在我国经济发展中的重要作用,要求各级机关妥善处理与民间借贷有关的事宜。如最高人民法院于2011年12月2日发布的(法〔2011〕336号)《关于依法妥善审理民间借贷纠纷案件促进经济发展维护社会稳定的通知》第1条就指出:"民间借贷客观上拓宽了中小企业的融资渠道,一定程度上解决了部分社会融资需求,增强了经济运行的自我调整和适应能力,促进了多层次信贷市场的形成和发展,但实践中民间借贷也存在着交易隐蔽、风险不易监控等特点,容易引发高利贷、中小企业资金链断裂甚至破产以及非法集资、暴力催收导致人身伤害等违法犯罪问题,对金融秩序乃至经济发展、社会稳定造成不利影响,也使得人民法院妥善化解民间借贷纠纷的难度增加。因此,人民法院应当高度重视民间借贷纠纷案件的审判执行工作。"2013年3月17日,第十二届全国人民代表大会第一次会议通过的《关于2012年国民经济和社会发展计划执行情况与2013年国民经济和社会发展计划的决议》将"积极引导民间资本进入金融业,因地制宜发展面向农村和社区的小型金融机构,推进农村金融改革,发展股权投资和创业投资,完善多层次资本市场体系",作为2013年我国经济社会发展的预期目标予以提出。2013年11月22日,浙江省第十二届人民代表大会常务委员会第六次会议通过的我国第一部关于民间融资管理的地方性法规——《温州市民间融资管理条例》,将"为了引导和规范民间融资健康发展,防范和化解民间融资风险,促进民间资金为经济社会发展服务"设定为该法规的立法目的。

与民间借贷的合法地位已经逐渐被各种法律、法规所确认的状况有所不同,我国现行法律、法规和相关政策仍然对高利放贷行为持一种暧昧不明的态度。这些法律、法规和政策既不明确承认高利放贷行为的合法地位,也未对这一行为进行彻底的否定,而是以"超出部分的利息不予保护"⑦"遏制民间借贷高利贷化倾向"⑧"加大对各种形式高利贷的排除力度"⑨等态度颇为含糊的措辞,对高利放贷行为的处理加以规定。这就使司法机关在处理高利放贷行为时并无明确的法律依据可以遵循,从而也就直接导致司法实践中出现有将高利放贷行为作为犯罪处理,也有将其作无罪化处理的混乱局面。自2004年6月15日武汉市中级人民法院对实施高利放贷行为的涂汉江以非法经营罪进行二审宣判之后,司法实践中更是出现了一股以非法经营罪对高利放贷行为进行定罪处罚的浪潮。

高利放贷行为的法律地位究竟如何?是否应将其认定为犯罪?能否以现行刑事立法中的非法经营罪对其进行规制?这些问题的出现,不但引发了公众对高利放贷行为的高度关注,更引起了法学界关于高利放贷行为的法律规制和非法经营罪变革的热烈讨论。当然,就对高利放贷行为的处理而言,首先还是应当将其置于罪刑法定原则的视野下予以考察。

二、罪刑法定原则视野下,对高利放贷行为应进行无罪化处理

与1979年《刑法》明确规定了类推制度有所不同,1997年《刑法》第3条即开宗明义地将罪刑法定原则确立为我国现行《刑法》的基本

---

⑦ 除《关于人民法院审理借贷案件的若干意见》第6条规定"民间借贷的利率可以适当高于银行的利率……但最高不得超过银行同类贷款利率的四倍(包含利率本数)。超出此限度的,超出部分的利息不予保护"外,中国人民银行办公厅于2001年4月26日发布的(银办函〔2001〕283号)《关于以高利贷形式向社会不特定对象出借资金行为法律性质问题的批复》第1条中也同样规定:"民间个人借贷……若利率超过最高人民法院《关于人民法院审理借贷案件的若干意见》中规定的银行同类贷款利率的四倍,超出部分的利息不予保护。"

⑧ 如最高人民法院《关于依法妥善审理民间借贷纠纷案件促进经济发展维护社会稳定的通知》第6条规定:"人民法院在审理民间借贷纠纷案件时,要依法保护合法的借贷利息,依法遏制高利贷化倾向。"国务院于2012年4月19日发布的(国发〔2012〕14号)《关于进一步支持小型微型企业健康发展的意见》第3条第11项同样以"有效遏制民间借贷高利贷化倾向"这一表述来表达对高利放贷行为的法律地位的态度。

⑨ 如最高人民法院于2012年2月15日发布的(法〔2012〕40号)《关于当前形势下加强民事审判切实保障民生若干问题的通知》第2条"妥善审理民间借贷案件,维护合法有效的民间借贷关系"的规定中,就采用了"加大对各种形式高利贷的排除力度"这一表述,对与民间借贷相关的高利借贷行为的法律地位进行了描述。

原则。在严格遵守"法律明文规定为犯罪行为的,依照法律定罪处刑;法律没有明文规定为犯罪行为的,不得定罪处刑"这一基本原则的前提下,我国现行《刑法》并未规定专门用以规制高利放贷行为的罪名,司法实践中所采取的以非法经营罪对高利放贷行为进行定罪处罚的做法,无疑是对罪刑法定原则的侵犯和僭越。

(一) 高利放贷行为不符合非法经营罪的客观要件

根据1997年《刑法》第225条的规定,违反国家规定,有下列非法经营行为之一,扰乱市场秩序,情节严重的,构成非法经营罪:(1) 未经许可经营法律、行政法规规定的专营、专卖物品或者其他限制买卖的物品的;(2) 买卖进出口许可证、进出口原产地证明以及其他法律、行政法规规定的经营许可证或者批准文件的;(3) 未经国家有关主管部门批准非法经营证券、期货、保险业务的,或者非法从事资金支付结算业务的;(4) 其他严重扰乱市场秩序的非法经营行为。很显然,高利放贷行为并不属于1997年《刑法》第225条前三项规定的行为。如以非法经营罪对之进行惩处,其就必须符合该条第4项的规定,即应属于其他违反国家规定的、严重扰乱市场秩序的、非法的经营行为。应当承认的是,在现行市场管理体制之下,未经金融机构批准即擅自实施的高利放贷行为,确实在一定程度上可能造成市场秩序的混乱;在某些情况下,行为人实施的高利放贷行为也可能严重扰乱市场秩序。但尽管如此,高利放贷行为也并不符合1997年《刑法》第225条第(4)项所规定的其他严重扰乱市场秩序的非法经营行为的成立所要求的违反国家规定和属于非法经营行为这两个要件。

1. 高利放贷行为并未违反国家的任何规定

根据1997年《刑法》第96条的规定,在刑法视域中,所谓"违反国家规定",应指违反全国人民代表大会及其常务委员会制定的法律和决定,国务院制定的行政法规规定的行政措施、发布的决定和命令。而如上文所述,我国现行法律体系中并无明令禁止高利放贷行为的法律、法规。这样,高利放贷行为就并未违反国家的任何规定。对此,有学者持反对意见。其认为,高利放贷行为属于中国人民银行办公厅发布的《关于以高利贷形式向社会不特定对象出借资金行为法律性质问题的批复》中所界定的非法发放贷款的行为。而非法发放贷款的行为又属于国务院发布的《非法金融机构和非法金融业务活动取缔办法》第 4 条第（3）项中规定的非法金融业务。该办法第 22 条明确规定："设立非法金融机构或者从事非法金融业务活动，构成犯罪的，依法追究刑事责任。"因此，高利放贷行为属于违反国家规定的行为。[⑩] 在司法实践中，一些司法机关也以此作为依据，对高利放贷行为以非法经营罪进行惩处。[⑪]

笔者认为，上述学者和某些司法机关以中国人民银行办公厅发布的批复作为立论依据，进而推导出高利放贷行为违反了国务院发布的《非法金融机构和非法金融业务活动取缔办法》的规定的结论，这在逻辑推理上是存在重大疏漏的。

首先，从法律位阶上来看，国务院发布的《非法金融机构和非法金融业务活动取缔办法》属于国务院出台的行政法规，而即便是由中国人民银行发布的决定或命令，也只属于部门规章，其法律位阶自然低于行政法规，既不得与行政法规相抵触，也无法成为对国务院出台的行政法规所作出的有权解释。作为中国人民银行的职能部门，中国人民银行办公厅也就更不具有对国务院发布的行政法规作出规范性解释的权限。因此，由中国人民银行办公厅发布的上述批复，只是中国人民银行系统内部在执行相关规定时用以参照的指导意见，而不能将之作为广泛适用于各行业各部门的规范性解释在全国范围内予以推行。这就意味着，上述以中国人民银行办公厅发布的批复作为依据，将高利放贷行为认定为《非法金融机构和非法金融业务活动取缔办法》规定的"非法发放贷款的行为"的观点，实际上存在法律位阶上的偏差。

其次，抛开中国人民银行办公厅发布的批复不谈，单从《非法金融机构和非法金融业务活动取缔办法》这一规定来看，高利放贷行

[⑩] 参见李忠强、陈艳：《放高利贷行为的刑法评析》，载《人民检察》2013 年第 2 期。

[⑪] 如在号称"上海追究高利贷者刑责第一案"的应某、虞某等人涉嫌非法经营案中，上海市宝山警方就是以"未经中国人民银行批准，擅自从事特定经济活动，如非法发放贷款、资金拆借、金融租赁、融资担保等属于非法金融业务活动"为由，将实施高利放贷行为的应某、虞某等人以非法经营罪进行处理的。参见赵进：《法槌重击高利贷》，载《检察风云》2011 年第 8 期。

为也不属于该办法规定的"非法金融业务活动"或"擅自从事金融业务活动"。因为根据该办法第4条和第5条的规定,"非法金融业务活动"或"擅自从事金融业务活动"中所涉及的金融业务活动,需要以中国人民银行批准作为前提,而高利放贷行为则不存在需要中国人民银行批准的问题。因此,应当认为,高利放贷行为不在本办法的规范之列。

最后,退一万步讲,即便将高利放贷行为视为该办法规定的"非法金融业务活动"或"擅自从事金融业务活动",该《办法》第22条也只是规定了"从事非法金融业务活动,构成犯罪的,依法追究刑事责任",而并未一概肯定凡是从事非法金融业务活动的,均构成犯罪。这就是说,就从事非法金融业务活动是否构成犯罪而言,应当依照现行《刑法》的规定加以具体判断。如果《刑法》将该从事非法金融业务的行为规定为犯罪,对之应按照相应规定进行定罪处罚;相反,如果《刑法》并未将之规定为犯罪,依照《非法金融机构和非法金融业务活动取缔办法》第22条后段的规定,则应由中国人民银行没收非法所得,并处非法所得1倍以上5倍以下的罚款;没有非法所得的,处10万元以上50万元以下的罚款。由此可知,上述认为高利放贷行为属于"违反国家规定"情形的学者和司法工作人员,实际上陷入了循环论证的泥潭。以高利放贷行为是犯罪作为前提来论证高利放贷行为违反国家行政法规的规定,确有先入为主的有罪类推之嫌,难免失之公允。当然,由中国人民银行发布的《关于取缔地下钱庄及打击高利贷行为的通知》,也只属于部门规章,而不具有"国家规定"的效力,所以也不能将其作为认定高利放贷行为成立非法经营罪的前提性根据。

综合上述论述,笔者坚持认为,在我国现行法律体系下,高利放贷行为并未触犯任何由全国人民代表大会及其常务委员会或由国务院制定的法律、法规,因此,应当将高利放贷行为排除出"违反国家规定"的行为之列。

2. 高利放贷行为不属于非法的经营行为

非法经营罪的成立以非法经营行为的实施为基本要件,而非法经营行为又必须立足于"非法"和"经营"。这就意味着,欲认定行为人的行为构成非法经营罪,不仅应当实施经营行为,而且该经营行为还必须被法律评价为非法。当然,"非法"应与"合法"相互照应,"合法经营"需在"非法经营"之外而独立存在。也就是说,在判断一行为是否属于非法经营罪中规定的非法经营行为时,首先应当考察的就是能否找到与该行为相对应的合法经营行为。如果答案是肯定的,该行为自然应被评价为非法经营行为,譬如非法经营烟草、非法买卖食盐、非法买卖进出口许可证等即为此类行为;反之,如果得到否定答案,即不存在与一行为相对应的合法经营行为,则该行为就不应被评价为非法经营行为。高利放贷行为即应被归为后一类型。目前,既然在我国根本就不存在能够被法律确认为合法的经营高利贷的行为,非法经营高利贷的行为又从何谈起?由此看来,将高利放贷行为视为非法经营罪的客观行为的观点,实际上是将"非法"与"经营"二词完全割裂开来,而并未认识到"非法经营"与"合法经营"之间应当具有相互对应的关系。

综上所述,高利放贷行为既未违反国家的任何规定,也不属于非法经营行为,因此,其就并不符合1997年《刑法》第225条第(4)项规定的其他严重扰乱市场秩序的非法经营行为的成立条件,对之不应以非法经营罪定罪处罚。

(二)将高利放贷行为认定为构成非法经营罪,不符合该罪的立法精神

除在构成要件上不符合非法经营罪的构成要件之外,从非法经营罪的沿革来看,也不宜将高利放贷行为评价为该罪。

1997年3月6日,时任全国人民代表大会常务委员会副委员长的王汉斌同志,在第八届全国人民代表大会第五次会议上所作的《关于〈中华人民共和国刑法(修订草案)〉的说明》中指出:"刑法关于投机倒把罪的规定比较笼统,界限不太清楚,造成执行的随意性……这次修订,在扰乱市场秩序罪中增加了对合同诈骗、非法经营专营专卖物品、买卖进出口许可证等犯罪行为的规定。不再笼统规定投机倒把罪,这样有利于避免执法的随意性。"[12]由此不难看出,非法经营罪是

---

[12] 王汉斌:《关于〈中华人民共和国刑法(修订草案)〉的说明》,载北大法宝(http://vip.chinalawinfo.com/newlaw2002/slc/slc.asp? db = lfbj&gid = 1090519235)。

从投机倒把罪中剥离出来的,是为避免原有的投机倒把罪这一"口袋罪"规定笼统、界限不清、执法随意等弊端,而专门增设的用以规制买卖专营专卖物品、买卖进出口许可证等行为的罪名。在1997年《刑法》中,非法经营罪的立法规定不仅承担着打击扰乱社会主义市场经济秩序行为的重任,更肩负着明晰罪与非罪的界限、严控犯罪成立范围的责任。

但事与愿违的是,在1997年《刑法》颁布之后的十余年中,非法经营罪非但未如预期设定一般向限制犯罪成立的方向发展,反而又重新落入了"口袋罪"的窠穴。自1998年至今,全国人大常委会已通过三次正式立法,对非法经营罪进行补充性修改[13],最高司法机关也相继颁布了十余部司法解释来扩充非法经营罪的客观行为类型。不仅如此,在司法实践中,各地司法机关还通过司法判例的形式,不断扩张非法经营罪的行为类型,如"长春带头大哥777案"[14]"北京首例人体器官

---

[13] 这三次正式立法性补充包括1998年12月29日第九届全国人民代表大会常务委员会第六次会议通过的《关于惩治骗购外汇、逃汇和非法买卖外汇犯罪的决定》第4条的规定、1999年12月25日第九届全国人民代表大会常务委员会第十三次会议通过的《中华人民共和国刑法修正案》第8条的规定和2009年2月28日第十一届全国人民代表大会常务委员会第七次会议通过的《中华人民共和国刑法修正案(七)》第5条的规定。

[14] 网名为"带头大哥777"的王秀杰,曾因博客点击率超过徐静蕾的天下第一博客而在网络上迅速蹿红,其博客被网友尊称为"中国草根第一博"。通过自称对股票预测准确率超过90%和自诩为"散户保护神"等方式进行自我包装,王秀杰网罗了900多人通过缴费方式申请加入由其组建的"带头大哥777"的QQ群。这些股民少则每人每年缴费3 000元,多则可达3万多元。2007年7月24日,吉林省长春市绿园区人民检察院以涉嫌非法经营罪正式对王秀杰批准逮捕。参见王春丽、王阳:《长春法院开庭审理"带头大哥"涉嫌非法经营案》,载网易财经(http://money.163.com/08/0110/08/41R6J6RU00251LIE.html)。2008年5月23日,吉林省长春市绿园区人民法院对该案作出一审判决。法院认定,被告人王秀杰为非法获利,在未经中国证监会许可的情况下,多次在互联网上发布招募会员的信息,向客户收费,并对交费会员进行证券指导,其行为已构成非法经营罪。依照《中华人民共和国刑法》的有关规定,认定被告人王秀杰犯非法经营罪,判处有期徒刑3年,并处罚金人民币60万元,追缴违法所得款人民币205 612.72元上缴国库。参见孔祥武:《"带头大哥"因非法经营罪一审被判3年》,载腾讯网(http://news.qq.com/a/20080523/003142.htm)。

买卖案"⑮"南京'外挂代练'案"⑯等,均是在法无明文规定的情况下由司法机关"创新"非法经营罪客观行为方式的实例。

针对非法经营罪无限扩张的趋势,曾有学者不无担忧地指出:"非法经营罪适用范围的扩张越来越快,其与投机倒把罪的'口径'越来越接近。非法经营罪正面临着向投机倒把罪的回归,罪刑法定原则也正面临着被突破的危险。"⑰针对非法经营罪这一非理性的扩张趋势,有学者建议:"为使非法经营罪的适用重回法制的正轨,在现行《刑法》第225条未作新调整的情况下,应通过对非法经营罪的罪状进行合理

---

⑮ 2010年9月15日,北京市海淀区人民法院对"北京首例非法买卖人体器官案"进行一审宣判。法院经审理查明,2009年4月至5月间,被告人刘强胜伙同杨世海、刘平、刘强等人,在北京、河南等地招募出卖人体器官的供体。2009年5月13日,在海淀区某医院,刘强胜等人居间介绍供体杨刚与患者谢某进行肝脏移植手术,并收取谢某人民币15万元。上述4名被告人的行为构成非法经营罪,因此,以该罪判处被告人刘强胜、杨世海有期徒刑4年,罚金人民币10万元,判处被告刘平、刘强有期徒刑2年,罚金人民币5万元。参见张媛:《北京首例人体器官买卖案宣判 四人非法经营获刑》,载搜狐网(http://health.sohu.com/20100916/n274968178.shtml)。

⑯ 董杰、陈珠夫妇原系南京市的个体经营者。二人在玩网络游戏的过程中了解到,有一种名为"冰点传奇"的外挂软件可绕过游戏客服端之间的通讯协议,越过客户认证,快速提升游戏角色能力,遂产生借此牟利之心。其后,二人借"土人部落工作室"为名,不断在上海盛大网络发展公司(以下简称"盛大公司")经营的《热血传奇》游戏中做广告,以80元/周、300元/月等价格吸引游戏玩家,为其代练升级。自2007年3月至2007年12月7日,两人共收取全国各地游戏玩家汇入的代练资金198万余元,二人又将其中130多万汇给外挂程序卖家,用于支付外挂使用费用和购买游戏点卡。2007年底,南京市公安局江宁分局以涉嫌破坏计算机信息系统罪将董杰、陈珠二人刑事拘留。次年,南京市江宁区人民检察院以非法经营罪向法院提起公诉。此后,南京市江宁区人民法院经审理认为,董杰、陈珠二人以非法牟利为目的,违反国家规定,未经国家主管部门批准,也未获得盛大公司许可和授权,非法将"外挂"软件使用到盛大公司享有著作权的游戏程序上,进行有偿性代练,并已牟取了巨额非法利益,其行为侵害了盛大公司的合法权益,属于非法出版互联网出版物的行为,具有严重的社会危害性,构成非法经营罪。2010年12月9日,该院以非法经营罪判处董杰有期徒刑6年,罚金160万元,判处陈珠有期徒刑3年缓刑4年,罚金140万元。一审判决宣判后,董杰、陈珠不服,提出上诉。其后,南京市中级人民法院经审理后认为,董杰、陈珠二人构成非法经营罪,一审法院定罪量刑准确,应予维持,但罚金刑过重。综合二人的主观恶性、非法所得等情况,对罚金刑进行调整,改判董杰罚金30万元,陈珠罚金20万元。参见陈珊珊:《南京"外挂代练"案二审宣判:最高判6年》,载江苏省互联网协会网(http://www.jsia.org.cn/info/content.asp?infoId=2716)。

⑰ 龚培华:《非法经营罪的立法沿革及其构成》,载《法学》2008年第1期。

而必要的限缩解释,将非法经营罪的适用限制在一个相对合理的范围内。"⑱笔者对上述观点深表赞同。应该认识到,现阶段,在不对1997年《刑法》第225条规定的非法经营罪作重大调整的情况下,遏制非法经营罪向"口袋罪"发展的最佳途径,不外乎应在刑事司法的过程中严格遵守罪刑法定原则,恪守"法无明文规定不处罚"的底线。就高利放贷行为的处理而言,既然该行为并不属于1997年《刑法》第225条规定的四种情形之一,又未被相关司法解释的内容所涵盖,从遏制非法经营罪恶性膨胀的角度来看,就应当对其作无罪化处理。

(三)将高利放贷行为认定为构成非法经营罪,违背刑法的立法原意

笔者注意到,除受非法经营罪本身的构成要件和立法沿革等因素的制约外,还有学者结合高利转贷罪对将高利放贷行为认定为构成非法经营罪的做法予以否定。其指出,1997年《刑法》第175条明确将从银行贷款转贷牟利的行为规定为高利转贷罪,这就暗含了非高利转贷而以自有资金发放高利贷的行为不构成犯罪。如将以自有资金放贷行为作为犯罪,则构成对刑法的立法精神的背离。此外,由于"高利转贷行为是在骗取银行贷款、改变贷款用途的基础上进行的,不但滥用了银行的信任、破坏了金融秩序,而且增加了银行的贷款风险。以自有资金发放高利贷,所存在的风险仅在于行为人自己的资金可能无法收回"。因此,前者的危害程度远远大于后者。以二罪规定的法定刑作为判断标准,如果以非法经营罪对实施高利放贷行为的行为人追究刑事责任,将会"使刑法陷入轻罪重刑、重罪轻刑的悖论之中,直接违反罪刑相适应的基本原则"。由此可见,从现行刑法的立法本意来看,也不应以非法经营罪对高利放贷行为进行惩处。⑲笔者认为,这种摆脱了非法经营罪一罪的束缚,结合相关犯罪立法的罪刑规定,从刑法分则的整体结构的角度评价高利放贷行为的法律地位的观点,不失为一种解决问题的全新路径。以此种观点作为评价依据,自然也不应将高利放贷行为作为非法经营罪进行惩处。

---

⑱ 时延安:《对非法经营罪罪状的限缩解释》,载《中国检察官》2011年第2期。
⑲ 参见邱兴隆:《民间高利贷的泛刑法分析》,载《现代法学》2012年第1期。

综合上述分析,笔者实际上已经彻底否定了高利放贷行为构成非法经营罪的可能性。在罪刑法定原则的视野下,对高利放贷行为应作无罪化处理。而且,这不仅符合罪刑法定原则的基本要求,而且也与相关民商事法律、法规和规范性文件的基本精神相契合。因为在现行有效的所有关于高利放贷行为的民商事法律、法规和规范性文件中,如《关于人民法院审理借贷案件的若干意见》《关于以高利贷形式向社会不特定对象出借资金行为法律性质问题的批复》等中,均承认民间借贷的利率可以高于银行的利率,只不过是超出银行同期、同档资金、借款利率(不含浮动)的4倍的利息不受法律保护而已。这就意味着,相关法律、法规并未对全部高利放贷行为均予以否定;对实施高利放贷行为的行为人而言,其所借出的本金和未超出银行同期、同档资金、借款利率(不含浮动)的4倍的利息仍然是法律保护的对象。由此即可进一步推知,在我国现有法律体系之下,无论是民间借贷还是高利借贷,在本质上均属于一种民事行为,行为人因实施借贷行为所承担的责任也仅应为民事责任。

三、高利放贷行为的立法发展前瞻
——疏堵结合的高利放贷行为规制

鉴于因高利放贷行为的立法缺位所造成的司法实践和法学理论中对高利放贷行为处理不一和认识不一的混乱局面,笔者认为,在未来的立法中,应当明确高利放贷行为属于民事行为的法律地位,并采取以疏为主、以堵为辅、疏堵结合的立法理念构建高利放贷行为的立法规定。

(一)将民商事手段作为疏导高利放贷行为的主要手段

对高利放贷行为进行立法的前提是承认高利放贷行为存在的必然性和合理性。高利放贷行为自古有之,中外皆如此。只不过"在认定(其为)合法的国家,较高的利息只是出借资金应得的收益,而在反对高利息的国家,它被称为'高利贷'"。[20] "与官方利率的外生定价机制不同,民间借贷利率是一种内生的定价机制,由民间借贷市场的状

---

[20] 伏军编著:《国际金融法》,对外经济贸易大学出版社2005年版,第24—25页。

况决定,具有自发性。"㉑因此,无论是在计划经济体制下,还是在市场经济体制下,只要存在资金需求市场,高出官方利率的民间高利借贷行为就必然存在,并随行就市地反映出该时该地的资金供求状况。

但受长期以来奉行的计划经济体制的影响,我国在经济发展的过程中,并未顺应资金市场的需求顺势放开民间借贷市场,而是长期坚持国家本位主义,采取政府干预和严格监管的方式,操控、抑制民间借贷市场的发展。这就使我国在监控民间借贷市场的过程中产生了"两个基本价值上的偏差:一是坚持压制等于稳定和安全的理念,过分强调严格的压制;二是过分强调通过压制民间金融维护正式金融机构垄断地位的目标"。㉒而这两个基本价值上的偏差,又进一步阻碍了僵化的国有垄断金融体制在迎接市场变革时本应顺势进行的改革。国有金融机构为固守自身利益、规避风险,"始终不太愿意向民间投放贷款"。由于"极不发达的金融理财产品远远不能满足投资人的需要,于是(就)催生了游走于官方体系之外的民间金融市场"。㉓由此可见,正是基于国有垄断金融体制的桎梏,我国的民间借贷市场,尤其是高利放贷市场才会有其存在的余地。当然,也只有放开民间借贷市场,允许高利放贷行为的存在,将民间资本和国有资本置于同一公平竞争的市场环境当中,国有金融机构的垄断地位才能被打破,国有金融体制的革新才能真正展开。

我国现行国有垄断金融体制造成资金供求市场的资金流动不畅,这是高利放贷市场存在的首要原因。其他原因,如资本本身所具有的逐利性的本质特征,随着市场放开,中小企业在自身发展的过程中对资金需要量的增加,公民为谋取个人的发展或因生活所需而产生的投资或借贷需求等,也均是支持我国应当允许高利放贷市场存在的重要依据。

允许高利放贷市场存在,不等于放任高利放贷行为的任意实施。基于双方主体的合意而实施的高利放贷行为,虽然并未违背双方主体

㉑ 王林清、于蒙:《管控到疏导:我国民间借贷利率规制的路径选择与司法应对》,载《法律适用》2012年第5期。

㉒ 岳彩申、袁林、陈蓉:《民间借贷制度创新的思路和要点》,载漆多俊主编:《经济法论丛》(2009年上卷),武汉大学出版社2009年版,第188—189页。

㉓ 肖世杰:《从吴英案看我国民间金融的监管困局与改革路径》,载《法学论坛》2012年第6期。

的真实意愿,但却可能因高利放贷行为所固有的"高风险、高收益"的内在属性,而加剧"贫者愈贫,富者愈富"这一两极分化的格局;受高收益的刺激,部分企业或个人也可能将大量资金从实体企业中转移出来,专门用于发放贷款,从而造成经济的虚假繁荣和严重的经济泡沫产生。2011年发生的温州老板"跑路潮"和"跳楼潮",就是由于部分中小企业因参与高利借贷而造成资金链断裂,并陷入"利息越来越高、欠款越来越多"的恶性循环所导致的。此外,与高利放贷行为相伴而生的往往还有其上游犯罪,如黑社会性质犯罪、赌博犯罪、集资诈骗犯罪、非法吸收公众存款犯罪等,和其下游犯罪或与之相关的牵连性犯罪,如高利转贷犯罪、非法拘禁犯罪、故意伤害犯罪乃至故意杀人犯罪等。无限度地放任高利放贷行为而不对其施加任何引导并采取相应的管制措施,无异于放任这些不良影响的产生,纵容与高利放贷紧密相关的犯罪行为的发生。有鉴于此,未来我国在放开民间借贷市场的同时,也应当采取适当的法律措施和政策手段,对高利放贷行为加以引导,以立法形式对该类行为进行规制,从而尽可能地降低因高利放贷行为的实施可能带来的负面影响。

从世界范围内来看,受自由主义思潮的影响,美国于20世纪中后期开始推行金融自由化,一些人进而主张取消对借贷利率的限制。在美国,也确实有个别州,如特拉华州及南达科他州这样做了。但此后美国爆发的次贷危机却表明,利率自由化是造成本轮危机发生的主要原因之一,即便是在当今市场经济制度颇为成熟的美国,大部分州也都制定了专门用于规制高利借贷的法律[24],大多数州的法律也针对贷款利息制定了最高比例的限制(缅因州、新罕布什尔州、马萨诸塞州除外),限制额从6%到30%不等,还有一些州的比例更高一些。在德国、瑞士、意大利等国,其在有关高利借贷的法律中,虽然并不对借款利息作出具体限定,但却规定了原则性的禁止过度或带有明显勒索性质的利息条款。[25]

以我国现实国情为基础,参照国外立法规定,笔者认为,未来在运用法律手段对高利放贷行为进行规制时,应当将民商事法律作为引导

---

[24] 参见岳彩申:《民间借贷规制的重点及立法建议》,载《中国法学》2011年第5期。
[25] 参见伏军编著:《国际金融法》,对外经济贸易大学出版社2005年版,第25页。

和规范该类行为的主要手段,并设置合理的高利放贷活动的利率上限。㉖ 对此,有学者曾提出:"一旦民间高利贷被合法化,在放贷者之间便必然形成竞争机制,民间高利贷的利率也势必随之下降,借款人所承受的还款负担也就会减轻。"㉗笔者对这种观点立足于尊重市场自身的调控机制的立场表示赞同,但与之所支持的应完全由市场调控民间高利贷的利率的观点所不同的是,在笔者看来,现代国家应当承担两种职责,"其一,维护自由市场经济,执行产权和合约;其二,减少贫困,或者说正式些,防止所有公民沦落到最低福利水平以下"。㉘ 这就是说,国家在防止自身过分干预市场经济发展的同时,也必须采取必要手段对市场施加适当的引导和调控,以防止因市场追逐利益的本质而使本国国民陷入贫困,不能自拔。具体到高利放贷活动中,就是要求国家在保护公民之间基于合意达成的合法的债权债务关系的同时,还要在一定程度上强迫债权方放弃"过剩"的利益。除此之外,由于我国目前且在很长一段时间内仍将处于社会主义市场经济发展初期的探索阶段,既缺乏适合本国国情的丰富的市场发展经验,又无成熟的市场发展理论加以指导,市场调节带有明显的自发性和盲目性等特征,这样,完全依赖市场竞争机制的调节,而不对高利放贷的利率进行任何指导或施加一定的干预,便是从完全禁止高利放贷行为的存在这一极端走向了完全放任高利放贷行为的发展这另外一个极端,这无疑是深受金融自由化影响的产物。在市场经济的发展过程中,完全的市场自由化与全方位的政府干预均是不可取的。美国爆发的次贷危机和我国发生的温州老板"跑路潮""跳楼潮"等无数事例证实,在市场经济体制下,尤其是在资本市场中,适当发挥政府的监管和调控作用是必要的且可行的。因此,笔者主张,在承认高利放贷行为属于民事行为的前提

㉖ 在此需要说明的是,何谓高利放贷中的"高利",无论何时均需要寻找一定的标准加以参照。目前,在我国现行法律体系中,一般将高于中国人民银行公布的金融机构同期、同档资金、借款利率(不含浮动)的4倍的利率认定为"高利"。如果未来在民商事法律中对高利放贷活动的利率设置一定上限的话,只有发放高于该上限利率借款的行为才能被称之为高利放贷活动,其余发放低于或与该上限利率相同的借贷活动,只能被评价为民间借贷行为。

㉗ 邱兴隆:《民间高利贷的泛刑法分析》,载《现代法学》2012年第1期。

㉘ 〔美〕奥立弗·哈特等:《现代合约理论》,易宪容、罗仲伟、徐彪等译,中国社会科学出版社2011年版,第157页。

下,同时由相关民商事法律设定属于该合法区间内的高利放贷活动的利率上限,以此引导民间借贷市场朝正规化、有序化方向发展。

(二)将行政手段用作堵截超越合理的高利放贷活动利率上限的高利放贷行为的措施

如上文所述,高利放贷行为在我国虽然具有其存在的客观性和合理性,但从行为性质和对于社会的影响来看,高利放贷行为毕竟不同于普通的民间借贷行为。因其对借出款项附加了高额利率,高利放贷行为已经演变成为具有"高收益、高风险"特征的投资行为。在"高利"的诱惑之下,行为人在进行高利放贷的同时,也往往为牟取暴利而实施某些违法犯罪行为。这显然会对我国社会主义市场秩序和社会管理秩序造成相当程度的威胁。因此,除了应以民商事手段对高利放贷行为加以引导和疏通以外,笔者还主张将超越合理的高利放贷活动利率上限的高利放贷行为纳入行政法律规制的范畴,从而以行政手段作为堵截这部分违规高利放贷行为的首要措施。通过在法律体系中明确高利放贷行为的民事法律地位,并将超越合理的高利放贷活动利率上限的高利放贷行为认定为行政违法行为,鼓励普通的民间借贷的发展和限制高利放贷行为的法律格局才能得以形成,普通的民间借贷行为和高利放贷行为从而也才可得以有效区分。

(三)将刑事手段用作堵截超越合理高利放贷活动利率上限的职业高利放贷行为的措施

除了将民商事法律作为规制高利放贷行为的主要手段、将行政手段作为堵截超越合理的高利放贷活动利率上限的高利放贷行为的措施之外,笔者还主张在刑法中增设职业高利放贷罪作为堵截超越合理的高利放贷活动利率上限的职业高利放贷行为的措施。对此,有学者提出,高利放贷的利弊于社会而言是均衡的。目前,就高利放贷对社会的危害性而言,是否需要动用刑法加以惩治仍不明朗。在此种情况下,强行将高利放贷行为作入罪化处理,只会增加民间高利放贷的危害性,降低高利放贷的社会积极意义。[29] 也有学者认为,动用刑法手段惩罚高利放贷行为,忽视非刑事法律对社会的调节功能,过度依赖刑

---

[29] 参见王绍旺:《论民间高利贷域外法律规制及其对我国的法律启示》,载《求索》2012年第2期。

法对社会关系的调整,其必然的后果就是对刑法功能定位的错位,这样只能造成刑法干预社会生活的过度和泛化。[30] 还有学者认为,"将'民间高利贷'入罪不仅有可能使得民间借贷所发挥的积极作用大打折扣,导致一些合法的借贷行为被误认为是犯罪,而且可能导致对这种行为的法律监管变得愈加困难。"[31]

针对上述反对将高利放贷行为入罪的观点,笔者认为,在讨论本文所主张的增设职业高利放贷罪这一问题之前,首先应当明确区分民间借贷与高利放贷、民商法先行与刑法补充、刑事立法规制与刑事司法实施等几对相关的概念。毫无疑问,在本文中,笔者认为,高利放贷属于民间借贷的一种特殊形式,同样发挥着打破我国现有金融垄断市场、融通资本市场、满足中小企业发展的资金需求等重要作用,对之应当首先采用民商事手段加以引导和规制。但正如上文所述,超高利息的存在,将使高利放贷行为区别于普通的民间借贷行为,并使之带来更大的负面影响。在以民商事和行政手段无法达到足以规制高利放贷行为的情况下,将刑罚处罚作为补充性惩罚措施,对高利放贷行为中一些具有严重的社会危害性的行为加以惩处,不但可以达到惩治和威慑极端的高利放贷行为的目的,而且也可以搭建起"疏—堵—防"三位一体、由民商事法律、行政法律和刑事法律共同协作完成的规制高利放贷行为的完整的法律体系。上述学者所持的因是否需要动用刑法对高利放贷行为加以惩治仍不明朗,并基于"强行将高利放贷行为作入罪化处理,只会增加民间高利放贷的危害性,降低高利放贷的社会积极意义"的主观判断,从而反对将高利放贷行为入罪的观点,一方面,并未真正将高利放贷行为与普通的民间借贷行为加以区分,没有认识到高利放贷行为可能对社会造成严重的负面影响;另一方面,也只是片面地看到了刑法规制可能带来的负面效果,无视刑法制裁同样可以达到威慑和预防犯罪的作用,忽视了刑法对民商事和行政法律所具有的重要补充功能。

当然,考虑到顺应市场经济的发展规律,尊重市场主体之间根据双方合意所达成的借款协议,从鼓励我国民间借贷市场发展的角度出

---

[30] 参见刘伟:《论民间高利贷的司法犯罪化的不合理性》,载《法学》2011年第9期。
[31] 李淼、陈烨:《"民间高利贷"的性质界定与刑法规制》,载《十堰职业技术学院学报》2011年第6期。

发,笔者只是主张将超越合理的高利放贷活动利率上限的、专门从事高利放贷业务的职业高利放贷行为这类具有严重社会危害性的行为予以犯罪化。至于非职业性的借贷行为,即便借贷双方主体约定的利率高于合理的高利放贷活动利率的上限,也只能将其作为行政违法行为予以处理,而不宜追究行为人的刑事责任。这是因为,在民商事法律已经明确承认高利放贷行为属于民事行为的前提下,公民或单位实际上就已经具备了从事高利放贷活动的条件和保障,资本市场也相应获得了相对充足且自由的融通资本。由此,如果行为人仍不遵守相关法律规范的规定,并将高利放贷作为职业,重复性地实施超越合理的高利放贷活动利率上限的高利放贷行为,就势必对已经形成的规范的、有序的资本市场秩序造成严重的破坏。由此,这种职业性的、超越合理的高利放贷活动利率上限的高利放贷行为,也就具有了严重的社会危害性,对之应当以刑法加以惩治。据此可知,那些认为动用刑法手段惩罚高利放贷行为必然会造成刑法功能定位的错位和刑法干预社会生活的过度和泛化的观点,实际上是将全部高利放贷行为均作为犯罪予以处理作为论述前提的。这种观点并未对全部高利放贷行为进行有效的区分,也未充分认识到超越合理的高利放贷活动利率上限的职业高利放贷行为所具有的严重的社会危害性。而那些认为将高利放贷行为纳入犯罪圈会导致一些合法的借贷行为被误认为是犯罪,而且可能造成对高利放贷行为的法律监管变得愈加困难的观点,则是将高利放贷的刑事立法规制与刑事司法实施混为一谈,用假想的不良的司法实施效果否定将超越合理的高利放贷活动利率上限的高利放贷行为予以入罪的必要性。因此,这两种观点所持的反对高利放贷行为入罪的意见,也均不能成立。

实际上,在其他一些国家和地区的刑事立法中,也不乏一些将高利放贷行为评价为犯罪的规定。如美国国会就通过《反犯罪组织侵蚀合法组织法》界定了"非法债务"的概念,并规定以超过当地两倍高利贷界限的利率放贷并且试图收取该"非法债务"构成联邦重罪。在美国各州,违反州高利贷法的法律后果通常具有惩罚性,即处罚金额超过所收取的利率与高利贷之差。就具体的处罚而言,各州的规定不尽相同,但是通常都包括罚没已收取的利率或者按利息的倍数罚款。在某些情况下,高利贷还会导致整个贷款合同不得执行、放贷人承担刑事责任等。我国香港特别行政区在《放债人条例》第 24 条也规定,任何人(不论是否为放债人)以超过年息60%的实际利率贷出款项或要约贷出款项,即属犯罪。该条例第25条同时规定:"关于任何贷款的还款协议或关于任何贷款利息的付息协议,如其所订的实际利率超逾年息48%,则为本条的施行,单凭该事实即可推定该宗交易属于敲诈性。"㉜上述国家和地区的刑事立法,无疑为未来我国在刑事立法中规定高利放贷犯罪提供了重要参照。

从现行刑事立法来看,增设职业高利放贷罪,并不会造成我国已有的犯罪体系的混乱。在我国1997年《刑法》中,用以直接规制高利放贷行为的罪名只有第175条规定的高利转贷罪一罪。如上文所述,有学者据此就得出了现行《刑法》只将从金融机构借贷的非自有资金发放高利贷的行为认定为犯罪,而以自有资金发放高利贷的行为则因不符合立法精神就不构成犯罪的结论。㉝从我国现行刑事立法的规定看,上述结论的得出不无道理。但这只能说明,在未对现行《刑法》作出任何修改的情况下,在司法实践中不应将高利放贷行为作犯罪化处理,不能据此推衍出刑事立法仅应对高利转贷这一种行为进行规制的结论,也无法进一步否定对现行刑事立法进行修正和增设职业高利放贷罪的必要性。实际上,无论是以从金融机构借贷的资金实施的高利转贷行为,还是以自有资金实施的超越合理的高利放贷活动利率上限的职业高利放贷行为,均因其对资本市场秩序造成的严重破坏而具有严重的社会危害性,并应当为刑法评价为犯罪行为。只是在现阶段,我国刑事立法只承认了高利转贷行为的犯罪性,而未对超越合理的高利放贷活动利率上限的职业高利放贷行为赋予其犯罪性。由于高利转贷行为与超越合理的高利放贷活动利率上限的职业高利放贷行为之间并无内容上的交叉,二者也并不存在冲突之处,未来在制定有关高利放贷行为法律规定的过程中,完全可以在刑事立法中增设职业高利放贷罪,对高利放贷行为加以进一步的规制。这样,通过民商事法律、行政法律和刑事法律相互协作,疏导和堵截相互配合,完整、严密的规制高利放贷行为的法律规范体系,就可得以形成了。

㉜ 岳彩申:《民间借贷规制的重点及立法建议》,载《中国法学》2011年第5期。
㉝ 参见邱兴隆:《民间高利贷的泛刑法分析》,载《现代法学》2012年第1期。

企业被害风险的实证比较研究*

——以国际侵害企业犯罪调查为视角

罗德里克·布罗德赫斯特** 等著
倪 铁**** 邬 琤**** 译

  "白领犯罪"、公司犯罪、企业侵害雇员、顾客或社会大众的罪行较易引起人们的关注。可是如同个人和家庭一样,企业也是犯罪的目标。但长期以来,企业作为犯罪受害者这一现实,却鲜有人认同,官方统计也很少留意遭受犯罪侵害的商事企业。"联合国国际犯罪被害者调查"(the United Nations International Crime Victims Survey,简称为 UNICVS),"国际侵害企业犯罪调查"(the International Crime against Business Survey,简称为 ICBS)等调查活动,为我们提供了独立且宝贵的原始资料,用以研究犯罪、治理经验,分析那些警方档案所忽视的因果关系。

  侵犯企业的犯罪(行为),增加了企业的经营成本及保险费用,导致消费者更为高昂的支出。就利润削减、收入降低以及就业机会减少而言,该类型犯罪会造成重大损害。企业遭受犯罪侵害的风险较大,会影响到企业的投资决策,减缓经济的发展速度,并导致企业信任度

---

 * 本文原载《不列颠犯罪学杂志》2013 年第 53 卷第 2 期。
 ** 澳大利亚国立大学司法与外交学院教授。主要研究方向:犯罪学、刑事司法、中国犯罪等。本文写作过程中,得到了碧姬·鲍霍尔斯、蒂耶里·鲍霍尔斯的大力协助。
 *** 法学博士,《青少年犯罪问题》主编,华东政法大学刑事司法学院副院长、副教授。
 **** 华东政法大学硕士研究生。

的降低以及经济信心的减少。犯罪造成了成本及其预防成本的支出，这意味着犯罪是国家财政的一个巨额负担，并且该部分成本逐渐需要由社会公众与企业"伙伴们"共同分担。为了降低那些外部与内部违法者的犯罪侵害风险，企业已经制定出了一些策略。侵害商业犯罪的治理以预防为导向，基本前提就是要求获取广泛且可靠的数据。遗憾的是，在许多发达和发展中国家，尤其包括中国在内的新兴经济体和市场而言，通常并不如此治理侵害商业犯罪。

中国是世界上发展最快的经济体之一，吸引了大量的外资进入市场。但也有一些投资者不愿进入。原因在于，他们认为在中国可能遭受贪污、经济犯罪尤其是剽窃知识产权的犯罪，风险远远高于北美或欧洲。① 在中国，详细的犯罪数据仍被视为国家秘密。在大多数情况下，可以获得和观测的仅仅是国家层面的统计数据。依赖于这些官方统计数据作为研究犯罪变化趋势的导向，这一做法有悖常规。有的时候，即使拿到了上述的官方统计的犯罪数据，但它们的界定或其收集方式可能存在问题，对企业几乎毫无利用价值。而"国际侵犯企业犯罪调查"，以中国内地以及香港特别行政区企业所遭受过的犯罪进行调查，其调查结果提供了大量有关商业犯罪的犯罪特征以及犯罪程度的有用数据。②

中国香港一直以经济繁荣、治安良好、普通法体系完备而享有盛誉。无论官方数据，还是被害调查结果③，都显示出香港的财产犯罪和暴力犯罪的程度处于低位。与此相反，尽管通过由中央政府主导的经济发展计划，努力提升工农业的生产水平，但1949年中华人民共和国成立之后的30年间，中国经济陷入了停滞状态。1976年之后，快速的

---

① Price Waterhouse Coopers(PWC)(2007), Economic Crime: People, Culture and Controls-The 4th Biennial Global Economic Crime Survey. London: Price Waterhouse Coopers.

② Throughout this paper and for brevity, we use Hong Kong when referring to the Hong Kong Special Administrative Region of the People's Republic of China (PRC) and, to distinguish geographically the PRC from its islands including Hong Kong, we use the term mainland or mainland China.

③ In addition to the ICBS, two large-scale international victim surveys were conducted in Hong Kong in 2005-06: the International Crime Victim Survey (Broadhurst et al. 2010) and the International Violence Against Women Survey (Broadhurst et al. 2012).

经济改革以及现代化进程逐步推进。发展"社会主义市场经济"成效卓著。自1990年以来,GDP每年以9%~10%的速度持续增长;1985年至2006年间,平均收入增长了近7倍。然而,与经济的繁荣发展相伴随的却是犯罪率的上升。邓小平将该现象比喻成"通过改革开放之窗进入的苍蝇和蚊子"。

本文的研究目的在于进一步研究中国侵犯企业犯罪的行为特征与犯罪程度。在西欧与东欧已经进行了"国际侵犯企业犯罪调查",但本次研究是首次针对发生在中国城市中的侵犯企业犯罪的大型调查。该项调查不仅考虑到对犯罪风险的监测问题,它还比较研究中国与其他处于现代化进程中的国家的相关犯罪问题。可观测和对比的犯罪风险包括:"计划经济"迅速转型为"市场经济"过程中已普遍蔓延的腐败现象,我们尽量将中国与其他现代化国家的相关问题进行同类比较研究。我们将阐述中国"国际侵犯企业犯罪调查"的研究方法,概述4座受普通犯罪和商业犯罪被害率城市的调查情况,探讨遭受犯罪侵害的可预测因素,并将我们得到的结论与早先针对东西欧国家的调查结论进行比较分析;最后,从迪尔凯姆的"现代化与犯罪理论"对城市化影响的观点以及梅斯纳尔(Messner)、梅斯纳尔与罗森菲尔德(Rosenfeld)"制度失范"等一系列宏观与微观的犯罪学视角,得出该实证调查结论。从犯罪预防的视角看,我们以科恩(Cohen)的犯罪机会理论以及克拉克(Clarke)的日常活动理论对该调查进行研究。在西方资本主义经济发展过程中,这些犯罪理论得到了创生并发展。但目前,并不清楚它们在社会主义国家或转型经济中的应用效果。"国际侵犯企业犯罪调查"能够部分揭示中国从"计划经济"走向"市场经济"的转型,也能部分反映出中国向西方市场开放的利弊。

一、"国际侵害企业犯罪调查"的样本选择

(一)国际侵害企业犯罪调查概况

针对普通人群的调查结果,能够提供有效的有关普通犯罪个体被害者的评估结果,但评估结果并不能用以解决经济犯罪与商业犯罪问题。由于越来越多的人关注犯罪恶果,故人们开始越来越关注企业所

遭受的犯罪困扰,也越来越忧惧那些新兴经济体中的有组织的犯罪和贪污犯罪,以及政府和私营行业预防犯罪成本不断攀升的情况。"国际侵犯企业犯罪调查"于20世纪90年代初发展形成。最初被称为"国际商业犯罪调查",分别于1993年在澳大利亚、1994年在8个欧洲国家开展首次调查活动。随后修订了一些调查内容,增加了有关贪污、敲诈勒索和欺诈程度的相关问题以及经商过程中会遭遇的障碍这一新内容。2000年,更名之后的"国际侵犯企业犯罪调查",在9个中欧和东欧国家的首都开展了调查活动。

2005年,该项调查的规模继续扩大,成为知名的"国际企业犯罪与腐败调查"(the International Crime and Corruption Business Survey,简称ICCBS)。[4] 在中国发放的国际侵犯企业犯罪调查问卷采用标准的(调查)方法。[5] 该调查问卷涵盖了有关入室行窃、故意毁坏财物、偷窃、抢劫和袭击九大普通犯罪,以及可能针对企业而非个人的欺诈、贪污贿赂、勒索和剽窃知识产权四大商业犯罪的犯罪率问题。除了被害率以及相关损失的细节之外,受访者还被问及案发之后是否向警方报过案。如果他们已报过案,问卷还会问及他们对警察的工作效率以及警察回馈的满意程度。最后,该项调查访谈以一系列有关犯罪预防以及有关犯罪预防方法的知识结束。[6] 所有的调查访谈都通过电话用英语、普通话或粤语进行。

在香港,调查访问于2005年11月至2006年1月中旬期间展开,内容涉及发生于2004年的企业被害案件。2006年年中在上海、深圳、西安开展的调查访问,内容所涉及的是发生于2005年的企业被害案件。由于我们没有能够获准进入中国内地官方登记过的企业机构,因而每座城市的企业样本都从商业电话通讯录中随机抽取。由于企业

---

[4] Alvazzi del Frate, A. (2004), The International Crime Business Survey: Findings from Nine Central-Eastern European Cities', European Journal on Criminal Policy and Research, 10:137-61.

[5] The full survey report including the questionnaire and other details is available at http://epress.anu.edu.au? p = 152481.

[6] The ICBS China also included a series of questions on perceived obstacles to doing good business but, because of space limitation, we do not include them here; for details, see Broadhurst et? al. (2011: Chapter 8).

的总数及其特征(例如行业类型、规模)是未知的,因而不可能选择例如类型评价指标之类这样具有代表性的抽样程序来展开调查。电话成功接通之后,调查人员会要求接电话者将电话交给企业负责人或者交给深入了解公司事务的员工。那些拒绝参与调查的人不会被其他人所替代,我们会紧接着联系随机选定的下一家企业。

整体来看,(调查访问)的回复率为28%,城市与城市间的差异相当大。比起内地(3座城市)41%的(调查访问)平均回复率来说,香港18%的调查访问平均回复率相当之低(参见图1)。

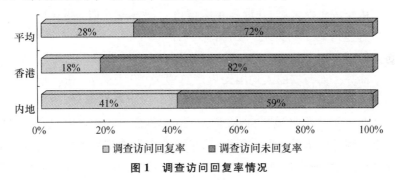

图1 调查访问回复率情况

在香港,许多受访者没有时间立即参与调查访问,许多受访者在接通电话后不久即中途退出。虽然访问者与那些有兴趣参与调查但目前没有时间接受调查访问的受访者有约或在合适的时间可以联系他们(进行调查访问),但为了提高内地(调查访问)的回复率,一个有关回电的系统开始启用。内地城市(调查访问)的回复率也存有区别。上海的回复率为34%,深圳的为54%。这组数据也反映出各地对犯罪关切程度的差异。最终,调查样本涵盖了5 117家企业:其中,香港1 817家、上海1 110家、深圳1 112家以及西安1 078家。

(二) 样本城市的特征

在我们讨论企业样本之前,先了解4座城市的一些重要特征与差异十分重要。西安位于上海以西1 300公里的西北地区。除此以外,上海与其他两座城市都是繁忙的沿海港口与物流枢纽,而西安是典型的内陆城市。在4座城市中,上海的人口最为稠密。开展调查期间,其常住人口数为1 800万人,深圳为830万人,西安为810万人,香港为690万人。香港非永久居民数非常少(0.3%);上海的非常住人口数占(总人口)的1/3左右,深圳大约3/4的人口被称之为"流动人口",即那些从农村去到深圳打工的农民工。他们通常会在工厂中找到一份低薪工作,但因为没有在深圳办理居住登记,因而他们无法享受住房补贴、医疗、教育等福利(2005年之前的状况)。在4座城市中,深圳发展飞速尤显卓尔不群,获"不夜城"的美誉。它是20世纪80年代中社会主义市场经济改革试点的中心,第一座对外资开放的城市,也是第一个为出口商务提供税收优惠政策的经济特区。

从经济角度来看,香港是4座城市之中最发达的,2006年人均生产总值达到24 400美元。上海的人均国民生产总值6 331美元,深圳的人均国民生产总值7 171美元,这都仅仅达到香港人均生产总值的一小部分。而西安的人均国民生产总值为1 951美元,在4市中排名最末。4座城市在工业领域和经济领域方面也存在差异。在香港,第三产业占据了主导地位;而在内地,第二和第三产业为国内生产总值作出了同等的贡献。但在深圳,第二产业占据着主导地位。这并不奇怪,因为深圳拥有几个制造出口货物的经济特区。西安是4座城市之中最为保守、最为传统的城市,除了国企之外,它缓缓向私企展开怀抱,慢慢接纳它们。

(三)样本企业之特征

选定的5 117家企业类型丰富。企业范围从拥有不超过5名雇员的自营企业到拥有超过1 000名员工的大型企业,也包含了从事一系列不同经济活动的企业。[有关样本企业的详细内容,参见布罗德霍斯特(Broadhurst)等"中国的企业与犯罪风险"一文⑦]根据它们所从事的经济活动中的主营业务对其进行分类:制造业占比大约在1/3左右,零售业占比为1/5,金融业与专业型劳务行业所占比例相同,贸易批发行业的所占比率为17%,剩余的8%是经营管理及其他各种行业(参见图2)。

---

⑦ Broadhurst,R.,Bacon-Shone,J.,Bouhours,T.(2011),Business and the Risk of Crime in China Canberra:ANUE-Press,available online at http://epress.anu.edu.au? p=152481.

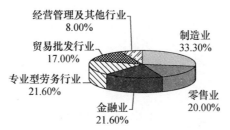

图2 样本企业行业分布情况

其中,香港和内地之间存在着以下一些差异。在香港,零售业(占整个行业)的比重比内地大得多,香港为27%,内地为17%。但内地制造业(占整个行业)的比重比香港更大,内地为35%,香港为24%(参见图3)。这也符合两地经济活动中各行业对两地生产总值所作出贡献的大小。

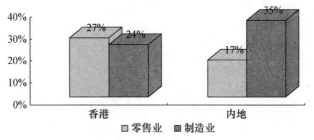

图3 香港、内地零售、制造业占比情况

基于明显有着关联的三项指标(劳动力规模、商事活动中的行业规模数以及确定的经营场所数),我们构建了企业规模等级,该等级分值从3分(规模非常小)到13分(规模非常大),等级指数的中间值为5.7分。样本企业中的大部分为中型企业或大中型企业。前者的等级分值从4分—5.25分不等,占比为29%,后者的等级分值从6分—7.5分不等,占比为35%;剩余的是小型企业和大型企业,前者的等级分值低于4分,占比达16%,后者的等级分值高于8分,占比达20%(参见图4)。

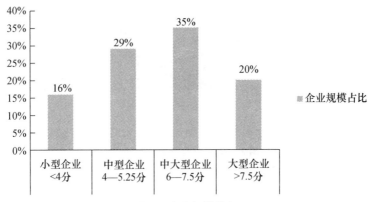

图 4 企业规模等级

香港企业的平均规模与内地企业的平均规模也存有一些差异。香港企业的规模等级分值为 4.35 分,低于上海的 6.65 分,深圳的 6.73 分以及西安的 6.11 分(参见图 5)。

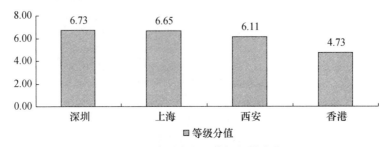

图 5 四市样本企业等级规模分值

各行业从事的业务不同,企业的规模也不相同。一般说来,零售业比起从事其他行业的企业来说规模要更小,从事制造业企业的规模较大。企业规模与城市和行业对企业的重新配置相一致。即大部分制造业企业坐落于内地,且(经营规模)不断扩大。但大部分的零售业坐落在香港,且(经营规模)往往采取小公司(经营模式)。在 4 座城市中,接近一半(48%)的调查受访者是企业主、总经理、总监、分公司经理以及其他(企业)管理人员。其余的受访者都是职员、销售助理以及非管理人员。在 4 座城市参与调查的受访者中,香港拥有管理职位的受访者比例要高于内地。

二、中国企业被侵害情况分析

关于样本企业的被侵害率问题,我们提出了简单的衡量标准,即:统计调查开展期间(香港的调查开展期间为 2004 年,内地是 2005 年),被披露至少发生过一宗(商业)被侵害案例企业的百分比来反映样本企业的被侵害情况。我们分开公布香港与内地的(调查)结果,主要是基于以下两个原因:第一,香港实行资本主义经济的时间较长,且经济与法治的水平相当高;第二,香港与内地其余 3 座城市的国内生产总值大不相同。

(一)侵害企业的普通犯罪研析

总体而言,在 12 个月的参考周期中,6.7% 的样本企业成为一宗或多宗普通犯罪的被侵害者(参见表 1)。普通犯罪之中,最可能对样本企业产生影响的是入室行窃(比例为 3.7%)以及外人偷窃(比例为 3.1%)。普通犯罪中其他类型犯罪的发生率低于 2%。然而只综合考虑所有类型的普通犯罪的比例,所得出的结论会使人误解。例如,所披露的香港企业被侵害比率最高,为 8.3%。但这一比率基本是由一种犯罪造成的,即顾客偷盗。香港顾客偷盗 3.1% 的比率远远高于内地的 1%。香港普通犯罪中其他种类的犯罪率要低于内地或者与内地持平。相反,除了顾客偷盗之外,深圳所公布的样本企业受普通犯罪侵犯的被害率中绝大部分数据一直很高。但在上海和西安,我们发现样本企业受其他普通犯罪侵犯的被害率与香港十分相似(参见表 1)。

表 1 样本企业受普通犯罪侵犯之被害情况

(1 年内各城市的样本企业及总体样本企业的被侵害率)(%)

犯罪被侵害类型[a]	香港 (1 817 家)	内地[b] (3 300 家)	上海 (1 110 家)	深圳 (1 112 家)	西安 (1 078 家)	总数 (5 117 家)
所有犯罪行为	8.3***	5.8	5.0	7.4**	4.9	6.7
入室盗窃	3.1	3.9	3.5	4.6	3.7	3.7
外人偷窃	2.4†	3.5	2.6	4.3**	3.6	3.1
故意毁坏财物	1.4	2.1	1.4	2.6*	2.1	1.8
雇员偷盗	1.7	1.9	1.5	3.0*	1.1	1.8

（续表）

犯罪被侵害类型[a]	香港 （1 817家）	内地[b] （3 300家）	上海 （1 110家）	深圳 （1 112家）	西安 （1 078家）	总数 （5 117家）
顾客偷盗	3.1***	1.0	1.1	0.6††	1.3	1.7
抢劫	0.3††	1.2	0.2††	2.4***	0.9	0.9
车内盗窃	0.6	1.0	1.0	1.0	0.9	0.8
盗窃车辆	0.3	0.8	0.5	1.1*	0.8	0.6
袭击	0.7	0.6	0.1	1.2*	0.6	0.6
其他犯罪行为	1.5**	0.7	0.5	0.9	0.6	1.0

卡方检验[⑧]结果：* p[⑨] < 0.05，** $p < 0.01$，*** $p < 0.001$，该比例显著高于平均水平。† $p < 0.05$；†† $p < 0.01$，该比例显著低于平均水平。

a. 香港样本企业的调查结果参考2004年1月1日至12月31日，12个月之内的调查访问结果。上海、深圳以及西安样本企业的调查结果参考2005年1月1日至12月31日，12个月之内的调查访问结果。

b. 内地包括上海、深圳和西安。

（二）侵害企业的商业犯罪研析

1. 商业欺诈罪案

欺诈是经常被报道的商业犯罪类型，13.4%的受访者曾提及过。

---

⑧ 译者注：卡方检验，是用途很广的一种假设检验方法，包括：两个率或两个构成比比较的卡方检验；多个率或多个构成比比较的卡方检验以及分类资料的相关分析等。卡方检验，是指统计样本的实际观测值与理论推断值之间的偏离程度，实际观测值与理论推断值之间的偏离程度决定卡方值的大小，卡方值越大，越不符合，偏差越小，卡方值就越小，越趋于符合，若量值完全相等时，卡方值为0，表明理论值完全符合。

⑨ 译者注：显著性差异是一种有量度的或然性评价。比如，我们说A、B两数据在0.05水平上具备显著性差异，这是说两组数据具备显著性差异的可能性为95%。两个数据所代表的样本还有5%的可能性是没有差异的，这5%的差异是由于随机误差造成的。通常情况下，实验结果达到0.05水平或0.01水平，才可以说数据之间具备了显著性差异。在作结论时，应确实描述方向性（例如显著大于或显著小于）。并通常用于假设检验，检验假设和实验结果是否一致。数学表述为：引入 p 值（p-value）作为检验样本（test statistic）观察值的最低显著性差异水平。在 $p = 0.01$ 或 0.05 的情况下，若假设情况实际算得的概率小于 p，则说明实际成立情况下会出现的情况比假设成立情况下95%或99%会出现的情况更极端，在该显著性差异水平下，拒绝（reject）该假设。$P(X = x) < p = 0.05$ 为"显著"（significant）统计分析软件SPSS中以 * 标记；$P(X = x) < p = 0.01$ 为"极显著"（extreme significant）通常以 ** 标记。

由外部人员(例如:客户、供应商)实施的欺诈行为,比例达到8%;通过在线购买商品或办理银行业务实施的欺诈行为,占比为4.6%;通过雇员实施的欺诈行为,占比为3.7%(参见表2)。

表2 样本企业受商业犯罪侵犯情况

(1年内各城市样本企业以及总体样本企业的被害率)(%)

犯罪被害类型a	香港(1 817家)	内地b(3 300家)	上海(1 110家)	深圳(1 112家)	西安(1 078家)	总数(5 117家)
所有欺诈行为c	13.5	13.4	10.5††	15.4*	14.1	13.4
外人欺诈	9.9***	6.9	4.9†††	8.2	7.7	8.0
网络欺诈d	2.3†††	5.3	4.3	6.3**	6.4	4.6
雇员欺诈	3.8	3.6	3.1	4.2	3.4	3.7
受贿	2.7	8.0	6.5	8.5***	9.0***	6.1
敲诈勒索/恐吓	3.1**	1.8	0.9††	3.1*	1.3	2.3
侵犯知识产权	3.5	7.5	5.9	9.1***	7.6*	6.1

卡方检验结果: ** $p<0.01$,*** $p<0.001$,该比例显著高于平均水平;†† $p<0.01$,††† $p<0.001$,该比例显著低于平均水平。

a. 香港样本企业的调查结果参考2004年1月1日至12月31日,12个月之内的调查访问结果。上海、深圳以及西安的样本企业调查结果参考2005年1月1日至12月31日,12个月之内的调查访问结果。

b. 内地包括上海、深圳和西安。

c. 包括雇员欺诈、外人欺诈以及与网络相关的欺诈行为。

d. 包括在线购物或在线办理银行业务期间的欺诈行为。百分比结果是根据3 818名因商业目的而使用网络的受访者得出的,其中香港1 102名,上海954名,深圳959名,西安803名。

虽然从各类欺诈行为的总体程度上来看,香港和内地差异不大,但香港企业比起内地的同行来说,更易于遭受到外人欺诈。然而,内地企业遭遇网络欺诈风险的比例为5.3%,要远高于香港企业2.3%的比例。雇员欺诈在香港与内地都是最少见的欺诈行为类型。

2. 贪污贿赂罪案

关于贿赂行为,(调查中)会特意这样进行提问:有没有人试图向你、其他管理人员、你的雇员行贿或者从与公司相关的业务中取得贿赂?在4座城市之中,贿赂行为被6.1%的受访者提及。但是内地提及贿赂行为的受访者人数,相较于香港来说,要高出香港3倍。这一比例,内地为8%,而香港仅为2.7%。在内地,深圳和西安的样本企业遭受此类行为的风险要高于上海的样本企业。在香港、上海与深圳，来自竞争企业的管理人员、雇员比起官员来说，明显更可能成为行贿者。在香港，其他企业的管理人员或雇员牵涉到79.2%的贿赂案件，上海的这一比例为77.5%，深圳为62.6%。官员（包括立法会议员、政府官员、税务官员、法官、警察或海关官员等）的受贿比例，香港为4.2%。这一数据，比起内地的32%来说，受贿在香港可谓十分罕见。在西安，超过一半的贿赂案件缘于形形色色的官员，45%的贿赂案件缘于其他公司的管理人员与雇员（参见图6、图7）。

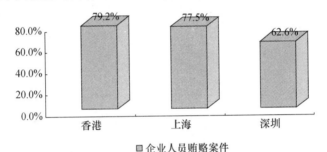

图 6　三市企业人员涉贿占比情况

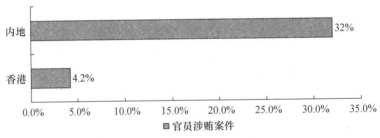

图 7　两地官员涉贿占比情况

在4座城市当中，首先，从政者或立法机构（香港立法会）议员或全国人民代表大会（中国国家立法机关）代表受贿最为少见。其次，按（受贿）频率的增多进行排序，受贿频率最高的依次为警察、海关官员、政府、税务官员或法官。贿赂行为的发生率（2005年发生的次数）是深圳被侵害的样本企业中犯罪发生率最高的（平均在4次以上，刚超过4次）。

3. 敲诈勒索与恐吓

敲诈勒索的问题主要涉及通过威胁、恐吓管理人员与雇员或者威胁破坏经营场所、污染产品等手段索要保护费。仅有超过2%的受访者提到过敲诈勒索案件。不同于贿赂案件,香港的敲诈勒索案件远比3座内地城市更多,前者的发生率为3.1%,后者为1.8%(参见图8)。

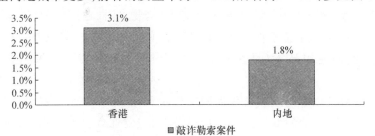

图8 两地敲诈勒索案件占比情况

然而,内地3座城市敲诈勒索的情况也存在着差异。大部分敲诈勒索、恐吓案件发生在深圳,而不是上海或西安。事实上,深圳这些案件的数值与香港类似。

4. 侵犯知识产权罪案

侵犯知识产权的定义是:未经许可使用专利权、商标权、著作权、设计图样,还包括侵犯软件著作权。在4座城市中,6.1%的样本企业曾是知识产权侵权案件的受害者。此类侵权行为更频繁地见诸于内地,尤其在深圳和西安。侵犯知识产权行为,内地的这一数值为7.5%,深圳为9.1%,西安为7.6%。相较于内地,香港这一比例仅为3.5%(参见图9)。

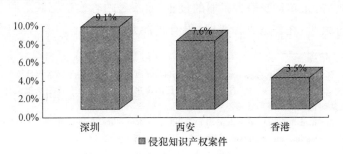

图9 三市侵犯知识产权占比情况

三、样本企业被害可预测因素

T检验[10]、卡方检验等一系列的统计分析都指出,被害(可能性)与四种因素相关联,即企业规模、经济活动行业、城市,从某种程度上来说,还有企业经营场所的所在地。所在地是指,城市内企业经营场所的所在地,包括工商业区、(室内及室外)购物区、商业广场[11]以及其他地点等在内的特定区域。为了预测这四种因素对每一类犯罪的相对影响,我们使用被害(结果)作为二元因变量来进行二元逻辑回归分析。

变量按以下的顺序被分为四个模块化条目:(1)企业规模,用规模作为一个持续的变量;(2)商业活动的主营业务;(3)经营场所所在地;(4)企业所在的城市。

虽然调查的总体样本对大多数犯罪行为类型来说是有意义的,但四种可预测因素综合起来,并不能解释从外人欺诈2.1%的比率到顾客偷盗14.9%的比率之间存在的大量偏差。(参见表3)虽然存在例外,但一般来说,企业规模以及所从事的行业这两个变量比起城市或经营场所所在地这两个变量来说会导致更大的偏差。除了顾客偷盗之外,企业规模是绝大多数普通犯罪和商业犯罪类型中最具影响力的可预测因素。有两个行业的经济活动与被侵害风险密切联系在一起:一是零售业,特别易于遭受到顾客偷盗。二是批发行业。但除了该行业中发生率很高的外人欺诈行为外,该行业基本与绝大多数的犯罪绝缘。最后,部分城市效应呈现出来:总体上来说,深圳的样本企业被侵害率较高,尤其是受暴力犯罪的侵犯,而不是顾客偷盗犯罪。后者(顾客盗窃犯罪)在香港更为普遍,很有可能是因为香港的零售业比重十

---

[10] 译者注:T检验,亦称student t检验(Student's t test),主要用于样本含量较小(例如 $n < 30$),总体标准差 σ 未知的正态分布资料。具体说来,是指用 t 分布理论来推论差异发生的概率,从而比较两个平均数的差异是否显著。

[11] Serviced buildings were defined as buildings where office space is leased, including services such as cleaning and reception. Generally, these buildings offer a relatively high level of security, as visitors and suppliers are screened. Typically, small to medium businesses in the trading, financial, administrative and professional services sectors use such buildings, which, however, can also house small manufacturing and retail businesses.

分大。企业规模与被侵害(风险)之间的一般模式表明:高收益的目标更有可能被侵害。这种模式印证了(犯罪)机会理论/犯罪情景理论。即:在没有得力保护者的情况下,具有吸引力的目标非常容易面临被侵害的风险。对行业/被害率样本(参见表3)的考察进一步支持了(犯罪)机会理论对该数据的解释。例如,顾客偷盗经常会将零售商作为作案目标,而不是其他企业。该类犯罪也会将那些比起大企业来说不太可能安装防盗设施的小企业作为作案目标。顾客偷盗不太可能出现在制造行业。在制造行业中,顾客很有可能是其他的制造企业,批发商或零售商。相反,制造商更有可能成为入室行窃的受害者。制造商库存有大量的货物与原材料,它们的经营场所大多远离公众的视线,位于非人口稠密地区。而这会使它们成为对窃贼很有吸引力的目标。

比起外人偷盗,批发业遭受外人诈骗的风险特别高。该样本也与(犯罪)情景理论相吻合,尽管批发公司与贸易公司不是大企业,但很可能进行大宗交易。其中的一些交易虽然很复杂,但很少涉及现金支付。它们通过第三方为欺诈犯罪提供了一个具有吸引力的目标。情景因素同样也能解释在规模很小的企业(至多不超过5人)中雇员欺诈比例较低的原因。家族企业占据了小型企业中的绝大部分。此外,拥有少数雇员的小型企业能够为公司提供保护,保护公司免遭内部人员欺诈。因为在这样的企业中,人们在更为融洽的氛围中工作,想要在不被察觉的情况下对企业进行欺诈非常困难。

当着眼于贿赂行为以及敲诈勒索行为时,一个有趣的被害样本展现在我们的面前。据中国内地城市报道,贿赂行为在内地城市的发生率比香港高,而位于香港与深圳的企业更易于遭受到敲诈勒索的威胁。深圳披露了一些数据,指出(该城市)的贿赂行为与敲诈勒索行为的比例都很高。贿赂案件往往发生在以制造业为主的大型企业之中,这些企业中的绝大多数都位于内地,尤其是深圳。贿赂在内陆城市西安也很普遍,但不同于上海以及深圳。上海和深圳的贿赂行为主要是其他企业的人员索取贿赂,而在西安,大部分犯下贿赂罪行的都是政府和政府官员。这可能与西安这座城市的特征、后来对社会主义市场的采纳、国有企业占主导地位(的情况)以及为保留传统价值观等原因不无关系。香港的贪污贿赂程度较低,从一方面来说,这是20世纪70年代以来政府反贪污腐败努力的结果。特别是积极主动的廉政公署

表3 企业被侵害四项预测因素逐步逻辑回归分析:方差对于每一步骤及全部的阐释

被侵害预测被侵害类型[c]	步骤1 规模[b]	步骤2 经济领域[c]	步骤3 经营场所所在地[c]	步骤4 城市[c]	总体样本 $H-L$ (df),p[d]
所有普通犯罪	0.4***	1.2* 零售业(+)	0.6* 所有购物区域(+)	1.7*** 香港/深圳(+)	3.9*** 8.45(8), $p=0.39$
入室盗窃	1.3***	1.0* 批发业(−)	0.1	0.1	2.5*** 6.33(8), $p=0.61$
故意毁坏财物	1.0**	0.5	0.4	0.5	2.4* 8.10(8), $p=0.42$
盗窃车辆/车内盗窃	1.5*	0.5	0.5	0.2	2.7 20.10(8), $p=0.01$
雇员偷盗	3.9***	1.1	1.1* 招商大楼(−)	1.8** 香港/深圳(+)	7.9** 10.90(8), $p=0.21$
顾客偷盗	0.8	9.0** 零售业(+)	2.9** 所有购物区域(−)	2.2** 香港(+)	14.9*** 16.42(8), $p=0.04$
外人偷盗	1.4***	1.3* 批发业(−)	0.5	0.5	3.7*** 6.00(8), $p=0.68$
抢劫/袭击	1.7**	0.6	0.3	4.0** 深圳(+)上海(−)	6.6** 5.87(8), $p=0.66$
其他普通犯罪	0.4**	0.1	1.0	3.3** 香港(+)	4.8** 8.01(8), $p=0.43$
雇员欺诈	1.3***	0.1	0.0	0.8* 香港(+)	2.2* 6.39(8), $p=0.60$

(续表)

被侵害预测[a] 被侵害类型	步骤 1 规模[b]	步骤 2 经济领域[c]	步骤 3 经营场所所在地[c]	步骤 4 城市[c]	总体样本 H–L (df), p^d
外人欺诈	0.2	0.7** 零售/批发业(+)	0.2	1.0*** 香港(+)上海(−)	2.1*** 14.05(8), $p=0.08$
网络欺诈	4.4***	0.4	0.3	1.3*** 香港(−)	6.4*** 5.99(8), $p=0.65$
贿赂	3.0***	0.7* 零售业(−)	0.3	1.8*** 西安(+)	5.8*** 8.99(8), $p=0.34$
敲诈勒索	0.1**	2.0* 批发业(−)	0.5	3.2** 香港/深圳(+)	5.8*** 5.46(8), $p=0.71$
侵犯知识产权	3.3***	1.4*** 零售业(−)	0.5** 招商大楼(−)	0.9** 香港/上海(−)	6.1*** 7.95(8), $p=0.44$

* $p < 0.05$；** $p < 0.01$；*** $p < 0.001$.

a. 每一栏步骤中由输入的单变量所得的方差。所得出的方差运用调整后的 R 平方进行估算。
b. 取决于企业等级的规模是一个连续变量。对企业规模来说，所有统计学上的显著关联表明企业规模与被侵害风险呈正相关。
c. (+)表示被侵害风险高；(−)表示被侵害风险低。
d. H–L 统计法是一种拟合优度检验方法。① 统计学上(结果)不显著(即 $p \geq 0.05$)的 H–L 拟合优度检验表明样本的拟合程度很好。
e. 包括入室行窃、故意破坏财物、偷窃汽车、车内偷盗、顾客偷盗、雇员偷盗、外人偷盗、抢劫、袭击、威胁以及其他普通犯罪。

① 译者注：拟合优度检验是检验来自总体中的一类数据分布是否与某种理论分布相一致的统计方法，主要是运用判定系数和回归标准差，检验模型对样本观测值的拟合程度。

(ICAC),其将目光聚焦于政府以及企业的贪污腐败行为之上。⑫

企业规模与敲诈勒索以及恐吓行为的普遍性之间没有显著关联,但从某种程度上说,零售商以及金融服务商面临此类风险的可能性更大。行业部门的划分也不能充分解释样本。如上海,其行业中零售业的比重与香港相仿,但在上海,敲诈勒索十分罕见。香港与深圳之间的相互联系非常紧密,香港特别行政区与内地之间的边境越来越容易被渗透。香港和深圳,敲诈勒索与恐吓行为一部分要归因于三合会或"黑社会"历史悠久的(违法)活动。这些三合会或"黑社会"根植于香港,至深圳后,充分利用了不法机会以及深圳经济特区开埠后对安保的需求。⑬

四、企业被侵害比较研究

欧洲已经进行了两轮"国际侵害企业犯罪调查"。其他国家进行该项调查的结果可以与在中国进行的该项调查的结果作一个比较。西欧"国际侵害企业犯罪调查"(样本数为 8 558 个)⑭于 1993 年至 1994 年间在法国、德国、意大利、荷兰、瑞士、英国以及澳大利亚进行。⑮虽然该项调查在中国"国际侵害企业犯罪调查"开始的 10 年前业已开展过,但没有其他相关的研究结果可用来进行比较。在 1988 年和 2003 年至 2004 年重复进行了两轮的"联合国国际犯罪被害者调查"显示,在西方国家中,侵犯个人的普通犯罪略微有一至两个百分点的下降。⑯即使自 1994 年以来,所发生侵犯企业的普通犯罪有相似程

---

⑫ Broadhurst, R. G. and Lee, K. W. (2009), "The Transformation of Triad 'Dark' Societies in Hong Kong: The Impact of Law Enforcement, and Socio-Economic and Political Change", Security Challenges, 5:1-38.

⑬ Broadhurst, R. G. and Lee, K. W. (2009), "The Transformation of Triad 'Dark' Societies in Hong Kong: The Impact of Law Enforcement, and Socio-Economic and Political Change", Security Challenges, 5:1-38.

⑭ This figure includes the Czech Republic and Hungary. We do not include these two countries in our comparison, but the sample size for each country was not reported in the original paper.

⑮ van Dijk, J. and Terlouw, G. (1996), "An International Perspective of the Business Community as Victims of Fraud and Crime", Security Journal, 7:157-67.

⑯ van Dijk, J. van Kesteren, J. and Smit, P. (2007), Criminal Victimisation in International Perspective: Key Findings from the 2004-2005 ICVS and EU ICS 77. The Hague: Ministry of Justice, WOPC.

度的下降,但被侵害率差异之大,致使不会否定我们的分析。1999 年,新一轮的"国际侵害企业犯罪调查"(样本数为 4 322 个)在中、东欧 9 个国家[17]的首都展开。[18] 在 3 次调查过程中,在有关普通犯罪与欺诈犯罪方面使用了相同的问题。对于贿赂犯罪,西欧的"国际侵害企业犯罪调查"有专门的度量词,谓之贪污腐败。该称谓结合了贿赂与敲诈勒索的定义。[19]

(一) 侵害企业的普通犯罪比较研究

图 10 显示的是,西欧的普通犯罪犯罪率非常高,达到 60%。[20] 西欧的普通犯罪犯罪率是东欧普通犯罪犯罪率(27%)的 3 倍,是中国"国际侵害企业犯罪调查"中普通犯罪总体犯罪率(6.7%)的 9 倍。中国遭受普通犯罪的整体被侵害率远低于东欧。东欧"国际侵害企业犯罪调查"发现,平均 27% 的企业曾是 9 类普通犯罪之中某一类犯罪的被害者。[21] 该比例是中国 4 座城市中所报道的(被害企业比例 6.7%)的 4 倍。被侵害率随着城市的变化而变化,从萨格勒布的 7% 到维尔纽斯和布达佩斯的 42%。

(二) 遭受商业犯罪的企业比较研究

中国 4 座城市中雇员欺诈的比率(3.7%)比西欧国家雇员欺诈的平均比率(2.1%)略高。然而,西欧外人欺诈的比率比中国略微频繁,中国在该方面的比率为 8%。平均而言,西欧有 23.1% 的公司报告称,曾经至少是一宗(外人欺诈)案件的被害者(参见图 11)。

在这项报告中,荷兰的该项比率最低,为 12.6%;而法国该项比率

---

[17] van Dijk, J. and Terlouw, G. (1996), "An International Perspective of the Business Community as Victims of Fraud and Crime", Security Journal, 7:157-67.

[18] Alvazzi del Frate, A. (2004), "The International Crime Business Survey: Findings from Nice Central-Eastern European Cities," European Journal on Criminal Policy and Research, 10: 137-61.

[19] In Eastern Europe, the question on corruption differentiated between bribes offered to respondents and bribes sought from respondents, and our comparison uses only the latter measure. The question on extortion was similar in China and Eastern Europe.

[20] van Dijk and Terlouw (1996) did not report the overall prevalence of common crime so we use the prevalence of theft by customers, outsiders and employees (60 per cent) as a proxy.

[21] Other unspecified offences are excluded.

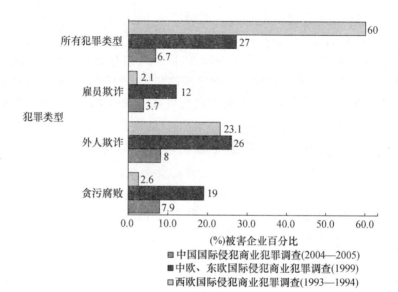

图10 1年内,中国、中欧、东欧、西欧侵犯企业犯罪被侵害率

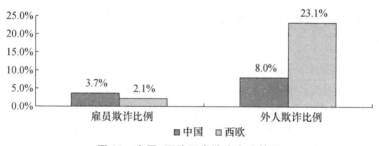

图11 中国、西欧两类欺诈占比情况

最高,为42.3%。② 如西欧"国际侵害企业犯罪调查"所定义的贪污腐败。比起西欧来说,(该现象)在中国内地城市更为普遍,这一比率达到8.4%。而西欧(该现象)的整体比率为2.6%,意大利最低,仅为1.5%,法国最高,为4.8%。

在中欧、东欧,外人欺诈、雇员欺诈以及贿赂的普遍程度,平均是中国的3倍,被敲诈勒索是中国的4倍。萨格勒布报告的雇员欺

---

② van Dijk, J. and Terlouw, G. (1996), "An International Perspective of the Business Community as Victims of Fraud and Crime", Security Journal, 7:157-67.

诈普遍程度最低,比率为4%,与中国报告的3.7%相近。地拉那外人欺诈的普遍程度比率为16%,尽管该项比率仍是中国该项比率(8%)的1倍,但已经是所有东欧城市中最低的了。在东欧,接近1/5的受访者表示有人曾试图向公司索贿。这一比率平均为19%;地拉那最低,为4%;明斯克最高,为46%。"国际侵害企业犯罪调查"中中国香港企业所透露的贿赂比率(2.7%)低于所有的东欧城市。东欧"国际侵害企业犯罪调查"中企业透露的贿赂比率(19%)是中国内地所透露的两倍,中国的这一比率为8%。比起内地,香港的敲诈勒索比率更高。但是,其只是东欧城市该项犯罪行为平均比率的1/3(参见图12)。

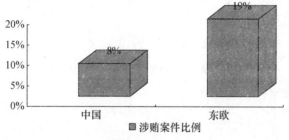

图12 中国、东欧涉贿案件比例

普华永道商业咨询公司(PWC)自2001年开始,在越来越多的国家进行两年一度的全球经济犯罪调查。其2007年的报告强调了对犯罪日益增长的担忧,尤其是对巴西、印度以及俄罗斯等新兴市场贪污腐败的担忧。虽然普华永道商业咨询公司所做的调查与"国际侵害企业犯罪调查"对挪用资产、贪污腐败、贿赂(包括敲诈勒索)以及侵犯知识产权等犯罪行为的定义不同,但两者之间还是具有一定的可比性。普华永道商业咨询公司所做的调查中,挪用资产行为[23]同等于"国际侵害企业犯罪调查"中雇员偷盗、雇员欺诈以及外人欺诈等三种

---

[23] PWC defined asset misappropriation as the theft of company assets (monetary assets, cash, supplies and equipment), embezzlement and deception by company directors, others in fiduciary positions and employees, for their own benefit.

行为的合成。普华永道商业咨询公司所做的调查对贪污腐败以及贿赂[24]的定义,包括诈骗和敲诈勒索;在下面的比较中,我们结合了"国际侵害企业犯罪调查"中贿赂与敲诈勒索的比率(数据)。

表4罗列了全球经济犯罪调查以及中国内地"国际侵害企业犯罪调查"中所报告的3宗罪的被害率。

表4 1年内侵犯商业3宗罪的发生率:中国内地
"国际侵害企业犯罪调查"与普华永道"全球经济犯罪调查"(%)

国家	挪用资产[b]	贿赂与敲诈勒索	侵犯知识产权
普华永道全球 (2007年) (样本数5 428)[a]	15	7	8
巴西 (2007年) (样本数76)	36	8	12
印度 (2009年) (样本数145)	46	42	4
俄罗斯 (2007年) (样本数125)	42	34	28
中国内地"国际侵害企业犯罪调查" (2005年) (样本数3 300)	11	9	8

来源:普华永道2007年、2009年。

a. 接受调查的公司来自40个国家:其中47%来自西欧,16%来自亚太地区,15%来自中、东欧,11%来自北美,6%来自中、南美,5%来自非洲。

b. 包括雇员偷盗、雇员欺诈以及外人欺诈。

总体而言,中国内地挪用资产、贿赂/敲诈勒索以及侵犯知识产权行为的比率接近40个国家的平均水平。前者分别为11%、9%、8%,后者分别为15%、7%、8%。但该比率低于其他新兴市场(国家)。在

---

[24] Defined as the unlawful use of an official position to gain an advantage in contravention to duty.

全球范围内,挪用资产行为的比率维持在15%左右,稍高于中国内地,中国内地该比率为11%。然而,巴西、印度与俄罗斯挪用资产行为更为普遍,比率从36%到46%不等。贿赂与敲诈勒索行为在印度非常常见,42%的企业声称其被害过。1/3的俄罗斯受访者提到过贿赂与敲诈勒索他们公司的事件。但在巴西,该比例仅为8%,接近7%的全球平均水平。大约1/10的中国公司报告过一宗或多宗贿赂或敲诈勒索案件,该比率高于全球平均水平,但仍低于俄罗斯与印度。剽窃知识产权正日益成为全球关注的问题。与此同时,中国内地侵犯知识产权行为的比率远高于中国香港与印度(普华永道报告,印度侵犯知识产权的比率为4%),仅低于巴西。巴西该比率为12%。与此相反,超过1/4的俄罗斯企业表示,他们已成为侵犯知识产权行为的被害者。虽然,国际商界都认为侵犯知识产权与贪污腐败行为已非常普遍(普华永道,2007)。但在中国,上述被害行为的发生率并没有其他新兴市场(国家)那么高。

五、企业与警方的互动:报告、警方满意度与犯罪预防

被害者向警方或其他例如反腐败机构之类的执法部门报案的意愿程度,在某种程度上来说就是反映他们对这些机构的信任程度。(被害者报案与否)也取决于其他各种因素,包括犯罪行为的性质、严重程度、受害程度、受害者年龄、性别以及与罪犯的亲密程度等。企业同个人一样,也不愿意举报犯罪,尤其是欺诈案件。因为这会对企业的声誉造成影响。他们常常更愿意私下解决内盗与内部人员的欺诈行为。㉕"国际侵害企业犯罪"向生意遭受一种或多种普通犯罪侵害的受访者进行询问,调查他们对于最严重的案件,是否向警方报过案。在每一起商业犯罪的调查中,这个问题也被提及。依据犯罪类型与城

㉕ Shover, N. and Hochstetler (2006) Choosing White-Collar Crime. New York: Cambridge University Press.

Shury, J., Speed, M., Vivian, D., Kuechel, A. and Sian, N. (2005), Crimes against Retail and Manufacturing Premises: Findings from the 2002 Commerical Victimisation Survey. London: Home Office.

市:警方受案的普通犯罪比例变化参见表5。

表5 报案率(%)

	中国香港	中国内地	东欧
普通犯罪 (样本数328)	27—100	58—96	19—67
雇员欺诈 (样本数187)	23	37*	22
敲诈勒索 (样本数122)	23	37	29
外人欺诈 (样本数407)	22	36**	34
剽窃知识产权 (样本数312)	6	19*	—
网络欺诈 (样本数177)	22	25	—
贿赂 (样本数315)	8	6	2

*$p<0.05$；**$p<0.01$。

一般来说,诸如入室行窃、故意毁坏财物、盗窃车辆、车内盗窃、外人偷盗、抢劫以及攻击等这些外人犯罪案件,4座城市的报案率介于外人偷盗的72%至盗窃车辆的100%之间。然而比起其他犯罪来说,53%的企业似乎更不愿意举报雇员偷盗案件,38%的企业不愿意举报顾客偷盗案件。这一情况在香港尤甚。向警方举报的商业犯罪案件要少于普通犯罪案件。在4座城市中,商业犯罪案件的报案率介于举报贿赂犯罪案件的6.4%至举报雇员欺诈案件的32.1%之间。无论何地,贿赂犯罪案件的报案率都特别低。但贿赂犯罪案件是唯一的一类香港报案率略高于内地的犯罪案件。前者为8%,后者为6%。

在几乎所有的犯罪类型中,香港的报案率在10%至30%之间,低于内地的报案率。该结果与香港"联合国国际犯罪被害者调查"的结果相一致。该调查发现:虽然人们对中国香港警方的信心与满意度高于绝大多数国家,但是针对绝大多数犯罪,尤其是严重程度不高的犯罪的报案率而言,香港要低于国际平均水平。㉖ 而内地三个城市的报案率大致相当。

从表5看,中国的报案率比东欧更高。尽管在普通犯罪的报案率方面,中国一向比中、东欧国家高,但在诸如敲诈勒索与欺诈等商业犯罪方面,中国与中、东欧国家的报案率差异并不那么显著。如果向警方报案是(表示)对警方信任的一种方式,内地企业较东欧国家的(企业)来说似乎对警方有更好的信任感。在所有(受调查)的城市中,贿赂犯罪案件的报案率最低,报案率在2%到8%之间。鉴于中、东欧与中国内地公职人员腐败现象较为普遍的背景之下,这个结果(即,贿赂犯罪案件的报案率最低)并不意外。令人意外的是,尽管香港的廉政公署备受好评且发挥着积极作用,但受贿赂犯罪之害的企业也很少报案。

不论受访者是否向警方报过案,他们都被问及对各自城市中警察处理一般犯罪案件的方式是否感到满意的问题。抽样中,有一半的受访者表示他们对执法机构满意或非常满意,只有7.5%的受访者明确表示不满意。然而,相当一部分受访者(21%)没有发表满意或不满意的意见,或表示不知道或拒绝回答。㉗ 深圳受访者对警方处理犯罪问题的方式感到满意的比率明显低于其他城市。深圳这一比率为45%,而其他城市这一比率为51%。相比其他城市,香港受访者对警方感到不满意的比率极低,仅为3%。而深圳、西安的受访者对警方感到不满意的比率最高,达到12%(参见图13)。

香港与内地城市的受访者对警方不满意的原因各不相同。香港的受访者对警方不满意的首要原因,在于企业与警方之间缺乏日常接触。在内地,(对警方)感到不满意的原因在于,公众将诸如警方对案件作出回应的时间太长、对报案漠不关心等现象与其无效且马虎的执

㉖ Broadhurst, R., Bacon-Shone, J., Bouhours, B., Lee, K. and Zhong, L. (2010), Hong Kong, the United Nations International Crime Victim Survey: Final Report of the 2006 Hong Kong UNICVS. Hong Kong and Canberra: The University of Hong Kong and the Australian National University.

㉗ It is unlikely that this finding is due to a fear of criticizing authorities in the mainland, since the largest proportion of non-response originated in Hong Kong (28 percent) and not in the mainland (18 percent).

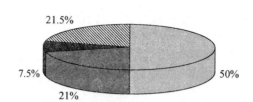

图13 4市对执法机构执法满意度情况

法活动的(固有)看法联系在一起。上海与西安因此类看法而对(警方)感到不满意的比率在15%左右,深圳高达21.4%,而香港仅为3.5%。对警方感到不满意的原因还在于,内地比香港更为频繁地提及对执法人员涉嫌贪污腐败案件的看法,尤其是西安。因此类看法而对(警方)感到不满意的比率为6%,香港仅为0.2%(参见图14)。

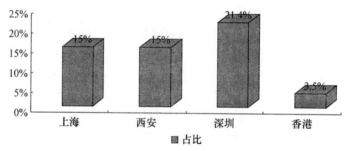

图14 4市因执法态度等问题对警察感到不满意的比率

调查还更为广泛地征求受访者对他们各自城市在过去两三年间的犯罪程度与趋势的看法。[28] 在4座城市中,大部分的受访者(这一比率为71%)认为,过去几年中犯罪问题很稳定。相对于香港,内地明显有较大比率的人认为犯罪问题已经减少。这一比率在内地平均为29.5%,而在香港仅为4.6%。虽然深圳企业被侵害的风险最为突出,但深圳受访者中认为犯罪情势已经得到改善的比率也最大,高达34%。

该调查活动调查了过去1年内在有关犯罪问题与犯罪预防方面

---

[28] The question was: In general, have crime problems for your company increased, decreased or remained the same over the last two to three years?

企业与当地政府和警方之间的联系(情况)。另一个问题涉及当地企业自身的犯罪预防计划,以及他们是否有兴趣投入这一计划之中。总体而言,15%的受调查企业表示,他们在关于犯罪问题与犯罪预防上与当地政府或警方取得过联系。比起香港来说,这些联系更可能发生在内地城市中。内地这一比率为16%~23%,而香港仅为5.1%。此外,对大多数企业来说,此类联系包括警方,但不包括当地政府或地区政府。相比其他城市来说,深圳的犯罪情况得到了较大的关注。因而35%的深圳企业对参与(打击、预防犯罪的)合作行动很有兴趣,20%的深圳企业对于此类行动有清楚的认识。相对来说,香港企业寻求参与(此类合作行动)的可能性最小。

六、企业被侵害的多维动因

此次调查的结果与在中国国内、中国与世界其他地区之间对比所发现的差异表明:在宏观、中观与微观这三个既有区别又有关联的分析层次中,运用相关理论的观点,能够帮助解释我们的(调查)数据。在宏观层面上,我们借鉴迪尔凯姆关于"失范"的观点、雪莱(1981)关于现代化与城市化的观点以及梅斯纳尔等人(2008)关于"制度失范"以及"计划转型"的观点。在中观层面上,我们借鉴科恩等人(1980)的"犯罪机会理论"。在微观层面上,我们借鉴菲尔逊(1998)的"日常活动理论"。

(一)宏观层面

中国的"国际侵害企业犯罪调查"发现,中国侵害企业犯罪的总体水平低于西欧与东欧。但也表明,中国的侵害企业犯罪行为与西欧的侵害企业犯罪行为,在类型上各不相同。在4座中国城市中,企业受到商业犯罪侵害的频率比企业受到普通犯罪侵害的频率更高。东欧也是类似的情况。但是西欧和澳大利亚则发现了相反的情况。如果我们把商业犯罪的比率除以普通犯罪的比率,我们大致可以估算出针对企业的犯罪与一般犯罪的相对风险。通过使用西欧"国际侵害企业犯罪调查"的数据㉙我们发现,有一个比值为0.42。这表明,在西欧所发生的商业犯罪的被害率是普通犯罪被害率的一半。用相同的方法得出整个中国样本的比值是1.8,中、东、西欧样本的比值是1.4。这表明:在经济改革的转型与发展期,商业犯罪比起普通犯罪更为普遍。比起近来从"计划支配"向"市场经济"转变的社会来说,历史悠久的西方市场经济下的商业犯罪与普通犯罪之间,不同的比值支持了迪尔凯姆有关"失范"与"无序"的理论观点。该理论很好地解释了社会行为中的不确定性与模糊性以及瞬息万变的社会中所形成的日常生活准则。规则的模糊性大多产生在企业与商业的舞台之上。

随着中国改革开放的深入对私企来说,大量的机遇已经出现。这些机遇导致了一种现象的出现。按照刘的说法㉚,这种现象就是"通过任何手段致富已成为一种民族精神"。普通犯罪与商业犯罪都有所增加,但隐含其中的失范效应显著影响了经济价值观,以至于商业犯罪(的发生率)急剧上升,这也意味着(出现了)大量侵犯企业的犯罪现象。相反,经历了18、19世纪经济价值观的改变,在旧的西方资本主义经济中,经济犯罪最初的上升(势头)目前已稳定在某一程度上。该程度的商业犯罪量仅代表了所有犯罪数量的一小部分而已。

"国际侵害企业犯罪调查"的结果,尤其是深圳该项调查的结果,进一步支持了雪莱的论点。㉛ 即现代化与城市化都涉及从农村至城市的大规模迁徙。这种大规模迁徙使得进行财产犯罪的机会增加,传统的农村暴力(随着大规模迁徙)被带入城市。因而(现代化与城市化)导致暴力犯罪和财产犯罪的增加。随着时间的推移,当农村移民逐步适应了他们的城市生活方式之时,暴力犯罪逐渐减少,但财产犯罪却未减少。(事实上)暴力犯罪的遗迹是可寻的(例如抢劫)。中国的经

㉙ The European survey (van Dijk and Terlouw 1996) did not report combined rates for each type of crimes; we use the highest rate of common crime (theft by customers reported by 59.7 per cent of respondents) as a proxy for common crime. In the three surveys, we sum up the rates of fraud by outsiders and employees as a proxy for commercial crime.

㉚ Liu,J.(2006),"Modernization and Crime Patterns in China",Journal of Criminal Justice,34:119-30.

㉛ Shelley,L.(1981),Crime and Modernization:The Impact of Industrialization and Urbanization on Crime. Carbondale:Southern Illinois University Press.

济发展依靠劳动力流动的自由化以及中国城镇化的加速发展。在20世纪70年代,只有20%的人口居住在城镇,而到2009年,这一比例为47%,农民工当中的流动人口估计为1.6亿[32]。

相比其他城市来说,深圳所记载的侵害企业的暴力犯罪(例如抢劫、袭击、敲诈勒索/恐吓)以及雇员偷盗、外人偷盗、盗窃车辆、故意破坏财物、欺诈、侵犯知识产权(等犯罪行为)的犯罪程度较高。在快速的城市化进程中,深圳从1979年一座只有3万人的小村庄,成长为今日一座拥有800万人口的城市。该进程表现为企业与商业活动的急速增长。在该进程中,吸引了大量的农民工,他们带着固有的"乡村习俗"以及传统的暴力(行为)倾向来到城市。这就导致侵害企业的暴力犯罪发生率(较之以往)更高。上海与西安已经经历了很长时间的城市化进程,但商业活动的发展以及农民工的涌入(等情况)都不如深圳来得迅速与激烈。此外,深圳也是内地城市中第一个搞"社会主义市场经济"的城市,起到了试验田的作用,它让其他正在进行现代化建设的中国城市了解了什么是不能做的,尤其是涉及政治稳定方面的问题。然而,虽然深圳(模式)与迪尔凯姆关于现代化(进程)失范所导致的结果以及雪莱关于城市化(进程)所产生影响的假设产生了冲突,但(事实上)深圳侵犯企业犯罪的犯罪率要低于1994年西欧(相关调查)所记载的(侵犯企业犯罪的)犯罪率[33]以及1999年中、东欧(相关调查)所记载的(侵犯企业犯罪的)犯罪率[34]。此外,尽管深圳的犯罪率高于其他城市,但深圳的受访者都表示,犯罪情势正在往好的方向改善。因对2003年、2004年深圳高犯罪率的担忧,(深圳)大量增强了(有关)社会安全(方面)的资源。而这也与深圳(受访者认为犯罪

---

[32] Cai, F. and Wang, M. (2010), "Urbanisation with Chinese Characteristics", in R. Garnaut, J. Golley and L. Song, eds, China: The Next Twenty Years of Reform and Development, 319-40. Canberra: ANU Press.

[33] van Dijk, J. and Terlouw, G. (1996), "An International Perspective of the Business Community as Victims of Fraud and Crime", Security Journal, 7:157-67.

[34] Alvazzi del Frate, A. (2004), "The International Crime Business Survey: Findings from Nine Central-Eastern European Cities", European Journal on Criminal Policy and Research, 10:137-61.

情势正在改善的感觉)相一致。㉟ 这些重要结果表明:其他机制起到了缓冲作用,以遏制快速现代化与城市化(背后)所催生出的犯罪问题。

梅斯纳尔(1982)一方面认为,在快速变化的年代,对这些转型(制度失范)的社会经济改革以及制度适应存在滞后的可能性,并且作为亲历者的苏联已经证明:这种滞后可能导致全部体制的崩溃。但在另一方面,他和他的同事还提出,当经济与社会变革是由一个例如中国这样强大的国家进行规划与管理时,体制崩溃则是可以避免的。㊱ 我们认为,"国际侵害企业犯罪调查"的调查数据阐释了梅斯纳尔等人两方面的观点。第一,梅斯纳尔等人认为(2008):"'主流势力'(改革势力)与'从流势力'(统治势力)间谨慎的相互作用,能帮助维持一个相对有效的架构。这个架构由正式与非正式的社会控制机制组成。"我们的调查结论与此观点相一致。我们的调查证明:中国这样一个强大的国家已经成功(绝大部分时间)遏制了制度失范。第二,"国际侵害企业犯罪调查"的调查结果显示,商业罪案相比普通犯罪来说更为盛行(这一现象)。梅斯纳尔等人也指出,在打击大规模经济犯罪以及协调公共和私人保安服务(机构)等方面存在不足之处。柴温斯基(Trevaskes)(2010)认为,中国政府通过其定期的"严打"政策(打黑除恶战役)将普通犯罪控制在了较低水平,但却以牺牲商业犯罪为代价(指未严厉打击,致其情势严峻)。上述的发现与阐释与其观点是一致的。这里的"制度失范",在以滞后的制度改革面对新挑战的层面上说,或许可以说明目前缺乏精通经济犯罪的警务机构。一方面,虽然一个强大的国家比起一个弱国来说更能控制制度失范。但另一方面,缺乏独立的监督与制衡机制,也会使很多人更易贪污腐败。举例来说,内地报道的贪污腐败(案件)要比香港频繁得多,尤以西安最甚。

我们的调查结论并不适用于体制崩溃的情况,而这种情况显然没

㉟ Broadhurst, R. G. and Lee, K. W. (2009), "The Transformation of Triad 'Dark' Societies in Hong Kong: The Impact of Law Enforcement, and Socio-Economic and Political Change", Security Chanllenyes, 5:1-38.

㊱ Messner, S., Liu, J. and Karstedt, S. (2008), "Economic Reform and Crime in Contemporary Urban China: Paradoxes of a Planned Transition", in J. Logan, ed., Urban China in Transition, 271-93. New York: Wiley-Blackwell.

有在中国内地出现过;然而,社会体制以及警务机制在着手处理"市场社会主义"试验阶段的问题以及由此产生的深远的社会和经济变化问题时过于缓慢。1/4 到 1/3 之间的内地受访者认为,他们所生活的城市中犯罪问题已经减少,这暗示着执法部门正在(改善自己)逐渐加快行动。尽管人民警察已有能力控制普通犯罪或者街头犯罪,但他们还未转变为具备专注解决侵害企业犯罪能力的警务机构。侵害企业犯罪既吸引了一类新的罪犯,又对社会产生危害。现在要确定"新的国家敌人"比起过去要困难许多。在过去,国家敌人的分类简单明了,例如:阶级敌人、封建残余之类。但简单的分类很容易区分,也很容易妖魔化。现在看来,从事商业犯罪活动的罪犯与受人尊重的企业家、商界领袖与政府官员较难区分开来,后三者常与风险投资家博弈且偏爱充满奇思但诡诈的改革者。

(二)微观层面

除了现代化与城市化的影响之外,经济活动和消费的增长也给财产犯罪提供了机会。科恩等人(1980)的机会理论认为,经济发展和消费品(需求)会导致财产犯罪的增加。中国经济的对外开放以及新兴工商业的崛起既增加了消费品(需求)(更多普通犯罪的机会),也使企业与商业活动更为繁多(更多商业犯罪的机会)。我们对风险因素的分析结合了(犯罪)机会理论,从更为微观的层面进行解读。我们对风险因素的分析支持了"日常机会理论[37]是相关的"这一观点。因为该理论所强调的犯罪机会、保护措施的完善性、目标的吸引力等这些犯罪要素是企业被侵害风险的关键驱动力。规模(大小)是被害(可能性)的主要预测因素。其证明了"企业越大,越可能提供具有吸引力的犯罪机会"这一观点。同样,那些入驻于商业广场,即拥有高效、完善的安全保障(的企业),相对可免予遭受某些犯罪的袭扰。因而中国企业遭受到了那些四处可见的犯罪风险,但也可从情景犯罪预防措施所推崇的许多(预防)措施中获益。因为只有 1/6 的企业与警方或当地政府建立起了联系以及意识到针对犯罪进行联合行动(的重要性),

---

[37] Clarke, R. (1995), "Situational Crime Prevention", in M. Tonry and D. Farrington, eds, Building a Safer Society:Strategic Approaches to Crime Prevention, 91-150. Chicago:The University of Chicago Press.

故中国企业大有空间去提升他们的犯罪预防措施,发展与警方及当地政府在犯罪预防方面的合作(关系)。在我们看来,企业与警方之间关于犯罪预防合作(关系)的发展,能够在减少犯罪数量、降低已察觉并观察到的犯罪及贿赂风险方面发挥极大作用。

余论

该项调查加深了我们对中国侵害企业犯罪的本质及其对企业成本与国家信心产生影响的理解。虽然电话调查能够使我们接触到更多的企业,但这比起面对面的接触来说,(电话调查)不能让我们完全体察到他们的经历。访问往往因受访者没有时间而匆匆终止。在一家企业中找到"对的"受访者也是极为困难的。尽管该项调查是在5年(此文为2011年所作)之前进行的,但它是迄今为止唯一的一项能够提供中国新兴经济之中有关企业犯罪被侵害率基本情况的调查。未来的调查(活动)应当考虑到对该项调查定期的复查,使风险变化的(衡量)标准能够随着时间的推移而对当下所设想到的问题及其解决方法仍具有意义。我们没有询问有关企业本身,例如国企与私企之间的明确界定、企业中外资所起到的作用等这些附加问题。这对我们解释有关商业犯罪的某些行为模式会产生影响。这些问题需要被加进有关中国侵犯企业犯罪的一系列后续调查中去。

该项调查同时也评估了警务工作及打击腐败的工作。例如,相比香港企业来说,内地企业更倾向于向警方举报普通犯罪与商业犯罪(即使犯罪程度较轻)。

从表面上来看,内地企业对警方的信任度更高。比起内地的城市来说,香港已经在很大程度上遏制了官员与企业之中的贿赂行为。鉴于对中国企业中贪污腐败(状况)的担忧,香港"廉洁高效的政府"声誉是一个可以实现的可靠范例。然而,调查结果表明:高效的司法、执法机构与良好的商业氛围之间的联系,在当代中国发挥了十分重要的功能。它提供了(稳定的)社会秩序和对资本主义市场(理念)尤为必要的可预见性。我们得出结论:尽管中国侵害企业的犯罪十分多,但(犯罪程度)并没有其他发展中经济体与发达经济体中的犯罪程度那么高。有计划而非自由放任的过渡,在该结果中起到了重要作用。

国企改制进程中的企业家职务犯罪及防治

莫晓宇* 李 灏**

一、国企改制进程中企业家职务犯罪之表征

国有企业的改制已经历了30年的发展,从最初的扩大企业经营自主权、建立"政企分开"的现代企业制度、股份制改革和公司制试点到企业产权的多元化、破除行业垄断的"民进国退",国企改制也在"摸着石头过河"的过程中逐渐推进,而在此进程中,国企企业家的职务犯罪亦从最初的偶发到30年后的频发,在改制进程中,国企企业家的职务犯罪亦越来越受到社会的关注。

(一)国企改制中企业家职务犯罪概况

纵观最高人民检察院2000年以来的工作报告,在"预防职务犯罪""开展反腐斗争"中,均有涉及国有企业改制和国有企业中的贪污、受贿、挪用公款、私分国有资产等职务犯罪,这些职务犯罪所造成的国有资产的流失,已经严重影响着国有资产的安全和国民经济的发展。

北京师范大学中国企业家犯罪预防研究中心发布的《中国企业家犯罪报告》显示,自2009年至2013年,国企企业家犯罪的媒体案例呈

---

* 四川大学法学院副教授、法学博士、硕士研究生导师。
** 四川大学法学院刑法学硕士研究生。

现上升趋势,且有相当的比例是发生在国企改制中或与改制有关。①

据西安市检察院 2003 年至 2005 年的反贪统计数据显示,半数贪污犯罪发生在国有企业中,而国企改制成为犯罪的"重灾区"②,这与 2005 年至 2009 年西安市检察院发布的统计数据一致,"近五年来,西安的反贪案件约有 50% 集中在国有企业"。③ 北京市检察院发布的 2003 年至 2007 年国有企业犯罪统计中,发生在国企改制中的犯罪案件比率达 21%。④

(二) 国企改制中企业家所涉职务犯罪之典型形态

国企改制中涉及的职务犯罪罪名较多,主要有:如贪污罪、受贿罪、挪用公款罪、私分国有资产罪,其中涉及最多的是贪污罪和受贿罪;还有诸如滥用职权罪,徇私舞弊低价折股、出售国有资产罪等。为了更好地揭示国企改制中企业家职务犯罪的面貌,笔者对涉案国企企业家的职务犯罪进行整理发现,处在国企改制进程中这一特殊阶段,职务犯罪主要有以下形态:

1. 利用职务之便侵吞窃取

北京市检察院 2009 年发布的近五年国企改制中职务犯罪的分析报告显示,国企企业家利用职务便利侵吞窃取国有资产的贪污犯罪,占查办职务犯罪总数的比率为 49.37%,而《中国企业家犯罪报告》中收集的媒体案例分析显示,近五年国企企业家职务犯罪中贪污犯罪的比率均高于 20%。⑤ 贪污行为的主要表现有:改制中的国企企业家利

---

① 笔者通过对《法人》杂志发布的年度十大国企企业家职务犯罪媒体案例统计发现,2009—2013 年度的十大国企企业家的职务犯罪案例中,发生在国企改制中或与改制有关的占 50% 以上,最高比率达 80%,也反映出国有企业改制进程中企业家职务犯罪的社会影响之大。

② 中国职务犯罪预防网:《反贪案竟有半数在国企 改制成经济犯罪的重灾区》,载《工人日报》2005 年 12 月 20 日。

③ 国家预防腐败局:《腐败四大病灶 国企改制居首》,载《法制日报》2009 年 7 月 16 日。

④ 参见:国企改制中的职务犯罪问题研究课题组:《国企改制中发生的职务犯罪问题实证研究》,载《法学杂志》2009 年第 12 期。

⑤ 2012 年贪污罪占的比率为 21.1%,2013 年为 22.41%,由于 2009 年、2010 年、2011 年三年的数据是由《法人》杂志的撰稿人统计,收集的案例数量波动较大,且统计结果亦有较大波动,数据资料并不全面,故未采用;而 2012 年、2013 年的案件数据则是由北京师范大学中国企业家犯罪预防研究中心收集,且波动较小,故此只列出此两年的数据。

用领导、参与甚至主导改制的便利,采用虚报、截留、隐瞒、侵占等手段在资产上做手脚,使国有资产归零,以空手套白狼的方式占有国有资产⑥;在对改制中的公司进行资产评估的过程中,采用欺骗、隐瞒手段,将账外资金予以侵吞。⑦

2. 权钱交易贱卖国有资产

与贪污罪并列为涉案罪名最多的是受贿罪,而且呈现出受贿罪与贪污罪几乎同时存在的现象,在北京市检察院查办的案件中,受贿罪的比率为18.86%,而在《中国企业家犯罪报告》中,受贿罪的比例均高于贪污罪,超过了30%。⑧ 受贿罪主要的行为表现有:在国企改制的进程中收受民营企业家的贿赂,采取不公开发布公司改制信息,不聘请中介评估机构评估资产、不实行竞价拍卖,故意排除其他竞买者的方式,将国有资产贱卖给民营企业。⑨

3. 挪用改制资金谋私

改制中国企企业家职务犯罪涉嫌罪名较多的另一个犯罪为挪用公款罪,在北京市检察院发布的罪名分析统计中的比率为28.08%,《中国企业家犯罪报告》中的比率也居于第三位⑩,是较为频发的犯罪。此种犯罪表现为将用于改制的资金挪作他用或用于非法用途,使国有企业受损。

另外,国企改制进程中企业家职务犯罪还有其他的行为表现:虚报、截留职工的身份置换金,侵吞改制职工的身份置换金⑪;在公司的竞买过程中隐瞒企业债权,竞买成功后通过诉讼"合法"取得这部分债权⑫;私分改制国企的资产、向审计的非国家工作人员行贿等。

---

⑥ 参见《广州九佛电器厂原厂长钟学周犯贪污等五罪判死缓》,载《检察日报》2012年12月25日。

⑦ 参见《哈尔滨一起侵吞国资大案经抗诉改判》,载《检察日报》2008年8月5日。

⑧ 2012年受贿罪的比率为34.2%,2013年受贿罪的比率为44.83%。

⑨ 参见《利用国企改制共同受贿》,载《潇湘晨报》2005年4月13日。

⑩ 2012年挪用公款罪的比率为7.0%,2013年挪用公款罪的比率为18.97%。

⑪ 参见李光明:《安徽第一女贪侵占8790余万元,揭开国资流失黑洞》,载《法制与经济》2009年第2期总第195期。

⑫ 参见薛正俭:《"贪污债权"将了法律一军》,载《检察日报》2006年10月18日。

(三)国企改制中企业家职务犯罪之特点

与普通的职务犯罪相比,国企改制中企业家职务犯罪具有其显著的特点:

(1)"与一般的职务犯罪大多带有'半推半就''逐步成长'的特点相比,国企改制中企业家职务犯罪表现出更强烈的主动性和贪婪性"。[13]

(2)发生在国企改制这一特殊的阶段,制度和监管方面都存在漏洞,具有很强的阶段隐蔽性。

(3)犯罪发生在财务管理、招投标、人事任用、物资采购等环节,具有环节多发性。[14]

(4)在涉嫌犯罪的国企企业家中,党和国家给予许多人较高的政治地位。[15]

(5)相对于其他职务犯罪的单人犯罪而言,国企改制中的职务犯罪呈现出"拔出萝卜带出泥""查一个带一串挖一窝""黄金搭档"的现象[16],共同犯罪现象比较突出。

(四)国企改制中企业家职务犯罪之危害

国有企业是我国国民经济的支柱,深化国有企业改革,实施战略性重组,是增强保值增值能力、发展壮大国有经济的重要途径。虽然国有企业改制工作取得了显著成效,但是一些地方的企业改制也出现了一些问题,改制中的职务犯罪频现,导致国有资产大量流失,严重侵害国家、企业和职工群众利益,影响社会稳定,危害极大。

1. 国有资产的大量流失

国企改革在步步推进产权转让的过程中,国有资产流失严重,有人甚至借改革之名,行侵吞国资之实。"据有关部门统计,国有资产每年至少流失800亿至1000亿元人民币。"[17]而"据最高人民检察院的

---

[13] 方言:《国企改制:职务犯罪缘何"事故"多发期?》,载《上海国资》2005年第1期。
[14] 参见《2012中国企业家犯罪媒体案例分析报告》,载《法人》2013年第3期。
[15] 参见王荣利:《2009年度中国企业家犯罪报告》,载《法人》2010年第1期。
[16] 参见国企改制中的职务犯罪问题研究课题组:《国企改制中发生的职务犯罪问题实证研究》,载《法学杂志》2009年第12期。
[17] 张立强:《国企改制资产流失的成因与对策》,载人民网,2014年4月17日访问。

最新调查显示,从2003年至2006年8月,全国检察机关共查办国有企业人员贪污贿赂犯罪25 322人,国企改制中的职务犯罪造成的国有资产流失量约为每天1个亿"。[18]每一个落马的国企企业家都会伴随着国有资产流失黑洞案件的揭开,国企改制中的职务犯罪对国有资产的侵蚀,已经严重威胁着国民经济的健康发展和壮大。

2. 职工的权益受侵害

在国务院办公厅发布的国务院办公厅转发国务院国有资产监督管理委员会《关于规范国有企业改制工作意见的通知》[19]和国务院办公厅转发国资委《关于进一步规范国有企业改制工作实施意见的通知》[20]中规定,转让国有资产定价时应当将职工安置纳入考虑之中,改制时不得拖欠职工的工资、医疗费,不得挪用职工的住房公积金以及企业欠缴的社会保险费等项目。

国有企业的职工受到改制工作最直接的影响,对其利益和要求理应进行特别考量,但由于在此过程中存在大量的贪污、挪用公款、私分国有资产等职务犯罪行为,致使国有企业资产受到吞噬和严重缩水,这必然对改制中的职工的福利和安置造成不利,也因此在改制中流传着"穷庙穷和尚富方丈"的说法。

3. 导致群体性事件的发生

国企改制是一项极为复杂的系统工程,政策性较强,往往涉及出资人、债权人、企业、职工等多方面的复杂利益群体,当各种利益矛盾冲突得不到有效解决时,就可能引发群体性事件。这一阶段的群体性事件有独立发生者,也有兼与其他社会矛盾的激化相伴而生者,通过上访、集体围堵、暴力攻击国有企业或政府机关等形式表现出来。

如2002年广东九佛电器改制中厂长的贪污挪用,引发员工的连年上访[21];2008年贵州瓮安"6·28事件"由一名女学生的死直接引

---

[18] 贾英杰、吕静:《论国企改制中职务犯罪的新特点及预防对策》,载《法制与社会》2007年第11期。

[19] 参见中央政府门户网站(www.gov.cn),国发办〔2003〕96号。

[20] 参见中央政府网站,www.gov.cn,国发办〔2005〕60号。

[21] 参见《厂长借国企改制贪挪亿元 员工多年上访揪出蛀虫》,载中国新闻网,2014年4月30日访问。

起,而这一事件也与当地国企改制中沉积的矛盾未得到及时有效的化解等有关[22];2009年河南"濮阳林钢事件"[23],再次将国企改制中利益团体的矛盾冲突凸显出来;同年辽宁"通钢事件"[24]中,近3 000名职工将刚到任总经理围殴致死的群体性事件,亦是将这一问题再次推上了风口浪尖。

4. 职务廉洁性受损

职务廉洁性,亦即职务行为的不可收买性,国企企业家,作为国家的工作人员,其职务与权力均是国家和人民授予的,理应忠实、廉洁地履行义务,不得有僭越和以权谋私之想。而在国企改制中,企业家利用职务上的便利,侵吞、窃取、私分国有资产或收受他人之贿赂而将国有资产贱卖,把国有资产的安全置之于不顾,无疑是以权谋私之举,有违国家和人民对其授予权力的初衷,也使其职务的廉洁性受到了严重侵害。

二、国企改制中企业家职务犯罪的成因

"改制对一个企业来说,面临的是一个全新的课题,在这期间,缺乏一套行之有效的管理模式,必然让犯罪嫌疑人有机可乘。"[25]"在计划经济体制向市场经济体制的转换过程中,相关政策、法律、法规尚未完全形成体系,符合市场经济发展规律的管理制度、监督机制的建立和完善需要一个过程……国有企业在改制重组过程中的法律法规及配套政策相对滞后或'真空地带'客观存在。"[26]社会与经济的转型期是法律和监管的"真空",是国企改制中职务犯罪频发的一个重要原因,而且法律的制定也不可能与社会经济的转型完全同步,更不可能早于社会与经济的转型。因此,过分夸大社会与经济转型这一原因,

---

[22] 参见《中国近期群体性事件突发 敲响基层执政警钟》,载中国新闻网,2014年4月16日访问。

[23] 参见《河南濮阳林钢引起改制不满400人聚集围堵干部》,载网易新闻中心,2014年4月19日访问。

[24] 参见《辽宁通钢群体性事件 围殴总经理致死》,载凤凰网,2014年4月16日访问。

[25] 时保余:《国有企业改制中领导层职务犯罪的防范》,载《探索与争鸣》2004年第12期。

[26] 梁立思、田继军:《国有企业职务犯罪原因分析及预防对策》,载《法制与经济》2010年第12期总第260期。

不仅不利于预防和治理国企改制中的职务犯罪,而且容易把这一类型的犯罪复杂化。鉴于此,笔者认为,除了社会和经济转型这一重要原因外,还有如下的因素导致国企改制中职务犯罪的频发。

(一) 国有资产的监管缺位

根据 2003 年《企业国有资产监督管理暂行条例》[27]第 4 条、第 5 条、第 6 条的规定,国有资产属于国家所有,由国务院及各省市的国有资产监督管理机构履行出资人职责,并依法对国有资产进行监督管理。国有资产监督管理机构对企业的管理人员、财务及重大事项进行监督,并向国有企业派出监事会对企业的经营管理进行监督,实行外部监督与内部监督相结合的方式进行。

但在国有企业改制的实际运行中,"部分改制企业没有建立起以出资控股作为权利义务出发点的公司内部管理约束机制,我院办理的大部分企业改制中单位领导的犯罪即属于此,'总经理负责制'变成总经理说了算,重大事项董事会只是走走过场,监事会发挥不了作用"。[28] 内部监督的作用遭到削弱,外部监督又未能及时有效地发挥作用,导致国企企业家职务犯罪的频发。

(二) 管理层收购及产权转让操作的内部化

国企改制的核心在于企业国有产权的转让与国有资产的保值升值,但在许多有职务犯罪的国企改制中,只是实现了企业产权从国有转化为私有,国有资产在转让的过程中遭受了严重损失,许多国有企业甚至上演了"空手套白狼"的一幕,这主要是企业产权转让中的操作内部化造成的。

依照相关规定[29],企业产权的转让可以通过拍卖、招投标、协议等方式转让,而国企转让中的 MBO 模式[30],使得在改制企业的资产评估、财务管理、产权转让过程中,管理层在缺乏有效监督的情况下,实行暗箱操作,中饱私囊。

---

[27] 参见中央政府门户网站(www.gov.cn),中华人民共和国国务院令第 378 号。
[28] 王方:《国有企业改制中的职务犯罪问题分析》,载《中国犯罪学学会第十八届学术研讨会论文集》(中册),2009 年 8 月。
[29] 参见《企业国有产权转让管理暂行办法》(财政部〔2003〕3 号)。
[30] MBO,Management Buy-Outs,管理者收购。

在国企改制的过程中,曾流行过这样一种说法,"自办一个不如收购一个企业,外部收购不如和管理层一起收购",企业的管理者对本企业是最为熟悉和最有经验的,受让不会发生管理者变化,也不会对企业经营管理带来冲击,因此,管理层收购看似最符合企业产权转让的模式,但在实际的操作过程中,易出现管理层为了降低收购的成本而使企业的经营状况恶化,导致企业的资产在短时期内严重"缩水",在企业产权完成转让后,又让企业恢复其原有的"生机"。而最大的股东——国家,将在资产"缩水"的过程中遭受最严重的损失,这也是国有资产流失最常见的途径。

(三) 改制国有企业的财务管理虚置化

企业,作为营利性组织,财务管理制度是企业的基本制度,基于完整的财务制度,企业才可能实现对现金流的有效控制,从而使经营行为获得利润。然而,根据2012年和2013年的《中国企业家犯罪报告》统计分析,在企业家职务犯罪的"十大风险点"排名中,财务管理都是排首位的,为"企业刑事风险的第一高发点",可见,在改制中的国有企业,财务管理制度存在着很大漏洞。

由于改制中的"企业的财务管理制度存在漏洞,导致窃取、私吞、挪用以及造假骗取企业财产、资金的行为大量发生"[31];财务管理领域"存在着大量的资金、物资流动,为从事、分管或者主管财务管理工作的相关人员实施侵吞、窃取、骗取和挪用企业财产、资金的行为,提供了客观基础";同时,由于监督管理的缺位,进一步催生了这一环节职务犯罪的频发。

(四) "运动式反腐"造成的犯罪治理"空窗期"

现任中央政治局常委、中央纪律检查委员会书记王歧山,2012年在主持听取专家学者对反腐败工作的意见和建议的座谈会上说:"地方好像还挺适应这种运动式的解决问题的思路和方法。"[32]虽然有学者认为中国已经从"运动式反腐"转变为"制度性反腐"阶段[33],但是这

---

[31] 北京师范大学中国企业家犯罪预防研究中心:《2013中国企业家犯罪报告》。

[32] 王歧山:《希望大家看一下〈旧制度与大革命〉》,载新浪网,2014年4月24日访问。

[33] 如周叶中认为,2002年党的十六大是进入了"制度性反腐"的阶段,参见《从运动式反腐到制度反腐》,载《浙江人大》2004年第4期。

种转变并非是彻底的和完全的。

1. 犯罪治理的"空窗期"

"运动式反腐"通过集中优势人力、物力,对特定领域的腐败进行突击,在短时期内可以收到较好的社会效果,但这种行动本身具有很强的"时效性",两次反腐运动必然存在一定的时间间隔,这种间断性、非持续性的反腐治理模式,必然会造成犯罪治理的"空窗期",不可能在犯罪治理中取得长久之效。而且国企改制中的职务犯罪,长期以来也并未作为反腐的重点领域加以监管,这种处于边缘地带和犯罪治理"空窗期"的职务犯罪,自然呈现出频发之势。

2. 反腐"破窗"现象助长犯罪人的侥幸心理

"运动式反腐"针对的是公开、外显的腐败行为,而国企改制中的企业家职务犯罪,由于其处于改制的特殊阶段,行为具有很强的隐蔽性,"运动式反腐"造成的犯罪治理"空窗期",导致国企改制中企业家职务犯罪受到处罚的必然性降低。

根据美国著名犯罪学家 George L. Kelling 的"破窗理论"㉞,如果不对国企改制中的职务犯罪行为进行"零容忍式"的追究,必会助长犯罪人的侥幸心理,以致潜在的犯罪人实施犯罪行为,"运动式反腐"针对公开、外显行为的这一特点,也决定了隐蔽性较强的犯罪将成为预防和惩罚国企企业家职务犯罪之"破窗",如不能及时得到纠正,必会导致犯罪的频发。

许多犯罪人实施犯罪行为并非理性衡量之举,而是基于不会被发现、不致受到惩罚的"侥幸"心理。因此,在"运动式反腐"之外,更要注重"制度性反腐"在惩治国企改制中企业家职务犯罪的根本地位和作用,"因为,即使是最小的恶果,一旦成了确定的,就总会令人心悸"。㉟

(五)企业家精神缺失,守法意识淡薄

在涉嫌犯罪的企业家中,曾获得党和国家荣誉称号的不在少数,

㉞ "破窗理论"认为,如果有人打破了社区建筑物的窗户玻璃,而没有及时维修,有些人会因此受到心理暗示去打破更多玻璃。这样就给人造成一种社区治安无序的感觉,社区治安将日趋恶化。参见杨爱华:《破窗理论与反腐败"零度容忍"预惩机制》,载《中国行政管理》2006 年第 4 期总第 250 期。

㉟ 〔意〕切萨雷·贝卡里亚:《论犯罪与刑罚》,黄风译,中国方正出版社 2004 年版,第 57 页。

如 2009 年涉案的张海英曾因漯阜铁路的改制获得"中国改革 100 新锐人物"称号㊱;有许多企业家拥有很高的政治地位,如 2010 年涉案的光明集团实际控制人冯永明,为第九届、第十届全国人大代表、全国劳动模范。拥有较高政治地位和众多荣誉称号的国企企业家在职务犯罪中的大量出现,也从侧面反映出企业家精神的缺失。企业家精神的核心内涵是创新、诚信与责任,改制中,国企企业家利用职务便利实施的贪污、受贿、私分国有资产的行为,正是违背了国家和人民授予其权力的初衷,是缺乏责任和企业家精神的表现。

另外,企业家的守法意识淡薄,防范刑事法律风险意识较弱,这直接决定着企业家的命运,也是导致改制中企业家犯罪高发的另一个重要原因。

三、国企改制中企业家职务犯罪的防治对策

国企改制中职务犯罪的防治,应建立在现行有效的法律、行政法规及各类规章制度划定的框架下,专项的立法只有在现行法律、法规无法对违法行为进行规制时才有必要。鉴于此,结合上述对职务犯罪表现、特点、危害、成因的分析和有关国企改制的法律、法规,笔者认为主要的防治对策有以下几种:

(一)加强对改制国企的监管㊲

"权力导致腐败,绝对的权力绝对导致腐败"㊳,正因为如此,需要加强对改制国企企业家权力的监督,保证权力不被滥用,防止权力失控,以维护国家和人民的利益。

1. 加强国资委、各级纪委的监督

国务院国有资产监督管理委员会是法律规定的国有资产的监督

㊱ 参见李光明:《安徽第一女贪侵占 8 790 余万元,揭开国资流失黑洞》,载《法制与经济》2009 年第 2 期总第 195 期。

㊲ 由于改制中国有企业的监事会监督职能的弱化,因此在探讨加强对改制国企的监督时,监事会的监督纳入"依法严厉惩治违法犯罪行为,防范潜在的犯罪发生"之"对监事会失职行为的处罚"中进行讨论,详情见下文。

㊳ John Emerich Edward Dalberg-Acton:"Power tends to corrupt, and absolute power corrupts absolutely." 也有译文将之译为"权力导致腐败,绝对的权力导致绝对的腐败"。

管理机构,依据《企业国有资产监督管理暂行条例》[39]和《中华人民共和国企业国有资产法》[40]的规定,履行出资人职责,指导和推进国有企业改革和重组,对所监管的企业国有资产的保值增值进行监督,以维护国有资产出资人即国家和人民的利益。"各级纪委、监察部门是对干部特别是党员干部的违法行为进行查处的机关。鉴于国有企业的领导人中有很大一部分是党员,故而在改制过程中,发挥党组织对党员的监管职能是预防职务犯罪的重要方面"[41],各级纪委在监督中依据党章和相关规定,通过党员干部的组织生活会及开展相关的党组织工作,对党员及党员干部进行管理和监督。

因此,国有资产的监督管理机构,各级纪委、监察部门应依照法律、行政法规,切实履行各自的监管职责,做到对国企企业家权力行使有效控制,防止"大权独揽"的现象出现;对国企改制的方案、国有资产的减值进行严格审核,对超越权限、弄虚作假、营私舞弊、以权谋私的行为严肃查处;对企业负责人或有关人员违规操作,及时予以纠正,违反党纪政纪的给予处分,造成改制国有企业经济损失的,应追究相关责任人的赔偿责任,涉嫌犯罪的移交司法机关依法处理,杜绝"勿以恶小而不防"的现象。

2. 加强职工代表大会及职工的监督

国企改制中为数不少的职务犯罪是职工联名举报发现的,而且在改制中首先受到直接影响的必定是企业的职工。因此,加强职工代表大会及职工的监督,对预防国有企业改制中的职务犯罪具有积极意义。

改制过程中企业职工安置方案须提交职工代表大会或职工大会审议,并充分听取职工意见,在经过职工代表大会或职工大会审议后,方可实施国有企业的改制;相关的监管机构应对职工反映的有关违法

---

[39] 中华人民共和国国务院令第378号,2003年5月13日国务院第8次常务会议讨论通过,自2003年5月27日起施行。

[40] 中华人民共和国主席令第五号,第十一届全国人民代表大会常务委员会第五次会议于2008年10月28日通过,2009年5月1日起施行。

[41] 余清华、周世新:《国企改制监管机制问题探析》,载《企业经济》2007年第4期总第320期。

犯罪情况进行调查核实,并将调查结果予以公示,不得对错误举报的行为进行惩罚和制裁。

(二) 确保国企改制过程的公开化、透明化

正如路易斯·布兰代斯所述的"阳光是最好的防腐剂,灯光是最好的警察"一样,胡锦涛同志在党的十七大报告中指出,"确保权力正确行使,必须让权力在阳光下运行"。改制程序的公开化、透明化是推进国企改制健康发展的保证。

1. 严格按照国企改制的规定进行

依照《关于规范国有企业改制工作的意见》(以下简称《意见一》)和《关于进一步规范国有企业改制工作的实施意见》(以下简称《意见二》)的规定,国企改制应严格按照如下程序进行:

首先,企业国有产权的转让方案须按照上述《意见一》和《意见二》中的规定,报请政府相关部门审核、批准,在未获得审批前,不得启动企业国有产权的转让工作。

其次,对改制中的国有企业的资产须进行核查、清算、评估,以确定国有资产的价值,企业法定代表人和财务负责人应对清算、核查的国有资产的真实性、准确性负责。

再次,对国有资产的转让须采取拍卖、招投标的方式进行,以协议方式转让的,需按照法律、法规规定的程序进行,国有资产的定价须在综合产权交易市场的供求状况、同种类资产的市场价格、市场前景等因素上进行。

最后,企业国有资产转让的价款应优先用于职工劳动合同解除经济补偿金、应发的职工工资、欠缴的社会保险等费用的支付,剩余的款项应如实入账,不得擅自挪作他用。

2. 转让过程须透明化

国有资产采取拍卖方式进行的,应依照《中华人民共和国拍卖法》的规定遵循公开、公平、公正、诚实信用原则进行,当竞买人的出价未达到国有企业的保留价时,应中止拍卖,不得将国有资产低价转让;采用招投标方式进行的,应根据《中华人民共和国招标投标法》和《中华人民共和国招标投标法实施条例》的有关规定进行,委托招标代理机

构或在社会招拍挂平台[42]公开进行,招标人可以根据改制国企本身的要求,在招标公告或者投标邀请书中,要求潜在投标人提供有关资质、资产和信用等证明文件和业绩情况,并对潜在投标人进行资格审查,但招标人不得以不合理的条件限制或排斥潜在的投标人,亦不得对各投标人实行差别待遇。

3. 严格规范管理层收购

管理层收购在许多企业国有产权转让的过程中比较成功,有较多可以借鉴的经验,但由于管理层收购也存在较多的问题,应以慎重的态度和严格的程序进行。鉴于此,笔者认为,按照相关规定,管理层收购应做到如下几点:

首先,管理层收购应当依照严格的程序进行:严格按照规定委托中介机构对企业的国有资产进行审计,对于受让本企业的,还应对受让人进行经济责任审计;企业管理层的受让应与其他受让方平等竞买,不得享有超越其他受让方的特权;企业国有产权转让方案的制订与资产清算、评估阶段,管理层应实行回避;管理层受让国有产权时,应提供其相应的资金来源证明,不得挪用国有企业的资金进行收购。

其次,严格规范管理层的收购,有如下行为的,不得收购国有企业:导致企业经营状况恶化或对经营业绩下降负有责任的,转移、隐瞒转让中国有企业资产的,向审计机构提供虚假资料致审计结果失实,以及无法提供受让国有企业资金来源的等。

最后,严格控制企业管理层的收购行为。严格控制管理层通过增资扩股收购国有企业,增资扩股实际上是稀释其他持股人所持的股份份额,损害他人利益,以达到低价收购、控制国有企业的目的;管理层拟通过增资扩股持有国有企业股权的,应依照《意见一》与《意见二》规定的程序进行,并应当遵循转让过程中的回避原则。

---

[42] 鉴于"招拍挂平台"已经在土地转让、政府采购、建设工程项目招标等领域实现,且多地已经建立了统一的公共资源交易平台,通过招拍挂平台进行改制国企国有资产的转让,具有现实可行性。

（三）加强拟改制国企资产的财务审计，消除国企企业家职务犯罪的外部条件

客观、中立的财务审计，是企业经营状况、资产负债情况的真实反映，也在一定程度上消除了行为人实施犯罪的客观条件。改制中国有企业因其所处阶段和环节的特殊性，进行审计的主体、审计的内容及审计的要求都较严格，对其进行的财务审计与常态下的企业存在较大差异。

1. 对财务审计主体的要求

对拟改制国企的财务审计工作，应依据《意见一》和《意见二》及《中国注册会计师独立审计准则》的相关规定进行，其主体要求是：国有企业改制的审计工作须由改制方案审批单位确定的资质、信誉良好的中介机构进行，不得由参与过上一次资产评估或改制前两年内在企业财务审计中有违法、违纪记录的会计师事务所和注册会计师进行，且财务审计和资产评估不得由同一机构进行。

2. 对审计工作的要求

应根据《企业公司制改建有关国有资本管理与财务处理的暂行规定》[43]中的有关财务和审计工作的规范进行，应对各种资产进行全面清查登记，对各种企业资产及债权进行全面核实，编制资产负债表及财产清册；改制中国企的存货损失、坏账损失、固定资产、股权投资损失等国有企业的损失，应按照《企业资产损失财务处理暂行办法》[44]的规定确认处理；依据国家有关规定，资产减值的，必须由会计师事务所逐笔逐项审核并出具专项意见，与审计报告一并提交国有产权持有单位作为改制方案的依据。财务审计应依据《企业国有资产评估管理暂行办法》[45]《中国注册会计师独立审计准则》及《中华人民共和国企业国有资产法》的规定实施，财务审计中应遵守相应的职业道德规范，恪

---

[43] 财政部《关于印发〈企业公司制改建有关国有资本管理与财务处理的暂行规定〉的通知》(财企〔2002〕313号)。

[44] 财政部《关于印发〈企业资产损失财务处理暂行办法〉的通知》(财企〔2003〕233号)。

[45] 国务院国有资产监督管理委员会令第12号，由国务院国有资产监督管理委员会第31次主任办公会议审议通过，2005年8月25日公布，自2005年9月1日起施行。

守独立、客观、公正的原则,反映企业的实际情况。

(四)依法严厉惩治违法犯罪行为,防范潜在的犯罪发生

中共中央政治局常委、中央纪委书记贺国强同志 2012 年 4 月 23 日在加强基层党风廉政建设座谈会上的讲话时强调,要认真汲取教训,严格执行国有企业领导人员廉洁从业的有关规定⑯……严肃查处在企业重组改制、资产评估、产权交易、资本运营和经营管理中隐匿、侵占、转移国有资产的案件。

1. 对直接责任人的刑事处罚

对国企改制中实施侵吞、窃取、骗取国有资产的行为,依照《刑法》的规定定罪处罚,对共同实施犯罪的,以共同犯罪论处,予以处罚。对不构成犯罪的,应依照《意见一》和《意见二》中拟定的情形进行相应的惩处。同时应注意,对犯罪或违法行为的"严肃查处"或"严厉打击",并非是从重乃至加重处罚,对违法或犯罪行为的"严肃查处""严厉打击"是"执法必严"的要求,这要求司法机关在查处违法犯罪的过程中,严格依照法律的规定进行,不得滥用自由裁量权,故意放纵犯罪或使无罪的人受到追究。

2. 对监事会失职行为的处罚

监事会的职责是对企业的经营进行监督,应对国有企业中的监事会或监事的失职行为予以处罚,监事会或监事明知董事会或董事的违法犯罪行为而不予以及时监督纠正的,应依据《意见一》和《意见二》规定的情形进行处罚,构成渎职犯罪的,应依据《刑法》第九章"渎职罪"中的相关犯罪予以追究;构成不作为犯罪或参与共同犯罪的,依照《刑法》中的相关犯罪追究刑事责任。改制中的国有企业,是职务犯罪的高发领域,应将其作为反腐的重点领域加以监控。

3. 建立不良企业家"黑名单"的限制机制

改制中国企企业家职务犯罪除应追究刑事责任和进行民事赔偿外,还应建立相应的不良企业家"黑名单",对其再次任职或相关的经济活动进行限制,以达到预防犯罪的效果。

---

⑯ 《国有企业领导人员廉洁从业若干规定》(中办发〔2009〕26 号)。

(1) 建立不良企业家"黑名单"

国有企业的董事长、副董事长、总经理等人选是国有资产监督管理委员会任免或委派的,在任命或委派的人员涉嫌违纪、违法或犯罪时,相关部门应会同公司登记管理机关建立此类人员的"黑名单",并向社会公示,限制其再次担任企业、公司的高级管理人员,以预防国企改制中企业家的职务犯罪发生。

(2) 通过"黑名单"发挥限制机制

按照不良企业家涉嫌违纪、违法和犯罪程度的不同,进行不同的限制。

首先,对国企企业家涉嫌违纪行为规定的再次任职限制:改制中国企企业家因违反廉洁性规定受到降职处理的,两年内不得担任与原任职务相当或高于原任职务的职务,此种限制适用于担任中央企业、地方企业及公司的职务;受到免职处分的,两年内不得担任中央企业的领导职务,因造成国有资产重大损失被免职或对资产损失负有责任而受到撤职以上处分的,5年内不得再次担任中央企业的领导职务,造成国有资产特别重大损失的,终身不得再担任中央企业的领导职务。

其次,对国企企业家涉嫌犯罪行为规定的限制:改制中国企企业家因贪污、受贿、挪用公款或破坏社会主义市场经济秩序而被判处刑罚处罚的,终身不得再担任中央企业的领导职务,且刑罚执行完毕后或被剥夺政治权利5年内,不得再担任公司的董事、监事和高级管理人员。

最后,其他方面的限制:不良企业家"黑名单"中的国企企业家,在一定期限内不得注册开办新的企业,同时发布在消费、投资领域作为风险警示。另外,如地方政府规章中有对改制中国企企业家职务犯罪后的任职有限制性规定的,应当予以适用。

(五) 加强廉洁性、守法教育,培养企业家精神

马克思关于内部矛盾和外部矛盾的论述指出,事物的发展是内因、外因相互作用的结果,内因是事物发展的依据,外因是事物发展的条件,外因通过内因起作用。在国有企业改制中的职务犯罪亦是如此,经济转型期的漏洞、监管的缺位、财务审计环节的缺陷,是职务犯罪发生的外部原因,企业家廉洁性、守法意识的薄弱是职务犯罪发生的内部原因,国企企业家的职务犯罪是这两方面因素综合作用的结

果,重视对改制中国企企业家廉洁性、守法意识的教育,是防治国企企业家犯罪的关键所在。

"思想道德失范,世界观、人生观和价值观的扭曲错位,是一些干部堕落的必然结果……要通过树立正面典型,大力宣传真善美,不断强化正确的人生观、世界观、价值观教育。同时,国有企业要加强法纪宣传教育,坚持警钟长鸣。"[47]在进行廉洁性教育时,除了进行有关的宣传工作,还要求企业家依照相关规定,做到如下:

首先,忠实履行职责,不得利用职权便利收受财物或获取不正当利益,不得以权谋私从事同类经营或其他营利性经营活动,做出有损国有企业利益的行为;不得强令下属做出有违国家法律法规、企业规章制度的行为,如私设"小金库"等。

其次,在个人薪酬方面,应严格按照国资委和企业的薪酬规定确定,不得自定薪酬、违规发放奖励、津贴、福利等。

最后,在人事任用方面,坚持民主、平等、公开的原则,不得任人唯亲、利用职务干预企业人员的选用,不得利用职权相互为对方的配偶、子女等亲属就业、经商提供便利。

在守法性的教育方面,应在国企中大力开展法制宣传活动,以案释法,提供各种法律咨询服务,增强国企企业家及相关人员的法制观念、依法经营、依法管理;国企企业家应努力提高自身的法律素养,做到依法办事、不徇私、不枉法,在涉及行为是否违法或犯罪时,应咨询法律顾问或法律专家,以确保自己行为的合法性。

结语

对国有企业改制进程中企业家职务犯罪的防治需要双管齐下,对构成犯罪的行为予以追究和处罚是治理的需要,同时也破除了潜在"投机""侥幸"的犯罪行为人;对职务犯罪的预防则需建立与之相应的防范机制,完善改制机制、规范权力运行、减少财务漏洞,在预防和治理的双重保障下,国企改制中职务犯罪的发生率才会降低,国企的改制工作才会顺利、健康地发展。

---

[47] 梁立思、田继军:《国有企业职务犯罪 原因分析及预防对策》,载《法制与经济》2010年第12期总第260期。

企业家欺诈性被害与中和技术探析

赵 军[*]

一、问题的由来

以2003年全国工商联副主席、山西民营企业家李海仓遭枪杀为节点,企业家被害成为社会关注的热点[①],企业家人身被害成为企业家被害研究的重点。[②] 然而,企业家遭遇杀害、伤害、绑架等暴力侵害并非生活常态,他们在商业活动中因疏漏、失误、冒险等原因被骗而蒙受巨额经济损失,反倒更为普遍。非但如此,"欺诈性被害风险"[③]的不利后果,因与企业经营相连,实质的被害人往往扩及企业股东、员工等众多利益主体。在一定程度上,这种看似"波澜不惊"的被害风险,甚至会影响整个市场环境的培育与营造。在此意义上,有效管控欺诈性被害风险,应是企业家更为迫切的现实任务。

围绕企业家及企业刑事风险控制[④],通常的关注点主要集中在提高风险意识、掌握法律知识、充分发挥专业法律工作人员在企业运营

---

[*] 北京师范大学刑事法律科学研究院副教授,中国企业家犯罪预防研究中心主任助理,中国犯罪学研究会理事,法学博士、社会学博士后。

[①] 参见张国云:《创富时代:如何善待财富和"富人"》,载《中外企业家》2003年第5期,第40—44页。

[②] 参见孟强:《我国"富豪刑事被害"的犯罪学思考——以社会分层理论为视角》,武汉大学2005年硕士学位论文。

[③] 之所以未使用"诈骗"一词,是因为企业家被骗的实际情况千差万别,并不一定符合刑法中诈骗罪的构成要件。出于研究目的的考量,本文的"欺诈性被害"概念取其广义,泛指合法利益因对方欺诈行为受损,不限于遭受诈骗犯罪侵害。

[④] 企业(家)刑事风险既包括企业(家)犯罪风险,也包括企业(家)(刑事)被害风险。

中的作用等方面。⑤ 具体到诈骗犯罪的防范,被害人的盲目轻信、缺乏经验⑥以及被害企业"自我保护机制及其运作过程未曾覆盖,并被诈骗者利用的岗位、制度、工具、业务等","被害死角"则是最为重要的改进方向。⑦ 问题是:

(1)作为社会精英,企业家整体的风险识别控制能力不在普通人之下,有些被害企业家甚至相当精明,他们是如何沦为欺诈目标的?

(2)聘有法律顾问的企业家是如何在"法律外脑"的辅佐下被骗的?

(3)企业家并非法律风险尤其是被害风险控制专家,但为什么有的企业家却能有效回避商业骗局?

只有弄清这些疑问,企业家欺诈性被害风险的促成迷雾才可能得以破解。

二、研究的方法

有关企业家被害风险的研究,大多基于司法卷宗或媒体报道,资料来源的局限成为阻碍研究深入的关键。一方面,刑案卷宗因追诉犯罪的需要须以影响定罪量刑的情节为中心,被害风险并非关注的重点,该特征会自然传导给报道司法结果的媒体文本,故两者均非被害研究的理想素材;另一方面,事后"复原"出的"被害性"⑧,必然带有"复原者"(警察、记者等)的主观印迹,即便某些叙述出自被害人之口,被害人在结果已然发生后的自我诠释或自我责难,同样会导致被

---

⑤ 参见王荣利:《企业家的法律风险与防范》,载《上海国资》2007年第9期,第67—68页。

⑥ 参见刘保瑞、宋浩波:《经济诈骗犯罪被害人的被害性分析及预防》,载《山东公安专科学校学报》2003年第6期,第92—94页。

⑦ 许多研究者和通俗读物将"贪财"或对财富的"过度追求"视为诈骗被害的"诱因",但正如不能以人类的一般需求解释犯罪,也不能以这种一般需求解释被害。出于聚焦研究主题的考虑,本文未对这种带有明显意识形态色彩且存在明显方法谬误的被害归因展开讨论。参见白建军:《金融骗局的被害现象和要因分析》,载《华东政法学院学报》2001年第3期,第10—18页。

⑧ 日本犯罪学家宫泽浩一认为,被害人的被害性是指在犯罪过程中与犯罪的发生有关的各种条件中属于被害人的各种条件的总括,这些条件反映了被害人的容易被害的特性。

害过程的变形。故此,有必要采参与观察法⑨对企业家被害过程展开实时观察,尽可能抛却研究者先入为主的偏见,屏蔽研究对象事后的"主观整理",在真实被害情景与演进中探寻企业家被害促成的密码。为进一步祛除研究对象因意识到"被观察"而可能导致的行为变形,本研究采用了隐蔽观察者身份的"作为参与者的观察"(observer as participant),即"以所观察社区或群体中的一个真实成员的身份去参与其中并进行观察"。⑩

出于研究者自身条件及研究主题的考量,笔者先通过代理一件民事案件认识了某投资公司的黄总,其时黄总正陷于多重法律纠纷之中。一是出于对笔者专业表现的认可;二是出于对公司原法律顾问法律意见的疑惑,黄总主动与笔者取得联系,咨询相关法律问题,并就此建立了长期合作关系。之后,笔者多次以法律顾问身份与黄总就相关问题进行沟通、探讨,并展开了必要的实地调查。

三、观察的结果

(一)关键人物

黄总,某投资公司老板;许总,某房地产公司实际控制人,两人相识多年。

(二)涉案项目

许总公司的楼盘建成后,最具商业价值的部分因所需资金量大,使开发受阻。黄总提出以4亿元价格将该部分房产买下,以做整体开发。双方就此签订商品房预售合同,黄总公司依约支付首付款8 000万元。为支付余款,黄总依约定物色融资对象,许总公司则依黄总指定,从已预购房产中分割相应面积与融资对象签订商品房预售合同,

---

⑨ 参与观察法(Participant Observation)就是研究者深入到所研究对象的生活背景中,在实际参与研究对象日常社会生活的过程中所进行的观察。参见风笑天:《社会学研究方法》(第2版),中国人民大学出版社2005年版,第258页。

⑩ 风笑天:《社会学研究方法》(第2版),中国人民大学出版社2005年版,第260页。

并到房地产管理部门网签备案⑪,融资对象向许总公司支付的"购房款"视为黄总公司支付的购房余款。同时,黄总公司与融资对象签订"房屋回购协议",承诺一定期限内以高于融资对象所付房款的价格"回购"相应房产,以达成融资支付余款的目的。按黄总的设想,一旦将涉案楼盘整体打造并招商成功,资金缺口即可迅速补足,这相当于用 8 000 万元资金成功运作 4 亿元的项目。

(三) 变故

很快,黄总运用该模式成功融资 2 亿余元购房款。期间,房价暴涨,项目前景看好。不想黄总生病住院,初诊"疑似肝癌"。许总得知后异常热心,请"名医"登门问诊,结论为:时日不多,忌操劳,唯静养并配以"秘方",方有一线转机。正值融资支付余款并大规模招商的关键期,若就此停下,黄总不仅会因不能按时支付余款而失去房产,还可能承担无钱"回购"融资对象所购房产(实质上是还本付息)的违约责任。为难之际,许总提出解除双方的商品房预售合同的方案,黄总所融资金本息由许总公司承担,涉案房产交许总开发,并口头承诺"获利后少不了黄总的"。万念俱灰的黄总只想摆平后事,在"解除协议"上签了字。数月后,黄总健康状况好转,发现先前"疑似肝癌"属"误诊"。此时,涉案楼盘市值已超 6 亿元,许总对当初有关利益分享的承诺绝口不提。

(四) 补救

黄总与其法律顾问商量对策,顾问认为,理论上可依《合同法》第 54 条以"解除协议"显失公平或对方涉嫌欺诈、乘人之危为由请求人民法院撤销"解除协议",但无绝对胜诉把握。黄总担心败诉后彻底失去参与利益分配的可能,决定暂与许总维持"合作关系"。黄总觉得:"好歹我直接投了 8 000 万元,还为项目融资了两个多亿,我在楼盘大幅增值的情况下拱手相让,你赚了钱怎么也得有我一份吧!"

期间,许总公司继续以涉案楼盘作抵押对外融资,但他在外地的

---

⑪ "网签"是房地产管理部门为规范房地产企业销售房屋、防止开发企业"捂盘惜售"及"一房多卖"而建立的网络化管理系统。黄总的公司之所以未与许总公司就涉案房产进行"网签",就是为了便于前者用涉案房产对外"融资"。

另一项目却因当地领导人事变动而搁浅亏本。随着融资额的增长及实体项目陷于困境,许总在与黄总闲聊时逐渐流露出"见好就收"的想法——"如果能让融到手的钱变成自己的而又能全身而退就好了"。这让黄总感到不安,便试探许总对利益分配的态度,许总顺口说道:"等我整体融资成功后,把地下负一层交给你如何?"

(五)求助

预感形势不妙,黄总通过朋友找到一家知名律师事务所求助,该律师所提出的方案是:先对许总公司发函解除双方的"解除协议",若对方不依《合同法》第96条的规定"请求人民法院或者仲裁机构确认解除合同的效力",则以"解除协议"终止,黄总公司即可请求法院支持履行原商品房预售合同,从而整体收回涉案楼盘。

黄总对该方案的预期结果非常满意,但对其可行性存疑,请笔者对之进行评估。笔者在全面了解了案情并展开实地调查后获知,许总为利用涉案楼盘整体融资实现利益最大化,正设法解除现有融资对象在涉案楼盘上设立的抵押权或其他权利。其中最大一笔融资是严总公司以"购房款"名义支付给许总公司的1亿元。依约,黄总公司应以1.5亿元"回购"该部分房产,现黄总退出,严总同意许总公司以同样价格"回购"房产,以解除双方就该部分房产的网签。许总提议先支付严总公司5 000万元解除网签,余款融资成功后一次付清,严总拒绝。严总私下对笔者说,一旦网签解除,他就失去了主动权,他绝不会上许总的当。

综合多方情况,笔者为黄总提供了如下意见:(1)某知名律师事务所方案所设目标难以达成;(2)建议以返还8 000万元"购房款"为由提起诉讼,并对涉案房产进行保全。对方因无充足现金流,为实现整体融资目标,有可能与黄总达成妥协重新合作。即便不妥协,黄总公司的原始购房款可确保收回。

(六)被害

黄总未接受笔者所提意见,其理由是:(1)楼盘只要让他运作,一定能打造为极具价值的珠宝城;(2)经验表明,只有高风险才能带来高收益,风险是收益的必要成本;(3)如为收回成本,根本不用打官司,既然对方认可"解除协议",就该退钱;(4)如不对抗,许总会把负一层给他,而负一层价值1亿元;(5)做生意与做律师不一样,律师讲究依法、安全、稳妥,生意人这么做就会失去商业机会。

对此,笔者向黄总作了如下风险提示:(1)有关负一层的"承诺"无书面合同,结合许的前期表现,兑现可能性极小;(2)许总项目受阻,无真实投资意向,融资极可能是为了套现,而且一旦成功,整个涉案楼盘都将设立抵押权,黄总难以从中获利;(3)许总已将公司法定代表人变更为他人,融资后"跑路"或转移资产的可能性较大;(4)许总公司多方负债,涉案房产一旦被其他债权人先行保全,黄总收回"购房款"这一底线要求就会落空。

黄总对这些提示表示理解,但他认为:(1)在涉案楼盘大幅升值的情况下,许总为弥补售价过低的利润损失而设法收回已售房产是可以理解的,但他不至于卷钱走人;(2)许总与自己是多年朋友,自己将升值楼盘拱手相让,让他多赚数亿,他用负一层补偿自己是应该的,就算要卷钱走人,也不会害自己这个"恩人";(3)许总未退款不是为侵占购房款,而是因资金紧张,再说自己也未明确提出退款要求,许总未退款也可说是仍把自己当做项目投资人或合作者;(4)许的资金状况无力支付严总1.5亿元"回购款",其整体融资必然受阻,许在项目无法运作的情况下,就会重新寻求与自己合作开发。

基于此,黄总未对许总公司提起诉讼并保全财产,这为对方将涉案楼盘分割抵押融资套现并以种种手法掏空公司,将资金据为己有提供了可能。期间,对方为稳住黄总,还假意与黄总商量所谓"开发方案"。

四、分析与讨论

(一)企业家欺诈性被害,未必缘于风险识别及控制能力低下

除市场行情等客观因素所引发的普通商业风险外,回避各种人为陷阱、防范欺诈性被害风险损害企业利益,是企业家经营、管理、决策中最重要的风险控制目标之一。风险防范以风险识别及控制为前提,故从逻辑上讲,企业家对欺诈性风险的识别及控制能力,将在相当程度上决定其遭受欺诈侵害的概率与程度,这恐怕也是通常研究将经济

诈骗被害归因于被害人盲目轻信或缺乏经验的原因。[12] 类似归因对普通人,尤其是对那些缺乏社会经验的家庭主妇、涉世未深的青年以及与社会生活隔绝已久的退休老人或许适用,但对于认知判断能力、商业社会经验以及风险控制资源整体优于普通人的企业家群体而言,则未必契合。

本案黄总在所购楼盘大幅升值时与对方解除了预售合同,该决定虽有健康状况恶化、医院误诊、对方恶意夸大病情等多重因素的影响,但黄总对解除合同所带来的利益损失却有明确认知。得知身体无碍后,为挽回损失并防范原始房款的安全风险,黄总在多位律师的帮助下,对各种可能的应对方案进行了细致评估。

首先,若不在除斥期间内请求法院撤销"解除协议"以恢复原合同效力,许总让黄总参与利益分配的可能性较小,可一旦败诉,就会完全失去参与利益分配的机会。

其次,发函解除"解除协议"并通过诉讼恢复原合同效力几无成功可能,但该方案包含财产保全措施,客观上能在一定程度上控制原始购房款的安全风险。

再次,以返还购房款为诉讼请求、以财产保全倒逼对方妥协的方案较为稳妥,但存在仅回收购房款而无法分享涉案楼盘利益的可能。

最后是黄总"按兵不动"、静待对方整体融资受挫后重新与自己合作的方案,该方案存在对方融资后"套现跑路"或以某种方式掏空、转移公司资产以致债权无从实现的可能。

黄总最终放弃专业方案、冒险实施其守株待兔式的"补救措施",是利用自身知识经验及多方专业人士的"外脑",对各种风险进行详尽评估、反复权衡后的自主选择。值得注意的是,黄总在这一过程中,表现了极强的法律资源调度能力。显然,黄总在被害风险向损害后果推演的实际进程中,完全有机会与能力避免原始购房款损失殆尽。也就是说,最终导致黄总损失的关键抉择,既不源于他对被害风险的识别不能,也不源于他对被害风险的控制不能。由此可见,企业家欺诈性被害未必肇因于风险识别及控制能力的低下。

---

[12] 参见刘保瑞、宋浩波:《经济诈骗犯罪被害人的被害性分析及预防》,载《山东公安专科学校学报》2003年第6期,第92—94页。

(二)"被害风险合理化"是企业家欺诈性被害的关键促成因素之一

自以色列学者、被害人学创始人本杰明·门德尔松提出"被害性"(victimity)概念以来,"被害人的共同特性"[13]便成为被害人学聚焦的重点,由被害人自身特征探寻被害性之内涵,在一定程度上成为被害人学最为通常的研究范式与学术传统。具体到欺诈性被害,"经济诈骗犯罪中易被选择为侵害对象,并且容易被诈骗成功的被害人本身具有的特征",则被视为此类被害促发的关键,这些特征包括被害人相关知识、社会经验的欠缺,易轻信、易盲从的个性心理特征,等等。[14]然如前所述,企业家作为社会精英,其知识阅历、商场经验、风险识别及控制能力至少整体强于普通民众,将该群体的欺诈性被害主要归咎于素质缺陷,在经验和逻辑上是有疑问的。由本文案例可见,黄总作为一位颇具商业头脑、社会经验丰富、处事谨慎的企业家,其损失并不肇因于他对许总的轻信、对潜在风险的认知障碍或回避不能。相反,黄总明知原始购房款面临巨大安全风险,仍执意放弃诉讼以致错过被害规避的最佳时机,是因为他发展出了一套为其冒险行动辩护的"理由"。

一方面是为对方辩护,否定或淡化对方实施加害行为的可能性。黄总首先"合理化"了对方一系列在一般人看来含明显不良动机、足以征表加害倾向的行为:对方设计收回已售楼盘以规避低价出售所致损失,被黄总解读为"可以理解";对方不退房款,被黄总归结为资金紧张且自己亦未提退款要求。此外,黄总还"以君子之心度小人之腹",刻意以善意揣度并合理化对方的心理:不退款与把负一层交给自己的口头承诺相印证,说明对方仍把自己视为项目的投资人或合作者;自己将房产升值利益让予对方,对方就算"卷钱走人",也不至于害自己这个"恩人"。

另一方面是为自己辩护,将成功概率极低、被害风险极大的冒险策略正当化。上述围绕对方行为及心理的合理化解释具有强烈的主

---

[13] 〔德〕汉斯·约阿希姆·施奈德:《国际范围内的被害人》,许章润译,中国人民公安大学出版社1992年版,第18页。

[14] 参见刘保瑞、宋浩波:《经济诈骗犯罪被害人的被害性分析及预防》,载《山东公安专科学校学报》2003年第6期,第92—94页。

观建构色彩,针对对方已显露的不良倾向有太多的"选择性无视",要想在逻辑和情理上彻底否定对方实施加害行为的可能性是不可能的。此时,主流经济学及社会通念有关企业家精神的论说,为黄总的冒险行动提供了最为关键的"理论武器"。奈特认为,企业家精神与风险或不确定性紧密相连,没有甘冒风险和承担风险的魄力,就不可能成为企业家。[15] 彼得·德鲁克甚至认为,企业管理的核心内容,即是企业家在经济上的冒险行为。于是,冒险被视为企业家精神的天性,人们相信,没有一定程度的冒险,现代企业将很难在激烈的市场竞争中存活并有所发展。正是企业家在商业上的冒险与进取,成就了企业的进步,也成就了社会经济整体向前发展。从这个意义上讲,冒险是企业家生存的基本方式,其负面效应是社会经济发展必须付出的成本与代价。这些有关企业家精神的主流话语与黄总自身经验相结合,使其对"只有高风险才能带来高收益,风险是收益必要成本"的说法深信不疑,也为其成功概率极低、被害风险极大的冒险策略正当化提供了有力注脚。

在此有必要对比黄总与本案另一企业家严总在近似情境下的不同应对策略。面对许总先行支付5 000万元"回购款"以解除网签、余款融资成功后付清的提议,严总断然拒绝。其时,严总与黄总都意识到了许总不兑现承诺的风险,也都有回避损害发生的可能。相对严总,黄总因只得到了许总含义模糊的口头承诺而面临更大的被害风险。按理,黄总采取有效风险回避策略的必要性更高,但实际结局却正好相反。导致两位企业家面对同一对象作出迥异选择的原因固然很多,但黄总找到了一套合理化被害风险的解释方法,无疑是其中最为关键的促成因素之一。申言之,能否将客观存在的被害风险合理化,是企业家会否甘冒风险并最终被害的关键。

(三) 作为犯罪理论的"中和技术理论",对企业家被害亦具相似解释力

"中和技术理论"(techniques of neutralization theory)是由美国犯罪学家 Sykes 和 Matza 于1957年提出的一种关于少年犯罪心理的理

---

[15] Knight F. H. Risk, Uncertainty and Profit. New York: Houghton Mifflin, 1921: 1-60.

论,该理论能够解释那些奉行传统价值观的犯罪人,如何通过"中和技术"抵消内心罪恶感以顺利实施犯罪。[16] 相对于"少年犯罪亚文化群理论"(theory of delinquency subcultures)将下层阶级青少年犯罪归结为他们对中产阶级主流文化规范及价值观反抗的观念[17],中和技术理论不仅能解释下层青少年的犯罪行为,也能解释奉行主流价值观的中上阶层青少年的犯罪现象。本研究显示,中和技术理论对犯罪的对应物——被害,亦具相似解释力。尤其在企业家欺诈性被害问题上,相对于传统被害人学将被骗归结为被害人知识经验欠缺、易轻信、易盲从等被害性的探讨思路,中和技术理论对那些久经商海磨砺、整体风险识别及控制能力强于普通人的企业家落入欺诈陷阱,具有更优的解释力。

Sykes 和 Matza 于 1957 年提出了五项与犯罪相关的"中和技术":

(1) 否认责任(denial of responsibility):"这不是我的错";

(2) 否认损害(denial of injury):"我的行为没有伤害他人";

(3) 否认被害人(denial of victim):"他罪有应得";

(4) 谴责谴责者(the condemnation of the condemners):谴责自己的人是伪君子;

(5) 高度效忠群体(the appeal to higher loyalties):为了忠诚和顺从他人及小集团利益可以破坏社会规则。[18]

其后,Klockar 和 Minor 又补充了四项中和技术:

(1) 瑕不掩瑜(metaphor of the ledger):情有可原,无伤大雅;

(2) 法不责众(claim of normalcy):"很多人都这样";

(3) 否定消极故意(denial of negative intent):"我不是故意的";

(4) 相对可接受(claim of relative acceptability):"别人更坏"。[19]

从本文案例可见,这些帮助犯罪人将其犯罪行为合理化的"犯罪中和技术",也能部分运用于被害风险的合理化,成为"被害中和技术"。

---

[16] Sykes, Matza, Techniques of Neutralization: A Theory of Delinquency [J]. American Sociology Review, 1957(22):667-670.

[17] 参见吴宗宪:《西方犯罪学史》,警官教育出版社 1997 年版,第 652 页。

[18] 参见刘广三、咸丰刚:《"中和技术理论"与青少年犯罪研究》,载《烟台大学学报》(哲学社会科学版)2005 年第 4 期,第 384—387 页。

[19] Klockars. R. B, The Professional Fence. Free Press, New York, 1974.

黄总首先是"否认加害"(对应于"否认被害人"),利用各种说辞否定或淡化对方侵吞原始购房款的可能。其次是"否认(被害)责任",既然高收益必然伴随高风险,承担风险就是获取收益的必要成本,亦即通过将被害风险解释为经营、市场风险,以否认被害责任。再次是"否认风险提示者"(对应于"谴责谴责者"),为说服自己拒绝风险提示,黄总认为律师"依法、安全、稳妥"的做法在商业领域会坐失商机。最后是"冒险动机的正当化"(对应于"高度效忠群体"),将冒险动机解释为供养家小,以缓解内心伦理压力。这些都是与犯罪中和技术相似的自我辩护策略。

值得注意的是,在被害风险合理化过程中,黄总特别强调预期利益实现的可能性——对方资金状况不佳,整体融资难以成功;一旦运作受阻,对方就可能重新与自己合作;只要能参与项目,自己即可通过巧妙的商业运作从中获利。客观地说,这一极为渺茫的获利路径,一般人并不容易想到,它需要相当敏锐的"商业洞察力"。不幸的是,黄总的"洞察力"在该案中成为其放大获利可能从而合理化其被害风险的工具,这对最终损失的形成起到了十分重要的作用。与上述那些对应于传统犯罪中和技术的被害中和技术相比,放大获利可能在企业家欺诈性被害过程中显得尤具特色。即便如此,类似"特色技术"依然未脱离中和技术理论的逻辑框架,无损中和技术理论对企业家欺诈性被害的整体解释力。

(四)"被害中和技术理论"对企业家被害风险控制具有重大实用价值

被害人使用的中和技术与传统的犯罪中和技术大体相似,但亦具若干差异及特色,故不妨将合理化被害风险的中和技术称为被害中和技术,将由此发展出的理论称为"被害中和技术理论",作为传统中和技术理论的派生理论或子理论。从本文研究看,被害中和技术理论的大致内容是:部分被害并不肇因于被害人被害风险识别能力或控制能力的欠缺,而是由于他们能够运用被害中和技术,对其所面临的被害风险予以合理化解释,从而缓解或消除被害风险所带来的心理压力,以便实施冒险行为并最终被害。显然,该理论的提出不只是为了发展或完善传统的中和技术理论,该理论对某些类型的被害风险控制,尤其是对企业家欺诈性被害风险控制具有重大的实用价值。

　　传统被害性理论较强调从被害人自身特征挖掘被害性之内涵,由此导出的被害预防策略也多围绕被害人自身特征展开,但这种被害预防思路对企业家欺诈性被害未必适用。对商业知识及社会经验较普通人更丰富、法律服务资源较普通人更优越、被害风险识别及控制能力较普通人更强的企业家而言,诸如强化被害风险提示、学习相关知识、寻求法律服务一类的"常规措施"未必奏效。相反,切断这些企业家展开被害中和的技术路径,才是防止被害的关键。对于"否认加害",可对之详细说明、展现、推演加害发生的可能路径,结合常见诈骗手法和具体案情,让其感受到被害风险逼近的现实性;对于"否认(被害)责任",应让其认识到:无论有何理由,被害后果及其负面影响均将由被害企业、企业家甚至企业家的家人承受,将可规避的被害风险混同于合理的商业经营风险,并不能减轻被害损失,更不能以此推卸"被害责任";对于"否认风险提示者",可向其展示被害风险控制的专业价值,让他们明白人为欺诈引发的被害风险与市场行情等因素导致的商业风险是不同的,被害风险控制并非其长项,借助外脑听取专业人士的意见才是明智之举;对于"冒险动机的正当化",应针对具体理由提出反驳意见,譬如一旦后果发生,不利影响的承受者往往就是冒险行为假定的受益者,也可直接指出在明知被害风险存在的情况下作无谓冒险,属于不负责任的非理性举动;对于"别人也这么干"的自我辩护,应明确指出别人是否同样冒险与被害风险的大小无关;对于被害后"很多人都被害了"的辩解,则因有利于被害心理的平复而不必解构反驳;而对于"放大获利机会"这种颇具被害中和特色的技术,则应结合具体案情,揭示实现获利所需诸多苛刻条件的"主观构建性",以及被害风险逼近的客观现实性,以打消其一厢情愿的冒险获利幻想。

　　总之,对于并不欠缺被害风险识别及控制能力的企业家而言,由传统中和技术理论衍生而来的被害中和技术理论,能提供较传统被害预防策略更具实用性、操作性、针对性及有效性的应对思路。

五、建议

　　被害中和技术理论对企业家欺诈性被害具有相当优越的解释力,对于企业家欺诈性被害预防具有重大实用价值。下一步,有必要从两个方向对这一脱胎于传统中和技术理论的派生理论予以拓展和深化：一方面,应进一步探索企业家欺诈性被害人在具体情境中发展出的具体被害中和技术,并在此基础上寻求、设计、检验相应的破解方法,为企业家欺诈性被害预防提供更有效的应对策略;另一方面,应进一步检验被害中和技术理论对企业家欺诈性被害以外的其他被害现象的解释力,这一学术努力有可能使被害中和技术理论成为传统被害性理论的有益补充,并整体拓展被害预防对策的设计思路。当然,这样的努力将使围绕犯罪问题展开的传统中和技术理论更为完善。

美国惩治白领犯罪法治发展的要素分析与借鉴

赵 赤[*]

如何有效预防和惩治日益高发的职务犯罪,是我国当前和今后一个时期亟待面对和解决的重大课题。2013年党的十八届三中全会通过的中共中央《关于全面深化改革若干重大问题的决定》指出,在全面深化改革的进程当中,要"总结国内成功做法,借鉴国外有益经验,勇于推进理论和实践创新",要"健全反腐倡廉法规制度体系,完善惩治和预防腐败"。毫无疑问,推进我国预防和惩治职务犯罪的法治建设,需要借鉴国外的有益做法和成功经验,由此需要加强相关的域外研究及中外比较研究。纵观近年来我国学界关于职务犯罪的域外研究和比较研究,虽然取得了一些积极成果,但还存在着明显不足。

首先,以关于职务犯罪的犯罪学研究为例,我国整体的犯罪学基础研究还相当薄弱,难以为包括职务犯罪在内的具体犯罪问题研究提供较好的理论基础和方法支撑。正如学者所言:新中国犯罪学研究是改革开放30年间获得发展的。客观地说,我国犯罪学经过30年的发展,还存在很多现实问题,除了国家有关部门对犯罪学重视不够等外部困境之外,内部困境主要是基础理论研究薄弱、研究方法不足,以及学术视野过于狭隘等。[①]

---

[*] 桂林电子科技大学法学院副教授、法学博士、硕士生导师。
[①] 参见张旭、单勇:《犯罪学基本理论研究》,高等教育出版社2010年版,第123页。

其次,就具体犯罪而言,我国学界关于国外惩治职务犯罪的研究文献还较为少见②,仅有的几篇研究文献主要也是就个别问题进行展开③,较为深入、系统、新颖的研究更是少见。有鉴于此,我国学界现有关于国外惩治职务犯罪的典型认识也就值得考证和质疑了。比如,有学者认为:"与国外的刑罚设置相比,我国的立法并不显得轻缓。因此,这就涉及如何界定职务犯罪的轻刑化的问题?我国现今的状况应该是执法过程中有轻刑化的趋势,立法上却不是轻缓而是过于严厉。"④我国现行关于职务犯罪的刑事立法是否如学者所说的过于严厉呢?显然,要得出这方面的稳妥结论,针对相关问题进行全面、准确的域外研究和比较研究颇为必要。

综上可见,为了推进我国惩治职务犯罪的理论和制度创新,需要加强与此相关的域外研究与比较研究。考虑到美国惩治职务犯罪法治在世界上的重要影响和突出地位,本文拟就美国惩治职务犯罪的研究支撑、政策演变及立法完善及其启示借鉴展开考察分析,以抛砖引玉。

一、美国"白领犯罪"概念界定的内涵嬗变

我国所说的"职务犯罪",美国习称为"白领犯罪"(white-collar crime),该术语首次由美国著名犯罪学家萨瑟兰(Sutherland)于1939年在美国社会学协会的演讲中提出。⑤ 萨瑟兰提出"白领犯罪",旨在质疑关于犯罪的传统观念和理论。当时,犯罪通常被认为是来自缺陷家庭或者堕落的邻里社区的问题少年所为。从内涵上看,萨瑟兰所称的白领犯罪,是指那些有权和有钱人所实施的犯罪行为。萨瑟兰这样界定白领犯罪:"也即由那些受到尊敬以及职业生涯中社会地位高的

---

② 笔者在知网中以"职务犯罪"为标题以及关键词进行检索,结果仅找到几篇关于国外职务犯罪的学术论文,且多是发表在10年以前,也即21世纪初,且是关于国外惩治职务犯罪的大致介绍。

③ 如有学者介绍了国外研究职务犯罪的国外经济学研究成果,有效遏制职务犯罪的相关因素。参见张荣:《基于生命周期假说的职务犯罪经济学模型》,载《系统工程理论与实践》2007年第8期。

④ 张建升:《职务犯罪的刑罚与轻刑化的遏制》,载《人民检察》2010年第17期。

⑤ 该演讲于次年也即1940年以《白领犯罪》(white-collar criminality)的论文名,发表在《美国社会学评论》杂志上。

人士所实施的犯罪。"⑥萨瑟兰认为,白领犯罪常常由法院中的民庭处理了事,因为其受害一方往往在意的是损害赔偿而不是坚持要求犯罪人受到刑罚处罚。他还相信,白领犯罪中的多数并未成为犯罪学研究的关注对象。此外,萨瑟兰还注意到了白领犯罪与街头犯罪的不同特点,认为"与街头犯罪不同的是,白领犯罪会导致针对经济和社会体制的不信任感,损害公共道德以及蚕食针对商业和政府的信赖"。⑦应当说,萨瑟兰关于白领犯罪的研究成果,成为西方犯罪学研究中的里程碑,因为他实现了犯罪学研究对象的重大转变,也即关注富人和权贵所实施的犯罪。

自萨瑟兰于20世纪30年代末首倡"白领犯罪"至今,美国关于该类犯罪的学术研究及法治发展长达80余年。伴随着这一进程,美国社会关于"白领犯罪"的概念使用及其内涵理解不断演进,其轨迹和特点可归纳为如下三个方面:

首先,从概念使用上看,先后出现的与"白领犯罪"相同或类似的概念,有助于多视角认识该类犯罪的特征及其危害。比如,盖斯(Geis)于1974年提出了"业余犯罪"(avocational crime);美国律师协会于1976年提出了"经济犯罪"(economic crime);科里纳德和奎尼(Clinard & Quinney)于1986年提出了"法人犯罪"(corporate crime);格林(Green)于1990年提出了"职务犯罪"(occupational crime);科里纳德和奎尼还于1990年提出了"职务犯罪"(professional crime);阿巴尼斯(Albanese)等于1995年前后提出了"上层社会犯罪"(upper-world crime);西蒙(D. R. Simon)于1999年前后提出了"精英越轨"(elite deviance)。以上关于"白领犯罪"的概念多样化趋势,一方面反映了学者不同的研究视角,另一方面也有助于针对此类犯罪的深入认识。

其次,从概念内涵上讲,美国社会关于白领犯罪内涵界定的主流认识趋于广义。前面已述,萨瑟兰所理解的白领犯罪是指那些受到尊敬以及职业生涯中社会地位高的人士所实施的犯罪。显然,那时的白

---

⑥ Edwin Sutherland, White-Collar Crime: The Uncut Version. Yale University Press, 1983.

⑦ Edwin Sutherland, White-Collar Criminality, American Sociological Review, 5, 1040, pp. 2-10.

领犯罪所强调的是犯罪人的社会地位也即身份。与此不同,当代语境中的白领犯罪,不再拘泥于犯罪人的身份,而是突出了其犯罪圈的多样性特征。比如,当下白领犯罪的行为方式不但包括规避收入税、信用卡欺诈、破产欺诈,还包括那些利用其在业务或者政府的信任地位所实施的犯罪行为,如偷盗、索取贿赂或者回扣、侵占挪用等。此外,当今美国关于白领犯罪的官方理解同样更加宽泛。比如,美国司法部对白领犯罪进行了如下且至今有效的定义:"是指那些非暴力的违法行为,涉及传统上的欺诈、欺骗、隐匿、违背信任、诡计或者非法规避。"应当说,上述白领犯罪的行为类型相当广泛。

再如,前美国司法部欺诈处负责人赫伯特·艾德赫兹(Herbert Edelhertz)主张将白领犯罪分为四类:一是由个人或者有组织地实施的犯罪;二是在一个人的职业生涯当中通过以违反忠诚以及公共信赖而经营内部业务或者操作政府机构所实施的犯罪;三是在业务经营中所伴随的或者助长发生的犯罪,但实施该犯罪并不是该组织的中心目的;四是作为一种业务或者中心活动而实施的白领犯罪。[⑧] 不难看出,以上也是一种针对白领犯罪内涵的广义理解。

最后,从关注重心上说,美国关于白领犯罪的研究模式和研究重心也经历了变迁。一方面,美国20世纪30年代到50年代流行的白领犯罪研究模式,是社会紧张、社会学习等传统的犯罪学范式,而20世纪70年代以后的白领犯罪研究模式,则是以组织理论为主导。正如美国学者所言:自20世纪70年代以来,在美国等西方国家对"组织犯罪"(organizational deviance)的研究,一直就是白领犯罪研究中的主要话题,由此区别于此前20世纪30年代到50年代以默顿(Merton)、萨瑟兰(Sutherland)和克雷西(Cressey)等为代表的关于社会紧张、社会学习和动机合理化的理论观点。[⑨] 应当说,美国关于白领犯罪的主流研究模式,从以前的以社会学习等为代表的传统模式演变为以组织理论为主导的现代模式,不但体现了研究的深入,更重要的是表征了

[⑧] 本部分参见 Hank J. Brightman, Lindsey M. Howard, Today's White-Collar Crime: Legal, Investigative and Theoretical Perspectives, Routlege, 2009: pp. 210-211。

[⑨] Hank J. Brightman, Lindsey M. Howard, Today's White-Collar Crime: Legal, Investigative and Theoretical Perspectives, Routlege, 2009: p. 211。

其向企业组织的研究重心转移。另一方面,这种白领犯罪研究模式及重心的转移,最终也会反映到相关的概念体系当中。比如,科里纳德和奎尼(Clinard & Quinney)于1973年提出将白领犯罪区分为两种类型,也即"职务犯罪"(occupational crime)与"法人犯罪(公司犯罪)"(corporate crime)。实际上,这种分类至今仍是美国关于白领犯罪的主流分类。更有甚者,就"职务犯罪"与"法人犯罪"这一亚种分类而言,事实上,自20世纪70年代以来,美国等西方国家的学术研究则是忽视前者而聚焦于后者。总之,自20世纪70年代以来,美国等西方国家的学术研究的主要对象已经由从前的"职务犯罪"(occupational crime)转变到"法人犯罪"(corporate crime)。

二、美国"白领犯罪"学术研究的政策意蕴:以犯罪学为例

众所周知,犯罪学是刑事法学领域中的基础性学科,它是惩治犯罪中观念提升和政策完善的学科支撑和重要依据。"二战"以来,美国的犯罪学研究世界领先,举世瞩目,这同样表现在白领犯罪的犯罪学研究方面。以下以关于白领犯罪的精英越轨理论和犯罪生涯理论为例,予以适当分析。

1. 精英越轨理论

在美国,采用精英越轨理论解释白领犯罪,主要形成于20世纪90年代中期。比如,美国著名社会学家怀特·米尔斯(Wright Mills)将社会中主要的企业主管、社会名流、军队领导人和政治家并称为"权力精英"(the Power Elite)。犯罪学家大卫·R. 西蒙(David R. Simon)对此予以继承并以精英犯罪为研究领域。他于1996年出版《精英越轨》(*Elite Deviance*),还于1999年与犯罪学家弗兰克 E. 哈根(Frank E. Hagan)合作出版《白领越轨》(*White-Collar Deviance*)。西蒙认为,现代学术在犯罪研究方面忽视的一个领域,就是存在于大型企业以及产业社会中的违法行为。西蒙坚称,主要的大型企业对政治系统有着"幕后的影响力",可称之为"看不见的政府"(the invisible government)。西蒙的研究证明,政府针对私营企业的监管职能难以获得真正的信任,必须找到这方面的替代性措施。在这方面,约翰·布雷斯韦特(John Braithwaite)提出了一个著名的建议,也即建议政府迫使每个企

业结合自身具体情况制定各自适当的规则。比如,学者大卫·弗里德里希(David Friedrichs)就认为:"政府甚至不具备监督并充分管理好企业活动、零售商业、专业人员以及白领或蓝领企业家所需的资源或者技能。"[10]2002年,美国制定了旨在打击上市公司中欺诈行为的《2002年萨班斯-奥克斯利法》(the Sarbanes-Oxley Act of 2002)。该法案共有7个部分,旨在提升投资者对上市公司的信任,同时也防止像安然公司那样的大企业垮台。该法规定了十分严厉的刑法条款,如第302条规定,改动、销毁、破坏、隐匿以及伪造金融单据的,处以最高20年监禁。《2002年萨班斯-奥克斯利法》的实施,有力地打击了白领犯罪日益滋生的势头。(比如,在2003财政年度,依据该法查处的金融诈骗案件就有199起,致使32家企业暂停交易。在同一时间里,共有36个人或者企业的资产被冻结,政府禁止了110名企业高管从事相关的管理岗位。)[11]

以上可见,关于精英越轨的犯罪学研究有助于深入认识白领犯罪的事实危害,以及现行防控机制的局限及漏洞,尤其是政府在监管企业违法中的职能不到位问题,由此催生针对白领犯罪的立法完善和执法加强。

2. 犯罪生涯理论

犯罪生涯(criminal career)是指犯罪行为在一定时期内的发展和进展,它是发展犯罪学(developmental criminology)中的核心概念。西方国家的大部分理论都是探讨犯罪与生物学、心理学和社会学因素之间的关系。相反,发展犯罪学十分重视年龄因素。就是说,发展犯罪学以生命过程为背景解释犯罪行为。在美国,犯罪生涯研究起源于20世纪30年代,七八十年代得到了大量采用并获得较大发展。[12] 然而,长期以来犯罪学家的犯罪生涯研究关注的仅仅是一般犯罪和街头犯罪,明显忽视了白领犯罪。这是因为,长期以来,白领犯罪一直被认为是一次性犯罪(one-shot offenders),但白领犯罪的发案率是否真的如

---

[10] Friedrichs, D. O. Trusted Criminals: White Collar Crime in Contemporary Society. Thompson-Wadsworth. 2001: p.298.

[11] 本部分参见 Hank J. Brightman, Lindsey M. Howard, Today's White-Collar Crime: Legal, Investigative and Theoretical Perspectives, Routlege, 2009: pp.223-224。

[12] 参见吴宗宪:《西方犯罪学》(第2版),法律出版社2006年版,第486页。

官方的犯罪记录那样比街头犯罪要低很多? 白领犯罪开始和结束犯罪生涯的时间是否比街头犯罪要迟? 白领犯罪的生涯时间是否比街头犯罪的生涯时间更长? 若要厘清以上疑惑,就需要针对白领犯罪进行专门的犯罪生涯研究。

纵观美国等西方国家关于白领犯罪的生涯研究,可以从其在刑事政策观念方面的价值意义进行整理归纳。从原理上说,关于白领犯罪的生涯研究,有助于正确审视现行针对该类犯罪的刑事政策,尤其是以监禁为代表的惩罚性政策。也就是说,关于白领犯罪的生涯研究成果,很可能质疑这种惩罚性政策的合理性及有效性。正如学者所言:"自从萨瑟兰首创白领犯罪研究以来,就存在着关于白领犯罪人避免严厉制裁的关注。到近些年来,已经使得联邦司法机关强化了针对白领犯罪人的刑罚处罚,同时越来越多的白领犯罪分子被处以监禁刑罚。然而,总的看,上述政策发展是在未能理解这些变化对被予以制裁的白领犯罪人今后实施犯罪的潜力有着何种影响的基础上实现的。因此,刑事处罚是否减少了白领犯罪人的再犯可能? 或者说,刑事处罚是否会反弹,导致犯罪人实施更为严重的犯罪? 此外,不同的处罚措施如监禁或者罚金,对被处罚的白领犯罪人的犯罪生涯是否具有不同的影响?"[13]可以将白领犯罪生涯研究的刑事政策意义归纳为如下两个方面[14]:

1. 从基础观念上看,存在着所谓的"关于犯罪性的道德戏剧"(moral drama of criminality)问题

"关于犯罪性的道德戏剧",是指犯罪人被公众界定为威胁社会及其价值观的"圈外人"(outsiders)。越轨理论家(deviance theorists)很早以前就指出,犯罪具有强化社会团结以及厘清社会规范的功能。在界定犯罪人时需要着力指出的是,所谓的"圈外人"实际上与我们是一样的。犯罪造成的威胁以及认为可以轻易区分犯罪人和非犯罪人的固有观念两者结合在一起,就成为日益抬头的刑事惩罚性政策的有力依据。美国近年来日益倾向于对犯罪人适用监禁处罚,就是这种惩罚

---

[13] David Weisburd, Elin Waring, White-Collar Crime and Criminal Careers, Cambridge Press, 2001: p.7.

[14] Ibid., pp.153-156.

性政策的体现。比如,20世纪90年代美国的被监禁人数增加了1倍以上,平均每天有超过180万人被关进监狱。许多联邦和州的机关制定了所谓的"三振出局"(three strikes and you're out)法(在被告人被抓捕几次之后就要处以长期的监禁刑,不管他所犯的是何种性质的犯罪或者是何种情节)。可是,犯罪生涯研究恰好有助于我们再一次反思以上控制犯罪的惩罚性政策。关于白领犯罪的生涯研究证明:许多实施白领犯罪的人与那些没有实施犯罪的人并无明显差别。也就是说,上述认识使得决策者和公众在选择更具剥夺性的惩罚政策时应进行更为谨慎的思考,同时针对目前适用的监禁处罚进行更为实质性的观察。可见,犯罪生涯研究有助于在反思多年来的惩罚性政策的基础上,构建更为有效的综合性刑事政策。

2. 从政策措施上看,应当考虑替代性的预防和惩罚措施

比如,该学者的犯罪生涯研究表明,监禁处罚并不能遏制未来的犯罪,而财产刑却具有该功效。考虑到美国日益针对白领犯罪适用严厉的监禁措施,以上研究成果具有意义。实际上,如果监禁处罚完全替代财产刑,白领犯罪人的重新犯罪率将很可能会增加。有鉴于此,20世纪90年代尤其是进入21世纪之后,美国先后制定了既重从严处罚、更重综合性犯罪预防的法律并予以实施,从而有力推进了惩治白领犯罪的法治发展。

综上,美国关于白领犯罪的犯罪学研究对刑事法治的价值和意义至少有如下三个方面:

首先,白领犯罪的犯罪学研究有助于放弃以往那种将犯罪人和非犯罪人予以泾渭分明之划分的观念认识。

其次,惩治白领犯罪的现有制度性安排存在着内在的缺陷,尤其是政府的监管职能难以胜任预防犯罪方面的社会期待。

最后,传统的惩罚性刑事政策在应对白领犯罪问题上,已经表现出明显的无力局面,亟待转型提升为面向预防的刑事政策。

三、美国惩治"白领犯罪"法治发展的内在机理

研究美国的白领犯罪刑事法治,有必要洞悉其法治发展的内在机理,即某种助推乃至决定其惩治白领犯罪法治发展的背景性因素或主导性力量。纵观美国惩治白领犯罪法治发展的历史进程,20世纪90

年代是一个重要转折点。此前,西方国家关于白领犯罪处罚的流行观点是:与下层阶层的街头犯罪不同,白领犯罪人较少受到追诉,而且即使予以追诉,对其处罚也较轻。白领犯罪人通常被当做没有危险的犯罪人,这是因为他们一般都是拥有体面身份和家庭支撑的受人尊敬的公民。对这些"社会顶梁柱"(pillars of the community)所实施的犯罪,不能与那些实施偷盗的青少年一样看待。对他们而言,由于受到查处而导致的公开羞辱被认为已经受到足够的处罚,如果另外再予以监禁处罚,就显得过于残忍和多余了。20世纪90年代之后,美国惩治白领犯罪法治发展驶入了快车道。正如美国学者所言,美国在20世纪90年代以前,很少会刑事起诉白领犯罪,即使定罪也不会处以重刑;90年代以来,不仅美国公众和媒体加强了对白领犯罪的关注,立法机关也颁布新法加大对白领犯罪的刑罚力度,执法机关也加大了对白领犯罪的监督力度。[15] 笔者认为,美国惩治白领犯罪法治发展的内在机理,主要在于如下两点:

首先,美国学界关于白领犯罪的调研成果(尤其是犯罪学研究成果)是该国惩治白领犯罪法治发展的智识资源和重要推手。例如,1980年美国学者马歇尔·科里纳德(Marshall Clinard)和彼得·伊格尔(Peter Yeager)等人披露了他们关于美国五百强企业的研究成果。[16] 据他们研究,这些五百强企业平均每个企业实施了2.7个违法行为(如证券、股票欺诈等),其中约60%的企业平均每个企业实施了4.4个以上的违法行为。此外,以上学者还就如何遏制减少单位犯罪提出了如下10点建议性措施:

(1)加强关于同意协议的签订和管理以及强化相关法令的出台实施,以针对违法行为提供实体性的处罚补救措施,包括系统性的后续责任追究。

(2)提高罚款的上限,同时罚款的数额裁量一方面要依据违法行为的性质,此外也应与公司的年销售额相适应。

(3)针对涉及人的健康、安全以及环境保护方面的违法行为(也

---

[15] 参见曹立群、任昕主编:《犯罪学》,中国人民大学出版社2008年版,第244页。

[16] 本部分参见 Hank J. Brightman, Lindsey M. Howard, Today's White-Collar Crime: Legal, Investigative and Theoretical Perspectives, Routlege, 2009: pp.216-217。

即轻率地危害公众或者雇员)处以更为严厉的刑罚措施。

(4)制定禁止那些从前已有违反联邦法律之前科的企业获得联邦政府合同的更为严厉的法令制度。

(5)针对企业的民事违法和刑事违法予以强制性公开。

(6)更多地采用长期监禁刑措施,社区服务替代监禁应当通过立法加以禁止,除非是特殊情况。

(7)已经被判决定罪的单位犯罪人不应当再受到单位的保护。

(8)构成单位犯罪的公司管理人员应当禁止其3年内在本单位或者其他单位担任相同的管理岗位。

(9)单位的主管应当就其未能防止本单位违法行为的发生这一失职承担相应责任(虽然不是刑事责任)。

(10)应当制定有关商业贿赂的新法律,以制裁那些从客户或者供应商处收受回扣的企业执行人员。

遗憾的是,尽管科里纳德和伊格尔的研究成果洋洋洒洒,但他们的对策建议直到20年之后才被美国证券和股票委员会(SEC)(美国的企业监管机构)大部分采纳。在安然公司和世界电信公司分别于2001年和2002年倒闭之后,前证券和股票委员会主席哈维·彼得(Harvey Pitt)主张要在采纳大部分前述对策建议的基础上制定新的严厉法令。此后,美国相继强化了针对白领犯罪的立法执法。

在立法方面,美国国会通过了《2002年萨班斯-奥克斯利法案》(the Sarbanes-Oxley Act)。该法案要求美国证券交易委员会(Securities and Exchange Commission,SEC)着力解决公司监管软弱的问题。

在执法方面,比如2002年7月至2004年5月,联邦检察官就涉嫌犯企业诈骗罪,对900名被告进行了指控(其中60名为企业总裁或者CEO),法庭最后予以500份有罪判决。[17]

其次,美国主流社会关于白领犯罪之危害性质的认识提升,是该国惩治白领犯罪法治发展的主导力量和核心要素。例如,美国联邦调查局(FBI)于2007年公布的数据表明,街头犯罪(包括财产犯罪和抢劫等在内)造成的经济损失是180亿美元。而《美国新闻与世界报道》

---

[17] Joseph Savage and Christine Sgarlata Chung, Trends in Corporate Fraud Enforcement: A Calm During the Storm? Business Crime Bulletin 13, 2005: p.3.

估计,白领犯罪中的法人犯罪造成的损失为 430 亿美元,医疗保健诈骗的损失为 1 000 亿美元,雇员贪污盗窃的损失为 1 950 亿美元。此外,美国国税局估计每年的非法逃税为 2 600 亿美元,白领犯罪的损失共计达 8 095 亿美元。再如,据(UCR)估计,2006 年街头犯罪造成的死亡人数为 17 034 人,而白领犯罪中,55 700 人死于因病或工伤,600 人死于不安全的食品,35 000 人死于环境污染,12 000 人死于不必要的手术,总计每年约 112 300 人死于法人和职务犯罪,远远多于街头犯罪。[18] 伴随着对白领犯罪事实危害的更多揭露,美国公众对白领犯罪的危害性认识也日益提升。比如,1999 年,美国国家白领犯罪中心(National White Collar Crime Center)组织进行了一个"白领犯罪全国公众调查"。该调查结果表明,公众已经将许多类型的白领犯罪看成是比传统街头犯罪(street crime)更为严重的重罪。比如,在回答街头抢劫 100 美元与从所在的企业侵占 100 美元究竟哪个犯罪更为严重时,认为抢劫更重的占 27%,认为侵占更重的占 54%,认为两者一样严重的占 14%;在回答持枪抢劫与店主出售一单有问题的猪肉究竟哪个犯罪更为严重时,认为持枪抢劫更重的占 39%,认为出售问题产品更重的占 42%,认为两者一样严重的占 19%。[19] 这样,到 20 世纪 90 年代之后,美国主流社会关于白领犯罪之危害性质的认识水平显著提升,由此成为强化美国惩治白领犯罪政策立法的核心要素和主导力量。

总之,得益于以白领犯罪调研成果为代表的智识资源,以及社会主流关于白领犯罪之危害性质的认识提升这一主导力量,这正是美国惩治白领犯罪法治发展的核心机理。

四、美国惩治白领犯罪的政策演变与立法完善

伴随着美国惩治白领犯罪的法治发展进程,其相关的刑事政策观念不断演进,同时相关的刑事法律也在不断完善。

---

[18] 参见〔美〕斯蒂芬·E. 巴坎:《犯罪学:社会学的理解》(第 4 版),秦晨等译,上海人民出版社 2011 年版,第 446—447 页。

[19] Frank E. Hagan, Introduction to Criminology: Theories, Methods and Criminal Behavior. Sage, 2011: p.337.

1. 美国白领犯罪政策观念的演变

美国长期以来对白领犯罪采取姑息纵容的暧昧态度,其原因是多方面的。对此,美国学者总结了如下几个方面的原因[20]:

(1) 许多属于白领犯罪的行为直到20世纪才得以在立法上规定为犯罪。比如,许多关于环境和职业方面的立法规定都是"二战"之后规定的。

(2) 美国一直以来的商业伦理是建立在自由放任主义经济(laissez-faire economics)以及买方自谨(caveat empty)基础之上的(政府在商业中奉行不干涉主义政策)。

(3) 公众对白领犯罪的关注还是最近一些年的事情。以前的白领犯罪并没有为公众广泛知晓,有时拥有媒体的企业自己就是违法犯罪者。此外,担心失去重要的广告收入,可能也是原因之一。

(4) 白领犯罪人和立法者、执法者拥有共同的社会经济阶层以及价值观。

(5) 政治性压力集团往往阻碍有效立法和执法。其中,一些压力性运动的最大赞助者自身就是最大的违法者,比如一些资助资金可能来自以前从事避税、洗钱等违法勾当的企业。

(6) 对于政治家和政府官员而言,集中对付年轻人和下层人群的犯罪更为容易,因为这些人群缺乏政治影响力。

(7) 法人犯罪所具有的长期性质以及法庭拖延使得制裁变得困难。

此外,布莱克认为,联邦政府管理机构存在的一个主要问题是急需犯罪学知识的切入。比如,没有一个联邦、州和地方政府机构拥有"首席犯罪学家"这一岗位。以上可见,从前惩治白领犯罪不力的原因分析到位,之后的改进就有了方向和路径。

此外,基于历时性考察,还可以将美国历来惩治白领犯罪的政策观念大致划分为两种类型,也即劝从(compliance)政策和威慑(deterrence)政策。

一是劝从政策。该政策追求的是法律符合性,认为没有必要去发

---

[20] Frank E. Hagan, Introduction to Criminology: Theories, Methods and Criminal Behavior. Sage, 2011: p.336.

觉、追诉和处罚单个的违法犯罪者。在最低程度上看,这一策略寻求企业之间的合作和自我管理。劝从政策旨在通过为企业提供遵守法律的经济刺激来实现法律符合性。就是说,这种机制主要通过行政手段来预防违法犯罪的发生。也即,劝从政策主要依靠经济处罚和民事处罚来控制白领犯罪,其具体方法之一,是设立行政机构监管企业经营活动。例如,美国证券和交易委员会监管华尔街的金融活动,食品和药品管理局监管药品、化妆品、医疗器械、肉类和其他食品。设立以上机构的立法规范,也规定了违反管理标准的刑罚处罚。此外,劝从政策也一直被适用于控制环境犯罪,如针对污染环境的行为处以重金罚款。

在美国,关于白领犯罪的财产处罚一直呈上升趋势。比如,美国司法部反垄断部门的报告称,1997年至2003年期间,针对商业违法犯罪者的刑事罚金数额高达20亿美元,这一数额比1890年至1997年期间适用《谢尔曼反托拉斯法》(the Sherman Antitrust Act)(美国于1890年制定了世界上第一部反托拉斯法律)所没收的罚款总额还要多! 此外,1987年至1997年的10年间,美国司法部反垄断部门平均每年没收的刑事罚款为290万美元;到2001年则已高达2800万美元。[21] 总之,正如学者所言:"劝从政策旨在建构一个依照法律办事的市场机制;比如,企业污染越多,其付出的代价就越大,获利空间就越小。此外,劝从政策还避免针对经营者的污名和标签效果,因为该政策注重的对象是白领犯罪的行为而不是白领犯罪的行为人。"[22]

二是威慑政策。一些犯罪学家认为,针对白领犯罪的处罚,应当包含有适用于普通法上的犯罪的报应性成分。这是因为,毕竟白领犯罪也是损害社会价值观,并应当予以相称性处罚的不道德行为。对那些拥有巨额财产的大企业而言,即使是最大数额的罚金,其效果可能还不如轻微的刑罚处罚。他们认为,减少白领犯罪的唯一方法,就是通过刑罚威慑潜在的犯罪人。威慑政策涉及发现犯罪行为、查获犯罪

---

[21] 参见 Larry J. Siegel. Criminology: Theories, Patterns and Typologies, Ninth Edition. Thomson Wadsworth, 2007. p.411。

[22] Michael Benson, Emotions and Adjudication: Status Degradation among White-Collar Criminals. Justice Quarterly 7, 1990, p.515.

人以及处罚犯罪人,以遏制今后的犯罪。威慑政策的要旨在于查获并处罚犯罪人,而不是仅仅构建遵循法律的条件。

威慑政策应当有效,且实际上有效。这是因为,白领犯罪本质上说是一个理性行为,其行为人对刑罚处罚的威慑力具有非常明显的敏感度。虽然威慑政策很可能是有效的,然而联邦执法机构传统上却一直不愿意将企业管理人员投进监狱。比如,法庭会毫不犹疑地适用《谢尔曼反托拉斯法》规定的民事处罚措施,但适用刑罚处罚却明显有限。正如学者所言:"对企业犯罪而言,只有在存在令人震惊的行为并明显违法的情况下(如限价垄断行为)政府才会寻求刑事追诉。"[23]尽管曾经有所忽视,但近些年来越来越多的证据表明,针对白领犯罪的威慑政策已经成为标准和规范。例如,阿德菲亚通讯公司的掌门人约翰·里格斯曾因为犯银行和股票诈骗罪被处以15年监禁;其儿子蒂莫西·里加斯也因为使用公司资金用于恣意挥霍而被处以20年监禁。这种日趋强硬的威慑政策,看来已经影响到各个阶层的白领人士。

综上,美国从前应对白领犯罪的政策观念,主要是以充分发挥市场机制为特色的注重预防的"劝从政策";20世纪90年代以后,美国转而倚重注重严厉刑罚的"威慑政策"。至此,美国终于形成以"劝从政策"为基础、以"威慑政策"为后盾的惩治白领犯罪的刑事政策体系。

2. 美国惩治白领犯罪的刑法完善

自20世纪70年代以来,美国持续加强了应对白领犯罪的刑法规制,尤其是扩大了其犯罪化范围以及提高了处罚白领犯罪的刑罚措施。比如,2002年,美国制定的旨在打击上市公司中欺诈行为的《2002年萨班斯—奥克斯利法》。此外,它还规定了众多有助于评估上市公司运行健康程度的工具措施,如监管检查表、管理适应性软件、技术辅助数据库等。在刑事责任方面,该法第302条规定,改动、销毁、破坏、隐匿以及伪造金融单据的,处以最高20年监禁。此外,该法案不仅对实施上述违法行为的企业高管处以重罚,而且还要求将相关的审计和财政检查记录保存5年之久。会计人员未能按照上述要求

---

[23] Christopher M. Brown and Nikhil S. Singhvi, Antitrust Violations, American Crime Law Review, 35, 1998: p.501.

保存检查记录的可处以最高 10 年监禁。与此同时,相关的执法也迅速展开。比如,在 2003 财政年度,依据该法查处的金融诈骗案件就有 199 起,致使 32 家企业暂停交易。同一时间里,共有 36 个个人或者企业的资产被冻结,政府禁止了 110 位企业高管从事相关的管理岗位。[24]

再如,美国于 2004 年通过了《强化和改善反垄断刑事处罚法》(the Antitrust Criminal Penalty Enhancement and Reform Act of 2004)。该法案大幅提高了针对个人或者企业违反《谢尔曼反托拉斯法》第一章和第三章所规定的犯罪行为(还包括各州规定的相同犯罪)的刑罚处罚。规定的刑罚措施有:

(1)将针对企业的最高罚款额度从原来的 1 000 万美元提高到 1 亿美元;

(2)将针对个人的最高罚款额度从原来的 35 万美元提高到 100 万美元;

(3)将最高监禁刑从原来的 3 年提高到 10 年。

以上法案的制定和通过,再一次体现了美国政府对惩治白领犯罪的重视。正如学者所言:"美国强化反垄断立法的情况表明,在安然公司和世界通讯公司丑闻之后,白领犯罪已经成为政府关注的焦点之一。"[25]

除了以上立法之外,美国现行刑法对其他白领犯罪也同样规定了相当严厉的刑罚措施。以职务犯罪中的内幕交易(insider trading)犯罪为例,美国刑法规定,对于实施内幕交易犯罪的自然人,可处最高 10 年监禁,并处 100 万美元以下罚金。[26]

美国的经验教训还表明,有效惩治白领犯罪不但需要立法完善,而且还需要执法制度的跟进以及执法实践的热情投入。在执法方面,立法完善之后的一段时期里,尽管白领犯罪日益高发且危害严重,而且公众要求从严惩罚白领犯罪的呼声日益高涨,但予以起诉和定罪的却依然少见。同时,即便已经定罪,对被告人处以刑罚的也只占极少

---

[24] 本部分参见 Hank J. Brightman, Lindsey M. Howard, Today's White-Collar Crime: Legal, Investigative and Theoretical Perspectives, Routlege, 2009: pp. 223-224.

[25] Larry J. Siegel. Criminology: Theories, Patterns and Typologies, Ninth Edition. Thomson Wadsworth, 2007. p. 413.

[26] 参见储槐植:《美国刑法》(第 3 版),北京大学出版社 2005 年版,第 229 页。

部分。此外,白领犯罪的再犯率依然维持高位。更有甚者,许多被处以罚金的被告人竟然没有支付款项。对于上述法官和政府部门在应对白领犯罪当中所表现的软弱态度和无力局面,学者将其称为"恶心的大秘密"(big dirty secret)。例如,据报道,2007年在乔治W·布什政府任期,针对污染者的执法如起诉、调查和判决减少了1/3以上,同时检察部门的检察官人数也得以削减。这种情况到1989年颁布更为严格的量刑指南之后才得以改观。[27]

五、中美惩治职务犯罪法治要素的比较借鉴

前述研究表明,20世纪90年代以后,美国在调查研究以及媒体揭露的基础上,深刻认识到了白领犯罪的社会危害,确立了防控白领犯罪的良好政策观念,并相继推进了其立法和执法,从而取得了惩治白领犯罪的显著成效。显然,美国惩治白领犯罪法治发展对于我国当前正在努力推进的惩治职务犯罪法治建设具有一定的启示和借鉴意义。为此,以下拟从学术研究、政策观念、基础概念、刑法完善等几个方面对中美两国惩治职务犯罪的法治要素进行简明的比较分析。

1. 中美职务犯罪学术研究之比较借鉴

前面已述,美国学界关于白领犯罪的学术研究为国家惩治该类犯罪的法治发展提供了强大的智识资源,也因此成为美国惩治白领犯罪法治发展的核心机理之一。这就说明,为了推进我国惩治职务犯罪的法治建设,有必要深化我国关于职务犯罪的学术研究。与美国比较,我国职务犯罪学术研究的特点和不足究竟如何?在笔者看来,主要有如下几个方面:

首先,从研究范式上看,美国关于职务犯罪的学术研究以事实性的犯罪学研究为中心,而我国关于职务犯罪的学术研究仍然以规范性的刑法学研究为中心。前述美国经验表明,深化职务犯罪的犯罪学研究,不仅有助于全面掌握白领犯罪的实际状况和危害程度,而且还能为国家强化应对该类犯罪的政策立法提供直接的智力支

---

[27] Frank E. Hagan, Introduction to Criminology: Theories, Methods and Criminal Behavior. Sage, 2011: p.336.

持和对策建议。然而与美国相比,我国针对职务犯罪的犯罪学研究还相当薄弱。

其一,从期刊论文这一大众学术载体上看,我国近年来发表的职务犯罪期刊论文,多是有关原因分析的一般性学理探讨或者规范层面(如立法)的论述,有关职务犯罪的实证性犯罪学研究文献则相当少见。

其二,从经典著作上说,美国早在20世纪40年代末就涌现出萨瑟兰的《白领犯罪》这样专门研究白领犯罪的学术巨著,此后的专门研究文献更是日益增多。然而,我国至今都没有出现过一部关于职务犯罪的犯罪学专著。因此,我国亟待加强有关职务犯罪的犯罪学研究。

正如学者所言,从发展看我国的犯罪学研究也必将大放异彩。

其一,犯罪的严重性、长期性与治理的艰巨性,呼唤着必须加强对犯罪问题的研究。

其二,仅仅依靠"严打"和刑事处罚的办法治理日益增长、花样翻新的犯罪,难以收到预期效果。

其三,更为重要的是,当我们回顾对犯罪问题研究与治理的历史,从理论的直接目标上看,除犯罪学之外,只有惩罚理论,没有或很少有"预防理论",而犯罪学的终极目标恰恰就是犯罪预防。[28]

其次,从研究力度上看,美国当代的犯罪学研究日益注重"白领犯罪"这一类罪,而我国的犯罪学研究对"职务犯罪"这一类罪的研究基本上处于空白。一方面,美国不但有诸如萨瑟兰的《白领犯罪》等专门的犯罪学专著问世,而且诸多的犯罪学著作在目录均有"白领犯罪"这一专章。[29]而据作者掌握的资料,我国目前问世的犯罪学著作还没有出现"白领犯罪"或"职务犯罪"这样的专门章节。犯罪学原理认为,

---

[28] 参见康树华编著:《新中国犯罪学研究形成与发展》,北京大学出版社2011年版,第484—485页。

[29] 参见 Frank E. Hagan, Introduction to Criminology: Theories, Methods and Criminal Behavior. Sage, 2011. 其第十章名为"白领犯罪:职务犯罪和法人犯罪";Larry J. Siegel. Criminology: Theories, Patterns and Typologies, Ninth Edition. Thomson Wadsworth, 2007. 其第十二章名为"企业犯罪:白领犯罪和有组织犯罪";Martin R. Haskell, Lewis Yablonsky. Criminology: Crime and Criminality, Third Edition. Boston: Houghton Mifflin Company,1983. 其第10章名为"白领犯罪"。参见[美]斯蒂芬·E.巴坎:《犯罪学:社会学的理解》(第4版),秦晨等译,上海人民出版社2011年版。其第十二章名为"白领犯罪和有组织犯罪"。

针对犯罪现象的类型学研究,具有独特的重要价值。正如学者所言:"犯罪分类的目的在于将众多复杂的犯罪现象类型化,从而从不同角度更好地认识犯罪现象,把握各类犯罪的性质和规律,揭示和发现犯罪原因,进而探求犯罪防范对策。"[30] 此外,"犯罪现象论在犯罪学体系中具有本体论意义,是犯罪原因论和犯罪对策论得以展开的基础。针对我国当前犯罪现象研究严重不足的情形,以类型学的研究方式对我国犯罪现象论进行新的构建,将对我国犯罪学的健康发展大有裨益"。[31] 由此看来,我国亟待在犯罪学研究中加强对"职务犯罪"这一作为犯罪现象的类罪研究。

再次,从研究价值上看,在一定意义上,美国的犯罪学研究得益于"白领犯罪"这一类罪研究,从而达到视野开阔、观念提升并成就了其现代犯罪学形态,而我国的犯罪学研究,至今仍以"未成年人犯罪"为渊源和标本,因而难以实现前述的突破。在美国,萨瑟兰的犯罪学研究具有划时代的意义,是后人难以逾越的学术丰碑,堪称"犯罪学之父"。与此相适应,萨瑟兰的犯罪学研究在催生美国犯罪学研究的发展成熟中同样发挥重要作用。正如学者所言:萨瑟兰首次从社会学角度建立了一个解释犯罪原因的理论框架,被视为犯罪学研究领域的分水岭,对犯罪学学科的建立及发展产生了深远影响。[32] 实际上,萨瑟兰的犯罪学思想的孕育和成型,与他早期关于白领犯罪的关注和研究有着重要的关联。萨瑟兰对白领犯罪的研究在犯罪学史上的重大意义主要有:

(1) 提出了"白领犯罪"这一形象生动、含义广泛的概念,使犯罪学家可以用这个概念来概括有关的大量犯罪。

(2) 将犯罪学家以及刑法学家们的注意力引向了白领犯罪,使得犯罪学以及刑法研究的视野更加广阔,研究的对象和内容更加全面。

(3) 揭露了白领犯罪的危害性,促使全社会充分认识这类犯罪的严重性。

(4) 使得白领犯罪的概念和理论突破了国界,传播到许多国家,

---

[30] 张远煌、吴宗宪:《犯罪学专题研究》,北京师范大学出版社2011年版,第157页。
[31] 孙昌军、徐绫泽:《犯罪类型学研究》,湖南人民出版社2007年版,第45页。
[32] 参见张杰、傅跃建编著:《萨瑟兰与犯罪学》,法律出版社2010年版,第14页。

导致许多国家的刑法典规定增加了同白领犯罪作斗争的内容。㉝ 可见,在新的历史时期,我国传统上以"未成年人犯罪"为模式和标本的研究范式亟待突破,而职务犯罪的犯罪学研究则是其中的上好契机。

综上,与美国的白领犯罪学术研究相比,我国亟待在研究范式、研究力度以及犯罪学学科形态等层面推进职务犯罪的学术研究。正如学者所言,白领犯罪有其独特的重要特征:一是大部分白领犯罪受到正式和非正式的组织的影响,需要研究组织的环境、结构和文化等特征;二是白领犯罪有其特殊的实施规律和危害性,如犯罪者和被害人很少有个人接触,受害人往往没有意识到自己受害。正因如此,专门的白领犯罪研究意义重大。㉞

2. 中美惩治职务犯罪政策观念之比较借鉴

美国的经验表明,刑事政策观念的提升是完善刑事法治的必要前提。比较中美两国惩治职务犯罪的政策观念可见:

首先,从政策体系上看,美国不但重视惩治白领犯罪的基本政策(如"劝从政策"和"威慑政策"),而且还重视惩治白领犯罪之具体类罪(如公共腐败犯罪)的具体政策(如"科学时期"之政策和"现代时期"之政策)㉟;我国惩治职务犯罪的刑事政策,传统上以官方的"宽严相济"基本刑事政策为指导,至于惩治职务犯罪的具体政策,既缺乏学术领域的应有研究,也没有权威部门的相关论述。

其次,从政策内涵上看,美国的惩治白领犯罪刑事政策,既包括早先的预防性的"劝从型"法律制度,也包括后期得以补强的着重严厉处罚的"威慑型"法律制度,内涵较为全面;我国惩治职务犯罪的刑事政策主要倚重的仍然是以刑法典为代表的刑事法制度,预防性的法律相

㉝ 参见〔美〕埃德温·萨瑟兰等:《犯罪学原理》(第11版),吴宗宪等译,中国人民公安大学出版社2009年版,第27—28页。

㉞ 参见曹立群、任昕主编:《犯罪学》,中国人民大学出版社2008年版,第227页。

㉟ 美国学者认为,1933年至1969年是美国控制腐败的科学时代,其要旨为"对行政权力进行合理配置,同时辅之以全方位的监督和评估,就能防止腐败并将行政权力置于阳光之下";1970年至今,则是美国控制公共腐败的"现代时期",其要旨为"腐败的全方位控制"。参见 Hank J. Brightman, Lindsey M. Howard, Today's White-Collar Crime: Legal, Investigative and Theoretical Perspectives, Routlege, 2009: pp.78-139.

当薄弱,亟待补强。

当前,我国的职务犯罪处于高发的严峻态势。如何有效预防、惩治职务犯罪,不仅是社会各界的共同期待,也是党和政府需要认真面对和解决的重大课题。可喜的是,中共十八届三中全会指出,要健全惩治和预防腐败体系,加强反腐败体制机制创新和制度保障。然而,这只是表明了党和政府坚决惩治腐败的决心和态度,至于此后的具体制度措施的出台和实施,则是有待包括学界在内的各个方面的共同努力。总之,借鉴美国的经验,如何健全我国惩治职务犯罪的刑事政策,方向上大致可以从两个方面着手:一是开拓关于职务犯罪这一类罪之具体政策的学术研究和权威制定;二是在完善现有职务犯罪刑事法制度的同时,着力加强预防职务犯罪的理论研究和法律制定。

3. 中美职务犯罪概念内涵之比较借鉴

前面已述,历经时代和社会变迁,当代美国不但针对白领犯罪进行了新的日益广义的概念界定,而且其研究模式和内涵重心也经历了变迁,从以前的公共腐败为中心转变为法人犯罪为中心,由此为强化惩治白领犯罪法治建设提供基础观念支撑。我国有关职务犯罪概念理解的现状及特点究竟如何?以下举例说明。

比如,何谓职务犯罪?我国法学界的认识并不统一。以职务犯罪的主体范围进行划分,较具代表性的有以下三种观点。第一种观点是"国家工作人员说",认为职务犯罪就是国家工作人员利用职务便利从事的犯罪活动。比如,有学者认为:"职务犯罪与其他种类犯罪的重要区别之一,在于其主体只能是国家工作人员。"[36]还有学者认为,职务犯罪的犯罪主体是实施职务犯罪的国家工作人员。职务犯罪是身份犯罪,是具有特殊身份的人,即国家工作人员才能实施而其他人不可能实施的犯罪。其他人即便实施同种行为,也不称之为职务犯罪。[37]第二种观点是"国家工作人员和准公职人员说",认为职务犯罪是指国家公职人员或视同公职人员利用职务上的便利,滥用职权、不尽

---

[36] 陈兴良主编:《职务犯罪认定与处理实务全书》,中国方正出版社1996年版,第23页。

[37] 参见陈正云:《职务犯罪治理对策研究》,载《人民检察》2008年第3期。

职责,破坏国家对职务活动的管理职能,依照刑法应当受到刑罚处罚的行为。[38] 第三种观点是"职务人员说",认为职务犯罪不仅包括国家工作人员职务犯罪,也包括非国有公司、企业、事业单位职务人员犯罪。[39]

以上三种观点当中,笔者赞同"职务人员说"。理由如下:

首先,从概念上看,应当区分"公务"和"职务"这两个概念。正如学者所言,所谓公职是公务和职务的总称,公职人员是一个比较清楚、明晰的概念,它恰当地表明了职务犯罪主体所包含的两个互相关联又各不相同的部分:职务与公务。[40]

其次,前述美国的实践经验表明,企业管理人员实施的职务犯罪,已经成为当今各国职务犯罪中的主要成分,其社会危害日益严重。因此,只有运用相关的预防和惩治法律制度,将企业中管理人员所实施的职务犯罪和国家机关工作人员实施的职务犯罪一并治理,才能全面有效地预防与惩治各类职务犯罪。

最后,随着我国经济体制的继续转轨以及市场经济的不断发展,各种所有制经济的地位更加平等,在这种新的时代背景下,以前那种可以区分所有制经济的观念做法已经变得越来越不合时宜。总之,在职务犯罪的内涵理解问题上主张"职务人员说",一方面合乎当下我国经济社会快速转型的社会背景,另一方面也与国际社会强化惩治职务犯罪的普遍做法经验相一致。

4. 中美职务犯罪刑法规制之比较借鉴

惩治职务犯罪刑事法治的发展完善,最终需要体现在包括实体刑法在内的刑事法律层面。在实体法方面,职务犯罪的刑法规制包括犯罪化范围以及刑罚处罚两个部分。应当如何看待我国现行职务犯罪的刑事法律呢?笔者以刑罚处罚为例,将中美两国代表性职务犯罪罪名的刑罚措施比较如下(参见表1)。

---

[38] 参见赵廷光:《论职务犯罪体系》,载《山东警察学院学报》2006年第5期。
[39] 参见高铭暄、陈璐:《当代我国职务犯罪的惩治与预防》,载《法学杂志》2011年第2期。
[40] 参见孙谦、尹伊君:《国家工作人员职务犯罪论》,载《法学研究》1998年第4期。

表 1　中美两国若干职务犯罪处罚措施比较一览

国别	行为类型	最高刑罚	法律形式
美国刑法	企业管理人员改动、销毁、破坏、隐匿以及伪造金融单据	最高 20 年监禁	《2002 年萨班斯-奥克斯利法》
美国刑法	法律要求将相关的审计和财政检查记录保存 5 年。会计人员未能按照上述要求保存检查记录	最高 10 年监禁	《2002 年萨班斯-奥克斯利法》
中国刑法	隐匿或者故意销毁应当保存的会计凭证、会计账簿、财务会计报告、情节严重的	5 年以下有期徒刑或者拘役，并处或单处 2 万元至 20 万元罚金	1997 年《刑法》第 162 条
美国刑法	个人或者企业违反《谢尔曼反托拉斯法》第一章和第三章所规定的犯罪行为	最高监禁刑从原来的 3 年提高到 10 年，针对企业的最高罚款额度从原来的 1 000 万美元提高到 1 亿美元；二是将针对个人的最高罚款额度从原来的 35 万美元提高到 100 万美元	2004 年通过的《强化和改善反垄断刑事处罚法》
中国刑法	侵犯商业秘密罪	造成重大损失的，处 3 年以下有期徒刑或者拘役，并处或者单处罚金；造成特别严重后果的，处 3 年以上 7 年以下有期徒，并处罚金	1997 年《刑法》第 219 条
美国刑法	内幕交易犯罪	自然人可处最高 10 年监禁，并处 100 万美元以下罚金	1988 年制定《内幕交易与证券欺诈执行法》
中国刑法	内幕交易犯罪	最高 10 年有期徒刑，并处违法所得 1 倍以上 5 倍以下罚金	1997 年《刑法》第 180 条

从上表可见，职务人员损毁金融票据的犯罪，美国刑法规定的最高刑罚为 20 年监禁；我国刑法规定最高为 5 年有期徒刑。涉及垄断方面的犯罪，美国刑法规定的最高刑罚为 10 年监禁，针对个人的最高

罚款额度为 100 万美元,针对企业的最高罚款额度为 1 亿美元;我国刑法规定最高为 5 年有期徒刑,单处或并处罚金。内幕交易犯罪,美国刑法规定的最高刑罚为 10 年监禁和 100 万美元以下罚金;我国刑法规定最高为 10 年有期徒刑,并处违法所得 1 倍以上 5 倍以下罚金。

综上可见,单从自由刑看,除中美两国刑法中的内幕交易犯罪最高刑均为 10 年监禁或徒刑之外,损毁金融票据的犯罪和垄断的相关犯罪方面,美国刑法规定的处罚都明显要重(美中两国的最高刑分别是 20 年对 5 年,10 年对 7 年)。以上情况至少大体上说明:美国对职务犯罪的刑罚处罚比我国刑法明显要重。由此,那种认为我国职务犯罪的刑罚比美国要重的观点是没有依据的。总之,与美国职务犯罪的刑罚措施比较,我国职务犯罪的刑罚措施整体上看明显偏轻,未来在《刑法》修订时可考虑予以适当提高。

此外,完善我国惩治职务犯罪的刑罚制度,不仅需要单件法律上的修订改善,从长远看还需要针对刑法中的职务犯罪规定进行体系结构上的调整。比如,我国学者认为,鉴于职务犯罪分散规定在《刑法》分则的四个章节中,一般人难以掌握具体罪名的分布情况,在一定程度上影响了广大群众对国家机关及其工作人员职务行为的监督,也不利于反腐败斗争的深入进行。因此有必要对刑法中的具体职务犯罪重新洗牌,按其基本行为方式,重构我国刑法中的职务犯罪体系。可以创新性地建立以"徇私舞弊""滥用职权"和"玩忽职守"三种基本行为方式为标志的职务犯罪体系。[41] 应当说,上述观点富于远见,未来可以在健全和强化职务犯罪法律制度的整体安排中加以考虑解决。

---

[41] 参见赵廷光:《论职务犯罪体系》,载《山东警察学院学报》2006 年第 5 期。

发挥商会作用 预防企业家犯罪

张永利[*]

一、法治化营商环境是新时期非公有制企业创新发展的动力

依法治国是党领导人民治理国家的基本方略。党的十八大强调要全面推进依法治国,加快建设社会主义法治国家。十八届三中全会提出要"建设法治化营商环境"。法治化营商环境,是一个权利平等、机会平等、规则平等,实现公平竞争的市场环境,它必须保证各种所有制经济产权和合法利益、保证各种所有制经济依法平等使用生产要素、公平参与市场竞争、平等受到法律保护。在法治化的营商环境中,市场在资源配置中的决定性作用得到充分发挥,解决了政府干预过多和监管不到位等问题,更好地发挥了政府作用。

建设法治化营商环境要求加快转变政府职能,完善社会主义市场经济体制,强化民主法治,创新社会管理,推动政务公开透明、审批简化高效、办事方便快捷、资源公平分配、投诉具责受理、效能监察到位,打造透明高效、竞争有序、公平正义、和谐稳定、互利共赢的营商环境,为加快转型升级,提升核心竞争力,实现经济社会可持续发展提供有力的保障。建设法治化营商环境是十八届三中全会精神,是实现中国梦的客观要求,必须全社会共同努力。

---

[*] 全国工商联法律部干部。

二、防范企业家刑事风险是市场经济健康发展的需要

过去的一年,中国民营经济保持了长期向好的发展基本面。在国内外经济形势复杂交错的大背景下,民营经济数量规模继续扩大,吸纳就业稳步提高,投资动力强劲,对外贸易异军突起,工业企业对经济贡献继续加大。截至 2013 年底,我国登记注册的私营企业和个体工商户比上一年分别增长了 15.5% 和 9.3%,注册资金比上一年分别增长了 26.4% 和 23.1%,全国个体、私营经济从业人员 2.19 亿人,较上年同期增长 9.7%,全年完成城镇固定资产投资共计 27 万亿元,同比增长 22.8%,占全部投资额的比重达到 62%,民营经济贡献的 GDP 总量超过 60%。民营企业全年出口额 9 167.7 亿美元,增长 19.1%,进口 5 764.8 亿美元,增长 27.8%,分别高于整体增幅 11.2 和 20.5 个百分点。

看到这些成绩的同时,我们还要看到受法治水平、社会传统及自身素质等多种制约,非公有制企业权益少保障、竞争缺公平的现象客观存在,其前行的道路相较其他企业显得更为艰难,面临着"玻璃门、弹簧门、旋转门"等政策门的阻碍,在政策执行过程中面临根深蒂固的所有制歧视,得不到平等对待,他们有委屈,缺乏安全感,影响了安心创业。在全国政协会议上,工商联领导发言疾呼,要用法治为民营经济发展保驾护航。

民营企业家是社会新阶层的重要组成部分,他们具有企业家精神,勇于突破清规戒律创新实践。在 30 年的改革开放中,他们"摸着石头过河",在法律和市场的夹缝中生存发展,对规则缺乏足够的尊重,触犯法律,甚至刑律的事件时有发生。作为特殊的犯罪主体,在案件审理过程中,为弥补法律滞后、为降低企业家犯罪对企业和社会的负面影响,对社会和司法工作者提出了更高的要求。

当下,企业家刑事风险隐患很多,有体制机制的因素,也有企业家自身的因素。企业家作为特殊的犯罪主体所折射出来的问题,应当引起关注。企业家犯罪的特殊性表现在企业家本人与企业的密切关系上面,尤其是非公有制企业家,个人安危关乎企业安危,影响企业员工的聚散,关乎社会稳定,实现中国梦,需要非公有制经济健康发展,为

社会创造更多的就业岗位、实现更多的税收,为市场经济体制注入更多的活力。因此社会要为他们提供更多帮助,创造条件激发非公有制企业转型升级创新发展。对企业家犯罪问题的关注,也是丰富法学研究、推进法律实施、实现依法治国的具体实践。

三、防范企业家刑事风险要发挥商会组织的作用

改革开放以来,各类商会组织得到了快速发展。商会在填补政府职能空白,促进行业自律和市场规范有序,维护行业、企业的整体利益,保护会员企业和企业家合法权益不受侵犯方面发挥了代言、协调、自律、服务、监督、维权、引导等积极作用。

工商联是我们党领导的面向工商界、以非公有制企业和非公有制经济人士为主体的人民团体和商会组织,是党和政府联系非公有制经济人士的桥梁和纽带,是政府管理和服务非公有制经济的助手,是党的统一战线工作和经济工作的重要内容。促进非公有制经济健康发展、引导非公有制经济人士健康成长,是工商联的重要职责和工作内容。工商联按照国家行政区划设置全国组织和地方组织,全国工商联为全国的组织,省、市工商联为地方组织,县工商联既为地方组织又为基层组织,工商联所属商会为基层组织。截至2013年底,工商联共有县级(含县级)以上组织3 381个,工商联所属商会组织32 525个,会员362万多个,其中企业会员185万个,团体会员4万个,个人会员173万个。工商联组织主动作为,在规范企业和企业家行为,预防刑事风险化解企业发展危机中做了许多工作,积累了很多经验。

一是发挥法治教育的引导作用。工商联高度重视法治宣传教育工作。自2013年以来组织开展了以"信念、信任、信心、信誉"为主要内容的非公有制经济人士理想信念教育实践活动,引导企业家树立法治思维,加强自我规范、自我约束,遵守市场法则和市场秩序,处理好义利关系,讲法制、守信誉,诚实劳动、合法经营、公平竞争,自觉履行社会责任。教育实践活动影响很大,民营企业家普遍认识到遵纪守法是对企业最有效的自我保护,将企业的经营管理及公关行为全部纳入法治轨道,是企业安全、健康发展的根本保证。

二是发挥法律培训的强化作用。全国工商联注重企业风险防范和危机化解工作,近年来先后举办了以"民营企业风险管理""资源型

企业海外投资风险管理""知识产权风险管理""小微企业融资风险管理"为主题的企业法律风险预防的专项培训。各地工商联开展了"商业秘密保护""税收风险控制""刑事法律风险防控""企业运营风险和防范"等不同主题的企业家法律培训工作。2014年6月,我们在最高人民检察院、企业家犯罪预防研究中心等单位的支持和帮助下,举办了"民营企业家犯罪预警与风险防范"专题培训。2014年6月,我们在最高人民检察院、中国企业家犯罪预防研究中心等单位的支持和帮助下,举办了"民营企业家犯罪预警与风险防范"专题培训。

三是发挥法律维权服务的凝聚作用。各级工商联围绕中心,服务大局,跟踪关注焦点热点问题,协调处理了大量涉及民营企业和企业家的法律维权案件,其中也不乏法律关系复杂、社会影响较大的企业家刑事犯罪案件。工商联积极反映企业家们的合理诉求,促进了矛盾纠纷的有效化解,有效维护了企业和企业家的合法权益。

四是发挥创新社会治理中的服务作用。工商联组织建立了商会调解中心、商会仲裁院、法律维权服务中心、劳动争议调解中心等组织机构,为民营企业和企业家提供广泛的法律服务和帮助。这些机构的建立,已经成为工商联发挥职能作用、参与创新社会治理、预防和化解社会矛盾工作的新的工作平台。

企业家融资类犯罪高发原因探析

——以"不同机会理论"为视角

邵 超[*]

资金是企业的"血液",融资是企业赖以生存与发展的关键。北京师范大学企业家犯罪预防研究中心2012年和2013年《中国企业家犯罪分析报告》显示,融资类犯罪在民营企业家犯罪排名第一。是什么原因导致民营企业家融资类犯罪的高发?笔者将在下文予以浅析。

一、"不同机会理论"与融资类犯罪机会

由洛克沃德和奥林提出的"不同机会理论"认为,被社会所认可的成功,是个人利用所拥有的合法机会获得的成功,而要得到合法机会,却要克服许多困难。对下层阶级的成员来说,获得合法机会的困难和障碍是很多的。例如,文化条件差、经济困难、缺乏改变生活处境所必需的条件、对接受教育的态度有差别等。但是,下层阶级的青少年大多数并不甘心自己的阶级和经济地位,他们渴望获得成功。为此,他们会不断利用各种机会和形式进行获得成功的尝试,希望使自己的社会地位和经济状况有所改变。可是,由于种种困难和障碍的限制,在他们谋求成功的志向和合法机会的缺乏之间不断产生矛盾,使下层阶级的青少年不断体验到挫折感和愤怒,由此不断产生紧张情绪。为了缓和与克服这种紧张情绪,下层阶级的青少年除了会选择参加犯罪亚文化群外,还可能会选择不同的机会谋求成功:当下层阶级的青少年

---

[*] 北京师范大学法学院博士生。

在追求成功的过程中不断遇到挫折时,他们中有的人会继续尝试用合法的手段去获得成功,而有的则在看到不能以合法手段取得成功的现状和前景时,就会寻求用非法的手段去实现志向。概言之,"犯罪是由个人对获得成功的合法机会和非法机会的不同接近程度决定的;当个人谋求成功的合法机会受到阻碍而产生挫折时,就会利用非法的机会追求成功,从而导致越轨及犯罪行为的产生"。①

笔者认为,该理论同样可解释处于融资困境中的中小民营企业家融资类犯罪。就企业融资而言,所谓机会,即企业进行融资可选取的路径。当前,我国民营企业的融资路径主要包括以下几种:商业银行贷款、发行股票与债券、政府扶持资金、企业间信用贷款、企业留存利润和折旧转化为生产投资资金、民间借贷。根据是否为法律所允许,企业进行融资时所采取的路径,可分为合法路径(合法机会)与非法路径(非法机会)。合法机会,指法律允许的融资途径,主要包括商业银行贷款、发行股票与债券、获得政府扶持资金、企业留存利润和折旧转化为生产投资资金、企业间信用贷款;非法机会,包括法律禁止的融资途径与司法实践中模糊对待(即具备定罪可能性)的融资途径。法律禁止的融资途径除包括与上述企业间信用贷款类似的企业间互相借贷外,还包括刑法中所明令禁止的非法集资、非法吸收公众存款、擅自发行股票、债券、企业间互相借贷②等行为;具备违法可能性的融资途径为民间借贷。在中小民营企业家群体中,融资类犯罪之所以高发,亦可用"不同机会理论"来解释。不合理的制度设计以及中小民营企业的天生弱势,导致其在融资过程中可利用的合法机会被堵塞,因而有正当资金需求的中小民营企业不得不寻求其他融资途径,但又由于不合理的司法操作,中小民营企业可使用的其他合理融资路径被纳入非法机会范畴。诚然,现实中不乏大量纯正的融资类犯罪行为,但融资类犯罪数量在中小民营企业家群体犯罪类型中占据相当规模,是由于很多本不属于犯罪的行为被纳入到犯罪中所导致的。即在合法机会被堵塞的情况下,合理的、有正当融资需求的融资行为被纳入"非法

---

① 吴宗宪:《西方犯罪学史》(第3卷)(第2版),中国人民公安大学出版社2010年版,第1047—1049页。

② 虽然企业间互相借贷在司法实践中会被认定为违法,但笔者并不认同此观点。笔者将在下文就此问题进行论述。

机会"正是融资类犯罪在中小民营企业家群体中高发的原因。

二、制度设计不合理:可利用的合法机会被堵塞

在可利用的合法融资途径中,既包括覆盖面较广的商业银行贷款,还包括发行债券、股票等融资方式。但对中小民营企业而言,这些可利用的合法融资机会并不能为中小民营企业所利用。

(一)从商业银行贷款困难重重

对中小民营企业而言,从商业银行获得贷款的种类包括抵押贷款、担保贷款、信用贷款。对于抵押贷款,中小民营企业面临"抵押难"的问题。中小企业可提供的抵押物少,且折扣率高,以致中小民营企业普遍难以接受。经营规模不大、存在较大资金缺口,并无太多固定资产,甚至靠租赁取得厂房、设备的中小民营企业通常无法满足银行关于抵押贷款抵押物的要求。而且大量中小民营企业采用挂靠、合作经营方式,可供抵押财产的所有权和使用权并不清晰,也增加了抵押的难度。对于担保贷款,中小民营企业面临"缺少担保人"的问题。一些绩优企业通常不愿意为其他企业担保,而效益一般的企业,商业银行又不允许其作担保人。即便有一些专门的担保公司愿意为中小民营企业提供担保,但由于风险较高,导致担保公司大幅提高担保费用,也加重了中小民营企业的融资负担。中小民营企业若想获得信用贷款同样困难重重,除了需满足相当严格的条件,还需经过严格的程序审查。根据当前的银行信贷政策,中小企业贷款须满足众多条件。③但"信贷责任终身制""零风险贷款"等一些规定,也使银行的信贷人

---

③ 包括:(1)符合国家的产业、行业政策,不属于高污染、高耗能的小企业;(2)企业在各家商业银行信誉状况良好,没有不良信用记录;(3)具有工商行政管理部门核准登记,且年检合格的营业执照,持有人民银行核发并正常年检的贷款卡;(4)有必要的组织机构、经营管理制度和财务管理制度,有固定依据和经营场所,合法经营,产品有市场、有效益;(5)具备履行合同、偿还债务的能力,还款意愿良好,无不良信用记录,信贷资产风险分类为正常类或非财务因素影响的关注类;(6)企业经营者或实际控制人从业经历在3年以上,素质良好、无不良个人信用记录;(7)企业经营情况稳定,成立年限原则上在2年(含)以上,至少有一个及以上会计年度财务报告,且连续2年销售收入增长、毛利润为正值;(8)符合建立与小企业业务相关的行业信贷政策;(9)能遵守国家金融法规政策及银行有关规定;(10)在申请行开立基本结算账户或一般结算账户。信息来源:百度百科(http://baike.baidu.com/link?url=HBbTxd2tL2sZLyL9pWne-28Hz50Zx4CGio-d77_MlAsyi4-JRg-VGGmrnvjAQSRYX6z8DllC-xYZiPjxk-TKioq),2014年5月10日访问。

员不敢轻易向民营企业贷款。

虽然国家在大力发展新型金融机构,对中小民营企业提供资金支持,但是银行自身的性质,决定了其不可能成为风险偏好者,出于交易费用、边际收益等方面的考虑,商业银行偏好与资本密集型的大规模信贷需求建立联系,倾向于开展批发业务,而不愿开展分散的、小规模的零售金融业务。我国公有制经济为主体的经济模式,决定了民营经济只能在国有经济的夹缝中求发展。与具有隐性担保人的国有企业相比,商业银行对中小民营企业的金融支持力度明显偏弱,出现对大企业"争贷"和对小企业"惜贷"的现象。贷款投向也存在所有制歧视现象,商业银行更偏好向国有企业投放贷款。

对中小民营企业而言,从商业银行获取的贷款多为经营性贷款,流动资金贷款的时间性极强,在特定的时间内,资金不到位,商机便可能错过。但商业银行特有的审批程序、贷款担保的资产评估程序等,决定了商业银行放款难以适应流动资金贷款所要求的便捷性。正是由于金融机构贷款的审批程序复杂、发放贷款所需时间冗长,间接增加了贷款的交易成本,导致一部分原本符合金融机构贷款条件,却又亟须贷款的民营企业家转向效率更高的民间借贷市场进行融资。

商业银行苛刻的贷款制度,打消了众多民营企业家的贷款热情,减少了间接融资的机会。现实中四大国有商业银行利润惊人,商业银行的贷款制度不尽合理。商业银行之所以制定出苛刻的制度,也与自身性质有关。"银行业的收入绝大部分来自贷款业务,为了维护金融体系的安全与稳定,保证中央银行货币政策的顺利实施,各国都对银行类金融机构的准入实施比较严格的监管。"[④] "其特殊的资产负债结构,导致自身极端脆弱。商业银行的资产负债严重不匹配:商业银行的资产多由固定期限的贷款债券组成,不具有流动性;负债则多由活期存款组成,流动性极强。这种特殊的资产负债结构,再加上商业银行的自由资本极低,使得商业银行极为脆弱:一旦存款人信心不足,'挤提'就会导致任何一家商业银行破产,给社会公共利益造成巨大损害。然而,商业银行的这种特殊资产负债结构,既是基于其从事的业务而形成,也对社会有特殊的贡献,法律不得不在承认这一特殊资产

---

④ 岳彩申:《民间借贷规制的重点及立法建议》,载《中国法学》2011年第5期。

负债结构下,为商业银行提供特殊保护。"⑤尽管国家通过存款保证金制度来维持存款人的信心,但此制度下依旧可能发生道德风险,因此,国家不得不对商业银行的持续经营过程加以严格控制,而对民营企业苛刻的贷款制度,正是其中体现之一。但极具讽刺意义的是,赖账、坏账居多的国有企业却能轻易得到商业银行贷款。因而,单纯以"保护投资者利益"为托词,并不能得到认同。这或许与银行诞生时所定位的为国有企业服务功能有关。在这种惯性思维的作用下,即使目前国家明确了民营企业的地位并鼓励其发展,但国有银行的贷款大部分依然集中在国有企业。⑥

(二) 商业银行贷款之外的其他合法机会被堵塞

就直接融资渠道而言,按照《公司法》和《证券法》的规定,要想进入深沪股市发行股票,其净资产不得少于6 000万元,最近三年要连续盈利等。从企业债券来看,《企业债券管理条例》严格规定了企业发行债券的最低门槛,即发债主体的净资产不得低于6 000万元,平均可支配利润足够支付全部债息,等等。可以说,亟须资金支持的中小民营企业,通常不能满足上述发行股票与发行债券的条件。而创业板市场的出现,似乎弥补了中小企业不能像大型企业那样直接上市融资的缺陷,但僧多粥少,当前新增上市公司数量被严格控制,通过创业板融资,并不能解决根本问题。总之,对大多数中小民营企业而言,通过直接融资渠道融资,可谓天方夜谭。

就政府扶持资金而言,政府偏好将税收优惠、财政补贴等给予国有企业以及能创造高额税收的大型民企,导致的后果便是马太效应所言的"有钱的企业更有钱,缺钱的企业更缺钱"。这与以 GDP 为核心的考核机制密不可分,但间接封堵了中小民营企业获得政府扶持资金的融资途径。

就企业留存利润和折旧转化为生产投资资金而言,由于我国中小企业传统的家族式管理的弊端,缺乏长期经营的思想,其积累意识不足,也导致分配过程中的留存不足,所以留存利润和折旧可转化的生

---

⑤ 彭冰:《商业银行的定义》,载《北京大学学报》(哲学社会科学版)2007 年第 1 期。

⑥ 参见刘明辉、李黎:《民营企业融资难的经济学解释》,载《财会通讯》2003 年第 10 期。

产投资资金极其有限。

在合法机会并不畅通的情况下,处于融资困境中的中小民营企业家,不得不寻求合法机会之外的方式进行融资。

三、司法操作不合理:合理融资行为被"非法化"

在各类非法机会中,笔者对纯正的融资类犯罪,如非法集资,非法吸收公众存款,擅自发行股票、债券的非法行为等融资行为犯罪化并无异议,但对企业家互相借贷及有正当资金需求的民间借贷被认定为非法,笔者认为有不合理之处。

(一)禁止企业间互相借贷不具合理性

民营企业之间的相互担保,是一条合法的融资途径,虽然前几年在民营企业中比较盛行,但是由于风险很大,绩优企业已经不愿意为他人承担连带责任。而与此本质并无太大差别的"企业间禁止互相借贷",也反映了中小民营企业的融资困境。根据司法部1992年《关于办理民间借贷合同公证的意见》与最高人民法院1999年《关于如何确认公民与企业之间借贷行为效力问题的批复》的规定,对公民之间以及公民与企业之间的借贷合同的效力加以肯定,但对于非金融机构的企业之间的借贷合同的效力却不予承认,认为其属于无效合同。依据国务院1998年《非法金融机构和非法金融业务活动取缔办法》和中国人民银行1996年《贷款通则》的规定,企业之间借贷在法律上是无效的。最高人民法院在1996年下发的《关于对企业借贷合同借款方逾期不归还借款的应如何处理问题的批复》中规定:"企业借贷合同违反有关金融法规,属无效合同。"中国证监会、国资委2003年8月联合发布了《关于规范上市公司与关联方资金往来及上市公司对外担保若干问题的通知》,禁止上市公司有偿或无偿地拆借资金给控股股东及其关联方。因此,在司法实践中,法院基本上将企业间的借贷或变相借贷合同确认为无效合同。在具体适用法律上,有的法院适用《合同法》第52条第4项的规定,以损害社会公共利益为由认定合同无效。有的法院则直接适用《民法通则》第58条第1款第5项之规定,以违反法律或者社会公益为理由确认合同无效。⑦

笔者认为,"禁止企业之间互相借贷",既不合理,也不合法。

首先,禁止企业间借贷是计划经济时代的产物,已不适应市场经济的发展,应予放开。我国禁止企业间借贷是落后经济时代的产物,没有充分的合乎逻辑的理由。为了更好地促进中小企业经济的发展,促进利益相关企业通过资金援助实现共同发展,应该放开企业间的借贷。当然,一定程度的限制也具有必然性,如不允许非从事放贷业务的企业经营放贷业务,但利益相关企业之间基于友好合作、企业经营发展战略需要等目的开展的非经营性借贷,是有利于企业自身和市场经济发展的,应予准许。⑧

其次,根据我国《合同法》的规定,判断一个合同是否属于无效合同,必须依据法律和行政法规的规定进行,但是我国当前没有任何一部法律或行政法规规定企业之间不许进行借贷,所以规定企业间贷款合同无效于法无据。这种对借贷主体的限制性规定,迫使企业只能通过委托贷款、存单质押担保等各种方式变相展开企业间借贷,无形中增加了企业的融资成本,降低了经济效益。不可否认,此种规定,导致中小民营企业拥有的本不宽广的融资渠道进一步被收窄。

(二)司法处理模糊化,致使民间借贷承受了很高刑事风险

近年来,人民币储蓄存款余额持续增长,城乡居民普遍资金富余,为了最大限度地获取利润,商业银行通常以极低的利率吸收存款,加上征收利息所得税,公众的利息收入进一步下降。加之当前社会上的投资和理财方式十分有限,居民手中拥有的闲置资金或存入银行获得低利息收益,而且面临通货膨胀的风险而贬值;或进入风险较高的股市与楼市。欠发达地区和农村居民投资渠道相对单一,多数居民不具备投资股票的条件,县市以下国债发行量少,农村基本不发行。因而,手头有较多盈余的富裕居民,在市场供需推动下,一般通过民间借贷来

---

⑦ 参见龙翼飞、杨建文:《企业间借贷合同的效力认定及责任承担》,载《现代法学》2008年第2期。

⑧ 参见刘道云、曾于生:《综合立法规制民间借贷研究》,载《河北法学》2013年第1期。

谋取较高收益。"民间资本的趋利性,使他们在投资股市专业知识缺乏、信息不对称的一系列制约条件下,只能选择具有一定道德约束和信用了解基础的民间借贷。"⑨

但民间借贷并非没有风险。民间借贷的成功,依赖于资金供给者对资金需求者的信任,一旦超越一定的范围,离开了"熟人社会"的依托,信息不对称的问题就会凸现出来,放贷人的风险也将骤然上升,其优势功能就会因此而丧失。⑩ 此外,民间借贷市场的高额利润,还可能驱动一些从事借贷交易的个人或组织通过合法或不当的行为手段,从正规金融机构贷出资金,然后再利用这笔资金从事高利润的民间借贷。在这种情况下,民间借贷资金和银行资金之间相互交织,也增加了银行资金的风险。"在企业不具备'借新还旧'条件时,企业可以付出高利润获取民间借贷来蒙蔽贷款银行。贷款企业难以偿还的'民间借贷资金',犹如侵入了银行信贷体系健康肌体的有毒病菌,放大了信贷风险,交易主体则可能涉嫌高利转贷罪和骗取金融机构贷款罪、贷款诈骗罪等金融犯罪。"⑪正是由于上述风险的存在,因而借贷市场同样需要法律和金融制度的规制。我国刑法当前规定的非法集资类罪名主要有:集资诈骗罪,非法吸收公众存款罪,擅自发行股票、公司债券罪。这些罪名的存在,为打击非法融资,维护金融秩序与人们财产安全提供了依据。

但实践中,司法机关将吸收追求高回报资金的行为,理解为非法吸收公众存款。在这里,"存款"的概念发生了异化,演变为"还本付息"的债权债务关系。由此引出的一个现象就是,司法实践中基本不区分吸收资金的目的,也不区分是否造成严重后果,对非法集资行为一概适用非法吸收公众存款罪来打击。由此,导致在严打非法集资过程中,无须认定是否具有融资需求,仅是单纯的诈骗行为可以适用集资诈骗罪;出现有股票、债券这类特定载体的,就可以适用擅自发行股票、公司、企业债券罪;剩余的类似行为,则绝大多数被定性为非法吸

---

⑨ 周茂清:《关于我国民间借贷问题的探讨》,载《当代经济管理》2011年第10期。

⑩ 参见岳彩申:《民间借贷规制的重点及立法建议》,载《中国法学》2011年第5期。

⑪ 苏虎超:《民间借贷活动与金融犯罪相关问题探析》,载《中国刑事法杂志》2011年第6期。

收公众存款罪,导致该罪俨然成为规制非法集资案件的一个"口袋罪"。⑫而这与刑法惩罚犯罪、保障人权的机能不符。学界一直主张限制该罪的处罚范围,认为只有当行为人将吸收的公众存款用于货币资本的经营时(如发放贷款),才能认定为扰乱金融秩序,才应该以本罪论处。⑬笔者赞同此种观点。因为将大量的非法集资活动都界定为非法吸收或者变相吸收公众存款,实际上是将其划入了间接融资方式,由此带来的后果只有一个:资金募集者必须成立具有特殊资格的存款类金融机构,才有可能将其非法集资行为合法化。这样其实是用间接融资的手段处理了直接融资问题,不能为民间金融的合法化预留空间,不能为集资监管从一味的"堵"转型为有步骤的"疏"提供法律基础。⑭

同时,将以合法的商业、生产运营为目的的直接融资行为认定为非法吸收公众存款罪,无疑是错误的,一些处于正当融资需求的集资行为,有什么理由不剥离"犯罪标签"呢?⑮况且,将有合理的生产经营需要的"非法集资"活动合法化,并不存在法律制度上的障碍,完全符合罪刑法定的要求,体现了刑法罪刑相适应的基本原则。⑯

综上所述,笔者认为,大量中小民营企业家涉及融资类犯罪,并非因为他们真正实施了此类犯罪行为,而是因不恰当地扩大适用法律所导致的后果。上述"非法吸收公众存款罪",便是最好的例证。对于此种现象,有学者评论:"用非法吸收公众存款罪打击非法集资活动,既不符合法律解释的逻辑,错误扩大了本罪的适用范围,也不利于构建对非法集资活动的有效规制体系,未能为民间金融的合法化预留空间。"⑰更有学者评论:企业具有正当需求的融资行为被定罪,只能

---

⑫ 参见刘伟:《非法吸收公众存款罪的扩张与限缩》,载《政治与法律》2012年第11期。
⑬ 参见张明楷:《刑法学》(第4版),法律出版社2011年版,第687页。
⑭ 参见刘伟:《非法吸收公众存款罪的扩张与限缩》,载《政治与法律》2012年第11期。
⑮ 参见毛玲玲:《集资行为的刑事管制》,载《政治与法律》2009年第9期。
⑯ 参见刘伟:《非法吸收公众存款罪的扩张与限缩》,载《政治与法律》2012年第11期。
⑰ 彭冰:《非法集资互动的刑法规制》,载《清华法学》2009年第3期。

说这种法律有问题。⑱

总之,具备正当融资需求、本不应该被视为通过非法途径进行融资的行为被"非法化",正是我国中小民营企业家群体中融资类犯罪高发的主要原因。对此,"一方面,国家需要检讨现行金融制度的灵活性和开放性,以更大程度地满足民间的融资需求;另一方面,法律也要采取更有弹性的规制手段,在满足民间融资需求和保护社会公众利益之间达成平衡,降低融资成本,引导民间融资走上合法化的途径"。⑲ 如此,方能在有效减少民营企业家犯罪的同时,促进民营经济的健康发展。

---

⑱ 参见茅于轼:《一个企业家命运的政治含义》,载《新闻周刊》2003年第47期。
⑲ 彭冰:《非法集资活动的刑法规制》,载《清华法学》2009年第3期。

第三编　观 点 荟 萃[*]

---

[*] 本部分由北京师范大学法学院博士生操宏均、邵超根据参会代表发言录音整理、提炼而成。在尽量保持原文的前提下，按照一般学术规范对发言原文的有些地方进行了文字处理，特此说明。

民企参政与越轨行为

皮艺军[*]

当前,由于我国相关制度并不完善,在一定程度上,民企参政的目的是希望通过参政获得支持和占有市场资源。因此,可以说民企参政是一种特殊的政治生态中的生存策略。然而,这种畸形的参政模式,导致中国民企参政中的越轨行为正处于一种弥散性的状态。主要包括以下几方面的原因:

首先,当前经济形态环境下行政垄断横行。民企是商品经济的天然宠儿,商品经济是为民企量身定做的,是符合经济规律的,而政府的过度调控会制约商品经济的发展。当前政府对经济活动的干预,在政治生态中表现为行政垄断。行政垄断的目的不在于谋取超额利润,或是促进市场竞争、提高经济效率,而在于对经济实行有效控制,利用行政手段干预行业进入、产品定价、流通和分配。行政垄断表面上是对市场资源的垄断,本质上是对权力的垄断。

其次,民企与国企地位不平等。当前中国相关制度还存在一些不完善的地方,这就导致了我国民企与国企之间存在着不公平:政策不公平、追责不公平、信息不对称、评优不公平、科研经费不公平、优惠政策不公平、政治地位不公平。这些不公平导致的直接后果,既有市场准入上的双重标准,又有融资及招投标过程中的差别待遇,还有执法上的差异。因此,实际上,国企是政治权力在经济领域里的延伸,国

---

[*] 中国政法大学教授,北京师范大学中国企业家犯罪预防研究中心专家委员会副主任。

企的政治意义和政治功能要远大于经济功能和经济贡献上的意义。民企在政治领域里的准入（进入政协和人大）是限制性的、功利性的、装饰性的。政治资源的缺乏，是民企在参政活动中采取越轨行为的根源。

中共浙江省委党校董明教授将浙江民企从政心态归纳为以下四种：恢复型、补偿性从政；功利型、经济性从政；民主型、公益性从政；退缩型、规避性从政。民企参政是希望在经济生态之外为自己的生存寻找生路。不借助政治生态，经济生态的恶劣状况就没有办法彻底改善。而参政具有以下优点：

（1）参政可以掌握权力，进而促进企业发展，实现社会责任。

（2）参政是一个民企成功的标志，是一个民营企业家的理想，通过经济上的利益换取政治上的主张。

（3）参政可以获得政治保护。民企都有原罪情节，希望在政治上得到一种庇护。

（4）参政可以获得法律保护。搞法律必须和政权相融合，甚至可以钻司法不公的一些空子。

（5）去国民化。现在民企处于二流地位，他们希望通过参政改头换面。

就当前民企参政的途径情况来看，通过寻租交租、贿选买官、组织黑社会等不法途径参政情况较为突出，而这种现状，直接通过民营企业家犯罪类型得到了体现，在犯罪类型上，民企犯罪以行贿为主，直接向上级官员行贿，是民企参政的越轨途径之一，而贿选已是最重要也是最为普遍的一种越轨。寻租是向上，贿选是向下。2012年湖南衡阳市的破坏选举案中，32名民企人大代表被终止代表资格，也印证了这种行为的弥漫性。民企人大代表染红自己以后，也有可能成为其他民企老总行贿的对象。民企参政后组织黑社会，一方面是利用帮会文化将非血缘的关系搞成准血缘的关系，用这种方式来达到篡改规则的目的；另一方面，便于使用暴力解决问题。前不久涉黑的四川人大代表刘汉，也正是民营企业家涉黑的典型代表。

因此，必须通过政治体制改革，改变民企为了生存而用越轨方式参政的困境。实践证明，中国改革开放的每一个重大成功，都是简政放权、还政于民的结果。这就要求政府进一步简政放权，通过用好政府"有形之手"、放活市场"无形之手"和完善社会"自治之手",实现市场经济的良性运转,从而让民企真正成为市场经济的宠儿和主力军。同时,还应该从整个社会生态的角度出发建立公共规则,恢复现代社会的商业伦理,在新的商品经济中寻找到中国社会的普世价值。

企业家刑事风险防控要洞察新动向

严 励[*]

从总体上看,当前我国对民营企业家合法权益保护力度还不够。市场经济应该是企业家经济,而不是政府经济,但现在我们的实际情况就是政府经济,而政府经济直接带来了国营经济的强权,它们垄断了市场资源,而民企缺乏资源和资金,没有竞争力,这种较为悬殊的市场地位,进一步导致了当前民营企业金融犯罪问题突出,因为国营企业不缺钱,民营企业缺钱。

目前,上海正在进行自贸区建设,建成以后必将对民营企业产生比较大的影响,因为现在正在制定政府的负面清单,其实质就是给企业放权、松绑、给机会。自贸区还有金融体系的改革,松绑放权以后,民营企业的运行环境可能会好转,可能就解决了当前民营企业面临的资源不足、资金困难的问题,就可能引发企业家犯罪出现一些新的动向。上次研讨有很多学者讨论企业家,特别是民营企业家未来的犯罪可能是知识产权的犯罪、环境犯罪,这也是进行企业家刑事风险防控必须注意的问题。

此外,对企业家犯罪的预防要有进一步的认识。企业家犯罪是社会转型以后新的犯罪主体,这类主体能量大、流动力大、活动能力强,而且有雄厚的资金。这就要注意犯罪后的犯罪,比如说进入司法领域以后又进行的行贿,特别是进入监狱以前进行的犯罪。因此,企业家犯罪可能存在着转型,需要引起我们的关注。

---

[*] 中国犯罪学研究会副会长,上海政法学院副院长、教授、博士生导师。

民营企业家的犯罪生态

邱格屏[*]

三十多年来的地方激励机制,是企业家犯罪的大背景。地方激励机制主要有两大块:一是财政激励;二是政治激励。财政激励一方面是税收自治,另一方面是财政分权。

财政分权是20世纪90年代初开始的,1994年基本完成。当时提出财政分权有两个理由:第一,在90年代之前,我国实行的是税收包干制,这个制度导致中央的财政比较拮据,中央的权力日渐式微;第二,因为1989年之后的经济数据(GDP的增长数据)急剧下滑。1989年、1990年的GDP增长率是三十多年来最低的,甚至只有某些年份的1/3,所以为了迅速扭转这种局面,邓小平提出要进行税务改革,财政包干。

财政分权和税务改革的结果主要有三大块:第一,地方对中央的依赖加强了;第二,地方支出很自由,地方有钱,可以自己支配不受中央的调控;第三,整个社会形成了M型的社会。这三点导致地方政府大力发展经济,其实发展经济之后,就会给企业家带来不可预测的后果。M型社会即我国的层级体制。在这种层级体制下,省与省之间是一种竞争关系,地市与地市之间,特别是同一个省级的地市之间是一个竞争关系,同一个地市下的县之间也是竞争关系,下面的乡镇也是竞争关系,这种竞争关系对经济发展是有利的。

---

[*] 华东政法大学教授、博士生导师。

政治激励的手段是政治锦标赛,它是由上而下制定标准的、优胜劣汰的官员晋升博弈机制。在这种机制下,评定一个官员是否可以在政治锦标赛中胜出,有很多的评判方式,而 GDP 的增长永远都是排在第一位的。

地方激励机制对民营企业发展的影响重大。地方激励机制在实施之后,过去的政治挂帅的作用就慢慢淡出,经济绩效才是地方政府要追求的目标,地方政府在追求经济发展的目标时,首先要做的就是招商引资。

在招商引资的过程中可能要遇到很多困难,但政府官员会想出各种办法来应对,税收优惠和政策倾斜是他们常用的两大支柱。在这两大支柱下面,有些政府官员在招商过程中可能会不择手段,给企业家的很多优惠政策都是违背国家法律的,甚至在某些情况下会默许或支持民企违法。"发展基础上的违法",即企业只要对地方经济有贡献,政府便可以允许其在这里违规甚至是违法。地方政府在支持企业发展过程中违规手段众多。第一,在税收方面给予优惠,如税收返还和税收支出补贴。第二,土地违规使用,比如先用后批等。第三,地方金融干预。如政府担保,政府项目融资。企业没钱了,政府会要求银行提供资金。

然而,政府所允许的违法手段也留有巨大的隐患:第一就是激励扭曲、利益错位,即政府对企业的要求标准会发生错位;第二,企业会过度承诺地方政府,而地方政府也会过度承诺企业;第三,很多企业和地方政府闹翻了,就是因为承诺没有兑现,或者是地方政府对一些原本很看好的企业最后觉得并不怎么样的时候,会对其果断予以抛弃。

目前民营企业家的发展面临着重重困境。民营企业家成也政府,败也政府。在企业高速发展的时候,政府给你支持让你飞速发展,但是,如果让你下去你也不得不下去。这被称作"协助之手和掠夺之手两手并举",主要体现在三个方面:第一,政府的合法伤害权,首先它有治理的权力;其次它有资源控制权;再次它对企业是否违法犯罪有自由裁量权;最后它具有随意处置权,当初就是它怂恿你这么做,之后还可以随意处置。第二,民营企业是政府目标转移的牺牲品,当政府的目标聚焦于发展经济的时候,政府的目标和企业的目标是一致的,然而政府是多目标的,当经济发展到一定阶段,政府的目标一定会变成多目标,包括经济发展、社会的公正、收入平等、环境保护等,而企业的目标永远是经济发展,此时,企业触犯任何一方面均会产生问题。第三,企业家是腐败官员的牺牲品。李途纯和顾雏军便是两个典型代表。

注重企业家犯罪心理变化
构建四位一体的防治体系

狄小华[*]

为什么在同样的环境下,有的人实施了犯罪行为,有的人却没有实施犯罪行为,这一直是犯罪学研究领域的一个核心问题。犯罪学研究有两个重要的节点:环境和个人行为。而人是环境的产物,个体犯罪不是天生的,与特定环境密不可分。在个体社会化的过程中,人的心理变化将宏观环境和个体微观心理连接起来,在二者间搭设了一个桥梁。它很好地回答了"究竟是怎样的变化可以让一个好人变成一个坏人"这一为人们普遍关注的问题。在企业家犯罪中,个体心理变化也是一个重要推手。因此,进行企业家刑事风险防控,应该从犯罪学视角,抓准个体的心理变化。

企业家刑事风险防范有四个要素,即企业家刑事风险与国家法治的状况、行业自律的情况、单位自治的情况、个人自律的情况,这四个要素形成了一个不可分割的集合体。

首先,无论是国企还是私企企业家犯罪,都与国家的法治环境存在着密切关系。当法治还不健全、制度和规范还不到位的时候,某些体制型的腐败、制度型的腐败也就不可避免。

其次,行业协会自律。行业自律是一个法治国家中非常重要的一支力量。全国行业协会数量不少,但其中很多还存在着权力的影子,

---

[*] 南京大学犯罪预防与控制研究所所长,法学院教授、博士生导师。

这样当它以国家的权力自治形象出现的时候,这种行业协会就有可能成为腐败的源头。所以如何真正实现行业的自律,尤其是自治协会等社会组织如何发挥他们的作用。一方面,要对行业协会进行规范化,看行业协会中的每一个企业家是不是成为了真正的主体,是不是享受到了行业协会给你的服务,以此作为评判一个行业协会是否规范的重要标准;另一方面,要对行业协会加强监管。

再次,单位自治。企业家犯罪一定是单位内部管理混乱或者是单位犯罪的必然结果。一个高度自治的企业一定是有持久生命力的企业,这样的企业家也一定是安全的企业家。以前是国家通过计划的方式,即通过对生产资料的控制实现对单位的控制。现在在市场经济体制下单位成为市场经济的主体,国家应通过规范引导其依法自治,通过监管、督促,引导其依法自治。所以如何规范国家机关和单位之间的关系,防范公权滥用,以及划清公有制和私有制之间的界限,对于推进企业自治,防治企业家犯罪意义重大。

最后,个人自律。企业家犯罪很多并不在于有没有相关的规则,而是某些企业家见利忘义,冲破了现有的规则。人有惰性的一面,也有社会性的一面,人要不断经受惰性和贪念的考验,不断经受各种物质诱惑,特别是对手中有相对权力的人来讲,这种自律的确很难。所以企业家一旦突破这一底线,失去自我控制,就会触犯国家法律。

此外,通过个体自我约束、单位自治、行业协会自律和国家公权规范这四个层面形成的一个有机的整体,进行企业家犯罪防治,也应该贯穿于犯罪学研究之中。在企业家犯罪问题研究中,更要善于从关注个体的犯罪乃至犯罪形成微观的角度,透视企业家犯罪发生的微观环境、中观环境、宏观环境,从而为单位自治、行业自律、国家公权的规范提供相应的研究决策依据。因此,在进行企业家犯罪以及企业家刑事风险防控研究中,应当将其放到推进国家整体法制这个大层面来思考,这样我们的研究才不会走偏。

编制制度笼子
使人"不敢、不能、不想"腐败

张 旭[*]

现阶段我国企业家腐败犯罪防治具有本身的特殊性,同时也具有很多共同性。从共同点来看,在犯罪防治过程中,关键是如何寻求制度上的设计以防止腐败犯罪的蔓延。任何一种犯罪发生的主要因素,不外乎外部因素和内部因素。外部因素,主要是约束控制机制存在漏洞;内部因素,主要是个人自我防范犯罪的能力出现了偏差或存在一定缺陷。因此,从该理论出发,在犯罪防治过程当中,最终都会集中到三个最基本的层面:一是如何加强社会的约束和控制,使一个人不能实施犯罪;二是如何提升一个人的免疫犯罪能力,使一个人不愿意实施犯罪;三是事后的打击及时有效,使得一个人不敢实施犯罪。无论从哪个角度思考,寻求防范对策都会涵盖在"不敢、不能、不想"三个大的层面上。

在现有的防范控制背景下,最主要的问题是制度建设问题,即如何编制制度的笼子,使得一切不法行为都规制在社会有效的控制管理之下。企业家自身的特殊性使得企业家腐败犯罪也具有了特殊性。当前金融安全问题、食品安全问题、药品安全问题、生产安全问题等热点问题,都与企业家有着非常密切的联系,因此,在企业家腐败犯罪防治过程中如何凸显其特殊性,是研究此类犯罪特别需要关注的问题。

---

[*] 中国犯罪学研究会副会长,吉林大学法学院副院长、教授、博士生导师。

另外，在企业家腐败犯罪防治过程中，最需要解决的是政府与市场之间的关系问题。而解决这个问题的关键点，最终落脚点还是制度上的设计问题。具体来讲，一是我们要积极为企业家提供一个公平、公正的市场运营环境，进而减少相关犯罪的发生。二是通过强化自律，发挥诚信教育在企业家腐败犯罪防治中的重要作用。三是引导企业家树立风险防控意识，强化法制建设，规范企业行为。

新时期企业家腐败犯罪的防治立场

魏 东[*]

当前我国企业家腐败犯罪现象高发的原因主要有四个方面:一是受我国腐败总体状况的影响。国家腐败总体状况是在根本上决定和影响企业家腐败犯罪的因素,其外在表现形式部分地可以从一国的清廉指数得到反映。如果一个国家反腐败犯罪的工作力度加大,企业家腐败犯罪情况将会有所好转。最近几年通过强化反腐败工作,企业家腐败犯罪受到了一定程度的遏制。二是集体腐败现象较为严重。近几年,司法机关查处了一些腐败窝案、串案,在有的行业领域、有的部门中集体腐败现象开始浮出水面,备受关注。尤其是近年来被曝光的一些政府官员集体腐败案例,很容易对外产生一种不良示范效应,进而导致出现企业和企业家腐败犯罪。三是灰色利益大行其道。企业利益和企业家个人利益都部分存在灰色利益空间,这对企业和企业家都有较大的诱惑。尤其是土地开发利用和建设工程领域、药品及医药器材供给服务领域、较多特业许可经营领域,只要存在或者允许灰色利益,必然诱发严重腐败。四是个人素质问题。当今中国反腐败大局开始出现良好转机,为企业公平竞争和良性发展创造了较好条件,有利于企业通过诚信经营获得良好发展。而在这种情况下,企业家是否腐败,可能在相当程度上取决于企业家个体的素质高低。

新时期企业家腐败犯罪应坚持如下防治立场:

---

[*] 四川大学刑事政策研究中心主任,教授、博士生导师。

（一）坚持全面反腐立场

坚持全面反腐立场，一是"老虎""苍蝇"一起打，对于严重的和轻微的腐败犯罪都要依法予以惩治。二是强调行贿受贿一起抓，绝对不能片面地超越法律，对行贿人予以放纵。对于后者，在司法实务中并没有获得一致认识，虽然对行贿依法从宽处理，免除处罚甚至不处理，确实有利于揭露受贿犯罪，有利于遏制受贿犯罪，但是过度强调这一点，而忽略对行贿犯罪的打击，从长远来看是不利于反腐的。它与诚信建设、法制建设、公平执法都不符合，只治标不治本。因此，从长远来看，行贿还是要抓。

应避免因对"免除处罚"量刑情节误解而放纵行贿。从"减轻处罚或者免除处罚"规定看行贿罪之"免除处罚"，应当承认在排序上首先应考虑减轻处罚而不是免除处罚；从"可以"免除处罚情节规定看行贿罪之"免除处罚"，应当承认在优先考虑可以减免刑罚处罚的前提下，不是"应当"减免刑罚处罚。尤其是对于那些多次行贿、巨额行贿的行贿行为，依法不能过多过滥地适用免除处罚。为有利于形成官员不敢受贿、相对人不敢行贿的良性互动局面，我们的反腐败工作在治标和治本上应当良性互动。

（二）坚持彻底反腐立场

我们必须反对选择性执法，绝不能搞只查处"部分"腐败犯罪而对另一部分犯罪"手下留情"。但是，目前也存在一些让人担忧的地方，那就是对发现的腐败行为不能一查到底，这就需要检察机关增设一项职责，检查落实"有腐必究，不留死角"的贯彻执行情况，切实杜绝反腐败工作中的选择性执法现象。

（三）坚持常态性法治反腐立场

反腐工作必须坚持常态性、依法性，这是反腐败工作必须坚持的一项基本要求。

首先，必须反对"运动式"执法，因为它会给人一种"运动之后存在松懈和间歇"的误导，导致腐败现象间歇期死灰复燃，出现所谓的反复性腐败。

其次，必须反对过度性执法，因为过度性执法的本质就是腐败，或者换句话讲就是滋生了新的腐败。现实生活中，有的企业家为了捞取经济利益和竞争优势,有的为了打压对手(甚至包括本公司股东),进而出现借助纪委、公安甚至国安部门的公权力来打压对手和捞金的现象。

再次,依法执行标本兼治的反腐策略,尽快构建和完善国家廉政制度建设,尤其是财产申报制度、人事干部制度、依法议事决策制度等制度建设,必须加快进度,加大力度,切实构建起常态性防治腐败的制度体系,并付诸执行。

(四)坚持全民诚信建设立场

诚信建设首先应从政府做起,企业跟上,全民参与。其中,政府诚信建设、企业诚信建设能起到引导全民参与诚信建设的良好效果。重点反对有组织性欺诈,发现一起严肃处理一起。另外,企业家必须把诚信建设作为企业建设发展的重要内容,坚持诚信经营获取经济利益和大发展,反对投机取巧和违法乱纪获取经济利益,这样,企业家腐败犯罪就缺少了存在的空间。提高企业家遵纪守法和诚实信用水准,不失为一种遏制企业家腐败犯罪的重要途径。

创新检察机关职务犯罪预防工作
服务民营企业健康发展

赵武安[*]

实践中,对检察机关在民营企业开展职务犯罪预防工作存在不同的认识。有的人认为,检察机关职务犯罪预防的对象应该是国家公职人员,重点应放在预防国家工作人员职务犯罪上。正是由于这种认识上的误区,导致目前检察机关在民营企业开展职务犯罪预防工作尚处于探索阶段。

从近年国家公职人员职务犯罪情况来看,一些民营企业、非公有制企业以行贿求机遇、争项目、获暴利的现象比较突出,有的甚至把行贿作为企业生存发展的经营之道。所以要预防贿赂犯罪,应该把预防行贿犯罪作为一个重要的内容,延伸到民营企业这些非公有制企业。

除了查处职务犯罪之外,批捕、起诉都要涉及非公职人员的职务犯罪,如公司、企业人员实施的受贿罪、侵占罪等。预防是检察机关的一项法律监督职能。在非公领域开展好职务犯罪预防工作,也是检察机关分内的事。

《联合国反腐败公约》明确规定:各缔约国都应该根据本国法律的基本原则,采取措施防止私营部门的腐败。香港廉政公署对腐败对象的阐述也包括私营部门的腐败。职务犯罪的范围在当前的形势下确实显得狭窄,腐败犯罪应当涵盖包括私营部门在内的贿赂、侵吞以及

---

[*] 最高人民检察院职务犯罪预防厅预防一处处长。

其他类似方法侵犯财产、影响交易、滥用职权等各种腐败行为。

预防国家公职人员职务犯罪和预防民营企业的职务犯罪有共同点,即都是基于公共权力的犯罪。二者在主观、客观方面基本相同,只是主体有所差异而已。在预防的方法和措施上也有相同点。通过在民营企业开展预防工作,可达到以下三个目标:

(1) 促进政府对民营企业的规范管理。通过揭示治理民营企业以及预防职务犯罪发生的内在规律,提出创新型政府对民企的规范治理意见,营造有利于民营企业良好发展的大环境。

(2) 促进民企内部的行业自律。行业协会在民企的发展过程中有很多漏洞,要通过预防犯罪增强行业协会的民间性、民主性、服务性和自律性,发挥行业协会作为政府、企业、市场之间的纽带和桥梁作用,发挥他们在规范、预防民企犯罪,促进民企协会行业自律中的重要作用。

(3) 加强民企内部的管理。民营企业与国有企业相比在内部管理方面存在很多漏洞,通过预防工作帮助这些民企建章立制,建立预测预警机制,促进民企各单位形成以岗位为点、以流程为线、以制度为面的立体化的监控预防体系。

在具体实践过程中,至少应该从以下六个方面加强预防工作:

从内部看,有三个具体工作要求:

(1) 加强对民企行贿犯罪的预防工作力度。包括加强企业廉洁文化建设,为企业提供法律咨询,加强廉政宣传,对民企人员进行法律帮助和培训,引导企业依法经营、规范管理,学会用法维权。同时要探索利用检察机关建立的行贿犯罪档案查询系统建立民营企业行贿黑名单制度,以此防范民营企业行贿犯罪。

(2) 积极开展侵害民营企业合法权益职务犯罪的预防工作。主要针对负有经济调节、市场监管、社会管理和公共服务职责的行政执法、经济管理部门的国家机关进行,发现和分析民营企业在发展环境、政府行业监管过程中存在的问题,有针对性地提出预防对策和建议,为民企健康发展提供良好的法治和政府环境。

(3) 在民企内部建立犯罪风险的防控机制。深入到民营企业中,查找职务犯罪的漏洞隐患,通过发现它在管理机制、体制以及制度上容易形成的引发职务犯罪的问题,向民营企业提出一些预防的对策和建议,帮助他们查找漏洞,特别是要借鉴一些国有企业的预防经验,建立犯罪风险点排查机制,对风险岗位人员进行提醒谈话,帮助企业完善内部防控机制。

从机制上防控犯罪,包括三个方面:

(1)建立检、企联合预防机制,即检察院和企业要一对一地加强联系,通过检察官进企业或者在民营企业设立检察服务中心等方式,以案示法,加强预防咨询等试点法律服务;同有关企业定期召开联系会议,通报情况,了解民营企业发展的新情况、新问题。

(2)发挥检察院的职能优势,建立服务民企的联系会议制度,即由检察院联系工商、税务、公安、民政、工商联等相关部门,定期召开联系会议,一起通报研究民营企业职务犯罪的惩治预防方面的工作情况,了解民企发展的问题,推动社会各界支持民企的预防犯罪工作,达到政府和民企之间的良性互动沟通的机制。

(3)强化对民企预防犯罪的宣传,增强全社会关注民企,营造全社会关注、支持、参与到民营企业预防犯罪的氛围中。

不是所有企业家都有"原罪"

卜安淳*

2006年《中国青年报》的文章《问题富豪拽出民营企业家"原罪"大讨论》,引发了人们对企业家"原罪"的思考。但不是所有企业家都有"原罪"。"原罪"说过于笼统,对奉公守法的企业家来说太不公平。此外,围绕所谓企业家"原罪"展开的一系列论说,也有误导社会舆论、误导企业家的企业发展路径之嫌。

有观点认为,清算企业家"原罪",就是否定改革的巨大成就。换言之,这种论调似乎是在强调,改革的巨大成就就是在企业家违法犯罪的基础上取得的,要保住改革的巨大成就,就要保护企业家们的违法犯罪,就不能清算企业家的"原罪"。这种观点令人质疑,难道改革的巨大成就是依赖企业家违法犯罪取得的吗?难道没有企业家的"原罪",就不会有改革的巨大成就?

还有观点认为,民营企业应当先发展后规范,先规范后发展会束缚企业的发展。但是这种观点的危害性更大:一是可能误导一些企业家,以为发展企业可以不守规范,可以违法犯罪;二是可能吓住一些企业家,以为只要企业发展了都会被看做是不守规范、违法犯罪的结果,等到"后规范"开始,就是秋后算账,就会倒霉。发展需要规范,规范促进发展。发展与规范之间是相互促进的关系,不应该是相互冲突的关系。没有好的规范,怎么能有好的发展?不守规范的发展能算好的发

---

* 中国犯罪学研究会常务理事,南京大学法学院教授。

展吗？

还有一种赦免企业家"原罪"的舆论和理论。如果靠违法犯罪发展企业的企业家得到赦免，对奉公守法发展企业的企业家来说公平吗？对各行各业奉公守法的劳动者来说公平吗？

企业家犯罪，主要包括为了企业而犯罪、利用企业而犯罪等。

为了企业而犯罪，即为了企业的生存、发展或赢利，企业家做出一些虚假行为因而构成违法甚至犯罪，如虚假出资、虚假注册、假冒专利、假冒商标、虚假广告等，还可能用造谣、诽谤的方式伤害竞争对手，企业还可能恶意竞争、垄断经营，还可能欺骗消费者、欺骗银行、欺骗政府部门，还可能破坏环境、污染环境。

利用企业犯罪，即利用自己的企业实施犯罪，把企业当做实施犯罪的手段、工具，甚至是道具。在这类犯罪案件中，常见的有虚假注册公司、挂靠他人公司、冒用他人公司等情况。近几年，公众关注度最高的莫过于集资诈骗犯罪案件，其最大的特点就是企业家利用自己的企业实施诈骗。

无论是吴英案还是曾成杰案，从案发到宣判再到执行，对案情和定性的质疑，对处刑和执行的质疑，始终存在。实际上，对这一类案件审判的许多质疑是围绕民间融资问题展开的。银行贷款艰难，民间融资则缺乏合法空间，但民间资金大量存在，民企资金需求又缺口很大。根源在于相关制度的不合理、不健全。所以，企业家可能犯什么罪，很大程度上取决于有关法制内容的合理与否、健全与否。

企业家犯罪中的"掮客"现象

张　荆[*]

根据北京师范大学中国企业家犯罪预防研究中心的相关报告显示，国企企业家和民企企业家的犯罪类型差异甚大。企业家的犯罪类型差异与国企和民企所处的制度环境有关。国企具有一定的垄断性，它依附于行政权力获取丰厚的资源和财富，尽管近年来国企改革引进了一些先进的管理手段，但旧有"家长制"仍镶嵌其中，"一把手"或企业高管权力过大，企业内部缺少监督和制衡机制，致使国企企业家的犯罪类型突出表现为与贪腐相关联的受贿、贪污、挪用公款等。而民企则不同，因缺少公权力的优势，缺少资源、项目和资金，一些民企企业家通过行贿、非法吸收公众存款、集资诈骗等方式获取企业所需资源、项目和资金。2008年"金融风暴"以后，一些民营企业的制度环境进一步恶化，资金链断裂，企业遭受到重大挫折和困难，致使一些民企企业家铤而走险，民营企业逐渐成为非法集资的"重灾区"。

2012—2013年还有12例民企企业家的涉黑案件，而国有企业则没有，说明一些民企企业家在遇到经济纠纷和困境时，无法通过公权力获得保护，会乞求"黑社会"的帮助，也证明民营企业生存环境的险恶。

市场经济应当不分企业大小、所有制性质，共享资源、一律平等竞争，但当前市场经济确实存在着制度性歧视和不平等，造成了不同身

---

[*] 北京工业大学人文社会科学学院法律系主任、教授。

份企业家的生存环境的差异,也导致国企企业家的犯罪主要集中在"权力犯罪",而民企企业家的犯罪主要集中于"压力犯罪"。

无论在国企企业家还是民企企业家犯罪中,都可以看到"掮客"的影子。"掮客"是在政府(权力)、市场、企业之间周旋的人,他们可能是个人,也可能是法人(咨询公司、中介公司等)。

成克杰案、陈良宇案、文强案、国家药监局郑筱萸等案中,均有掮客存在。"掮客"的存在有以下几方面的原因。

(1)传统的中国是一个"人情社会",同时又是一个"抑商"的社会,在"抑商"的社会大背景下,人情是有限的,但它与现代市场经济紧密结合:一方面是商人的扬眉吐气,另一方面是中国独特的人情市场经济的形成。

(2)改革开放初期,"掮客"突破制度的"藩篱",找关系,找批文,弄指标,掮客成为改革的"润滑剂"。掮客企业化,致使各行业中形成了潜规则。而最近几年,"掮客"现象已从"润滑剂"变成了"自掘坟墓","楼歪歪""桥脆脆""路陷陷"等现象,表明假冒伪劣商品、食品横行,掮客正在"自己挖坑埋葬自己",同时也腐蚀着整个国家的机体。

预防企业家犯罪根源在于改善企业的制度环境。具体而言:

(1)国企的垄断权为其权力"出租"奠定了基础,民企为获得市场份额往往被动选择"寻租"。正是这种异化了的、不平等的市场"供需"关系,导致两者的对合形式,铲除了这种制度性土壤,即逐渐形成平等、公平竞争的市场环境,打破资源垄断,以及行政对企业的过度干涉,就能从两个方向抑制企业家犯罪。另外,在目前企业的制度环境尚无更大改观的状态下,可先行考虑建立一种保护机制,在民营企业的合法经营遭受重大挫折和困难时,应该得到类似国有企业式的国家保护或社会保护,避免民企企业家的铤而走险和"压力犯罪"。民营企业是民族工业的基础,是吸纳我国就业人口的主战场,应当受到政府和社会的相应保护。

(2)制度性切割和时段上的切割。对于制度性腐败,个人有责任,制度更有责任,通过制度性切割,时段上特赦,国家可以回笼大量货币,一些犯罪人也能得到良心平复。国家在改革近四十年雄厚的经济基础上,需制度性切割,再造清廉的社会环境。

(3)建立健全企业监督与制衡机制。要对企业"一把手"或高管的权力加以限制,完善权力配置和监督制约机制。让国企"一把手"认识到,他们不是企业的所有者,而是代表国家和民众管理国有企业的CEO,要让国企企业家的权力通过民主程序,在阳光下运行。对民企而言,应进一步完善财务管理制度,财务管理漏洞多是导致窃取、私吞、造假骗取企业财产,集资诈骗行为大量发生的重要原因。

(4)国家还需要进一步完善市场和企业管理的相关法律,厘清公法和私法的调整范围,避免因罪与非罪、刑事与民事的边界不清,导致刑事手段过度干预市场,或企业家经济犯罪的"红线"不清,误入犯罪歧途。

腐败犯罪是显性制度与隐性
规则博弈的结果

翟英范[*]

社会政治生活中,人们受制于显性制度与隐性规则两种行为规则的规范。我国腐败犯罪之所以愈演愈烈,关键是因为这两种制度相互交融、相互博弈所致。

显性制度是国家明文颁布的法律、法规和政策,并指导社会经济运行的行为规则。

第一,显性制度设计中有利己和排他因素。制度设计本身是主观意识的产物,本身就掺杂了设计者的偏好。

第二,显性制度本身是一个不断完善的过程。任何制度的设计者在制定制度时并没有意识到自己所推行的制度会对自身造成伤害,更没有对新生的利益集团预留发展的空间。制度本身的滞后性,从一个侧面也为制度本身的创新发展留有很大的余地。但在制度创新中,如果让原来的制度设计者重新设计的话,不可能创新,只能是形式的改变。因为无论团体还是个人,在充分享有原有制度所带来的红利的时候不可能让出自己的利益。当腐败动机存在于某种制度建立之初或者过程中的时候,路径依赖的惯性,会使腐败动机在制度变迁过程中得到不断强化和延伸。

第三,显性制度设计必须惠及各方。制度设计本身是统治阶级利

---

[*] 《河南警察学院学报》主编、教授。

益的表现,如果在制度设计上过多体现有权阶层的利益,忽视其他利益群体的诉求,社会的稳定机制就会遭到破坏。我们现在所面临的局面就是公权力被无限放大。公权力只有被限制在恰当的范围之内,才能保证社会的良性发展。

第四,显性制度执行必须公开透明。(1)运行过程的透明;(2)具有较高的腐败发现概率;(3)有公信力较强的腐败监督机构和公众监督机制;(4)保障公众监督的权利和义务。

但是,就目前情况而言,这四个方面很难得到有效保证,主要有以下三方面的原因:(1)"一把手"和公权力的绝对权威。在追求自身利益的正常情况下,人们不敢也无法挑战这种权威。(2)对举报者缺乏保护和奖励机制。这不仅造成了腐败信息的大量流失,也使腐败发现的概率进一步降低。同时也给举报人在一定程度上带来了灾难。(3)因制度自身漏洞造成的利益集团间的相互保护。

隐性规则是在既有文化基础上形成的并被绝大多数人所接受,但又不被主流文化所认可的行为规则。

对隐性规则的理解,可以从以下四个方面予以把握:

第一,隐性规则是在传统文化基础上发展起来的。

第二,隐性规则有与"办事大小"相等价的"商品"功能。

第三,对受贿者而言,隐性规则也明确界定了其贡献大小与所获得贿赂的比例。

第四,隐性规则还规定了适用的范围。贪官受贿因人而异,企业或者是其他个人行贿也有相应的行规。

显性制度本身的缺陷催生了隐性规则的建立。显性制度主导社会的方向,隐性规则影响人的行为。如果显性制度科学、公正,就会受到人们的拥护,隐性规则就会发挥积极的作用,推动显性制度的落实和发展;否则,隐性规则就会向相反的方向发展,助推显性制度的漏洞进一步加大。

腐败犯罪的大量产生和显性制度缺乏科学性有着必然的联系,如果不加以完善,隐性规则会进一步恶化,反腐力度的大小并不能从根本上改变这种现象。防治腐败犯罪应该着眼于建立良好的制度。在制度建设中,(1)要防止路径依赖的现象发生,避免原有制度的受益者主导制度设计;(2)将抑制和消除腐败动机作为制度设计的出发点,真正建立起公开、公正、公平、透明和易监督的科学制度架构;(3)削弱主管的绝对权力,建立科学、民主的管理体制;(4)通过教育,将隐性规则引入良性发展的轨道,建立科学的竞争机制。

预防企业家犯罪应当走出的误区

王文生[*]

当前,企业家犯罪的原因包括:

1. 企业家自身的原因

(1)缺乏依法治企、依法决策、依法管理的理念。多数企业家分不清个人、家庭财产和企业财产之间的界限,规章制度形同虚设。(2)交友不慎,遇到问题和困难时不是寻求法律或者正当渠道解决,而是求助黑社会性质组织。(3)金钱万能的观念根深蒂固。花钱平事、花钱消灾,带有一定的普遍性,有的企业家甚至行贿犯罪之后,又用行贿的手段来处理问题。(4)企业家舍不得投入法律成本。出事后往往临时抱佛脚,头痛医头,脚痛医脚。

2. 外部原因

(1)民营企业发展空间狭窄,发展环境恶劣,政府管得过死,给民企企业家造成了巨大的压力。(2)政府官员索贿受贿,不给好处不办事,给了好处乱办事。(3)司法机关对行贿罪打击不力,特别是行贿100万元也作污点证人,或者作无罪处理。

针对上述原因,预防企业家犯罪应当走出以下误区:

1. 走出企业没有刑事风险,不需要法律服务的误区。
2. 走出花钱摆事、花钱平事的误区,牢固树立依法办事的理念。
3. 走出重视犯罪后救济,忽视事前防范的误区。

---

[*] 北京冠衡(长春)律师事务所主任。

4. 走出只注重企业法律风险防范,而忽视企业家法律风险的误区。企业家和企业的法律风险具有关联性。

5. 走出重利润轻规范的误区,牢固树立依法经营的理念。

6. 走出民企企业家不构成受贿罪主体和挪用公司资金不构成犯罪的误区。

7. 国企企业家应当走出晚节不保,心里不平衡的误区。

8. 走出重生产轻安全的误区,牢固树立安全无小事,人命大于天的理念。

9. 走出企业运营只计算经济成本,不计算法律服务成本的误区。

10. 走出企业才需要聘请常年法律顾问,企业家不需要聘请私人法律顾问的误区。

11. 走出聘请法律顾问只注重关系不注重业务能力、服务质量的误区。

12. 走出常年法律顾问雇而不问、蜻蜓点水,只是花瓶摆设,只收钱不办事的误区。

13. 走出当上红顶商人就进入保险箱,不受刑法追究的误区。

14. 走出"一把手"独断专行的误区,学会运用法律思维和法律方式看待和处理问题。

15. 走出政府权力过大、权力过分集中的误区,要管住政府闲不住的手,帮企业家减压。

16. 走出重视国企企业家犯罪,忽视民企企业家犯罪预防的误区。

17. 商学院应走出只培训管理知识、经济知识,不培训法律知识的误区。

18. 走出对行贿犯罪打击不力、泛泛了事的误区,加大对重大行贿犯罪的打击力度。

19. 走出无商不奸、不讲诚信的误区,牢固树立无诚信则无天下的意识。

20. 走出对企业家犯罪有罪即立、有罪即捕、有罪即诉、有罪即判的误区,尽可能采用轻缓化的处理,减少因此引发的负面效应。

破解企业家犯罪困境亟须找准"病根"

狄小华[*]

当前我国市场经济还不完善,企业家犯罪的根源几乎都与公权力过度干预市场有关。我国民营企业的发展有一个特定的历史过程,在民营企业发展之初,很多是通过挖公有企业的墙角发展起来的。然而,现在就有很多不同的情况:有的属于原创型,它是通过比较稳定的发展形成比较有规模的企业;也有的是钻政策的空子运用特殊的"智慧"暴富而成的企业;还有很大一部分是转化型的企业,即通过国企改制形成的民营企业;还有红顶商人型的企业。不管是哪一种形态的企业,都和权力存在着千丝万缕的联系。总之,今天要在中国做生意、搞企业,确实很不容易,所以也导致了中国企业家呈现出独特的犯罪生态。

皮艺军教授基于越轨视角,介绍了企业家越轨问题,提到了一个非常值得思考的问题——在发展市场经济的过程中,究竟是急需用权力配置资源还是利用市场这只"看不见的手"配置资源?如果政府过度干预市场经济,尤其是大量垄断性的国有企业的存在,就会严重挤压私营企业的生存空间的情况出现。在这种情况下,私营企业基于求生本能,为了在不公平的市场竞争中能够分得"一杯羹",他们就会积极参政,进而寻求权力保护,于是就会通过行贿或其他非法途径实现

---

[*] 南京大学犯罪预防与控制研究所所长,法学院教授、博士生导师。

自己的目标。不论是为了参政而实施犯罪，还是为了保护自己的企业获得相应的尊严或者获得持续的发展，这都是企业家参政最初的动机。一旦通过贿赂获得参政机会，就注定其为了维持和权力的关系而需要不断支付腐败成本。

邱格屏教授重点阐述了当前民企企业家犯罪生态与其面临的较为恶劣的生存环境。于是官员和企业家之间的关系问题，就成为我们必须认真思考的一个问题。一方面，官员有赖于企业、企业家，因为政府的考核不论是 GDP 的考核还是政绩考核，都需要当地企业家为之出力。同时，当有些官员想通过权力获得财富时，往往也需要企业家帮他实现这个"梦想"。另一方面，企业、企业家也离不开当地政府和官员，因为他们需要政府相关部门给予经营政策上的照顾，需要当地政府为其提供各种保护。于是，就出现了这种双重依赖的关系，即官员需要企业家，企业家也需要官员。然而，构成这种双重依赖关系的基础本身就有问题，所以无论是官员腐败，还是企业家犯罪，都与这一腐败"土壤"有关。因此，必须改变这种双重"激励"机制，组织部门在官员考核过程中应该更多地听取民意，真正做到官员到底称不称职由人民说了算，进而确保官员为民服务，为解决腐败问题打好重要基础。

卜安淳教授是从近几年公众比较关注的企业家原罪这个角度对很多观点进行了尖锐的批判。确实，讨论企业家的原罪问题，无利于解决当前企业家犯罪问题和经济发展问题，反而会引发一系列的误导。当务之急是应该找出目前影响企业家犯罪的各种政策、体制等因素，进而通过改革逐步解决问题，为企业的发展、企业家的成长营造一个很好的环境，减少为了企业的生存而犯罪的情形。

张荆教授从民企企业家犯罪和国企企业家犯罪的不同表现，发现了企业家犯罪现象中的权力"掮客"现象。通过这个角度，我们可以看到中国腐败环境的变化，当前私营企业的发展在很大程度上是起到了腐败"润滑剂"的作用，加速了原有体制的破裂，促进了改革。这种权力"掮客"行为就是刑法上的介绍贿赂，它最初仅存在于个体行为中，之后逐渐变成了专门从事这类行为的中间组织，现在又呈现出公司化、企业化等新情况，而且几乎已经延伸到各行各业。因此，2010年前后，最高人民检察院对其进行了专项整治。但是，现在的打击力度在加大，而腐败也在升级，这是为什么呢？就是因为腐败的源头还没有治理,不受监督的问题没有得到根本解决。所以,找准反腐败的"根",才是破解之道。

  翟英范教授提到了显性制度和隐性规则的关系问题。确实,在当前有个非常值得我们反思的现象,显性制度可以不遵守,因为不遵守可能没有太多的制度后果。相反,隐性规则是不得不遵守的,因为一旦不遵守会面临难以承受的后果,所以目前潜规则盛行,"明规则"就如同挂在墙上的东西,形如摆设。这就说明我们当前的显性规则的代表性不足,未能兼顾多数人的利益,缺少民主协商的过程,所以从制度本身,或者从制度执行的过程,都可以看到这种制度存在的根本性问题。

  企业家犯罪问题涉及方方面面,但从目前学者们关注的焦点问题来看,研究企业家犯罪的重点,聚焦于个别政府和企业的关系问题、官员和企业的关系问题。其本质问题在于政府权力过于集中,权力和管理的内容过大,民主和法治的程度还远远不够,所以要解决民营企业的发展问题和民企企业家的犯罪问题,必须坚持走法治道路,而推进法治,不光是政府的责任,还需要我们每个法律工作者积极贡献自己的力量。

科学认识腐败:从规制罪犯转向规制犯罪

弗兰克·G.马德森[*] 著　　陈　波[**] 译

　　腐败是否总是有害?这是腐败研究中的一个重大问题。尽管研究表明,腐败能够促进不安全因素发挥作用,特别是当腐败行为关涉国防工业以及军事冲突时,这种情况更为明显。例如,近期透明国际的一项研究表明:"至少是在中短期内,维和语境下的腐败有助于稳定冲突后的政治秩序,这种认识愈加广泛。"但是,这并不能遮掩腐败带给人类的巨大危害,如果说金钱是犯罪的血液,腐败就是犯罪机器的淋巴系统,起到润滑作用。腐败阻碍了全球的发展,威胁到了全球共同的安全和稳定。即便是轻微腐败也至少有两个危害:对穷人而言,让他们负担沉重,在政治进程中滋生了穷人的犬儒主义;对整个制度而言,高级别的腐败对穷人的危害更加严重,使国家分配资源的角色发生异化。

　　尽管腐败现象众所周知,从公共媒体到立法者都从不同层面对其进行了深入探讨。但是腐败究竟为何物?却仍然是人们极力想破解的一大难题。

　　对其最为普遍的理解是某人收受财物,不当为而为某事,或者违反法律、规章或契约,当为而不为某事。进而衍生出"促进支出"与"加速钱"两种形态。前者是为了官员在紧急情况下能够恰当地履行

---

[*] 英国圣埃德学院冯·许格尔研究所副研究员,曾任法国国际刑警组织总秘书处情报处长。
[**] 华东政法大学博士研究生。

职责,人们经常是在被勒索的情况下才愿意支付。后者中的支付利益者能够获得不合理的好处,保障其手续办理得比竞争者更快。

"公共利益说"对腐败的界定,是从结果而不是从法律地位出发的,即如果某一行为有损公共利益,其行为即便是合法的,也还是腐败。相反,如果某行为有利于公共利益,即便是违法的,也不是腐败。这种说法有着结果论的渊源,认为行为的结果是对行为进行道德评价的基础。

"公众意志论"认为,应当按照公众意志来界定腐败。如果公众认为某一行为是腐败的,其就是腐败。由于公众意志迥异,分析者运用这种理论时,必须注意"黑色""灰色"和"白色"腐败。黑色腐败是指大部分人(无论是群众还是精英)都谴责的行为;灰色腐败是指那些评论者(主要是精英)认为应当处罚的行为,但是群众的观点却相反;白色腐败是指大部分群众和社会精英都能容忍的行为。

"社会资本论"认为,特定的社会不仅是由人的行为构成的,还有另一项重要的要素,即人际关系和构成社会资本的关系网。而腐败就是这一社会网络中的复杂交换,这种交换可以是金钱性的,也可以是非金钱性的,并且利益交换具有时间和空间的迟延性。换言之,社会资本就是一种可以产生价值的人际关系,能够起投资的作用,参与者可得收益也并不尽然是金钱性的,还包括一些无形的利益,如民主、教育、行业繁荣、安全等。

"保持距离原则"认为,政府官员与其他人或者是公司行政人员与其他人之间保持客观、公正的关系,可以防止公司和供应商之间的腐败和市场畸形。

总而言之,界定腐败,不仅要深刻认识某一国家和地区当前的社会、政治和文化状况,还应当知道其演进过程,以及特定社会结构和社会价值观等因素。腐败的定义取决于评判的学术框架。

虽然一些学者将腐败视作一种从非法到合法但不道德的连续体,但是这种观点毫无用处。因为其并未明确该连续体建立在何者的道德之上,以及根据何种标准确定行为是否道德。正是由于这种道德评判对个体寄予太高期许,所以当今学术界已经摒弃了腐败是一种个人道德感降低或操守缺失。普遍认为,腐败并非是一种社会制度或社会机构的属性,亦非是个人的特征,而是不法的利益交换。因此,立法者应考虑反腐败执法的转型,从规制罪犯转向规制犯罪,通过制度设计,对腐败犯罪进行技术性堵截。

非法集资单位犯罪的认定问题

傅跃建[*]

单位主体的认定有形式认定和实质认定两种。根据《刑法》第30条的规定,公司、企业、事业单位、机关、团体可以成为单位犯罪的主体。在司法实践中,对单位的主体认定,一般以工商行政管理局颁发的法人营业执照为据。在单位被撤销、注销、吊销营业执照或宣告破产的情况下,按照单位犯罪的有关规定,对有关责任人员追究刑事责任,对单位不再追诉。

从实质上否定具有形式合法性的单位标准,在现行司法解释中有两条:一是以犯罪为目的而成立的单位;二是单位成立后以犯罪为主要活动的。实践中主要看企业成立后有没有实际的合法经营活动。

此外,实践中从公司的实质合法性上来否定公司形式合法性的情形还有:一是从单位注册资金或有无独立财产角度,进行单位主体有无刑事责任能力的判断。个人以虚假资金注册公司,实质没有任何出资的,不能认定构成单位犯罪。二是名为单位实为个人。有些公司实际为特定一人出资、一人从事经营管理活动,主要利益归属于该特定个人,此时公司不再是一个具有人格化的有机整体,以刑法上的个人论。

实践中,单位集资的情形主要有三种:一是以企业名义借款,有的还以个人作担保;二是以个人名义借款,由企业担保;三是关联企业互

---

[*] 浙江省金华市人民警察学校教授,中国犯罪学研究会副秘书长。

为借款担保人。实际上，被告人在集资过程中以单位名义还是以个人名义借款存在很大的随意性，在被告人掌握多家企业的情况下，以哪家单位的名义借款也同样存在较大的随机性。鉴此，"以单位名义"，不宜作为非法集资单位犯罪的要件之一。

单位意志是单位犯罪的主观要件。以下三种情形可认定为单位意志：

（1）经过股东会、董事会、经理办公会议形成的决定是单位意志。

（2）法定代表人等主管人员的决定一般可以推定为单位意志。推定的前提是：从单位内部来看，法定代表人、董事长、负责人、总经理等人的意志与履行单位职务有关，意志的形成和目的，都具有履行职务的性质；从单位外部来看，出借人有理由认为这些主管人员的意志可以代表单位意志。

（3）判断单位一般工作人员的行为意志是不是单位意志，主要看该行为是否得到了单位授权。授权有具体的授权和概括的授权。工作人员在概括授权范围内的行为意志是单位意志，超出概括授权的行为意志不是单位意志。

单位犯罪的行为具有业务性，一般由单位内部的多人完成。刑法将单位犯罪主体规定为单位和单位内的直接负责的主管人员和直接责任人员。只有那些主观上具有较大主动性和积极性，客观上在单位犯罪中起主要作用的直接责任人员，才应当承担单位犯罪的刑事责任。

利益归属个人还是单位，是区别个人犯罪还是单位犯罪的关键标准。但实践中存在的普遍情形是部分集资款用于单位，部分用于个人，单位所得占集资款的多大比重可以追究单位责任？一般认为，违法所得大部分归单位所有才构成单位犯罪。如果集资款用于单位的比例很小，即便绝对数很大，也不应认定为单位犯罪。

新《刑事诉讼法》给涉罪企业家带来的"利"与"弊"

刘 玫[*]

（一）现行《刑事诉讼法》给涉刑企业家带来的"利"

1. 将"尊重和保障人权"写入了《刑事诉讼法》总则。

2. 现行法明确赋予侦查阶段犯罪嫌疑人聘请的律师的辩护人地位。先前规定律师只是提供一般意义上的法律帮助。

3. 辩护律师进入诉讼的时间提前。原法规定在"第一次讯问后"或"采取强制措施之日起"，现行法修改去掉了"后"字，辩护律师进入诉讼的时间提前。

4. 修改了辩护人的责任。原来只能提供法律咨询，现在改为可以提供法律帮助；原来是只能替被逮捕人取保候审，现在改为可以申请变更强制措施。

现行法缩小了辩护律师会见权的限制："危害国家安全犯罪案件、恐怖活动犯罪案件、特别重大贿赂犯罪案件，在侦查期间会见应当经侦查机关许可。"强调"辩护律师会见犯罪嫌疑人、被告人时不被监听"。此外，现行法中规定辩护人有权申请回避，并且对驳回申请回避的还有权申请复议。

5. 现行法确立了"严禁刑讯逼供和以其他非法方法收集证据，不得强迫任何人证实自己有罪"；确立了非法证据排除规则，辩护律师可以在程序上申请非法证据排除。

---

[*] 中国政法大学教授、博士生导师。

6. 在强制措施和侦查方面,现行法规定犯罪嫌疑人、被告人及其近亲属有权申请变更强制措施,公检法机关接到申请之后必须在3天之内作决定;如果不同意,必须告知申请人并说明理由。如果是被指定居所监视居住的,不能要求其自行支付费用。

7. 审判程序修改:一是增加了庭前会议;二是将不公开审理的案件范围扩大到涉及商业秘密的案件,当事人申请不公开的可以不公开审理,而且现行法第187条中增加了证人和鉴定人必须出庭的要求,鉴定人不出庭的鉴定意见不予采纳。

8. 简易程序作了大幅修改:基层法院一审的案件,事实清楚、证据充分、被告人承认指控并且同意使用简易程序的,都可以用简易程序审理,并在量刑上可以从轻。简易程序必须在20天内审结,最多不超过一个半月。事实不清、证据不足发回重审的,只能发回一次。解决了发回重审变刑的问题。

9. 死刑复核程序:在死刑复核程序当中,规定可以有辩护律师参与;最高人民检察院可以向最高人民法院提出意见。最高人民法院应当将死刑复核结果通报最高人民检察院。

(二) 现行《刑事诉讼法》给涉刑企业家带来的"弊"

1. 现行法中五种强制措施都加重了,表明被追诉者义务加重。

2. 侦查程序中的侦查行为扩大,如针对隐私权,增加了技术侦查。

3. 扩大查封、冻结范围:债券、股票、基金份额等财产。

4. 行政执法证据进入刑事诉讼。行政证据可以转化为刑事证据,以后可以一证两用。

5. 设立不经过刑事审判的没收程序——赃款赃物、违法所得的法律界定和庭审认定:听证程序,法院裁决,申诉复议。

6. 对单位犯罪出现了新规定,必须有诉讼代表人;另外吊销、注销等,直接责任主管人责任不能免除。

《刑事诉讼法》的修改秉承的是惩罚犯罪、保障人权并重的理念。在被追诉者权利提升的同时,也看到了他们义务的加大和义务风险的增加。

非法集资犯罪的证据认定问题

樊 文[*]

行政认定意见不应作为证据使用。在非法集资犯罪案件中,行政主管或者监管部门出具的行政认定意见,是对某种吸收资金的行为是否违反行业规定,是否履行了规定的行政审批程序或者是否属于非法金融业务活动,所作出的专业参考意见,并不是对某种行为是否属于非法集资行为的刑法上的性质认定。对这类意见,在一定程度上,可以作为鉴定意见对待,但由于其出具的程序、形式、主体与鉴定意见具有明显的差异,因此,只能看做是具有鉴定意见性质的材料,其在刑事诉讼中所起的作用,充其量只能是成立犯罪嫌疑的线索材料。

非法集资案件涉案人数多、数额大,言词证据是非法集资犯罪的关键证据种类之一,尤其是集资参与人的证词,对证实参与人数、集资金额、返息金额、损失金额比之其他证据具有优势的证明作用。但不可夸大这种作用。因为:言词证据受两个变量的影响:一是提供者能否正确地感知、认知、记忆和表达;二是提供者是否愿意如实陈述,自利动机和利害关系引起的情绪化促使其可能作虚假陈述。因此,言词证据的证明力在非法集资犯罪中常常会打折扣。同时,非法集资犯罪案件涉及人员众多、居住分散、身份难以确认,这样会导致收集全部人员的言词证据的可行性成为问题。

非法集资犯罪的言词证据,与其他经法定程序提取的并经过审查

---

[*] 中国社会科学院法学研究所副研究员,德国弗莱堡大学法学博士。

确认的公司会计账册、银行交易记录、汇款及收款票据、单据、电子数据等书证、物证相比，在客观性和稳定性方面，都不及后者。在证明案件事实时，要把非法集资参与人的言词证据与其提供的借条、借款合同等凭证与其他客观的证据对照使用，而不能仅仅依赖于言词证据。

电子数据应与其他证据配合使用。《刑事诉讼法》第48条在证据种类中，新增了"电子数据"。但电子数据易于损坏和不稳定，必须与言词证据或其他相关证据配合使用。具体到非法集资案件，电子数据的关键部分是证实涉案金额和集资参与人数的证据。

1. 非法集资犯罪行为人或者单位案发前制作、存储的电子账册、电子合同、网站后台数据。这类电子数据是行为人包括单位在非法集资犯罪活动中为记载筹集资金和返息数额而制作的。这类证据存在的问题主要是技术问题，即电子数据的收集、固定规范化，电子数据相关载体的扣押，电子数据作为证据的规范鉴定，电子数据作为证据的规范转换，电子数据作为视频的播放确认，电子数据作为证据的勘验、笔录、保管和移送问题。因此要保证数据的合法性和有效性。

2. 电子文本形式的涉案账户资金交易记录。对于金融机构账户资金的交易记录，多数公检法机关要求金融机构以纸质打印，并加盖金融机构印章的方式提供。但是，由于非法集资犯罪涉及的资金流量极大、资金交易极其复杂，采用"纸质加公章"方式提取和汇总资金交易记录，无论是可行性还是时效性都会出现问题，也不便于法庭审理过程中的证据审查。对于金融机构以存储于移动存储介质中的电子文本方式，提供账户资金交易记录的，如果是按照严格程序提供和固定的，有金融机构书面说明提取和固定过程，提供移动存储介质的唯一识别码后，辅以公安机关查询冻结通知书的回函，则可以作为证据使用，无须将纸质文书作为唯一可信的提供载体。

GDP 考核对企业家犯罪
预防的消极作用

周振杰[*]

近年来,随着在金融管制、反腐、环境以及食品安全等领域刑事法治建设的进步,蒋洁敏、吴英等无数曾经风光无限的企业家走下了神坛,身陷囹圄。在企业家犯罪的背后,存在着法治意识薄弱等微观原因,也存在着制度失衡等宏观原因。在宏观原因中,地方党政机关及其领导人对 GDP(国内生产总值)增长的渴求,也是重要的原因之一,因为这种渴求可能促使个别政府部门及其领导人干涉刑事司法,阻扰司法机关追究企业家的刑事责任。这一干涉,又进而巩固了企业家的犯罪意识,催生企业犯罪文化,甚至在特定区域内产生不良的犯罪示范效应。

在以 GDP 为核心的考核机制下,地方政府部门及其领导人在一定程度上依赖对当地财政收入有重大贡献的企业。因此,当这些企业或者企业负责人有违法行为之际,有通过各种途径干涉执法与司法活动的现象。对之予以保护的冲动,不过是其表现之一。可以说,GDP 考核机制,以地方政府部门及其领导人在对执法与司法活动的干涉为媒介,对预防企业家犯罪有着深远的负面影响。

第一,稀释了企业家的守法意识。因为地方政府部门及其领导人的干涉,有许多企业家的犯罪行为没有得到应有的处罚,使得企业家

---

[*] 北京师范大学刑事法律科学研究院副教授,中国企业家犯罪预防研究中心研究员。

很容易产生一种在权力笼罩之下超脱于法律的心理,守法意识因此被稀释。在这种情况下,受到处罚的企业家可能会把受处罚的原因归咎于干涉不够强硬或者上面压力太大,而非其所实施的违法行为。

第二,催生非法文化在企业中的形成。一些地方政府部门及其领导人为了保证GDP增长而干涉对企业家违法行为的执法与司法活动,在稀释企业家守法意识的同时,也会催生非法文化在企业中的形成。在一个存在非法文化的企业中,每一个员工都可能会潜意识地将自己的违法行为中性化,认为自己不过是在做着和别人相同的事情,自己的所为不过是企业行为的一部分。如此,犯罪行为就成为企业生产经营行为的一部分。

第三,产生破窗效应。一些地方政府部门及其负责人为了保证GDP增长,干涉执法与司法活动,使违法的企业家与企业受到较轻的处罚甚至免受处罚,难免会产生破窗效应,即环境中的不良现象如果被放任存在,会诱使当地的其他企业与企业家纷纷效仿,在环境保护、食品安全等领域尤其如此,有的地方政府不但不查处环境污染行为,反而为了经济增长而大力引进重污染企业。

因此,为了有效预防企业与企业家犯罪,落实中央干部考核机制改革的要求,弱化GDP增长在考核机制中的影响,是非常必要的。同时,要加大个人责任追究制,避免实践中"集体负责等于无人负责"的现象。

律师在企业家刑事风险防范中的作用

郭 斌[*]

在当前风险高发的社会,企业和企业家是否做好了刑事法律风险防范工作,将直接关系到该企业家甚至整个企业的生死存亡。

(一)正确认识企业和企业家刑事法律风险的特征

第一,全面性。企业和企业家刑事法律风险的全面性体现在刑事法律风险的无时不在、无处不在。之所以称之为无时不在,是因为从企业设立到企业经营运转,再到企业清算注销,企业和企业家的刑事法律风险是贯穿始终的,如设立过程中的虚报注册资本罪,经营过程中的合同诈骗罪、职务侵占罪,清算注销过程中的妨害清算罪、虚假破产罪等。之所以称之为无处不在,是因为在企业经营的方方面面都潜伏着企业和企业家的刑事法律风险,如融资过程中的刑事风险、知识产权方面的刑事风险、商业秘密保护方面的刑事风险、合理避税方面的刑事风险等。

第二,模糊性。企业和企业家刑事法律风险具有的模糊性,在于企业家在日常经营管理中,不仅没有依靠法律解决企业发展和经营中遇到的问题,而且对一些日常违规操作或违规经营手法中蕴含的现实的刑事风险也浑然不知。如在企业的内部管理上,财务管理有章不循、习惯性地忽视安全生产、产品质量以及劳动用工等方面的规章制

---

[*] 北京师范大学中国企业家刑事风险防控山东中心主任,山东诚功律师事务所主任。

度,甚至分不清个人财产与公司企业财产的界限。企业和企业家刑事违法与民事违法或经济纠纷的界限不清晰,导致企业和企业家刑事法律风险与民事法律风险混淆,降低了企业和企业家的刑事风险防范指数。

第三,可识别性。企业和企业家的行为是客观的,有痕迹的,将企业和企业家的这种客观行为放在法律的语境下,是否隐含了刑事法律风险、隐含了什么样的刑事法律风险,便可一目了然。

第四,可控性。企业和企业家刑事法律风险的可控性,体现在事前的预防和事中的化解两个方面。事前的预防是指,在识别风险的基础上,作为校正企业和企业家经营行为的准星,将游走于刑事风险边缘地带的企业和企业家拉回到民事行为的范畴内。

(二) 发挥律师在企业家刑事法律风险防范中的作用

第一,生正念,即帮助企业和企业家树立刑事法律风险防范的意识。许多企业家在庭审中经常说的一句话是:法律意识淡漠。企业和企业家在作出决策时,往往是用老百姓朴素的思维方式去分析、谋断,只要自己认为合情合理,就大胆决策,忽略了对刑事法律风险的甄别。所以,律师的首要作用就是在这个高风险社会中,帮助企业和企业家拉响刑事风险防范的警报。

第二,用正法,即律师要运用自身专家化的法律服务,帮助企业和企业家用正确的方法来预防、化解刑事风险。

第三,做正为,无论理念、方法如何正确,最终的落脚点还是行为。只有做出正确的行为,才可以避免因自身的违法行为所引发的刑事法律风险,同时,也只有做出正确的行为,才能避免外部即他人行为所引发的刑事伤害。

第四,结正果,帮助企业和企业家树立正确的风险防范意识,并在该意识的引导之下,通过正确的方法并做出正确的行为,则刑事法律风险防范的硕果,即企业和企业家在创业、经营过程中的法治成功必将实现。

金融创新的罪错界限

贺 丹[*]

由于法律制度不完善及部门法之间衔接得不紧密,我国经济领域的金融创新,对罪错的界定出现了模糊状态,或为金融创新,或为金融犯罪,导致罪与非罪的界限不明晰。

对于设立证券、期货交易所,我国现行对其的规制做法是在《证券法》《期货交易管理条例》中进行规范的。首先,对证券和期货交易所的设定需经过严格的审批程序,例如设立证券交易所需要经国务院决定,设立期货交易所需要经国务院期货监督管理机构即证监会决定。其次,在性质上将交易所设定为非营利法人。如《期货交易管理条例》第7条第1款第1句规定:"期货交易所不以营利为目的,按照其章程的规定实行自律管理。"《证券法》第105条第2款规定:"实行会员制的证券交易所的财产积累归会员所有,其权益由会员共同享有,在其存续期间,不得将其财产积累分配给会员。"

然而,相对狭窄的监管模式,导致了对非证券、期货交易所设立的监管空白。同时,条块分割的行政监管体制也导致了形形色色产权交易所的设立。从刑法角度,则导致了金融领域在交易所设定方面,同一行为的性质认定和刑事后果不同的结果。

面对这一困境,可通过对交易所进行专门立法来解决。交易所的立法监管需要针对交易所的核心特征进行规范,如采用集中交易、轧

---

[*] 北京师范大学法学院副教授,中国企业家犯罪预防研究中心办公室主任。

差计算、净额交收、中央担保、中央对手方等进行规范。设立统一的交易所准入和监管机制,对电子商务等具有交易所性质的交易场所和媒介进行统一监管。

清晰的交易所法律规范,可以避免目前反复的"清理整顿"交易所的做法,也有利于划定统一的刑法框架,从而避免在罪与非罪认定上的模糊化,保护市场的创新冲动,控制金融风险,对金融创新的方向给予引领和指引。